Nebentätigkeitsbeschränkungen und Wettbewerbsrecht

Europäische Hochschulschriften

Publications Universitaires Européennes
European University Studies

Reihe II
Rechtswissenschaft

Série II Series II
Droit
Law

Bd./Vol. 4642

PETER LANG
Frankfurt am Main · Berlin · Bern · Bruxelles · New York · Oxford · Wien

Jens-Peter Wulf

Nebentätigkeitsbeschränkungen und Wettbewerbsrecht

Eine Analyse zur Schutzwürdigkeit und zum gesetzlichen Schutz des Arbeitsmarktwettbewerbs vor Nebentätigkeitsbeschränkungen

PETER LANG
Internationaler Verlag der Wissenschaften

Bibliografische Information der Deutschen Nationalbibliothek
Die Deutsche Nationalbibliothek verzeichnet diese Publikation in der Deutschen Nationalbibliografie; detaillierte bibliografische Daten sind im Internet über <http://www.d-nb.de> abrufbar.

Zugl.: Hamburg, Univ., Diss., 2007

D 18
ISSN 0531-7312
ISBN 978-3-631-57214-6

www.peterlang.de

Meinen Eltern

Vorwort

Nebentätigkeitsbeschränkungen wurden bislang primär als potentielles Konfliktfeld zwischen der Arbeitgeber- und der Arbeitnehmerseite behandelt. Weitgehend unbeachtet sind ihre Auswirkungen auf den Arbeitsmarktwettbewerb geblieben. Vorliegendes Werk beleuchtet die typischen Beschränkungen aus wettbewerbstheoretischer und wettbewerbsrechtlicher Sicht, zeigt teilweise signifikante Beeinträchtigungen des Arbeitsmarktwettbewerbs auf und entwickelt einen Vorschlag für dessen eigenständigen gesetzlichen Schutz vor dieser Art Beschränkungen, unter Berücksichtigung der Beteiligteninteressen.

Von wenigen nachträglichen Aktualisierungen abgesehen wurde die Arbeit im Sommersemester 2007 in dieser Form von der Juristischen Fakultät der Universität Hamburg als Dissertation angenommen. Bei ihrer Realisierung wurde mir vielfältige Unterstützung zuteil.

Zu danken habe ich Herrn Prof. Dr. Heribert Hirte, LL.M. (Berkeley) für die Anregung des Untersuchungsgegenstands und damit die Ermöglichung einer fachgebietübergreifenden Arbeit, die Einräumung weitgehender Freiheiten bei ihrer Erstellung sowie die jederzeitige Ansprechbarkeit und die vielen wertvollen Ratschläge. Herrn Prof. Dr. Dr. h.c. Jürgen Basedow gilt mein Dank für die rasche Erstellung des Zweitvotums. Herrn Prof. Dr. Hans-Bernd Schäfer danke ich für das nachhaltige Wecken meines Interesses an der Betrachtung juristischer Probleme aus ökonomischer Perspektive in seinen Vorlesungen und während meiner Mitarbeit an seinem Lehrstuhl.

Dank gebührt auch den Unzähligen, die mich mit Gesprächen bzw. verständnisvollem Zuhören, methodischen Ratschlägen, Motivation, Einräumen freier Zeit und auch positiver Ablenkung beim Erstellen der Arbeit begleitet haben, so vor allem Familie und Freunde, aber auch Kollegen, Ausbilder und Vorgesetzte.

Mein besonderer Dank gilt meinen Eltern, denen ich dieses Werk widme. Sie haben mir durch Ihre dauerhafte umfassende Unterstützung und Großzügigkeit nicht nur das Fertigen dieser Arbeit, sondern meine gesamte Ausbildung erst ermöglicht.

Berlin, im August 2007 Jens-Peter Wulf

Inhaltsverzeichnis

Einleitung

Nebentätigkeitsbeschränkungen – dies besagt der Begriff – schränken einen Beschäftigten bei der Aufnahme einer Zweit- bzw. Nebentätigkeit ein. Leicht nachvollziehbar ist die daraus resultierende Beeinträchtigung des Beschäftigten: Ihm ist die freie Verfügbarkeit über seine Arbeitskraft entzogen, und die Aufnahme der Nebentätigkeit ist je nach Ausgestaltung der Beschränkung z.B. verboten, begrenzt oder von einer Genehmigung, typischerweise des Arbeitgebers, abhängig. Die Arbeitskraft ist exklusiv oder weit überwiegend an einer Stelle einzusetzen, zumeist im Rahmen eines bestehenden Arbeits- oder Beamtenverhältnisses.

Die exklusive Bindung eines Vertragspartners ist jedoch regelmäßig zumindest dem Verdacht einer „Knebelung" ausgesetzt und kann als solche sogar sittenwidrig, verboten und nichtig sein. Entsprechend dieser Dogmatik herrscht auch in Hinblick auf Nebentätigkeitsbeschränkungen weitgehender Konsens darüber, daß ein abhängig Beschäftigter nicht über Gebühr in seinem Recht auf Nebentätigkeiten eingeschränkt werden darf und das unterstellte Interesse z.B. eines Arbeitgebers am vollen Engagement seines Arbeitnehmers mit dessen Interesse an der Ausübung weiterer Beschäftigungen in Einklang gebracht werden sollte. Dies geschieht verbreitet durch Kompromißfindung im Wege der Interessenabwägung, woraus für nebentätigkeitswillige Arbeitnehmer anstelle eines Verbots zeitliche Höchstgrenzen, Anzeigepflichten oder ein Genehmigungsvorbehalt des Arbeitgebers resultieren können.

Wird ein Vertragspartner exklusiv gebunden, hat dies jedoch regelmäßig auch eine wettbewerbsrechtliche Relevanz. Je nach Ausgestaltung des Exklusivverhältnisses sind nämlich die Vertragspartner, ihre Wettbewerber oder auch ihre Abnehmer bzw. Zulieferer in ihrer wirtschaftlichen Handlungsfreiheit beeinträchtigt. Die Marktaktivitäten sind nicht mehr nur nach individueller Nützlichkeit für die Beteiligten ausgestaltet, sondern zum Teil künstlich vorbestimmt oder „eingefroren". Das Preis-Leistungskriterium kann einen deutlichen Bedeutungsrückgang erfahren, mitsamt der allgemein als volkswirtschaftlich und individuell negativ angesehenen Folgen. Dementsprechend werden derartige Vereinbarungen grundsätzlich auch am Wettbewerbsrecht gemessen und ggf. hierdurch untersagt. Parallel neben den Individualschutz tritt so der Schutz des Wettbewerbs.

Nebentätigkeitsbeschränkungen hingegen scheinen bislang keine wettbewerbsrechtliche Beachtung zu erfahren. Dabei ist ihre Relevanz für den Arbeitsmarkt weder ausgeschlossen noch unüblich. Durch die Exklusivbindung z.B. eines Arbeitnehmers an einen Arbeitgeber wird schließlich nicht nur ersterer in seinen Freiheiten beschränkt, indem ihm der Einsatz der verbleibenden Arbeitskraft untersagt wird. Auch andere Arbeitgeber können nicht mit Aussicht auf Erfolg um den Arbeitnehmer werben, und seine Arbeitskraft zumindest anteilig einsetzen. So unterbleibt der Preiswettbewerb um diese Arbeitskraft. Mithin könnte durch Nebentätigkeitsbeschränkungen die Arbeitsmarktfunktionalität beeinträchtigt werden, was um so stärker der Fall ist, wenn die Beschränkung aufgrund einer gesetzlichen oder tarifvertraglichen Herkunft für eine Vielzahl Arbeitnehmer gilt. Daneben unterbleibt auch z.B. jeder Know-how-Transfer von einem Arbeitgeber zum anderen. Das kann wünschenswert sein, wenn es sich bei diesen um direkte Wettbewerber handelt. Eine andere Bewertung erfährt die Sache aber z.B. bei der Verhinderung des Know-how-Austauschs zwischen Wissenschaft und Wirtschaft oder Verwaltung.

Somit stellt sich die Frage, ob nicht das Wettbewerbsrecht auf Nebentätigkeitsrestriktionen angewandt werden sollte, wo doch der Wettbewerb in anderen Bereichen höchste Beachtung und Wertschätzung erfährt und seine weitgehend ungestörte Funktion häufig genug als Heilmittel für eine positive gesamtwirtschaftliche Entwicklung gilt. Dies scheint jedenfalls unter der Voraussetzung erforderlich, daß auch dem Arbeitsmarktwettbewerb positive individuelle und gesamtwirtschaftliche Wirkungen nachgesagt werden können. Ganz allgemein wird jedoch der Arbeitsmarkt als Sonder- und Ausnahmebereich vom allgemeinen Wettbewerbsrecht angesehen, auf den dieses eben gerade *nicht* angewendet werden dürfe.[1] Folge dieser Sichtweise könnte sein, daß der Arbeitsmarktwettbewerb mangels spezieller Vorschriften überhaupt keinem Schutz unterliegt.

Die Nichtanwendbarkeit allgemeinen Wettbewerbsrechts erfolgt freilich – wie diese Arbeit darstellt – mit Argumenten, die den *vollständigen* Wegfall des Schutzes für den Arbeitsmarkt schon nach eigener Dogmatik nicht rechtfertigen. Allgemeine Begründung ist nämlich lediglich, daß man die (in Deutschland auch grundgesetzlich geschützte) Koalitionsfreiheit nicht unterminieren möchte, deren wesentlicher Ausfluß die sogenannten Tarifkartelle in Form der Gewerkschaften und Arbeitgeberverbände sind. Dahinter steht die vom Gesetzgeber beabsichtigte „Waffengleichheit" zwischen Arbeitgebern und Arbeitnehmern in Verhandlungen um Arbeitsbedingungen, also vor allem eine Stützung und Verbesserung der Arbeitnehmerposition. Mit diesem Motiv läßt sich zweifelsohne einiges für „horizontale" Beschränkungen des Wettbewerbs auf dem Arbeitsmarkt ins Feld führen. In der Praxis besonders relevant sind davon unter Arbeitnehmern abgesprochene Entgeltforderungen bzw. unter Arbeitgebern vereinbarte Entgeltgebote.

---

[1] Vgl. hierzu den Dritten Teil, § 2, Abschn. F II dieser Arbeit.

Völlig unbeachtet bleiben jedoch bei dieser Argumentation die Existenz und die Folgen der „vertikalen" Wettbewerbsbehinderungen, also vor allen Dingen der Nebentätigkeitsbeschränkungen, auf dem Arbeitsmarkt. Prekär daran ist, daß offenbar – zumindest nach erstem Anschein – diese Art der Wettbewerbsbeschränkung neben der Wettbewerbsfunktionalität auch der Arbeitnehmerseite schadet. Statt einer Stützung der Arbeitnehmerposition kommt es zu deren Beeinträchtigung. Dies jedoch steht zu dem oben erläuterten gesetzgeberischen Willen in klarem Widerspruch, die Position der Arbeitnehmer zu stärken (und hierfür z.B. „Tarifkartelle" zuzulassen). Nicht nur ist das für sich allein kaum erklärlich: Vor allem scheidet der Schutz der Arbeitnehmerinteressen als Rechtfertigung für *vertikale* Wettbewerbsbeschränkungen nach dem Gesagten aus.

Soweit der Arbeitsmarktwettbewerb tatsächlich keinen Schutz erfährt, scheint es erforderlich, einen eigenständigen Schutz vor Nebentätigkeitsrestriktionen zu entwickeln, der parallel neben den Individualschutz des Arbeitnehmers tritt. Wie bei den individuellen Arbeitnehmerinteressen bereits üblich, könnte auch der Wettbewerbsschutz mit den Interessen der Arbeitgeberseite abgewogen werden.

Es ist verständlich, daß die beiden verschiedenen Schutzrichtungen – Wettbewerbsschutz einerseits, Schutz vor „Knebelverträgen" andererseits – zu unterschiedlichen Bewertungen einer Vertikalvereinbarung führen können. Nicht alle „Knebelungen" dürften signifikant den Wettbewerb beeinträchtigen, und nicht alle vertikalen Wettbewerbsbeschränkungen müssen einen der Gebundenen über Gebühr einschränken. Daraus folgt aber auch, daß die (zusätzliche) Berücksichtigung des Wettbewerbsschutzes auf dem Arbeitsmarkt zu merklich strengeren Anforderungen an eine imaginär „gerade noch zulässige" Nebentätigkeitsbeschränkung führen kann. Viele Nebentätigkeitsbeschränkungen dürften in diesem Lichte unzulässig sein, obwohl sie den Arbeitnehmer nicht unverhältnismäßig einschränken, da sie den Arbeitsmarktwettbewerb stärker beeinträchtigen, als das mit den Interessen der Arbeitgeberseite zu rechtfertigen ist.

Aus den aufgezeigten Problemfeldern und Widersprüchen lassen sich für eine Untersuchung der Nebentätigkeitsbeschränkungen aus wettbewerbsrechtlicher Sicht vor allem folgende Fragen ableiten:

- Welche Tätigkeiten genau fallen unter den Nebentätigkeitsbegriff?
- Welche Nebentätigkeitsbeschränkungen existieren?
- Ist der Arbeitsmarktwettbewerb tatsächlich schützenswert und in welcher Weise beeinträchtigen ihn die gängigen Nebentätigkeitsbeschränkungen?
- Verstoßen diese Beschränkungen gegen deutsches oder europäisches Wettbewerbsrecht in direkter oder zumindest in entsprechender Anwendung?

- Wie wäre ein alternativer wirksamer Schutz des Arbeitsmarktwettbewerbs zu gestalten?

Die Beantwortung erfordert neben einer juristischen auch eine wettbewerbstheoretische Betrachtung. Der Rahmen der vorliegenden Arbeit bedingt, diese Betrachtung qualitativ und punktuell auch unter Zuhilfenahme geeigneter Statistiken durchzuführen, jedoch ohne die Beweisführung durch mathematische Modelle.

Die Untersuchung folgt im wesentlichen der Systematik der oben aufgezeigten Fragen. Sie ist in fünf Teile gegliedert.

Im ersten Teil der Arbeit wird zunächst der Begriff „Nebentätigkeiten" bestimmt. Zudem werden die Verbreitung der Nebentätigkeit in Deutschland sowie ihre Charakteristika und ihre wirtschaftliche Bedeutung erläutert.

Der zweite Teil der Arbeit widmet sich der umfassenden Beschreibung der üblichen Nebentätigkeitsbeschränkungen. Differenziert wird hier zum einen nach privatrechtlichen und öffentlich-rechtlichen Arbeitsverhältnissen bzw. der Situation Selbständiger, andererseits nach jeweils verschieden Quellen der Beschränkungen.

Der dritte Teil behandelt die Schutzwürdigkeit des Arbeitsmarktwettbewerbs, und stellt die Frage nach dessen gegenwärtigem Schutz. Dies beinhaltet zunächst Erläuterungen zur Funktionsweise und den Funktionen des Wettbewerbs im allgemeinen (am Beispiel des Gütermarkts), ebenso zu den üblichen Beschränkungen des Wettbewerbs von Seiten der Marktteilnehmer und von Seiten des Staates, und schließlich auch zum allgemeinen Wettbewerbsrecht. Hiervon ausgehend lassen sich die Befunde auf den Arbeitsmarktwettbewerb übertragen, wobei dessen strukturelle Unterschiede und Besonderheiten umfassend aufgezeigt werden und entsprechend Berücksichtigung finden.

Schließlich erfolgt im vierten Teil die Erarbeitung einer neuen wettbewerbsrechtlichen Grenze für Nebentätigkeitsbeschränkungen. Diese soll eine praktisch handhabbare Anleitung zur Abwägung des allgemeinen Interesses am Wettbewerbsschutz mit dem Arbeitgeberinteresse am Bestand einer Nebentätigkeitsbeschränkung liefern. Die Erarbeitung mündet in den konkreten Formulierungsvorschlag für eine neue, praktikable Rechtsnorm.

Die Arbeit endet in einem zusammenfassenden und reflektierenden fünften Teil.

Erster Teil Nebentätigkeiten

§ 1 Begriff der Nebentätigkeit

Charakteristisch an einer Nebentätigkeit ist, daß sie in ihrer Bedeutung für den Arbeitnehmer in Hinblick auf Aufwand und Ertrag zwischen einer klassischen Vollzeittätigkeit und einem Hobby liegt. Sie ist nach allgemeinem Verständnis verbindlicher als ein bloßer Freizeitvertreib, aber getreu ihrem Namen lediglich eine Tätigkeit *neben* einer anderen, zumeist als Haupttätigkeit bezeichneten. Der Nebentätigkeitsbegriff muß aus diesem Grunde in zwei Richtungen abgegrenzt werden: Nach „unten" hin ist fraglich, wann eine Freizeitbeschäftigung so verbindlich wird, daß von einer Nebentätigkeit gesprochen werden kann. Nach „oben" hin ist zu klären, wann eine Nebentätigkeit in Wirklichkeit eine – zweite – Haupttätigkeit ist, was also das Kriterium für die jeweils relative Bedeutung zweier beruflicher Beschäftigungen eines Menschen ist.

Mangels einer Legaldefinition der Nebentätigkeit ist der Begriff für den Gebrauch in dieser Arbeit eigens zu bestimmen. Dabei ist darauf zu achten, daß die Definition mit dem wettbewerbsrechtlichen Anliegen dieser Arbeit korrespondiert. Nebentätigkeiten im Sinne dieser Untersuchung müssen also wettbewerbsrelevant sein. Es dürfen nur Tätigkeiten umfaßt werden, bei denen die zu ihrer Erledigung erforderliche Arbeitskraft auf dem Arbeitsmarkt „gehandelt" wird.

A. Unterscheidung nach Rechtsnatur des Arbeitgebers

Der Nebentätigkeitsbegriff ist insoweit relativ, als er immer das Vorhandensein einer Hauptbeschäftigung voraussetzt, von der er dann abgegrenzt werden kann. Für die Begriffsbestimmung ist von Bedeutung, ob es sich bei der Hauptbeschäftigung um eine privatrechtliche oder eine öffentlich-rechtliche handelt. Als privatrechtliche Hauptbeschäftigung im Sinne dieser Abgrenzung sind alle Arbeitsverhältnisse auf Grundlage des zivilrechtlichen Dienstvertrags anzusehen, die nach Maßgabe des Arbeitsrechts behandelt werden. Es sollen aber auch die selbständigen Beschäftigungen darunterfallen. Öffentlich-rechtliche Hauptbeschäftigungen umfassen in erster Linie die Beamtenverhältnisse. Daneben betroffen und von hoher quantitativer Bedeutung sind die Angestelltenverhältnisse im Öffentlichen Dienst, die seit der Neuregelung des Tarifvertrags des öffentlichen Dienstes (TVöD) im Jahre 2005 einer „eigenständigen" Regelung und nicht lediglich einem Verweis auf das Beamtenrecht unterliegen, wie noch im Bundesangestellten-Tarifvertrag (BAT).[2]

[2] Vgl. § 3 Abs. 3 TVöD im Vergleich zu § 11 BAT.

Die Unterscheidung zwischen privatrechtlicher und öffentlich-rechtlicher / beamtenrechtlicher Haupttätigkeit hat vor allem zwei Gründe. Zum einen ist der privat Angestellte lediglich seinem Arbeitgeber verpflichtet, der Beamte hingegen nicht nur seiner Behörde, sondern obendrein dem Staat insgesamt und damit auch der Allgemeinheit, resp. dem Allgemeinwohl.[3] Zum anderen haben die beiden Arten von Beschäftigungsverhältnissen eine jeweils andere Rechtsgrundlage: Der Angestellte schließt mit seinem Arbeitgeber einen zivilrechtlichen und – grundsätzlich – frei gestaltbaren Vertrag, während der Beamte hoheitlich ernannt wird und in seinem Arbeitsverhältnis ein guter Teil der gegenseitigen Rechte und Pflichten gesetzlich bestimmt ist, so auch im Bereich des Nebentätigkeitsrechts. Aus diesen Gegensätzen folgen unterschiedliche Organisationsformen der Beschäftigung und abweichende Zulässigkeitsschranken der Nebentätigkeit.

B. Nebentätigkeiten zu privatrechtlichen Arbeitsverhältnissen

I. Gesetzliche Definition

Vergeblich sucht man im allgemeinen Arbeitsrecht oder sonstigen Privatrechtsquellen nach einer echten Definition der Nebentätigkeit, sie ist – soweit ersichtlich – auch nicht erwähnt oder vorausgesetzt. Der großen Mehrheit der in Deutschland abhängig Beschäftigten, die nicht dem Beamtenrecht oder dem TVöD unterliegt, liefert das Gesetz damit keinen Anhaltspunkt für eine Begriffsbestimmung.

II. Sonstige Definitionen

Mangels einer gesetzlichen Definition wurde und wird der Nebentätigkeitsbegriff vor allem im arbeitsrechtlichen Schrifttum diskutiert. Die Kontroverse spiegelt den diesbezüglichen Interessenkonflikt zwischen Arbeitnehmer und Arbeitgeber wider.

1. Interessenlage

Dem Arbeitgeber ist an einem möglichst leistungsfähigen Arbeitnehmer gelegen, der seine Freizeit im Idealfall vollständig zur Erholung verwendet. Jede Beschäftigung außerhalb der Arbeitszeit kann nicht nur den Freizeitwert sowie die Dauer der tatsächlichen Erholung mindern, sondern birgt außerdem ein Verletzungs- bzw. Krankheitsrisiko für den Arbeitnehmer und damit für den Arbeitgeber die Gefahr der Lohnfortzahlung ohne Gegenleistung. Im Sinne des Arbeit-

---

[3] *Wind/Schimana/Wichmann/Langer*, Rn. 200, unterscheiden z.B. in der Darstellung der Systematik der beamtenrechtlichen Pflichten zwischen allgemeinen staatspolitischen Pflichten, Pflichten mit und ohne Bezug auf das Amt und solchen gegenüber Vorgesetzten, Kollegen und dem Bürger.

gebers sollte der Nebentätigkeitsbegriff also weit gefaßt sein und denkbar viele Freizeitaktivitäten des Arbeitnehmers umfassen. Ist nämlich erst einmal die Schwelle der Nebentätigkeit überschritten, greifen Melde- und Genehmigungspflichten[4] für diese Tätigkeit, die dem Interesse des Haupt-Arbeitgebers entgegenkommen.

Korrespondierend damit profitiert der Arbeitnehmer von einem engen Nebentätigkeitsbegriff. Solang seine Freizeitbeschäftigung die Schwelle zur Nebentätigkeit nicht überschreitet, ist er von den erwähnten Pflichten weitgehend befreit. Zwar unterliegt er durch seinen Arbeitsvertrag einer Treuepflicht, nach der er seine Arbeitsfähigkeit nicht mutwillig gefährden darf. Diese Einschränkung hat jedoch im Ergebnis weit geringere Auswirkungen auf die Möglichkeit der Freizeitgestaltung und der Privatsphäre insgesamt, als Melde- oder Genehmigungspflichten sie haben können.

2. Diskussionsstand

Ganz überwiegend[5] wird vom Vorliegen einer Nebentätigkeit gesprochen, wenn neben einem den Arbeitnehmer überwiegend in Anspruch nehmenden Arbeitsverhältnis eine weitere entgeltliche Tätigkeit ausgeübt wird. Kriterium für die Abgrenzung vom Hobby ist demnach die Bezahlung des Beschäftigten. Von der Haupttätigkeit unterscheidet die Nebentätigkeit nach dieser Ansicht die geringere Inanspruchnahme des Arbeitnehmers, wobei auf die aufzubringende Arbeitszeit abgestellt wird.[6]

Über das Abgrenzungskriterium zur Haupttätigkeit, die reduzierte Inanspruchnahme also, herrscht – soweit ersichtlich – Einigkeit, sie ist auch nicht annähernd so praxisrelevant wie die Abgrenzung „nach unten" zum zeitintensiven Hobby. Hierzu liegen einige Abgrenzungsversuche vor, die sich in punkto des Erfordernisses der Entgeltlichkeit unterscheiden.

Teilweise wird nicht nur die Entgeltlichkeit der Tätigkeit, sondern sogar die Gewinnerzielungsabsicht des Beschäftigten als Erfordernis angesehen.[7] Dieses Kriterium ist im Fall des Arbeitnehmers schwierig zu handhaben, denn der finanzielle Aufwand zur Bereitstellung seiner vollen Arbeitskraft läßt sich nur sehr ungenau bemessen, und damit auch die Grenze zwischen Aufwandsentschädigung und Gewinnerzielung. Eine Nebentätigkeit würde aber demnach etwa noch nicht vorliegen, wenn der Arbeitnehmer nur seine finanziellen Ausla-

[4] Vgl. Zweiter Teil dieser Arbeit, § 1.
[5] *Rewolle*, BB 1959, 670; *Gift*, BB 1959, 43; *Wank*, Rn. 2.
[6] So zumindest *Oligmüller*, S. 6.
[7] *Oligmüller*, S. 4 ff.

gen erstattet bekommen wollte; der Nebentätigkeitsbegriff ist in dieser Hinsicht enger und „arbeitnehmerfreundlicher“ als der der herrschenden Meinung.

Dem gegenüber steht die Auffassung, der Begriff der Nebentätigkeit umfasse auch gänzlich unentgeltliche Beschäftigungen und Freizeitaktivitäten,[8] sei also in einem wesentlich weiteren Sinne zu benutzen. Das intensive, aber rein idealistische Betreiben einer Sportart oder die Ausübung eines Ehrenamtes ohne jede finanzielle Kompensation könnten danach bereits eine Nebentätigkeit darstellen.

3. Hier verwendete Definition

Bei der Entscheidung für einen der Definitionsansätze dreht sich also scheinbar alles um die Frage, ob die Vergütung einer nebenberuflichen Beschäftigung Kriterium für ihre Qualifikation als Nebentätigkeit sein kann oder nicht. Falls man dies bejaht, bliebe zu entscheiden, ob zusätzlich die Gewinnerzielung das Motiv des Arbeitnehmers für die Beschäftigung sein muß.

Die genannten Definitionsversuche sind jedoch dem Arbeitsrecht angepaßt, das ein ganz anderes grundlegendes Anliegen als diese Arbeit verfolgt. Im Arbeitsrecht wird nach einem Interessenausgleich zwischen Arbeitgeber und Arbeitnehmer gesucht.[9] Zwischen den eingangs beschriebenen gegensätzlichen Interessen wäre bei der Entscheidung für eine Definition ein Kompromiß zu suchen. In vorliegender Arbeit sollen hingegen Wettbewerbsbehinderungen auf dem Arbeitsmarkt untersucht werden, die durch die Beschränkung von Nebentätigkeiten entstehen. Dies bestimmt zugleich den Nebentätigkeitsbegriff: Da es beim Arbeitsmarkt wie bei jedem anderen Markt um den Austausch von Leistungen geht, sollte er keine unentgeltlichen unselbständigen Tätigkeiten wie etwa Ehrenämter umfassen, so daß diese auch für die vorliegende Arbeit ausgeschlossen werden müssen. Im Bereich der selbständigen Tätigkeiten ist eine Vergütung des Unternehmers sogar begriffsnotwendig vorausgesetzt. An dem Erfordernis der Entgeltlichkeit für eine Nebentätigkeit ist also festzuhalten und damit der herrschenden Meinung, die den Begriff in diesem Sinne für das Arbeitsrecht definiert, zu folgen.

Hingegen ist es für die Untersuchung des Arbeitsmarktwettbewerbs irrelevant, ob der Arbeitnehmer seine Leistung mit besonderer Gewinnerzielungsabsicht erbringt, da der erforderliche Leistungsaustausch über den Arbeitsmarkt auch bei Kostenneutralität für den Arbeitnehmer erfolgt. Die herrschende Ansicht verdient daher auch in dieser Hinsicht den Vorzug.

---

[8] *Glöckner*, S. 28 f.; *Brändli*, S. 35.
[9] *Hromadka/Maschmann*, § 2, Rn. 4.

Betont werden soll, daß es für die Definition in vorliegender Arbeit keinen Unterschied macht, ob die Nebentätigkeit eine selbständige oder eine unselbständige ist. Verschieden ist lediglich die Art der möglichen Wettbewerbsbeschränkung.[10] Ebenso ist es für die Definition der Nebentätigkeit unerheblich, ob die Haupttätigkeit selbständiger oder unselbständiger Natur ist. Selbständige werden vor allem, aber nicht nur, mit Nebentätigkeitsbeschränkungen konfrontiert, wenn die Folge einer zukünftig aufgenommenen Nebenbeschäftigung eine direkte Wettbewerbssituation mit einem der gegenwärtigen Geschäftspartner wäre. Wichtigstes Beispiel sind die Konkurrenzverbote für Absatzmittler wie Handelsvertreter,[11] Vertragshändler und Franchisenehmer.[12] Außerdem können Nebentätigkeitsbeschränkungen für Selbständige in berufsspezifischen Vorschriften enthalten sein.[13] Anlaß für eine andere Begriffsdefinition ist dadurch aber nicht gegeben.

Zusammenfassend kann festgehalten werden: Eine Nebentätigkeit ist jede selbständige oder entgeltliche unselbständige Tätigkeit, die eine Person neben einer weiteren, sie zeitlich stärker beanspruchenden Beschäftigung aufnimmt.

C. Nebentätigkeiten zu öffentlich-rechtlichen Arbeitsverhältnissen

Komplizierter ist die Bestimmung einer Definition der Nebentätigkeit für Beamte und TVöD-Angestellte. Die Nebentätigkeitsproblematik ist zwar gesetzlich wesentlich detaillierter geregelt als im Privatrecht, was aber nur bedingt zur Begriffsfindung beiträgt.

I. Gesetzliche Definition

Im Beamtenrecht wird die Nebentätigkeit in § 64 ff. Bundesbeamtengesetz (BBG) sowie – mit „Rahmenwirkung“ für die Länder – in § 42 Beamtenrechtsrahmengesetz (BRRG) reguliert. In den Vorschriften werden jedoch nur genehmigungspflichtige von nicht genehmigungspflichtigen Nebentätigkeiten abgegrenzt, ohne den Begriff als solchen zu bestimmen. Auf Verordnungsebene finden sich die Bundesnebentätigkeitsverordnung (BNV) sowie ihre landesrechtlichen Pendants. Auch in ihnen wird aber keine positive Aussage zum Begriff der Nebentätigkeit gemacht. Es wird (etwa in § 1 BNV und § 2 HmbBNV) lediglich festgestellt, daß Nebenamt und Nebenbeschäftigung – als Unterbegriffe der Nebentätigkeit – all das umfassen, was an Beschäftigung eines Beamten nicht zum

[10] Bei der Beschränkung selbständiger Nebentätigkeiten droht eine Wettbewerbsbeschränkung auf dem Gütermarkt, andernfalls eine vertikale Wettbewerbsbeschränkung auf dem Arbeitsmarkt.
[11] Vgl. Baumbach/Hopt-*Hopt*, § 86, Rn 26.
[12] Darstellung im einzelnen im Zweiten Teil, § 1, Abschn. B I.
[13] Vgl. z.B. §§ 7 Nr. 9, 14 BRAO und die Darstellung im Zweiten Teil, § 1, Abschn. B IV.

Hauptamt gehört. Allerdings bleibt der Gesetzgeber auch eine positive abstrakte Beschreibung des Hauptamts schuldig.

Immerhin einige für die Begriffsbestimmung entscheidende Aspekte lassen sich direkt dem Gesetz entnehmen: Öffentliche Ehrenämter sowie die unentgeltliche Vormundschaft oder Betreuung eines Angehörigen sind gemäß § 65 Abs. 1 S. 2 BBG und § 42 Abs. 1 S. 2 BRRG keine Nebentätigkeiten. Nebentätigkeiten im Sinne des Beamtenrechts können jedoch gemäß § 66 Abs. 1 Nr. 1 BBG, § 42 Abs. 1 Nr. 1 BRRG auch unentgeltliche Tätigkeiten sein. Das Kriterium der Entgeltlichkeit, im Privatrecht der nach herrschender Meinung entscheidende Unterschied zwischen Freizeitbeschäftigung und Nebentätigkeit, wird auf das Beamtenrecht also nicht ohne weiteres angewendet.

Keine eigenen Anhaltspunkte für die Begriffsbestimmung liefert der TVöD.

II. Sonstige Definitionen

Auch die Begriffsbestimmung der Nebentätigkeit zu Beamtenverhältnissen ist erwartungsgemäß umfassend diskutiert, aufbauend auf einer Anzahl gerichtlicher Stellungnahmen. Die Analyse der Rechtsprechung und der Literaturmeinungen, die Bestimmung einer eigenen Definition, und später auch die Darstellung und Bewertung der Nebentätigkeitsbeschränkungen erfordern jedoch die Kenntnis der Organisation und Systematik der verschiedenen Arten von Nebentätigkeit im Beamtenrecht, zu denen daher vorab ausgeführt wird.

1. Gesetzliche Organisation der Beamten-Nebentätigkeit, Interessenlage

a) Allgemeine Systematik

Zentrale formellgesetzliche Vorschriften für den Bereich der Nebentätigkeit sind §§ 64 ff. BBG sowie § 42 BRRG. Letzteres hat in seiner Eigenschaft als Rahmengesetz im Sinne des Art. 75 GG zur Folge, daß auf Landesebene im Wesentlichen inhaltsgleiche Landesbeamtengesetze bestehen.[14] Die Gesetzgeber haben die Exekutivorgane ferner in § 69 BBG sowie in allen Landesbeamtengesetzen ermächtigt, weitere für die Ausführung der Vorschriften aus den Beamtengesetzen erforderliche Einzelheiten in Rechtsverordnungen zu regeln. Auf Bundesebene mündete diese Ermächtigung in die BNV, auf Landesebene in entsprechende Nebentätigkeitsverordnungen.

[14] Vgl. zum Bereich der Nebentätigkeiten die Vorschriften der jeweiligen Landesbeamtengesetze: § 82 BaWü, § 73 I Bay, § 28 Berl, § 30 Bbg, § 63 Bre, § 68 Hbg, § 78 Hess, § 67 MV, § 72 Nds, § 67 NW, § 72 RhPf, § 78 Saar, § 81 Sachs, § 64 SaAnh, § 80 SH, § 66 Thür; jeweils ff. Im Folgenden wird aus Gründen der Übersichtlichkeit auf die Regelungen des BBG und des BRRG abgestellt.

Inhaltlich greifen die Gesetze und ihre jeweiligen Verordnungen ineinander, wenn auch anders, als man das vermuten könnte. Die formal vorrangigen Beamtengesetze regeln „nur“ die Pflicht des Beamten zur Übernahme einer ihm durch den Dienstherrn auferlegten öffentlich-rechtlichen Nebentätigkeit bzw. die Zulässigkeitsvoraussetzungen einer vom Beamten gewünschten Nebentätigkeit. Erst die formal nachrangigen Verordnungen enthalten den Versuch einer (eigentlich ja grundlegenden) Begriffsklärung sowie die Abgrenzungen verschiedener Arten von Nebentätigkeiten, und darüber hinaus Einzelheiten zur Vergütung sowie zur Inanspruchnahme der Einrichtungen des Dienstherrn für die Nebentätigkeit.

Mangelt es auch an einer echten Definition der Nebentätigkeit, so kann man der BNV doch u. a. folgendes entnehmen:[15]

- Nebentätigkeiten sind entweder als Nebenamt oder als Nebenbeschäftigung denkbar (vgl. § 1 Abs. 1 BNV). Öffentliche Ehrenämter müssen bei Übernahme zwar angezeigt werden, spielen im Nebentätigkeitsrecht ansonsten aber keine Rolle (vgl. § 1 Abs. 4 BNV).
- Beide, Nebenamt und Nebenbeschäftigung, umfassen Aufgaben, die nicht zu einem Hauptamt gehören. Ihr Unterschied besteht darin, daß ein Nebenamt aufgrund eines öffentlich-rechtlichen Dienst- oder Amtsverhältnisses wahrgenommen wird (vgl. § 1 Abs. 2 u. 3 BNV), während eine Nebenbeschäftigung eine privatrechtliche Beschäftigung ist, die freiberuflich oder aufgrund eines besonderen Vertragsverhältnisses ausgeübt wird.[16]
- Die Verordnung unterscheidet ferner zwischen Nebentätigkeiten im Öffentlichen Dienst und solchen außerhalb davon (vgl. § 2 Abs. 1 BNV). Erstere sind solche, die für eine der in der BNV aufgezählten staatlichen Stellen ausgeübt werden, resp. für eine gesetzlich als gleichrangig fingierte Stelle (vgl. § 2 Abs. 2 BNV). Da Nebenämter schon gemäß § 1 Abs. 2 BNV ein Verhältnis zu einer öffentlich-rechtlichen Stelle voraussetzen, folgt aus der Unterscheidung des § 2 Abs. 1 BNV denknotwendig, daß sich die Nebenbeschäftigungen in solche innerhalb und außerhalb des Öffentlichen Dienstes aufteilen lassen. Ergo umfassen Nebentätigkeiten im Öffentlichen Dienst Nebenämter und Nebenbeschäftigungen im Öffentlichen Dienst. „Außen vor“ bleiben die Nebenbeschäftigungen außerhalb des Öffentlichen Diensts, also solche bei privatrechtlichen Arbeitgebern oder in Selbständigkeit.

Nebentätigkeit ist nach der BNV also jede Tätigkeit des Beamten, die nicht unter den Hauptamtsbegriff fällt. Dem Nebentätigkeitsbegriff muß man sich mithin

[15] Vgl. auch die graphische Darstellung zur Begriffssystematik der BNV bei *Jansen*, S. 9.
[16] *Scheerbarth/Höffken/Bauschke/Schmidt*, § 16 I 2.

durch eine möglichst exakte Beschreibung des Hauptamts nähern. Freilich – das sei hier betont – ist die BNV nur hilfreich für die Abgrenzung von Haupt- und Nebentätigkeit. Keine Anhaltspunkte finden sich dagegen auch in ihr zur Abgrenzung der Nebentätigkeit zum Hobby.

Das BBG enthält zum Nebentätigkeitsrecht zwar keinerlei Begriffsbeschreibungen. Sein Inhalt macht jedoch deutlich, daß die genaue Abgrenzung von Haupt- und Nebentätigkeit im Beamtenrecht kein rein akademischer Streit ist, sondern von großer praktischer Bedeutung. Beide im Nebentätigkeitsrecht der Beamten denkbaren Konstellationen werden im Beamtengesetz behandelt: Entweder möchte der Dienstherr seinem Beamten eine zusätzliche Beschäftigung auferlegen, dazu gibt ihm das BBG unter bestimmten Voraussetzungen das Recht. Oder aber der Beamte möchte von sich aus eine Nebentätigkeit aufnehmen, hierzu führt das BBG Beschränkungen und Bedingungen in allen Einzelheiten auf.

b) Nebentätigkeiten im öffentlichen Dienst

§ 64 BBG bestimmt, daß der Beamte auf Verlangen seiner obersten Dienstbehörde[17] eine Nebentätigkeit im öffentlichen Dienst – also eine nicht in den Kreis des Hauptamts fallende Tätigkeit – zu übernehmen hat, sofern die Tätigkeit seiner Ausbildung entspricht und ihn nicht über Gebühr in Anspruch nimmt. Das gibt der Dienstbehörde die Möglichkeit, durch ihren Dienstposten nicht vollständig ausgelasteten Beamten weitere Aufgaben zu übertragen.[18] Der Dienstherr, der seinem Beamten eine zusätzliche Tätigkeit auferlegen möchte, kann das in Form einer Nebentätigkeit tun. Er kann jedoch, mangels einer gesetzlichen Definition des Hauptamts, sich darauf berufen, daß die verlangte Tätigkeit dem Hauptamt angehöre. Das gilt insbesondere, weil nach einhelliger Meinung[19] der Dienstherr einen (grundsätzlich weiten) Spielraum für die Ausgestaltung des Hauptamts hat. Gegenüber einer exakten gesetzlichen Bestimmung hat das den Vorteil einer größeren Flexibilität und auch Handlungsfähigkeit der Verwaltung. Wäre dem Dienstherrn keine Gestaltungsfreiheit eingeräumt, verlöre er jede Organisationsgewalt innerhalb der Behörde.[20] Man würde sich der Möglichkeit entledigen, auf die Sachkunde der im konkreten Fall Beteiligten zurückgreifen zu können.

Die gegenläufige Interessenlage auf Arbeitnehmer- und Arbeitgeberseite tritt dadurch im Bereich der verordneten Nebentätigkeit in einem anderen Gewand wieder zutage. Der Dienstherr hat nämlich regelmäßig ein Interesse daran, das

[17] Eine Übertragung der Befugnis an nachrangige Behörden ist gem. § 64 S. 2 BBG möglich.
[18] *Scheerbarth/Höffken/Bauschke/Schmidt* § 16 II 1.
[19] *BVerwG*, ZBR 1976, 181; *VGH Kassel*, NVwZ-RR 1996, 338; *VGH BW*, DÖV 1995, 118; *Rohrmann*, S. 183, *Peine/Heinlein*, S. 75; *Scheerbarth/Höffken/Bauschke/Schmidt*, § 16 I 4b).
[20] *Rohrmann*, S. 183.

Hauptamt möglichst umfassend auszugestalten und ihm denkbar viele Tätigkeiten des Beamten unterzuordnen. Das erspart ihm einerseits bürokratischen Aufwand, der mit der Aufnahme einer Nebentätigkeit für den Dienstherrn verbunden ist. Insbesondere kann es ihm aber die Zahlung einer zusätzlichen Vergütung ersparen.[21] Zwar werden gemäß § 6 Abs. 1 S. 1 BNV für Nebentätigkeiten im Öffentlichen Dienst grundsätzlich keine Vergütungen gewährt. Davon können jedoch Ausnahmen gemacht werden, insbesondere in den Fällen, in denen die unentgeltliche Ausübung dem Beamten nicht zugemutet werden kann (vgl. § 6 Abs. 1 S. 2 BNV). Je unklarer also die Grenzen Hauptamts und je weiter der Gestaltungsspielraum des Dienstherrn, desto vorteilhafter ist das für ihn.

Gegenteiliges gilt aus der Sicht des Beamten. Für ihn geht es nicht nur um die zusätzliche Vergütung, die aus einer Nebentätigkeit resultieren kann. Darüber hinaus hat der Beamte das Interesse, innerhalb seines Hauptamtes nicht mit themenfremden Aufgaben betreut zu werden, deren Bearbeitung gleichermaßen die Ausübung eines Zweitberufs darstellen würde.[22] Im Bereich der Nebentätigkeiten im öffentlichen Dienst ist folglich die sonst unproblematische Abgrenzung von Haupt- und Nebentätigkeit von größter Relevanz, weniger die von Nebentätigkeit und bloßer Freizeitbeschäftigung.

c) Sonstige Nebentätigkeiten

Der Lage bei privatrechtlichen Arbeitsverhältnissen entsprechend ist hingegen die Situation, daß der Beamte eine Beschäftigung in der Privatwirtschaft über sein Amt hinaus aufnehmen möchte. § 65 BBG sowie alle Landesbeamtengesetze[23] stellen die Nebentätigkeiten – mit einigen Ausnahmen – unter einen umfassenden Genehmigungsvorbehalt durch den Dienstherrn. Wie der privatrechtliche Arbeitgeber hat der Dienstherr hier ein Interesse an einem extensiven Nebentätigkeitsbegriff, wohingegen im Sinne des Beamten möglichst wenige seiner nebenberuflichen Beschäftigungen dem Nebentätigkeitsbegriff unterfallen sollten. Entscheidend ist also hier wieder die Abgrenzung von Nebentätigkeit zu gesetzlich irrelevanter Freizeitbeschäftigung.

2. Diskussionsstand

Wieder muß unterschieden werden zwischen der Abgrenzung der Nebentätigkeit zur Freizeitbeschäftigung sowie der Abgrenzung zur Haupttätigkeit.

Die Grenze zwischen „echter" Nebentätigkeit und bloßem Freizeitvertreib kann qua Gesetz nicht bei der Entgeltlichkeit der Beschäftigung gezogen werden;

---

[21] *Zwehl*, Abschn. C II.
[22] *Jansen*, S. 9.
[23] In Anlehnung an § 42 Abs. 1 BRRG.

BBG und BRRG kennen auch unentgeltliche Nebentätigkeiten (vgl. § 66 Abs. 1 Nr. 1 BBG, § 42 Abs. 1 Nr. 1 BRRG). Man sollte also eine intensive Diskussion zur Abgrenzung vermuten, wo diese doch mindestens so unklar ist wie bei den privatrechtlichen Arbeitsverhältnissen. Soweit ersichtlich, gibt es diese Diskussion aber nicht. Das mag seine Ursache vor allem darin haben, daß im Beamtenrecht die praktisch relevante Grenze, nämlich die zur Genehmigungspflicht, von Gesetzes wegen – eben doch – mit der Entgeltlichkeit der Beschäftigung verknüpft wird. Anders gesagt: Zwar ist die Minimalanforderung an eine Nebentätigkeit im Sinne des Beamtenrechts unklar. Da aber in der Regel erst mit der Entgeltlichkeit einer Nebentätigkeit spürbare rechtliche Folgen für die Beteiligten eintreten, wird die Entgeltlichkeit auch als faktisch relevante Schwelle angesehen, und die Diskussion um die Nebentätigkeit als solche bleibt aus.

Daran ist freilich problematisch, daß die gesetzliche Hingabepflicht gem. § 54 BBG, § 36 BRRG und die ungeschriebene Treuepflicht[24], die für den Beamten bestehen, auch unentgeltliche Nebentätigkeiten einschränken können. Reine Hobbies dürften hingegen nicht anders als im Privatrecht weit weniger beschränkbar sein. Es besteht Bedarf für eine klare Grenzziehung, der mit einem Verweis auf die überragende praktische Bedeutung der Entgeltlichkeit nicht befriedigt wird.

Die Abgrenzung der Neben- zur Haupttätigkeit – zum Hauptamt also – ist aus den oben aufgezeigten Gründen ein stärker behandeltes Gebiet. Sie erfolgt nach gesetzlicher Vorgabe des § 1 BNV durch die möglichst genaue Beschreibung des (persönlichen) Hauptamts im konkret-funktionellen Sinne, also des Dienstpostens.[25] Die Ausgestaltung des Dienstpostens wird im Rahmen der gesetzlichen Vorgaben[26] grundsätzlich dem Dienstherrn zugestanden.[27]

Es heißt, daß der Dienstherr allgemein einen großen Gestaltungsspielraum habe[28] und nicht dazu verpflichtet sei, mit dem Hauptamt zusammenhängende Aufgaben auch tatsächlich dem Hauptamt zuzuordnen.[29] Zwar stelle § 3 BNV diesen Grundsatz auf. Allerdings handele es sich hierbei eben nur um einen Grundsatz, zu dem Ausnahmen schon nach der gesetzlichen Formulierung zulässig sein. Der Dienstherr könne dem Beamten durchaus mit dem Hauptamt zusammenhängende Aufgaben im Rahmen eines Nebenamts auferlegen, sofern besondere Gründe vorlägen, die eine solche abweichende Organisation rechtfertigten.

---

[24] Vgl. dazu *Wagner*, Rn. 196.

[25] *BVerwGE* 72, 160, 162; *Battis*, § 64 Rn. 6; *Günther*, ZBR 1986, 97, 98; *Schnellenbach*, Rn. 243.

[26] Vgl. oben Abschnitt C I.

[27] *Rohrmann*, S. 183.

[28] *VGH Kassel*, NVwZ-RR 1996, 338.

[29] *VGH Bad.-Württ.*, DÖV 1995, 118.

Allerdings behandelt die Rechtsprechung hier nur den für den Beamten meist vorteilhaften Fall. Für den Dienstherrn dürfte es in aller Regel verlockender sein, eine mit dem Hauptamt *nicht* unmittelbar zusammenhängende Aufgabe eben doch dem Hauptamt des Beamten zuzuordnen. Dies wird folgendermaßen eingeschränkt:[30]

- Alle Aufgaben des Hauptamts müssen in die Kompetenz des Dienstherrn fallen. Die Organisationsfreiheit des Dienstherrn geht nicht über den eigenen Zuständigkeitsbereich hinaus.
- Die Arbeitszeitvorschriften[31] sind einzuhalten. Dem Beamten kann also keine regelmäßige Tätigkeit im Rahmen seines Hauptamts übertragen werden, wenn er nach seiner Dienststundenzahl bereits voll ausgelastet ist. Mehrarbeit im Rahmen des Hauptamts ist nur unter „zwingenden dienstlichen Gründen" zulässig, und soweit es bei Ausnahmefällen bleibt (vgl. § 72 Abs. 2 BBG). Bei regelmäßiger Mehrarbeit wären die Gründe insoweit nicht mehr zwingend, als es dem Dienstherrn obläge, statt dessen personalstrukturelle Veränderungen innerhalb seiner Behörde zu veranlassen.
- Zwischen dem Hauptamt und der fraglichen Tätigkeit muß, sofern sie dem Hauptamt zugerechnet werden soll, ein inhaltlicher resp. sachlicher Zusammenhang bestehen. Die Rechtsprechung[32] sah diesen Zusammenhang implizit als noch gegeben an bei einem Fachbeamten für das Finanzwesen, der im Hauptamt Gemeindepfleger war und zusätzlich die Tätigkeit des Werksleiters eines gemeindlichen Wasserversorgungsbetriebs aufnehmen sollte.[33] Für eine Hauptamtszugehörigkeit hinreichend sachlich verwandt sei auch die Dozententätigkeit an einer Rechtspflegerschule mit der Leitung einer Arbeitsgemeinschaft für Rechtsreferendare.[34] Und sogar nichthoheitliche Tätigkeiten – im konkreten Fall[35] die separat angeordnete Beheizung einer Schule durch den Hausmeister – könnten Bestandteil eines Hauptamts sein, wenn für sie in der Dienstanweisung keine besondere Vergütung vorgesehen ist. Als nicht mehr dem Hauptamt zugehörig wurden hingegen der Bereitschaftsdienst eines Hochschullehrers als Krankenhaus-Oberarzt,[36] die Behandlung von Privatpatienten durch

[30] Vgl. *Jansen*, S. 10 ff, m.w.N.; *Rohrmann*, S. 183. Die folgenden Einschränkungen betreffen zwar Fallkonstellationen, in denen ein Nebenamt eingerichtet werden sollte, und nicht die Ausweitung des Hauptamts fraglich ist. Die Frage nach der Gestaltungsfreiheit des Dienstherrn tritt hier aber entsprechend auf.
[31] Vgl. für Bundesbeamte v.a. § 72 Abs. 1 BBG und § 1 AZV.
[32] Umfassende Auflistung der Kasuistik m.w.N. bei *Schnellenbach*, Rn. 245. f.
[33] *VGH Bad.-Württ.*, DÖV 1995, 118.
[34] *BVerwGE* 40, 104, 109.
[35] *BVerwG* DÖV 1970, 493.
[36] *OVG Berlin*, BeOVGE 12, 167.

den Chefarzt eines städtischen Krankenhauses[37] oder die Berufsschullehrertätigkeit eines „allgemein bildenden" Lehrers[38] angesehen. Freilich finden sich in der Rechtsprechung kaum abstrakte Anhaltspunkte für eine sachgerechte Definition des erforderlichen Zusammenhangs; immerhin stellte das BVerwG klar,[39] daß die fragliche Tätigkeit für die Zurechenbarkeit zum Hauptamt eine „organische Einheit" mit diesem bilden müsse. Das Schrifttum hat sich größtenteils darauf beschränkt, die umfangreiche Rechtsprechung zu kommentieren, ohne dabei eigene Anforderung an den Zusammenhang der Tätigkeiten zu formulieren. *Rohrmann* führt unter Verweis auf die Verwaltungsrechtsprechung das Kriterium der „sachlichen Verwandtschaft" der Tätigkeiten zueinander auf.[40] *Jansen* grenzt – sehr plastisch – einen Zusammenhang als zu schwach ab, wenn es für den Beamten zu einer Belastung durch zwei „selbständige Berufe" käme; erforderlich sei jedenfalls, daß man immer noch von einem Amt sprechen könne.[41]

Nach allen Ansätzen bleibt es einem folglich nicht erspart, auf den jeweiligen Einzelfall abzustellen und die Gemeinsamkeiten sowie die Unterschiede der fraglichen Tätigkeit zum vom Beamten bis dato ausgeführten Hauptamt gegeneinander abzuwägen.

Damit liegt nach gegenwärtigem Diskussionstand eine (rechtlich relevante) Nebentätigkeit im Sinne des Beamtenrechts vor, wenn der Beamte einer inhaltlich nicht mit seinem Hauptamt zusammenhängenden, entgeltlichen Beschäftigung nachgeht, ob aus eigenem Antrieb oder auf Geheiß des Dienstherrn.

3. Die Nebentätigkeit in der TVöD-Kommentierung

Selbst wenn ein wesentliches Ziel der Reform des Tarifs für Angestellte im öffentlichen Dienst die „Lösung vom Beamtenrecht" gewesen sein mag,[42] gelang dies jedenfalls nicht in Hinblick auf den Begriff der Nebentätigkeit. So heißt dann auch zur Erläuterung, daß Nebentätigkeiten solche Beschäftigungen seien, die der Beschäftigte außerhalb seines Hauptarbeitsverhältnisses ausübe[43] oder die neben einer anderen Erwerbstätigkeit ausgeübt wird.[44]

[37] U.a. *BVerwG* NJW 1991, 2982.
[38] *OVG Münster*, ZBR 72, 125.
[39] *BVerwGE* 29, 191, 193.
[40] *Rohrmann*, S. 48.
[41] *Jansen*, S. 18 f.
[42] Dörring/Kutzki-*Kutzki*, § 3, Rn. 16.
[43] Dörring/Kutzki-*Kutzki*, § 3, Rn. 19.
[44] *Dassau/Wiesend-Rothbrust*, § 3 TVöD, Rn. 16.

Diese Begriffsbestimmung scheint gerade für das *öffentliche* Dienstrecht recht lapidar und bei kritischen Abgrenzungen keine Hilfe zu sein. Allerdings ist zu beachten, daß – ungleich dem Beamtenrecht – der Dienstherr dem TVöD-Angestellten keine Nebentätigkeit im öffentlichen Dienst auferlegen darf.[45] Die Unterscheidung zwischen Haupt- und Nebenamt bzw. Nebenbeschäftigung in der aus dem Beamtenrecht bekannten Form ist daher obsolet. Dieser Unterscheid führt dazu, daß die Situation der TVöD-Angestellten weitgehend der der privat Angestellten entspricht. Das rechtfertigt eine Begriffsbestimmung, die sich von der „Nebentätigkeit" zu eben diesen privaten Arbeitsverhältnissen nicht signifikant unterscheidet.

4. Hier verwendete Definition

Entsprechend den Ausführungen zum arbeitsrechtlichen Nebentätigkeitsbegriff muß auch im Beamten- und öffentlichen Dienstrecht für die Analyse von Wettbewerbsbeschränkungen ein modifizierter Nebentätigkeitsbegriff gefunden werden. Er darf wieder nur Tätigkeiten umfassen, für die auf dem Arbeitsmarkt ein beschränkbarer Wettbewerb herrscht oder herrschen kann, sei es auf Anbieter- oder auf Nachfragerseite.

Zum einen schließt diese Vorgabe alle vom Dienstherrn angeordneten Nebentätigkeiten – im öffentlichen Dienst – aus. Wenn die Beschränkungen der Möglichkeiten zur Nebentätigkeit durch den Dienstherrn und deren Auswirkungen Gegenstand der Untersuchung sind, setzt das denknotwendig voraus, daß es sich um Nebentätigkeiten handelt, denen der Beamte nachgehen *will* und nicht *muß*. Behandelt wird daher nur die Konstellation der §§ 65 f. BBG bzw. 42 BRRG, also von Beamtenseite in aller Regel in der Privatwirtschaft aufgenommene Nebentätigkeiten. Zum anderen müssen ebenfalls die unentgeltlichen Nebentätigkeiten von der Betrachtung ausgenommen werden. Für sie gilt bei öffentlich-rechtlicher Hauptbeschäftigung genau wie bei privatrechtlicher, daß sie nicht auf dem Arbeitsmarkt „gehandelt" werden.

Trotz des reichlich unübersichtlichen Nebentätigkeitsrechts der Beamten mit seinen verschiedenen Arten und Unterarten von Nebentätigkeit läßt sich folglich als Ergebnis festhalten: Nebentätigkeit eines Beamten im Sinne dieser Arbeit ist jede vom Beamten freiwillig neben seinem Amt aufgenommene entgeltliche Beschäftigung.

Diese Definition unterscheidet sich praktisch nicht von derjenigen für die Nebentätigkeiten zu privatrechtlichen Beschäftigungen. Das mag angesichts der umfassenden gesetzlichen Regulierung des Nebentätigkeitsrechts der Beamten verwundern, ist aber im Grunde leicht nachvollziehbar. Denn die hier in Frage

[45] *Dassau/Wiesend-Rothbrust*, § 3 TVöD, Rn. 17.

stehenden Nebentätigkeiten, für die ein wirklicher beschränkbarer Wettbewerb herrschen kann, sind bei Beamten und bei Arbeitnehmern von ähnlicher Gestalt: Sie werden regelmäßig in der Privatwirtschaft ausgeübt, neben einer zeitlich aufwendigeren Haupttätigkeit und gegen Bezahlung. In beiden Fällen hat auch der Hauptarbeitgeber das Interesse an einer möglichst umfassenden Versagung der Nebentätigkeiten. Eine wettbewerbsrechtliche Analyse muß daher in der Begriffssuche zu ähnlichen Ergebnissen kommen.

§ 2 Grundrechtlicher Schutz der Nebentätigkeit

Sind auch Nebentätigkeiten für den Beschäftigten häufig von untergeordneter Bedeutung, genießt ihre Ausübung dennoch einen grundrechtlichen Schutz, der dem der Hauptbeschäftigungen kaum nachsteht. Zu unterscheiden sind aber wiederum Nebentätigkeiten der Arbeitnehmer in der Privatwirtschaft von denen der Beamten und öffentlich Angestellten.

A. Nebentätigkeiten zu privatrechtlichen Arbeitsverhältnissen

Grundsätzlich fällt nach allgemeiner Ansicht[46] auch jede Nebentätigkeit in den Schutzbereich des Art. 12 GG und ist damit generell zulässig und nur bei Vorhandensein besonderer Gründe stufenweise gesetzlich einzuschränken.[47] Zwar sei das Erfordernis zu beachten, daß die Beschäftigung in irgendeiner Weise der Schaffung und/oder Erhaltung einer Lebensgrundlage dienen muß.[48] Das grenzt rein ideelle Freizeitbeschäftigungen aus. Doch ergäbe sich aus der Schutzfunktion des Art. 12 GG, daß auch Nebentätigkeiten und Zweitberufe seinem Schutzbereich unterfallen müßten: Das Grundrecht solle jeden in die Lage versetzen, der Tätigkeit nachgehen zu können, mit der er nach seiner Auffassung eigenverantwortlich seinen Lebensunterhalt glaubt bestreiten zu können.[49] Häufig sei dafür die Aufnahme von Zweitbeschäftigungen notwendig. Auch müsse es grundsätzlich jedem selbst überlassen bleiben, wie viel er arbeite, und wie er sein Arbeitsleben im Einzelnen gestalte.[50]

Selbst Tätigkeiten, die dem Erfordernis des Art. 12 GG nicht genügen (und damit auch nicht den Anforderungen an eine Nebentätigkeit im Rahmen dieser Arbeit), sind nicht gänzlich dem grundrechtlichen Schutz entzogen. Sie unterfallen der subsidiären allgemeinen Handlungsfreiheit,[51] sind damit im Ergebnis aber einfacher einzuschränken, als das für Berufe im Sinne des Art. 12 GG gilt. Wer-

---

[46] *Wank*, Rn. 83 m.w.N.

[47] Vgl. im Einzelnen *Pieroth/Schlink*, Rn. 844 ff.

[48] Ganz h.M., z.B. v. Münch/Kunig – *Gubelt*, Art. 12 , Rn. 8 m.w.N.

[49] *BVerfGE* 30, 292, 334.

[50] *BVerfG*, NJW 1993, 317, 318.

[51] Vgl. auch *BVerfGE* 33, 44, 48; *BVerwGE* 60, 254, 255 f.; diese Urteile nehmen jedoch insbesondere Bezug auf Nebentätigkeiten von Beamten.

den hier je nach Eingriffsqualität besondere und wachsende Anforderungen an die Erforderlichkeit gestellt, besteht das Recht aus Art. 2 Abs. 1 GG lediglich im Rahmen der „verfassungsmäßigen Ordnung", was bedeutet, daß es durch alle Gesetze und Verordnungen,[52] die den Grundsatz der Verhältnismäßigkeit wahren, eingeschränkt werden kann.

B. Nebentätigkeiten zu öffentlich-rechtlichen Arbeitsverhältnissen

Demgegenüber gibt es im Bereich der Nebentätigkeit durch Beamte eine abweichende höchstrichterliche Rechtsprechung.[53] Hiernach betreffen die – zahlreichen – Eingriffe des Beamtenrechts lediglich das Grundrecht der allgemeinen Handlungsfreiheit, nicht jedoch das der Berufsfreiheit. Soweit ersichtlich, wird dieses Vorgehen nicht besonders begründet; man sieht Art 2 Abs. 1 GG einfach als einschlägiges Grundrecht an, wenngleich beide zitierten Entscheidungen ausdrücklich auch die Vergütung des Beamten durch die Nebentätigkeit behandeln. Gerade das muß verwundern, wo doch die Berufsausübungsfreiheit untrennbar mit der Möglichkeit verbunden ist, eine angemessene Vergütung zu fordern. Dementsprechend ist auch das *BVerfG* andernorts der Ansicht, gesetzliche Vergütungsregelungen seien am Maßstab des Art. 12 Abs. 1 GG zu messen.[54] Der Gegensatz im Bereich des Beamtenrechts ließe sich allenfalls in der Weise begründen, daß mit Blick auf die Hingabepflicht (vgl. §§ 54 BBG, 36 BRRG) bei weiteren Beschäftigungen des Beamten mangels Engagement von Berufen im Sinne des Art. 12 GG nicht gesprochen werden kann, eine in dieser Allgemeinheit völlig hypothetische Unterstellung.

Damit aber würde der besondere Status der Beamten nicht erst bei der Bestimmung der Schranken, sondern schon auf der Ebene des Schutzbereichs zu einem gegenüber „normalen" Arbeitnehmern modifizierten Grundrechtsschutz führen. Notwendig ist diese Ausnahme von der üblichen Schutzbereichsdogmatik jedoch nicht, da auch im Lichte des Art. 12 Abs. 1 GG – wirklich erforderliche – Berufsausübungsübungsregelungen und Berufswahlbeschränkungen durchsetzbar sind.[55] Plausibel erscheint daher der Erklärungsversuch, die Ausblendung des Art. 12 Abs. 1 GG im Bereich der Beamten-Nebentätigkeit könne damit zusammenhängen, daß auf diese Weise dem im staatlichen Sonderstatus stehenden Beamten ein graduell schwächerer oder auch „variablerer" Grundrechtsschutz zugebilligt werden soll als einem privatrechtlich angestellten Arbeitnehmer.[56]

---

[52] *Schmidt-Bleibtreu/Klein,* Art. 2, Rn 6, vgl. auch *BVerfGE* 6, 32 f.
[53] *BVerfGE* 55, 207, 238; *BVerwGE* 29, 304, 307.
[54] *BVerfGE* 54, 251, 271.
[55] *Ossenbühl/Cornils*, S. 40.
[56] *Ossenbühl/Cornils*,S. 42.

Zu Recht wird die oben aufgezeigte Inkonsequenz vom überwiegenden Teil des Schrifttums kritisiert, und statt dessen Art. 12 Abs. 1 GG als einschlägig angesehen.[57] Auch eine Nebentätigkeit kann durchaus in der Lage sein, zur Schaffung oder Erhaltung einer Lebensgrundlage zumindest beizutragen. Die ganz sporadische Ausübung der Nebentätigkeit einmal ausgeschlossen, würden alle anderen Fälle die Anforderungen des Art. 12 Abs. 1 GG erfüllen. Beamtenrechtliche Sonderheiten würden hiernach im Rahmen der Schrankensetzung berücksichtigt. Für die Anwendung des Art. 2 Abs. 1 GG bliebe aufgrund seiner Subsidiarität kein Raum.

Dieser Bewertung entsprechend wird das Recht der im öffentlichen Dienst Angestellten zur Nebentätigkeit auf Grundlage des Art. 12 GG anerkannt,[58] ein Rückgriff auf Art. 2 Abs. 1 GG zur Stützung der Freiheit für diese Gruppe wird – soweit ersichtlich – nicht vertreten.

C. Zusammenfassung

Die Nebentätigkeiten der Arbeitnehmer werden vom Schutz der grundgesetzlichen Berufsfreiheit umfaßt, sobald sie von gewisser Regelmäßigkeit sind und keine Liebhaberei darstellen. Staatliche Einschränkungen sind nur bei Vorlage besonderer – mit wachsender Intensität zunehmend dringender – Gründe möglich. Nebentätigkeiten der Beamten genießen nach der – inkonsequenten – Rechtsprechung des *BVerfG* lediglich den gesetzlich leicht einzuschränkenden Schutz der allgemeinen Handlungsfreiheit, während die große Mehrheit des Schrifttums zu Recht auch ihnen den Schutz der Berufsfreiheit zubilligt.

§ 3 Ausmaß der in Deutschland geleisteten Nebentätigkeiten

Nebentätigkeiten werden in der amtlichen Statistik – etwa der Bundesanstalt für Arbeit – nicht systematisch erfaßt. Ein gewichtiger Grund dafür dürfte sein, daß Nebentätigkeiten in einem sensiblen Bereich des Arbeitsmarkts stattfinden, häufig genug in der Grauzone zwischen legaler und illegaler Beschäftigung. Die folgenden Zahlen sind daher den Ergebnissen der Befragungen des „Sozioökonomischen Panels" (SOEP) entnommen. Das SOEP erfaßt den gesamten Bereich der Nebentätigkeit und erlaubt seit 1986 eine kontinuierliche Berichterstattung über Umfang und Struktur der „Nebenerwerbstätigkeit".[59] Es ist eine repräsentative Wiederholungsbefragung von über 13.000 Personen ab 16 Jahren in Privathaushalten. Nebenerwerbstätigkeit sind auch per Definition des Panels alle Tä-

---

[57] v. Münch/Kunig – *Gubelt,* Art. 12, Rn. 10; Dreier – *Wieland,* Art 12, Rn. 50; *Pieroth/Schlink,* Rn. 812; a.A. *Eschenburg*, S. 10.

[58] Dörring/Kutzki-*Kutzki,* § 3, Rn. 18.

[59] So die Bezeichnung im SOEP.

tigkeiten, die neben einer Haupterwerbstätigkeit gegen Entgelt ausgeübt werden.[60]

In entsprechender Form verwertbare Daten wurden letztmalig im Jahre 1997 erhoben.[61] Hiernach waren zu diesem Zeitpunkt in Deutschland 2.936.000 Menschen nebenerwerbstätig, das entspricht 9% der Erwerbstätigen. Der Vergleich zur Erhebung von 1995 zeigt kaum Unterschiede. Nach wie vor war die Nebenerwerbstätigkeit in den neuen Bundesländern seltener zu beobachten (6,9%) als in den alten Bundesländern (9,5%).

Knapp die Hälfte der Nebentätigen übte ihre Tätigkeit regelmäßig aus, 38% nur gelegentlich, und 14 % waren als Angehörige im Familienbetrieb tätig.

Beamte gingen – entsprechend dem gängigen Vorurteil – häufiger Nebentätigkeiten nach als Angestellte oder gar Selbständige. Hatten bundesweit 11,9% der Beamten (in den neuen Bundesländern gar 15,9%) eine zweite Beschäftigung, so galt das nur für 7% der Selbständigen (3,8%). Interessant ist ebenfalls, daß der Anteil der Arbeiter mit Nebenerwerbstätigkeit mit 7% (4,2%) – vor allem im Osten – deutlich kleiner war als der der Angestellten mit 9,7% (8,8%).

Unterschiede treten auch hinsichtlich der Geschlechterverteilung bei Nebenerwerbstätigen auf: Zwar waren bundesweit Frauen zu 8,9% und Männer zu 9,1% annähernd im selben Umfang nebenbeschäftigt. Während jedoch im Westen jede zehnte Frau einer Zweitbeschäftigung nachging, war es in Ostdeutschland nur gut die Hälfte hiervon (5,4%).

Frauen und Männer waren jeweils durchschnittlich ca. 6 Stunden wöchentlich mit ihrer Nebenbeschäftigung befaßt. Während die durchschnittlichen Einkommen im Osten sich entsprechend glichen (ca. DM 480), insgesamt aber weit unter dem Westniveau lagen, verdienten Männer im Westen mit ihrer Nebentätigkeit im Mittel fast das doppelte Einkommen der Frauen (DM 1053 / DM 541). Daraus folgt, daß insbesondere in den alten Bundesländern Frauen überwiegend einfachen Tätigkeiten nachgingen. In der Tat verdiente etwa die Hälfte aller nebentätigen Frauen weniger als DM 300 und nur etwa 15% mehr als DM 630, bei den Männern waren diese Anteile ausgewogener (39% / 26 %).

Das Einkommen aus den Nebentätigkeiten trug bei den Nebenerwerbstätigen 12,9% zum verfügbaren Pro-Kopf-Haushaltseinkommen bei (West: 12,8% / Ost: 13,7 %). Dieser Befund stimmt mit den nur spärlich vorhandenen Indikatoren für die gesamtwirtschaftliche Bedeutung der Nebentätigkeiten überein. Erhebungen von 1984 zeigen, daß von dem gesamten in der damaligen Bundesrepu-

---

[60] Vgl. zum SOEP *Projektgruppe Panel,* Vierteljahreshefte zur Wirtschaftsforschung, S. 5-15.
[61] *Schwarze/Heineck,* DIW-WB 37/99.

blik erbrachten Arbeitsvolumen nur 3,5% als Nebentätigkeit geleistet wurden. Die dabei erzielten Einkommen erreichten einen Umfang von etwa 1% des bundesdeutschen BSP.[62] Das deutet – unter Ausblendung aller sozialrechtlichen Ursachen – auf eine deutlich geringere Produktivität der Arbeitnehmer in einer Nebentätigkeit im Vergleich mit ihrer Hauptbeschäftigung hin. Selbst unter Zugrundelegung eines stetigen Wachstums sowohl der Zahl der Nebentätigen als auch des individuellen Zeitaufwands und Verdienstes in der Nebentätigkeit muß auch für die Gegenwart eine nur begrenzte Rolle der Nebentätigkeiten angenommen werden, betrachtet man allein die in ihr erbrachte Wertschöpfung.

Eine weitergehende Bedeutung könnte in Hinblick auf die Verstärkung der Arbeitnehmerfluktuation auf einzelnen Arbeitsplätzen bestehen. Ebenso wird den Nebentätigkeiten ein Einfluß auf die gesamtwirtschaftliche Beschäftigungsstruktur zugesprochen.[63] Dies läßt sich erklären, wenn man die Nebentätigkeiten als mögliches Versuchsfeld eines in der Hauptsache anderweitig Beschäftigten auffaßt. Ein neues und unter Umständen zukunftsträchtiges Berufsfeld wird schneller entwickelt, wenn der einzelne Arbeitnehmer der neuen Tätigkeit zunächst unter geringem „Commitment" in Form einer Nebenbeschäftigung nachgehen kann.[64]

Weniger detailliert, aber aktueller (aus dem Jahre 2003) und im Ergebnis auf insgesamt niedrigerem Niveau sind die Zahlen des durch das statistische Bundesamt erhobenen „Mikrozensus" zum Ausmaß der in Deutschland erbrachten Nebentätigkeit.[65] Hiernach gingen im Mai 2003 etwa 890.000 Personen in Deutschland einer Nebenbeschäftigung nach. Ein spürbarer Rückgang der Nebenbeschäftigung (allerdings auch „nur" im Falle von etwa 150.000 Personen) in den Jahren 1999 – 2001 wird mit der Einführung der Sozialversicherungspflicht für geringfügige Arbeitsverhältnisse im Jahre 1999 in Verbindung gebracht. Diese wurde bereits Ende 2002 im „Zweiten Gesetz für moderne Dienstleistungen am Arbeitsmarkt" wieder aufgehoben.

Nebentätigkeiten wurden in über 50% der Fälle im Dienstleistungssektor erbracht, und in (überproportionalen) 11% der Fälle im Landwirtschaftssektor – dies wird auf Nebenerwerbslandwirte zurückgeführt, deren Betriebsergebnisse allein ihren Lebensunterhalt nicht zu sichern vermögen. Annähernd die Hälfte

---

[62] Vgl. *Schwarze*, S. 248.
[63] *Schwarze*, S. 248.
[64] Als Beispiel sei der Beruf des EBAY-Verkäufers genannt, welcher zunächst als reines Hobby, später durch einzelne Personen regelmäßig und mit Gewinnerzielungsabsicht, doch neben einer Hauptbeschäftigung, inzwischen aber vielfach als selbständige Haupttätigkeit betrieben wird. Der individuelle Berufswechsel wird erleichtert, wenn zunächst ein unverbindliches „Hineinschnuppern" in die neue Tätigkeit möglich ist.
[65] Zahlen aus der Pressekonferenz des Statistischen Bundesamts, Stellungnahme des Präsidenten *Johann Hahlen*, Berlin, 27. April 2004.

der Nebentätigen (49%) waren dies auf selbständiger Basis, hierbei in neun von zehn Fällen ohne Beschäftigte. 78% der Nebentätigen beschränkten ihre Zweitbeschäftigung auf max. 15 Stunden wöchentlich.

Zweiter Teil Einschränkungen der Nebentätigkeiten

Wenngleich also jedem ein sogar in der Verfassung verbrieftes Recht eingeräumt wird, einer oder mehreren Nebentätigkeiten nachzugehen, ist dieses Recht, wie schon bei der Suche nach einer Begriffsdefinition angedeutet, einigen Beschränkungen unterworfen. Diese Beschränkungen können auf Gesetzen beruhen, aber auch auf gegenseitigen Vereinbarungen, unausgesprochenen Treuepflichten und anderen Grundlagen. Sie gelten nicht nur für Beamte öffentlichrechtlich Angestellte, sondern in abgeschwächter Form – im Einzelfall aber auch gleichermaßen – für privatrechtliche Angestellte.

§ 1 Einschränkungen bei privatrechtlicher Haupttätigkeit

In dieser Fallgruppe sind als Grundlage für Nebentätigkeitsbeschränkungen fünf Quellen denkbar: Eine ausdrückliche Vereinbarung zwischen Hauptarbeitgeber und Arbeitnehmer, eine ungeschriebene – mit dem Arbeitsverhältnis verbundene – Treuepflicht, ein Tarifvertrag zwischen entsprechendem Arbeitgeberverband und entsprechender Gewerkschaft, eine Betriebsvereinbarung sowie das Gesetz. Fast alle Einschränkungen stellen den Versuch dar, die – sogleich nochmals zusammengefaßten - gegenläufigen Interessen von Arbeitgeber und Arbeitnehmer an einem für beide Seiten akzeptablen Punkt auszugleichen.[66] Die Beschränkungen aus Gesetz sowie aus Treuepflicht betreffen alle Beschäftigten in Anstellung und teilweise sogar Selbständige. Die danach aufgeführten Beschränkungen aus Tarifvertrag, aus Individualvertrag und aus Betriebsvereinbarung sind nicht allgemeingültig, sondern betreffen nur Arbeitnehmer im jeweiligen Anwendungsbereich. Es sei betont, daß mehrere Beschränkungen gleichzeitig wirken können; die verschiedenen Beschränkungen stehen daher in keinem Alternativverhältnis zueinander.

A. Interessenlage

Bereits die Diskussion um den Begriff der Nebentätigkeit hat den grundlegenden Interessenkonflikt des Nebentätigkeitsrechts zutage gebracht, der zwischen Arbeitgeber und Arbeitnehmer herrscht.[67] Der Arbeitgeber möchte möglichst weitgehend die Nebentätigkeit des Arbeitnehmers verhindern. Dieser soll sich voll auf seine Hauptbeschäftigung konzentrieren und verbleibende Freizeit zur Erholung nutzen. Zusätzlich ist dem Arbeitgeber daran gelegen, daß der Arbeitneh-

[66] Vor allem Interessen der Allgemeinheit hingegen werden durch das SchwArbG geschützt, siehe unten Abschn. B V; das Vertrauen in Berufsstände versuchen verschiedene Berufsordnungen zu schützen, siehe dazu Abschn. B IV.

[67] Vgl. Erster Teil, § 1, Abschn. B II 1.

mer die bei ihm erlangten Kenntnisse und Qualifikationen nicht zugunsten eines anderen Arbeitgebers – und schon gar keines Wettbewerbers – einsetzt. Eine Begrenzung des Arbeitnehmerrechts auf Nebentätigkeiten ist mithin im Interesse des Arbeitgebers.

Hingegen möchte der Arbeitnehmer möglichst umfassend über seine Freizeit disponieren, und – wann immer ihm danach ist – auch eine Nebenbeschäftigung aufnehmen können. Neben dem finanziellen Anreiz kann das durch ideelle Motive wie größere Abwechslung, beruflichen Fortschritt usw. begründet sein.[68] Je schwächer die Beschränkungen der Nebentätigkeit, desto besser also für den Arbeitnehmer.

B. Einschränkungen durch Gesetze

Der freien Ausübung von Nebentätigkeiten durch einen Arbeitnehmer stehen zunächst einige Gesetze entgegen. Wie alle gesetzlichen Regelungen, die unmittelbar und mittelbar auf die berufliche Betätigung behandeln, beeinträchtigen sie die Berufsfreiheit.[69] Sie haben daher dem besonderen Verhältnismäßigkeitserfordernis des Art. 12 GG zu genügen. Die Normen sollen regelmäßig eine oder beide Parteien des Arbeitsvertrages oder aber die Allgemeinheit vor vertragsspezifischen Gefahren schützen und sind daher durch die Parteien nicht abdingbar.

I. Gesetzliche Wettbewerbsverbote

Eine erste gesetzliche Einschränkung von Nebentätigkeiten ergibt sich aus § 60 HGB. Danach darf ein Handlungsgehilfe[70] nur mit Einwilligung seines Prinzipals[71] ein eigenes Handelsgewerbe betreiben oder im Handelszweig des Prinzipals Geschäfte machen. Geschützt werden damit die geschäftlichen Interessen des Arbeitgebers. Dieses Verbot, das dem Gesetzeswortlaut nach nur Handlungsgehilfen betrifft, soll nach allgemeiner Auffassung[72] ebenso für alle anderen Angestellten gelten. Uneinigkeit besteht lediglich hinsichtlich der letztlich akademischen Frage, ob die Gleichbehandlung aus einer analogen Anwendung des § 60 HGB resultiert,[73] oder ob die Pflicht zum Unterlassen der Konkurrenz-

[68] *Schwarze,* zusammenfassend S. 251, stellt dar, daß viele Arbeitnehmer, die eine Arbeitszeitverkürzung in der Haupttätigkeit wünschen, statt dessen eine Nebentätigkeit aufgenommen haben oder dies würden. Dies spricht für andere als Verdienstmotive.
[69] Zum Grundsatz s. *BVerfGE* 13, 181, 185.
[70] In § 59 HGB definiert als Angestellter im Handelsgewerbe.
[71] Definiert als kaufmännischer Arbeitgeber, vgl. z.B. Baumbach/Hopt-*Hopt,* § 60, Rn 1.
[72] MKHGB-*v. Hoyningen-Huene,* § 60, Rn. 8.m.w.N.
[73] MKHGB-*v. Hoyningen-Huene,* § 60, Rn. 9.

tätigkeit Bestandteil einer Treuepflicht ist, die neben dem Arbeitsvertrag zwischen den Parteien besteht.[74]

Der Umfang des Wettbewerbsverbots ist davon unabhängig:[75] Verboten ist dem Arbeitnehmer nach dem Gesetz das Betreiben eines Handelsgewerbes wie auch das Geschäftemachen auf eigene oder fremde Rechnung im Handelszweig des Arbeitgebers, ohne daß dieser darin eingewilligt hat.

Der Betrieb eines Handelsgewerbes ist dem Gesetzeswortlaut nach schlechthin unzulässig. Das würde jedoch dazu führen, daß dem Angestellten auch Gewerbe in einer völlig anderen Branche als der seines Arbeitgebers verwehrt blieben. Vor allem in Hinblick auf die grundrechtlich geschützte Berufsfreiheit des Arbeitnehmers wird das als unhaltbar angesehen. Es sei eine mit den legitimen Interessen des Arbeitgebers nicht mehr korrespondierende Beschränkung des Arbeitnehmers, ihm das Wirtschaften in „Fremdbranchen" zu untersagen. Das Wettbewerbsverbot sei daher nur auf solche Gewerbe des Arbeitnehmers anwendbar, die dem Arbeitgeber schaden könnten, also im Handelszweig des Arbeitgebers stattfinden.[76] Bildlich gesprochen ist dem Arbeitnehmer folglich nur untersagt, zum Arbeitgeber in direkte Konkurrenz zu treten oder ein Substitut, also eine mit der Leistung des Arbeitgebers austauschbare andere Leistung, anzubieten.

Ist ein Handelsgewerbe des Arbeitnehmers erst im Aufbau, wird nach der Wettbewerbsrelevanz der Handlungen unterschieden. Handelt es sich lediglich um Vorbreitungshandlungen für das Gewerbe, z.B. das Anwerben zukünftiger Arbeitskräfte (nicht aber das Abwerben vom Arbeitgeber!), die Miete von Geschäftsräumen, das Einholen von Informationen oder das Betreiben der Berufszulassung, so wird dies dem Arbeitnehmer zugestanden.[77] Sobald aber konkrete Geschäfte angebahnt werden oder auf andere Weise in die aktuellen Wettbewerbsinteressen des Arbeitgebers eingegriffen wird, findet das Verbot des § 60 HGB seine Anwendung.[78]

Das Tätigen von Geschäften auf eigene oder fremde Rechnung ist dem Arbeitnehmer hingegen schon von Gesetzes wegen nur „in dem Handelszweige des Prinzipals" untersagt. Branchenfremde Geschäfte bleiben damit von vornherein außen vor. „Geschäftemachen" ist jede auf Gewinn ausgerichtete Teilnahme am Geschäftsverkehr,[79] mithin handelt es sich um eine zum Betreiben eines Han-

---

[74] *Glöckner*, S. 32 f. m.w.N.; zur Treupflicht vgl. im einzelnen unten Abschn. C.
[75] *Wank*, Rn 236.
[76] *BAG*, BB 1970, 1134; *Gaul*, BB 1984, 346, 348.
[77] *BGH*, BB 1955, 164; *BAG* BB 1958, 877.
[78] *BAGE* 14, 73, 77.
[79] *BAG* v. 24.04.1970, EzA, § 60 HGB Nr. 3.

delsgewerbes subsidiäre Handlung. Auch Tätigkeiten, die nicht kaufmännischer Natur im Sinne des § 1 Abs. 1 HGB sind, können folglich durch § 60 HGB verboten sein.

Festzuhalten ist noch, daß das gesetzliche Wettbewerbsverbot nur während der Laufzeit des Beschäftigungsvertrags gilt.[80] Hingegen besteht nach Ablauf des Vertrags grundsätzlich Wettbewerbsfreiheit für den Arbeitnehmer, soweit die Parteien nicht vertraglich Gegenteiliges vereinbart haben;[81] hierfür stünde dem Arbeitnehmer dann gemäß §§ 74-75d HGB eine Entschädigung zu. Allerdings ist das eine Konstellation, in der keine Nebentätigkeit mehr vorliegt. Für diese Arbeit kann sie deshalb außer Betracht gelassen werden.

Die in § 90a HGB typisierte Wettbewerbsabrede zwischen einem Unternehmer und seinem Handelsvertreter ist an dieser Stelle ebenso nicht zu behandeln. Sie ist vertraglicher Natur und gilt nicht von Gesetzes wegen.

Ein spezielles „Wettbewerbsverbot" – eher einen Erlaubnisvorbehalt – für die Nebentätigkeit der Vorstandsmitglieder einer Aktiengesellschaft enthält § 88 Abs. 1 AktG. Da ein Vorstandsmitglied mangels Weisungsbefugnis zwar einen Anstellungsvertrag, aber keinen Arbeitsvertrag mit der Gesellschaft schließt,[82] verbietet sich hier die analoge Anwendung des § 60 HGB. Den Vorstandsmitgliedern ist das Geschäftemachen auf eigene oder fremde Rechnung im Geschäftszweig der Gesellschaft ebenso untersagt wie ein weiteres Amt als Vorstand, Geschäftsführer oder persönlich haftender Gesellschafter einer anderen Handelsgesellschaft, sofern nicht eine Einwilligung des Aufsichtsrats vorliegt. Diese kann jedoch nur bestimmte Handelsgewerbe, Handelsgesellschaften und Arten von Geschäften umfassen. Das GmbH-Gesetz kennt keine entsprechende Vorschrift, ein gleichartiges Wettbewerbsverbot ist jedoch bei Vorständen und Geschäftsführern im typischen Anstellungsvertrag enthalten.[83]

II. Urlaubszeit

Bezahlter Urlaub steht einem Arbeitnehmer gemäß § 1 BUrlG in jedem Kalenderjahr zu. Das Gesetz nennt den Urlaub ausdrücklich „Erholungsurlaub". Im Urlaub soll die Arbeitskraft des Arbeitnehmers wiederhergestellt oder aufgefrischt werden.[84] Der bezahlte Urlaub ist – aus Sicht des Arbeitgebers – eine Investition in die zukünftige Schaffenskraft des Arbeitnehmers. Das bedeutet allerdings nicht, daß dem Arbeitnehmer eine Pflicht zur Erholung entstünde. Er ist

---

[80] Statt vieler MKHGB-*v. Hoyningen-Huene*, § 60, Rn 12.
[81] *BAG*, NJW 1988, 1686.
[82] *Hirte*, Rn. 3.22.
[83] Vgl. das Vertragsmuster bei *Hirte*, Rn. 3.66.
[84] *Götz*, Rn 89.

in der Gestaltung des Urlaubs frei.[85] Ihm soll nur die Möglichkeit eröffnet werden, die Urlaubszeit selbstbestimmt zur Erholung zu nutzen.[86]

Die Möglichkeit zur Selbstbestimmung geht aber wiederum nicht so weit, daß ein Arbeitnehmer in seiner Urlaubszeit z.B. bei einem anderen Arbeitgeber in gleicher Weise weiterarbeiten könnte; etwa um anstelle des Ausruhens einen zusätzlichen Verdienst zu erlangen. § 8 BUrlG verbietet ihm während des Urlaubs jede dem Urlaubszweck (die Erholung im Sinne körperlicher, geistiger und seelischer Regeneration)[87] widersprechende Erwerbstätigkeit, und zwar sowohl innerhalb eines Arbeitsverhältnisses als auch im Rahmen anderer Vertragsverhältnisse.[88] Die Betonung liegt dabei auf Erwerb: Erlaubt sind – nach Urlaubsrecht – durchaus Tätigkeiten, die den Arbeitnehmer in seiner Erholung behindern oder sogar einen negativen Einfluß auf seine Verfassung haben. Diese Tätigkeiten dürfen aber nicht gegen ein Entgelt, geldwerte Güter oder andere Gegenleistungen[89] geleistet werden. Ein anstrengendes Hobby etwa, das aufgrund des Aufwands nur im Urlaub betrieben werden kann, ist also kein Verstoß gegen § 8 BUrlG.[90] Ebenso muß das für eine entgeltliche, aber der Erholung nicht entgegenwirkende Tätigkeit gelten.

Sehr plastisch zeigt sich im BUrlG der Versuch des Interessenausgleichs: Der Arbeitnehmer hat Anspruch auf freie Zeit, soll diese aber zur Erholung nutzen; er ist in der Gestaltung des Urlaubs grundsätzlich frei, darf aber keinen zweckfremden entgeltlichen Tätigkeiten nachgehen. Welche Tätigkeiten dem Zweck der Erholung entsprechen und welche nicht, wird allerdings von Arbeitnehmer zu Arbeitnehmer unterschiedlich sein. Ein regelmäßig geistig beanspruchter Arbeitnehmer wird körperliche Anstrengungen vielleicht berechtigterweise als Entspannung empfinden. Es läßt sich im Falle einer entgeltlichen Urlaubsbeschäftigung nur anhand von Indizien über die Zweckfremdheit urteilen:[91]

- Eine sachlich mit der „Hauptarbeit" zusammenhängende Urlaubsarbeit ist eher zweckwidrig als eine thematisch völlig neue / andere Beschäftigung.
- Eine Urlaubsarbeit, die den Arbeitnehmer zeitlich ähnlich einer Vollzeittätigkeit in Anspruch nimmt, ist eher zweckwidrig als eine Beschäftigung mit kurzer Wochenarbeitszeit.

---

[85] KHAR-*Schütz*, 2.4, Rn 40.
[86] *BAG* v. 01.03.1962, EzA, § 611 BGB, Nr. 5.
[87] Ganz h.M., z.B. *BAG* v. 11.01.1966, AP § 1 BUrlG (Nachurlaub) Nr.1; *Leinemann* NZA 1985, 137, 140.
[88] *BAG* v. 20.10.1983, AP § 47 BAT, Nr.5.
[89] *Neumann/Fenski*, § 8 BUrlG, Rn 4.T
[90] Freilich liegt dann auch – wegen der Unentgeltlichkeit – keine wettbewerbsrelevante Nebentätigkeit im Sinne dieser Arbeit vor.
[91] Vgl. *Wank*, Rn 198 ff.

- Eine den Arbeitnehmer geistig, körperlich oder seelisch erheblich anstrengende Urlaubsarbeit ist eher zweckwidrig als eine wenig beanspruchende Beschäftigung.

Man kommt folglich nicht an einer Betrachtung der Situation des einzelnen Arbeitnehmers vorbei und wird eine entgeltliche Urlaubsbeschäftigung dann als „urlaubszweckwidrig" bezeichnen, wenn der Arbeitnehmer sich die mit der Arbeitsbefreiung während der Urlaubszeit gegebene Möglichkeit nimmt, das Ziel einer selbstbestimmten Erholung zu verwirklichen.[92]

Für Nebenbeschäftigungen bedeutet dies regelmäßig, daß sie während des Urlaubs im Hauptberuf nicht vorübergehend zu Hauptbeschäftigungen ausgebaut werden können. Umgekehrt sind jedenfalls Nebenbeschäftigungen, die neben einem Hauptarbeitsverhältnis berechtigt betrieben werden, in diesem Umfang auch im Urlaub gestattet.[93] Der Umfang kann sogar steigen, bis das Ausmaß der Urlaubsarbeit den Urlaubszweck unterminiert. Der Urlaub in der Haupttätigkeit bewirkt damit noch lange nicht absolute Freiheit für die Nebentätigkeit, diese kann aber doch ausgeweitet werden bis hin zur Gefährdung der „selbstbestimmten Erholung".

III. Arbeitszeitbegrenzungen

Während die Privatautonomie jedem den fast beliebigen Umgang mit seinem Eigentum zugesteht, gilt das nicht unbedingt für den Umgang mit der anderen wichtigen persönlichen Ressource, der eigenen Arbeitskraft. Selbständige können hierüber gleichfalls frei disponieren. Als Arbeitnehmer ist man jedoch – vor allem durch das Arbeitszeitgesetz (ArbZG) – gehalten, den Einsatz seiner Arbeitskraft im Rahmen abhängiger Beschäftigungen auf ein bestimmtes Maß zu begrenzen.

§ 3 Abs. 1 ArbZG bestimmt, daß die werktägliche Arbeitszeit eines Arbeitnehmers höchstens 8 Stunden betragen darf. Sofern über einen längeren Zeitraum hinweg die durchschnittliche Arbeitszeit von 8 Stunden täglich nicht überschritten wird, läßt Abs. II der Vorschrift die Verlängerung auf bis zu 10 Stunden am Tag zu. Unerheblich ist dabei gemäß § 2 Abs. 1 ArbZG, bei wie vielen Arbeitgebern der Arbeitnehmer beschäftigt ist: Die jeweiligen Arbeitszeiten – etwa beim Haupt- und beim Nebenberuf – müssen folglich addiert werden. Arbeitnehmern, die neben einer Vollzeittätigkeit eine weitere Beschäftigung aufnehmen wollen, bleibt damit in der Regel nur der Gang in die Selbständigkeit.

---

[92] MHAR-*Leinemann*, § 91, Rn 50.
[93] *Boldt/Röhsler*, § 8 BUrlG, Rn 30.

Das gesetzgeberische Motiv für diesen tiefen Eingriff in die Berufsfreiheit ist vor allem der Schutz der Gesundheit des Arbeitnehmers.[94] Andererseits schützt es auch den Arbeitgeber: Seine Fürsorgepflicht erlegt ihm auf, die Überanstrengung des Arbeitnehmers zu vermeiden.[95] Hierfür gibt ihm das ArbZG eine verbindliche Höchstgrenze der Arbeitszeit. Das Gesetz bestimmt auf diese Weise, ab wann eine Überanstrengung vorliegt. Hält sich der Arbeitgeber daran, hat er – von evtl. Ausnahmen abgesehen – den Vorwurf der Überbeanspruchung und eine entsprechende Haftung nicht zu befürchten.[96]

Verstöße gegen § 3 ArbZG haben für den Arbeitgeber empfindliche Konsequenzen: § 22 Abs. 2 ArbZG droht ein Bußgeld bis zu € 15.000,- an, und im Falle einer vorsätzlichen Gesundheitsschädigung wird nach § 23 ArbZG bis zu ein Jahr Freiheitsstrafe verhängt. Gerade § 22 ArbZG jedoch, der für ein Bußgeld keine positive Kenntnis des Arbeitgebers von der Zeitüberschreitung des Arbeitnehmers voraussetzt, läßt sich mit dem Schutzzweck des Gesetzes nur vereinbaren, wenn man dem Arbeitnehmer im gleichen Zuge eine Mitteilungspflicht hinsichtlich seiner weiteren Tätigkeiten bei jedem Arbeitgeber auferlegt.[97] Nur dann kann der Arbeitgeber seiner Pflicht nachkommen und die Belastung des Arbeitnehmers im legalen Rahmen halten.

Da das Gesetz – von Ausnahmen wie § 8 ArbZG abgesehen – schon auf die Art der Arbeit keine Rücksicht nimmt, kann es auch keine Rolle spielen, ob es sich um eine Haupt- oder eine Nebenbeschäftigung handelt. Für den Vollzeitarbeitnehmer bedeutet das in der Regel, daß er z.B. seinen Feierabend nicht für eine Nebentätigkeit als Angestellter nutzen kann, so sehr er sich die zusätzliche Belastung auch zutraut und aus etwa finanziellen Erwägungen wünscht.

Der starke regulative Eingriff des ArbZG findet allerdings seine einzige Berechtigung im Schutz des Arbeitnehmers. Ist dieser nicht schutzwürdig, ist auch der Regelungsgehalt des Gesetzes nicht angemessen. Dem entsprechend findet das ArbZG gemäß seinem § 18 Abs. 1 keine Anwendung bei leitenden Angestellten, Chefärzten und Leitern öffentlicher Dienststellen. Von diesen Gruppen nimmt der Gesetzgeber offenbar an, daß sie sich ihre Arbeitszeit selbst einteilen können und in dieser Hinsicht nicht weisungsgebunden an ihren Arbeitgeber sind, ergo nicht vor seiner möglicherweise zu anspruchsvollen Arbeitszeitplanung geschützt werden müssen.

---

[94] Vgl. Wortlaut § 1 ArbZG; EK-*Wank*, § 1 ArbZG, Rn. 7.
[95] Schaub-*Koch*, § 108. V 3 c).
[96] *Wank*, Rn 136.
[97] Die Mitteilungspflicht ergibt sich nicht aus Gesetz, sondern ist Bestandteil der Treuepflicht des Arbeitnehmers gegenüber seinem Arbeitgeber (vgl. unten, Abschn. C I), tritt aber auch in Tarifverträgen (vgl. unten, Abschn. D II 1) sowie in individuell vereinbarten Arbeitsverträgen auf.

Ausnahmen von der Höchstarbeitszeit bestehen außerdem für Jugendliche nach dem Jugendarbeitsschutzgesetz sowie für Mütter und werdende Mütter nach dem Mutterschutzgesetz. Beide Gruppen gelten als noch schutzwürdiger als der „normale“ Arbeitnehmer und unterliegen folglich noch kürzeren maximalen Arbeitszeiten. Die Möglichkeiten zur Nebentätigkeit sind damit aber ebenfalls noch weiter eingeschränkt.

IV. Berufsordnungen

Die vorangehenden Nebentätigkeitsbeschränkungen bezogen sich jeweils auf Hauptbeschäftigungen im privatrechtlichen Angestelltenverhältnis. Auch bei einigen Berufen, denen typischerweise in selbständiger Form nachgegangen wird, sind die Möglichkeiten zur Nebentätigkeit gesetzlich eingeschränkt. Exemplarisch werden hier der Notar- und der Rechtsanwaltsberuf behandelt. Die Nebentätigkeitsbeschränkungen finden sich in der Bundesnotarordnung (BNotO) sowie der Bundesrechtsanwaltsordnung (BRAO).

So untersagt § 8 Abs. 2 BNotO dem Notar das Ausüben eines weiteren Berufs. Hingegen wird eine Nebenbeschäftigung toleriert, gemäß § 8 Abs. 2 Satz 1 BNotO aber nur mit Genehmigung der Aufsichtsbehörde. Satz 2 der Vorschrift setzt dafür voraus, daß die Tätigkeit mit dem öffentlichen Amt des Notars vereinbar ist und nicht das Vertrauen in seine Unabhängigkeit und Überparteilichkeit gefährden kann. Verstößt der Notar mit Aufnahme einer ungeeigneten Nebentätigkeit gegen diese Regeln, droht ihm die Amtsenthebung nach § 50 Abs. 1 Nr. 4 und 5 BNotO.

Ähnlich ist die Situation für Anwälte: § 14 Abs. 2 Nr. 9 BRAO bestimmt, daß die Zulassung zur Rechtsanwaltschaft zu widerrufen ist, wenn der Rechtsanwalt eine Tätigkeit ausübt, die mit seinem Beruf unvereinbar ist. Der Widerruf soll allerdings nicht erfolgen, wenn er für den Anwalt eine unzumutbare Härte bedeuten würde.

Anders als die oben behandelten Beschränkungen lassen sich die für Notare oder Anwälte regelmäßig nicht mit dem Schutz des Arbeitgebers oder des Arbeitnehmers erklären. Vielmehr gilt der Schutz der Außenwirkung des eigenen Berufsstandes. Die bis 1994 gültige Form der BRAO sprach in ihrem § 15 Nr. 2 insoweit Klartext: Danach konnte die Anwaltszulassung u.a. dann zurückgenommen werden, wenn der Rechtsanwalt eine Tätigkeit ausübte, „die mit dem Ansehen der Rechtsanwaltschaft nicht vereinbar“ war. Nunmehr ist in § 14 Nr. 9 BRAO nur noch die Vereinbarkeit mit dem Anwaltsberuf Bedingung für eine Nebentätigkeit. Die eingearbeitete Konkretisierung der Vorschrift zeigt aber, daß es nach wie vor um das zu erhaltende Vertrauen der Öffentlichkeit in die Unabhängigkeit und Integrität eines Anwalts geht. Eine erwerbswirtschaftliche Nebentätigkeit soll in keinem Falle den Verdacht begründen, der Anwalt sei an anderen Dingen maßgebend orientiert als am Recht und an den Interessen des Mandanten.[98] Es zeigt sich, wie sehr auch ein selbständiger Anwalt in seiner Rolle als Organ der Rechtspflege der Öffentlichkeit verpflichtet ist.

Noch viel mehr muß das natürlich für den Notar gelten, der ein öffentliches Amt ausübt, auch in der Praxis eine neutrale Rolle innehat und so in besonderem Maße des Vertrauens bedarf. An der „Spitze aller Überlegungen" steht deshalb die Wahrung der notariellen Unabhängigkeit und Überparteilichkeit.[99] An die Genehmigungsfähigkeit ist ein so strenger Maßstab anzulegen, daß bereits einer Nebentätigkeit, die auch nur in den Augen der Beteiligten – also nicht zwingend tatsächlich – mit den Erfordernissen des Notarberufs in Konflikt geraten *kann*, die Genehmigung zu versagen ist.[100]

Die Beispiele des Rechtsanwalts und des Notars veranschaulichen, daß allein die abstrakte Besorgnis um das Vertrauen in den Rechtsstaat und seine Organe als bedeutend genug angesehen wird, um die betroffenen Personen empfindlich in ihrer Berufsfreiheit einzuschränken.

V. Schwarzarbeit

Grundsätzlich untersagt und als Ordnungswidrigkeit qualifiziert ist gemäß § 1 Abs. 1 SchwArbG die Schwarzarbeit, und das gilt für „normale" Beschäftigungen ebenso wie für Nebentätigkeiten. Schwarzarbeit kann die Volkswirtschaft massiv schädigen, indem die Steuerbasis verkleinert wird, keine Sozialversicherungsbeiträge abgeführt werden, unberechtigt Sozialleistungen beansprucht werden und – nicht zuletzt – die Preisbildung für „legale" Arbeit unterminiert wird. In Deutschland wurde im Jahr 2005 Schätzungen zufolge[101] Schwarzarbeit für € 346 Mrd. erbracht, das entspricht rund 15,4 % des „offiziellen" BIP. Während letzteres gegenüber 2004 um real 1,5 % wuchs, hat sich das Volumen der Schwarzarbeit nach langjährigem bis zu (geschätzt) dreiprozentigem Wachstum nunmehr minimal verringert.

Schwarzarbeit ist laut Gesetz jede erbrachte Dienst- oder Werkleistung „erheblichen Umfangs", die

- wenn unselbständig erbracht, nicht der Bundesanstalt für Arbeit bzw. einem gesetzlichen Versicherungsträger oder einem Sozialhilfeträger gemeldet ist,

---

[98] *Jessnitzer/Blumberg*, § 7, Rn. 20.

[99] *BGH*, DNotZ 1994, 336, 338.

[100] Schippel/Bracker-*Schäfer*, § 8, Rn. 27.

[101] Interview mit *Friedrich Schneider*, Universität Linz, Hamburger Abendblatt vom 07.01.2006.

- wenn selbständig erbracht, ohne Gewerbeanmeldung erfolgte,
- wenn als stehendes Gewerbe im Bereich des Handwerks erbracht, ohne Eintragung in der Handwerksrolle erfolgte.

Der „erhebliche Umfang" ist bereits erreicht, wenn die Leistungen Einnahmen zur Folge haben, die auf die Lebensführung des Betroffenen Einfluß haben.[102] Jedenfalls ist das der Fall, wenn eine Nebentätigkeit im Sinne dieser Arbeit vorliegt.

Es werden im SchwArbG zwar nicht gesondert Nebentätigkeiten angesprochen. Jedoch sind diese wegen des relativ geringen Zeitaufwandes und der größeren Flexibilität des Arbeitnehmers „unauffälliger" für Kontrollbehörden und somit von vornherein geeigneter für eine Ausübung als Schwarzarbeit, als es eine Vollzeitbeschäftigung ist. Man muß auch annehmen, daß sich ein Beschäftigter eher bei einer Beschäftigung illegal verhält, von der er nicht in großem Maße finanziell abhängig ist. Somit ist die praktische Relevanz des SchwArbG für Nebentätigkeiten erheblich. Für Nebentätige bedeuten die Regelungen des SchwArbG positiv, daß sie ihre Beschäftigung – unter Berücksichtigung aller Ausnahmen aufgrund der kürzeren Ausübungsdauer – grundsätzlich gleich einer Hauptbeschäftigung behördlich anmelden müssen bzw. dies dem Arbeitgeber obliegt. Eingeschränkt ist durch das SchwArbG faktisch die völlig freie, spontane und vor allem wechselnde zusätzliche Beschäftigung.

C. Einschränkungen durch ungeschriebene Treuepflicht

Jeder Arbeitnehmer unterliegt seinem Arbeitgeber gegenüber einer ungeschriebenen so genannten Treuepflicht. Weniger als zur Treue verpflichtet sie den Arbeitnehmer zu einem loyalen Verhalten, das die Interessen des Arbeitgebers in dem Rahmen wahrt, wie das unter Berücksichtigung der Arbeitnehmerstellung im Betrieb sowie seiner eigenen Interessen und der der anderen Arbeitnehmer erwartet werden darf.[103] Diese unbestimmte Formulierung ist vor dem Hintergrund beabsichtigt, daß mit wachsender Bedeutung eines Arbeitnehmers für den Betrieb auch das Ausmaß seiner zu erbringenden Loyalität steigen muß.

I. Anzeigepflicht

Wie bereits in den Ausführungen zum ArbZG gezeigt, ist der Arbeitgeber darauf angewiesen, über die Beschäftigungsgesamtzeit seines Arbeitnehmers informiert zu sein, wenn er einen eigenen Verstoß gegen das ArbZG vermeiden möchte. Ein Ausfluß der Treuepflicht ist aus diesem Grund die für den Arbeitnehmer obligatorische Anzeige jeder Nebentätigkeit an den Arbeitgeber. Die Anzeige-

---

[102] *Wank*, Rn 293.
[103] *BAG* v. 22.08.1974, EzA, § 103 BetrVG 1972, Nr. 6.

pflicht ist zwar – wie noch gezeigt wird – in Arbeits- und Tarifverträgen häufig auch in schriftlicher Form zu finden, hat dort aber wegen ihrer allgemeinen Gültigkeit nur deklaratorischen Charakter.

Regelmäßig trägt die Anzeigepflicht dem Arbeitnehmer auf, seinem Hauptarbeitgeber die Tatsache der Ausübung einer Nebentätigkeit sowie den darauf entfallenden Zeitaufwand mitzuteilen. Zweck dessen ist aber nicht nur die Information des Arbeitgebers in Sachen der Freizeitgestaltung seiner Arbeitnehmer; ein dermaßen starker Eingriff in die Privatsphäre wäre durch dieses Interesse des Arbeitgebers nicht gedeckt. Sinnvoll, notwendig und verhältnismäßig ist die Anzeigepflicht, um den Verstoß des Arbeitgebers gegen das ArbZG zu vermeiden. Nur wenn er über den Zeitumfang weiterer Beschäftigungen seiner Arbeitnehmer informiert ist, kann er deren gesetzlich definierte Überbeschäftigung vermeiden und den drohenden empfindlichen Sanktionen entgehen. Daß die Anzeigepflicht den Arbeitnehmer von möglicherweise mit den Interessen des Arbeitgebers kollidierenden Nebentätigkeiten abhalten kann, ist jedoch eine nicht zu verleugnende Folge.

II. Verbote und Begrenzungen

Die Treuepflicht kann aber auch Grundlage eines generellen Nebentätigkeitsverbots oder einer Begrenzung der Nebentätigkeit sein. Vorraussetzung ist auch hier, daß die Nebentätigkeit den berechtigten[104] betrieblichen Interessen des Arbeitgebers widerspricht. Allgemein gesprochen werden deshalb alle Nebentätigkeiten als treuwidrig und damit verboten gewertet, die zur Nicht- oder erheblichen Schlechtleistung der Hauptarbeit führen. Aber auch eine über § 60 HGB hinausgehende vom Arbeitnehmer geschaffene Wettbewerbssituation gilt als treuwidrig.[105]

Grundsätzlich verboten sind damit vor allem Nebentätigkeiten, die die Leistungsfähigkeit des Arbeitnehmers im Hauptberuf einer konkreten Gefahr aussetzen. Konkret bedeutet dabei, daß gerade der Arbeitnehmer durch die Ausübung der Nebentätigkeit seine Leistungseinbuße befürchten muß, wie das insbesondere bei speziellen Krankheitsanlagen der Fall sein kann.[106] Hingegen reicht für die Treuwidrigkeit nicht aus, daß eine Nebentätigkeit nur allgemein als gefährlich angesehen wird.

Weitaus häufiger kommt es aber vor, daß die besonders intensive Ausübung einer an sich unbedenklichen Nebentätigkeit – wenn auch innerhalb der Grenzen des ArbZG – zu Einbußen bei der Haupttätigkeit führt. Treuwidrig sind hier je-

---

[104] *Mayer-Maly* AuR 1968, 1, 12.
[105] *Wank*, Rn 103.
[106] *BVerwG* ZBR 1977, 27, 28.

denfalls alle Nebentätigkeiten, die die Ableistung der Hauptarbeit unmöglich machen.[107] Liegt dagegen nur eine Schlechtleistung der Haupttätigkeit aufgrund einer Nebentätigkeit vor, so wird man dem Arbeitnehmer einen Verstoß gegen seine Treuepflicht erst dann vorwerfen können, wenn die erbrachte Leistung nicht nur vereinzelt deutlich unterdurchschnittlich ist. Die Nebentätigkeit wäre in diesem Fall auf ein Niveau zurückzuführen, das dem Arbeitnehmer auf lange Sicht eine zumindest durchschnittliche Leistung in seiner Hauptbeschäftigung ermöglicht.

Auch im Fall einer Krankmeldung an den Hauptarbeitgeber begründet die Treuepflicht des Arbeitnehmers Einschränkungen hinsichtlich seiner Nebentätigkeit. Der Hauptarbeitgeber, der während der ersten sechs Wochen der der Krankheit des Arbeitnehmers zur vollen Lohnfortzahlung verpflichtet ist,[108] ohne dafür eine direkte Gegenleistung zu erhalten, hat ein berechtigtes Interesse an der schnellstmöglichen Genesung des Arbeitnehmers. Für den Arbeitnehmer bietet sich hingegen sogar die seltene Chance, für einige Zeit zwei volle Gehälter zu erlangen, und zwar eines als Kranker und eines als vorübergehend in Vollzeit Tätiger. Darunter wird der Fortschritt seiner Genesung in aller Regel leiden. Relevant für den Arbeitgeber kann aber eben nur sein, wie rasch der Arbeitnehmer wieder im Stande ist, seine vertragsmäßig geschuldete Leistung zu erbringen. Eine Zweitbeschäftigung wäre nicht zu beanstanden, wenn sie auf die Wiedererlangung der Arbeitsbereitschaft für die Haupttätigkeit keinen Einfluß hat. Der Arbeitnehmer hat aus diesem Grund nur solche Nebentätigkeiten zu unterlassen, die das Abklingen seines Krankschreibungsgrundes verhindern oder verzögern.

Es zeigt sich in diesem Zusammenhang, daß die oben erläuterte Anzeigeobligation eine zusätzliche Aufgabe darin hat, den Arbeitgeber über potentiell treuwidrige Nebentätigkeiten des Arbeitnehmers zu unterrichten und ihm so die „Vollstreckung" eines Verbots / einer Beschränkung erst zu ermöglichen.

D. Einschränkungen durch Tarifverträge

Nebentätigkeitsbeschränkungen können in Tarifverträgen vereinbart werden und von da aus verbindliche Wirkung auf die betroffenen Arbeitnehmer ausüben. Die Wirkung zwischen den Parteien ist gemäß § 4 Abs. 1 Tarifvertragsgesetz (TVG) zwingend und entspricht damit der eines Gesetzes.[109] Im Gegensatz zu den allgemeingültigen formalen Gesetzen, Rechtsverordnungen und der Treue-

[107] *BAG* v. 03.12.1970, AP, § 626 BGB, Nr. 60

[108] Vgl. § 3 Abs. 1 Entgeltfortzahlungsgesetz. Das EFZG manifestiert damit seit 1996 einen eigenen Zahlungsanspruch des Arbeitnehmers, und nicht lediglich – wie ursprünglich – die Pflicht zur Fortzahlung des Arbeitsentgelts gemäß § 611 BGB, vgl. *Schmitt*, § 3 EFZG, Rn. 9.

[109] *Däubler*, Abs. 180.

pflicht binden Tarifverträge allerdings nur an sie gebundene Arbeitgeber und Arbeitnehmer, was die separate Aufführung an dieser Stelle begründet.

I. Wesen, Funktion und Grenze der Tarifmacht

Tarifparteien können laut § 2 Abs. 1 TVG auf Arbeitnehmerseite nur Gewerkschaften, auf Arbeitgeberseite dagegen sowohl einzelne Betriebe als auch deren Vereinigungen, also etwa Branchenverbände, sein. Überwiegend[110] wird die Einschränkung der Privatautonomie der Arbeitnehmer und in der Regel auch der Arbeitgeber durch die Tarifverträge mit vier Argumenten begründet:

- Der Arbeitgeber kann dem Arbeitnehmer keine einseitig bestimmten Bedingungen kraft seiner strukturellen Überlegenheit[111] vorsetzen.
- Für die Laufzeit des Tarifvertrages sind die Personalkosten für den Betrieb überschaubar.
- Während seiner Laufzeit schließt der Tarifvertrag Arbeitskämpfe um seinen Regelungsinhalt aus.
- Der Tarifvertrag ermöglicht eine sozialadäquate und bedürfnisgerechte Einkommensverteilung durch die Bildung abgestufter Lohn- und Gehaltsgruppen, und es wird zum sozialen Frieden beigetragen.

Weitere vor allem betriebswirtschaftliche Argumente aus Unternehmenssicht für den Tarifvertrag können ergänzt werden:

- Delegierte und allgemeingültige Verhandlungen verringern die branchenweiten Transaktionskosten[112] und ersparen dem einzelnen Betrieb unproduktive Ausfallzeiten.
- Im Falle des Arbeitskampfes wird die Gefahr der Bestreikung eines einzelnen Betriebes mit empfindlichen Folgen für diesen im Verhältnis zu seinen Wettbewerbern verringert.
- Die Unternehmen haben weitgehend einheitliche Pro-Kopf-Lohnkosten, ein Wettbewerbsfaktor ist damit „neutralisiert".
- Die Offenlegung der eigenen Ertragssituation, welche bei betriebsindividuellen Lohnverhandlungen einen wichtigen Anhaltspunkt liefert, kann nicht publizitätspflichtigen Unternehmen durch kollektive Verhandlungen erspart bleiben.

---

[110] Vgl. DLW-*Wildschütz/Pfeiffer*, Abschn. H, Rn 1 m.w.N.
[111] Die vermeintliche „strukturelle Unterlegenheit" wird im folgenden genauer beleuchtet, vgl. unten Dritter Teil, § 2, Abschn. D I; sie wird höchstrichterlich angenommen, vgl. *BVerfGE* 94, 268, 283.
[112] Gemeint sind die Kosten des Vertragsschlusses.

Gegen die Tarifverträge wird neben deren vermeintlicher Schaffung eines zu hohen Reallohnniveaus[113] als Folge des Angebotkartells auf dem Markt für Arbeitsleistung in erster Linie die mangelnde Flexibilität – gerade in wirtschaftlichen Krisenzeiten – angeführt. So sei häufig selbst im Einvernehmen zwischen Betriebsrat und Unternehmensleitung eine Verschlechterung der Arbeitsbedingungen, die aber betriebsbedingte Entlassungen verhindern könnte, unmöglich.[114] Auch gelten die meisten Tarifverträge für alle Betriebe in ihrem sachlichen und örtlichen „Zuständigkeitsbereich", ohne Rücksicht auf die wirtschaftliche Potenz des einzelnen Unternehmens.

Sobald Bedingungen für eine Nebenbeschäftigung durch einen Tarifvertrag gestellt werden, greift dieser in die Freizeit des Arbeitnehmers ein, die eigentlich eine kollektivfreie Individualsphäre[115] ist. Durch die Entgeltlichkeit einer Nebenbeschäftigung bekommt diese jedoch einen kommerziellen Charakter, und der Arbeitnehmer verläßt mit der kommerziellen Nutzung seiner Freizeit den regelungsfreien Individualbereich.[116] Tarifvertragsvereinbarungen können insoweit auch auf nur mittelbar mit dem Hauptarbeitsverhältnis zusammenhängende Gegenstände – etwa entgeltliche Nebenbeschäftigungen – Bezug nehmen.[117] Die „Grenzen der Tarifmacht" würden jedoch überschritten mit einer Regulierung der rein ideellen Freizeitgestaltung.

II. Typen der tarifvertraglichen Nebentätigkeitsbeschränkung

Typischerweise kennen Tarifverträge drei mögliche Arten der Nebentätigkeitsbeschränkung: Die Nebentätigkeit kann verboten oder zeitlich begrenzt sein, sie kann von der Genehmigung des Hauptarbeitgebers abhängen, und sie kann einer bloßen Anzeigepflicht an den Hauptarbeitgeber unterliegen. Da auch die Tarifparteien in ihrer Regelungsbefugnis aus § 1 Abs. 1 TVG an die Grundrechte gebunden sind,[118] ist bei Beschränkungen des Rechts auf Nebentätigkeit dessen Absicherung durch Art. 12 GG zu berücksichtigen. Zunehmende Beschränkungen müssen daher mit gewichtiger werdenden Rechtfertigungen einhergehen, um keine Grundrechtsverletzung zu begründen.

---

[113] *Däubler*, Abs. 24 m.w.N.

[114] Vgl. *Gragert,* S. 1.

[115] Wiedemann-TVG-*Wiedemann,* Einl., Rn. 454.

[116] *Wank,* Rn 306.

[117] Allgemeine Ansicht, vgl. z.B. Schaub-*Schaub*, § 43, Rn 7; a.A. noch *Rewolle*, BB 1959, 670, 672, der die Gültigkeit von Tarifverträgen für die Zeit außerhalb des geregelten Hauptarbeitsverhältnisses schlechthin ausschloß.

[118] Nach der „Delegationstheorie" wird diese Bindung aus Art. 9 Abs. 3 GG i.V.m. einer Delegation der Regelungsmacht vom Gesetzgeber zu den Tarifparteien begründet, vgl. *BAG* v. 15.01.1955, AP Art 3 GG, Nr. 4.

1. Anzeigepflicht

In Tarifverträgen sind häufig Anzeigeobliegenheiten formuliert, nach denen der Arbeitnehmer seinem Arbeitgeber seine Nebentätigkeit/en zu melden hat. Insofern faßt der Tarifvertrag jedoch nur die sonst ungeschriebene (Treue-)Pflicht zur Anzeige von Nebenbeschäftigungen auf. Für den tariflich gebundenen Arbeitnehmer gibt es hierdurch keine zusätzliche Beschränkung.

Überdies wäre eine Anzeigepflicht auch hinsichtlich der in der Nebentätigkeit erlangten Vergütung denkbar; soweit ersichtlich, tritt aber diese Form der Beschränkung bei privatrechtlichen Arbeitsverhältnissen regelmäßig nicht auf.

2. Genehmigungsvorbehalt

Auf der Anzeigepflicht aufbauend, aber in der Wirkung viel einschneidender, ist die in Tarifverträgen mitunter vorgesehene erforderliche Genehmigung einer Nebenbeschäftigung durch den Arbeitgeber. Würde diese Art von Bestimmung ohne Einschränkung wörtlich ausgelegt, käme das einer praktischen Abhängigkeit des Arbeitnehmers vom guten Willen des Arbeitgebers gleich. Art 12 I GG springt in diesen Fällen dem Arbeitnehmer jedoch insoweit bei, als er die Einschränkung der Berufsfreiheit nur bei – je nach Intensität des Eingriffs – berechtigten bis überragend wichtigen konträren Interessen des Arbeitgebers oder der Allgemeinheit zuläßt.[119] Daraus folgt für die in Tarifverträgen auftretende Genehmigungspflicht mit ihrem faktischen Gesetzesstatus, daß auch sie verfassungskonform auszulegen ist. Das läßt schließlich nur noch solchen Genehmigungspflichten Raum, deren Zweck sowie deren Form keine unbegründet hohen Anforderungen an den Arbeitnehmer stellen.[120] Einerseits muß also der Genehmigungszweck der Schutz des Arbeitnehmers, die Erhaltung seiner Arbeitskraft oder der Konkurrenzschutz des Arbeitgebers zu sein, um zumindest im Grundsatz Art 12 I GG zu entsprechen.[121] Andererseits darf das Genehmigungsverfahren nicht von vornherein so kompliziert oder aufwendig sein, daß der Arbeitnehmer schon deshalb vom Ersuchen einer Genehmigung abgeschreckt wird. Aber auch der Arbeitgeber hat im Falle einer Ermessenentscheidung die Pflicht, nur bei dem Genehmigungszweck widersprechenden Nebenbeschäftigungen eine Ablehnung zu erwägen.

3. Nebentätigkeitsverbot und zeitliche Beschränkung

Den stärksten Eingriff stellen Nebentätigkeitsverbote dar. Sie können absolut sein, also jede Nebentätigkeit untersagen, oder aber die Nebentätigkeit auf ein bestimmtes zeitliches Ausmaß beschränken. Ist die zweite Variante auch weni-

---

[119] Vgl. im einzelnen Münch/Kunig-*Gubelt*, Art. 12, Rn. 41 ff.
[120] *Wank*, Rn 320.
[121] Kempen/Zachert-*Kempen*, Grundl., Rn 255.

ger einschneidend für den Arbeitnehmer als die erste, so sind doch beides objektive – also von Arbeitnehmer und Arbeitgeber nicht abwendbare – Verbote. Die rechtliche Würdigung gleicht sich entsprechend.

Der Versagungszweck hat mindestens den Anforderungen zu entsprechen, die oben für die Genehmigungspflicht aufgezeigt wurden. Da es keine Ermessensentscheidung des Arbeitgebers geben kann, sondern jedes Verbot „unumgänglich“ ist, wird man die Anforderungen an die Begründung eines Verbots sogar noch höher ansetzen müssen.

Bei der Bestimmung einer zeitlichen Höchstgrenze ist zu unterscheiden: Begrenzt der Tarifvertrag die mögliche Gesamtarbeitszeit ausdrücklich oder auch implizit[122] auf eine Stundenzahl größer[123] oder gleich der im ArbZG genannten, liegt effektiv keine eigenständige Beschränkung der Nebentätigkeiten vor, und das Zeitlimit ist unbedenklich. Ist die tarifvertragliche Gesamtarbeitszeit jedoch kürzer als die durch das ArbZG gestattete, muß die Begrenzung auf ihre Verhältnismäßigkeit hin überprüft werden: Der Begrenzungszweck ist gegen die erfolgte Beschränkung der Berufsfreiheit abzuwägen. Je stärker die Grenzziehung des ArbZG durch den Tarifvertrag unterschritten wird, desto größer sind die Anforderungen an die Dringlichkeit des Begrenzungszwecks.

E. Einschränkungen durch Individualvereinbarungen

Die Arbeitsbedingungen sind, wenn nicht kollektiv in einem Tarifvertrag, vielfach in einem individuellen Arbeitsvertrag geregelt, der auch Nebentätigkeitsbeschränkungen enthalten kann. Relevant sind für diese Arbeit auch hier nur Beschränkungen, die über das Allgemeingültige aus Gesetz und Treuepflicht hinausgehen. Wie bei Tarifverträgen können die Beschränkungen den genannten drei Kategorien zugeordnet werden. Zwei besondere Aspekte fallen aber bei der Betrachtung eines Individualvertrages ins Gewicht: Einerseits ist der Vertragsinhalt nicht „fernverhandelt“, sondern von den Parteien selbst so vereinbart. Dem Gedanken der Privatautonomie folgend sollte auf den Inhalt weniger regulativer Einfluß genommen werden als etwa auf Tarifverträge, die ja bestenfalls nur dem mutmaßlichen Willen der Betroffenen entsprechen. Andererseits besteht bei Einzelverträgen nicht unbedingt der Kräfteausgleich, der bei Tarifverhandlungen idealerweise für gleichstarke Verhandlungspartner sorgt.[124] Mißbraucht die stärkere Seite dieses Ungleichgewicht, könnte gar eine Pflicht zur staatlichen Intervention bestehen.[125]

---

[122] Z.B. durch separate Aufführung der Arbeitszeit für die Hauptbeschäftigung sowie der maximalen Zeit, die auf Nebenbeschäftigungen verwendet werden darf.

[123] § 7 ArbZG läßt dies zu.

[124] *Wank* spricht sogar von einem bei Abschluß eines Arbeitsvertrags regelmäßig gegebenen Ungleichgewicht wirtschaftlicher Macht, Rn 363.

[125] *BVerfGE* 81, 242.

Daraus wird vielfach gefolgert, daß Vereinbarungen, deren Inhalt die Freiheit des Arbeitnehmers einschränken, ohne damit berechtigten Interessen des Arbeitgebers zu dienen, verfassungskonform ausgelegt werden müßten: Erlaubt seien individuell vereinbarte Nebentätigkeitsbeschränkungen nur, soweit sie den berechtigten Interessen des Arbeitgebers dienten.[126] Dieser Ansatz ist kritisch, hebelt er doch den Grundsatz der Vertragsfreiheit aus. Die berechtigten Interessen des Arbeitgebers (wie immer sie definiert sein mögen) werden größtenteils bereits durch die gesetzlichen Beschränkungen, umfassend aber durch die Treuepflicht des Arbeitnehmers geschützt. Jede darüber hinaus gehende Beschränkung wäre nach jener Auffassung unzulässig, und zwar unabhängig davon, ob es sich um ein Verbot, einen Genehmigungsvorbehalt oder eine Anzeigeobligation handelt. Faktisch wären also individuell vereinbarte Beschränkungen per se gegenstandslos.

Es ist zwar nicht zu bestreiten, daß ein Individualvertrag dem Arbeitgeber regelmäßig mehr Raum für Machtmißbrauch läßt, als das etwa bei Arbeitsverhältnissen möglich ist, die auf einem Tarifvertrag beruhen. Die Privatautonomie gebietet es jedoch, diesen Mißbrauch positiv festzustellen, bevor eine Parteivereinbarung umgedeutet oder gar für nichtig erklärt wird. Es wäre zum Beispiel denkbar, daß ein Arbeitgeber zwar kein objektives Interesse an einem Nebentätigkeitsverbot für seinen Arbeitnehmer hat, ihm aber irgendeine irrationale Sorge um dessen Einsatzbereitschaft eine hohe „Entschädigung" für ein solches Verbot wert ist. Warum sollte sich der Arbeitnehmer auf eine derartige Vereinbarung nicht einlassen dürfen? Hier sollte es gerade nicht zu einer Bevormundung des Arbeitnehmers kommen. Nur beim tatsächlichen bösartigen Ausnutzen eines Ungleichgewichts durch den Arbeitgeber ist eine „verfassungskonforme Auslegung" der Beschränkung im Vertrag angebracht und mit der Vertragsfreiheit, die ja ihrerseits in Art. 2 Abs. 1 GG verankert ist,[127] vereinbar.

Nebentätigkeitsbeschränkungen können im Rahmen einer Individualvereinbarung somit ebenfalls als Verbot, als Genehmigungsvorbehalt und als Anzeigepflicht bestehen. Grundsätzlich sind – wie auch im Rahmen der ungeschriebenen Treuepflicht – mit wachsender Bedeutung des Arbeitnehmers im Betrieb umfassendere Restriktionsmöglichkeiten gegeben; bei der Anstellung von Gesellschaftsorganen kann das zu faktischen Nebentätigkeitsverboten führen.[128] Sobald die Restriktionen über das berechtigte Interesse des Arbeitgebers hinausgehen, ist für die Wirksamkeit der Vereinbarung Voraussetzung, daß keine einseitige Durchsetzung größerer Macht, sondern tatsächliches Einvernehmen zwischen den Parteien vorliegt. Indikator dafür kann unter anderem eine besondere Kompensation für die vereinbarten Einschränkungen sein.

---

[126] Schaub-*Schaub*, § 43, Rn. 7 m.w.N.
[127] Umbach/Clemens-*Hillgruber*, Art. 2, Rn. 94.
[128] Vgl. z.B. Muster-Anstellungsvertrag eines GmbH-Geschäftsführers bei *Hirte*, Rn. 3.66.

F. Einschränkungen durch Betriebsverfassungen

Das Betriebsverfassungsgesetz (BetrVG) sieht in seinem § 77 Vereinbarungen zwischen Arbeitgeber und Betriebsrat eines Betriebes vor. Diese Betriebsvereinbarungen gelten – einmal getroffen – gemäß § 77 Abs. 4 Satz 1 BetrVG für die Betriebsangehörigen zwingend. Denkbar ist daher auch, ein Nebentätigkeitsverbot auf dieser betrieblichen Ebene zu vereinbaren.

Unabhängig von ihrem Umfang wird man aber einer solchen Beschränkung die Wirksamkeit versagen müssen. Denn einerseits (relevant im Falle bestehender Tarifbindung) läßt bereits § 77 Abs. 3 BetrVG keine Betriebsvereinbarungen zu, die Arbeitsbedingungen regeln, welche Gegenstände von Tarifverträgen sind oder üblicherweise sind. Regelungsinhalt der Tarifverträge sind aber – wie gezeigt – regelmäßig auch die Nebentätigkeitsbeschränkungen. Andererseits (relevant in Arbeitsverhältnissen ohne Tarifbindung) darf der grundsätzliche Regelungsbereich von Betriebsvereinbarungen nicht zu weit ausgedehnt werden. Zwar sollen ihr Gegenstand unter anderem der Inhalt von Arbeitsverhältnissen sowie betriebliche und betriebsverfassungsrechtliche Fragen sein.[129] Dabei sollen Betriebsvereinbarungen aber der Ordnung innerhalb des Betriebes dienen.[130] Die außerbetriebliche Lebensgestaltung des Arbeitnehmers hingegen gehört zu dessen Individualbereich, auf den Betriebsvereinbarungen keinen Einfluß nehmen sollen.

Anders als im Fall der Tarifverträge läßt sich auch nicht argumentieren, der Arbeitnehmer würde mit der kommerziellen Nutzung seiner Freizeit den regelungsfreien Individualbereich verlassen. Tarifverträge knüpfen an die Berufstätigkeit des Arbeitnehmers im sachlichen und räumlichen Geltungsbereich des Vertrages an und können daher auch auf die Berufstätigkeit außerhalb der Hauptbeschäftigung einwirken. Das gilt aber nicht für Betriebsvereinbarungen, die das Arbeitsverhältnis in dem jeweiligen Betrieb ordnen sollen, und gerade keine anderen Arbeitsverhältnisse.[131] Aus diesem Grund können Nebentätigkeitsbeschränkungen nicht mit verbindlicher Wirkung in Betriebsvereinbarungen aufgestellt werden,[132] und bereits vorhandene Beschränkungen binden die Arbeitnehmer nicht.[133]

---

[129] *Fitting*, § 77, Rn 45.
[130] *BAG* v. 20.12.1957, EzA, § 399 BGB, Nr. 1.
[131] *Wank*, Rn 358.
[132] Ganz h.M., z.B. *BAG* v. 25.05.1970, AP, § 60 HGB, Nr. 4; *Fitting/Kaiser/Heither/Engels*, § 77, Rn 51; Richardi-*Richardi*, § 77, Rn. 104.
[133] A. A. unter anderem *Reinfeldt*, AuA 1994, 41, 42.

G. Zusammenfassung

Das von der grundgesetzlichen Berufsfreiheit umfaßte Recht, einer Zweitbeschäftigung nachzugehen, ist für privatrechtlich Angestellte zahlreichen Beschränkungen unterworfen. Neben eine allgemeine Treue- oder (eher) Loyalitätspflicht treten gesetzliche Beschränkungen, die teilweise den Angestellten, teilweise den Arbeitgeber schützen sollen. Hinzutreten können – je nach Charakter des Arbeitsverhältnisses – individuell oder in einem Tarifvertrag vereinbarte Beschränkungen. Auch Selbständige, die bestimmten Berufszweigen angehören, können mit Nebentätigkeitsbeschränkungen konfrontiert sein. Typischerweise stammen diese aus standesrechtlichen Berufsordnungen.

§ 2 Einschränkungen bei öffentlich-rechtlicher Haupttätigkeit

Anders als das privatrechtliche Verhältnis zwischen Arbeitnehmer und Arbeitgeber, für das insbesondere im Arbeitsrecht nach einem Interessen-, aber auch Machtausgleich gesucht wird, ist das Beamtenverhältnis durchweg von formeller Über- und Unterordnung gekennzeichnet.[134] Das beginnt schon bei der Begründung des Beamtenverhältnisses: In formaler Hinsicht einigt man sich nicht über die Einstellung, sondern der Beamte wird mittels eines Verwaltungsakts „ernannt." Er arbeitet von dem Moment an regelmäßig in einem hierarchisch aufgebauten Apparat. Dazu paßt, daß der Beamte seine Arbeitsbedingungen nicht aushandeln kann, sondern an gesetzlich bestimmte Konditionen gebunden ist. Auch die Bedingungen der Nebentätigkeit sind daher vor allem gesetzlich fixiert, es entfallen denknotwendig Beschränkungen aus Individualvertrag, aus Tarifvertrag und natürlich aus Betriebsvereinbarung. Neben die gesetzlichen Beschränkungen tritt im Ergebnis nur noch die ungeschriebene Treuepflicht.

Für Angestellte im Öffentlichen Dienst gelten seit 2005 eigene und vereinfachte Nebentätigkeitsregeln im TVöD, die den beamtenrechtlichen Vorschriften folgend präsentiert werden.

A. Interessenlage in öffentlich-rechtlichen Arbeitsverhältnissen

Wenn auch Beamte ihre Arbeit auf einer anderen rechtlichen Grundlage leisten als Angestellte, so ist doch der Interessenkonflikt zwischen Arbeitgeber und Arbeitnehmer, der das private Nebentätigkeitsrecht prägt, auch bei Beamtenverhältnissen immanent. Auch hier ist die Idealvorstellung des Dienstherrn ein sich nur für sein Amt verausgabender Beamte. Dieser wiederum hat das gleiche Interesse an Gestaltungsfreiheit in seiner Freizeit, wie es beim Angestellten in der Privatwirtschaft der Fall ist. Insoweit kann trotz aller formellen Unterschiede nach oben verwiesen werden.

---

[134] *Wagner*, Rn. 39.

Allerdings ist die Besonderheit des Beamten und TVöD-Angestellten, daß sein Arbeitgeber nicht ein Unternehmen und auch nicht eine einzelne Behörde ist, sondern regelmäßig ein Bundesland, der Bund oder ein „unterstaatlicher Verwaltungsträger"[135]. Die Anforderungen an den Beschäftigten in Hinblick auf seine Leistungsfähigkeit, Unabhängigkeit, Neutralität und Integrität dürften entsprechend höher anzusiedeln sein, weil er nicht nur den Interessen seines direkten Vorgesetzten, sondern auch denen der Öffentlichkeit verpflichtet ist. Das Gesetz fordert dem Beamten ausdrücklich auch außerhalb des Dienstes ein Verhalten ab, das der Achtung und dem Vertrauen gerecht wird, die seinem Beruf entsprechen.[136] Allgemein gesprochen besteht also auch ein Interesse des Dienstherrn an der sachlichen Vereinbarkeit der Nebentätigkeit mit dem Posten des Beamten bzw. öffentlich-rechtlich Angestellten.

Ein weiteres umstrittenes Motiv des Gesetzgebers, die Möglichkeiten zur Nebentätigkeit einzuschränken, ist jedoch folgendes: Interessengruppen insbesondere der verschiedenen freien Berufe wie z.B. Steuerberater oder Architekten beklagten, die verbreitete Nebentätigkeit der Beamten führe zu empfindlichen Anspannungen auf dem jeweiligen Arbeitsmarkt. Die Arbeit, die z.B. durch nebentätige Finanzbeamte erbracht werde, gehe dadurch der Gesamtheit der Steuerberater verloren. Die Nebenberufler befänden sich sogar mit ihren Arbeitsbedingungen im Vorteil, da sie einer unkündbaren Hauptbeschäftigung nachgingen und damit in finanzieller Unabhängigkeit in eine verzerrte Konkurrenz zu professionellen Steuerberatern etc. träten. Dieser Argumentation folgend, sah und sieht man in der Beschränkung der Nebentätigkeiten eine Möglichkeit, das Angebot auf dem Arbeitsmarkt – und auf diese Weise auch die Arbeitslosigkeit – zu reduzieren.[137] Die Plausibilität einer solchen Begründung wird noch zu untersuchen sein.[138] Entscheidend ist zunächst, daß Nebentätigkeitsbeschränkungen zumindest immer auch mit diesem Gedanken „im Hinterkopf" diskutiert werden. Den eigentlichen Grund für eine Beschränkung darf der Zustand des Arbeitsmarktes jedoch nicht darstellen.[139] Anders sah das noch u.a. der nordrhein-westfälische Gesetzgeber, der im Jahre 1984 die Belange des Arbeitsmarkts sogar als Versagungsgrund in den § 68 des Landesbeamtengesetzes aufnahm. Er entzog sich jedoch nicht der Kritik aus Rechtsprechung[140] und Literatur[141] und gab diesen Versagungsgrund im Jahre 1993 wieder auf.

[135] Vor allem Körperschaften, Anstalten des öffentlichen Rechts und Stiftungen.
[136] Vgl. z.B. §§ 54 BBG, § 36 BRRG.
[137] Vgl. etwa die Gesetzesbegründung in „Stand der Gesetzgebung", 10. Wahlperiode, B35.
[138] Vgl. unten: Vierter Teil, Abschnitt C III.
[139] *BVerwGE* 84, 299; *Battis*, § 65, Rn. 7, *Behrens*, § 6, Rn. 64.
[140] *BVerwGE* 84, 299.
[141] Vgl. z.B. *Papier* DÖV 1984, 536.

B. Einschränkungen durch Gesetze

I. Relevante Bestimmungen des Beamtenrechts

Die wesentlichen Regelungen zur Einschränkung der Nebentätigkeit finden sich – wie auch die weiter vorne untersuchten Begriffsbestimmungen – für Bundesbeamte im BBG und der BNV sowie für Landesbeamte im jeweiligen Landesbeamtengesetz und der Landesnebentätigkeitsverordnung. Der Übersichtlichkeit wegen werden auch hier nicht alle Landesgesetze zitiert, sondern die Systematik anhand des BBG erläutert. Dessen inhaltliche Nähe zum Rahmengesetz BRRG sorgt für in großen Teilen kongruente Landesbeamtengesetze und mittelbar auch Nebentätigkeitsverordnungen. Zentraler Untersuchungsgegenstand sind somit die §§ 65, 66 BBG sowie § 5 BNV. Wegen der erhöhten Praxisrelevanz der Nebentätigkeiten in der Berufsgruppe der Hochschulprofessoren wird außerdem auf den für dieses Berufsfeld speziell gültigen § 52 Hochschulrahmengesetz (HRG) Bezug genommen.

II. Grundsatz der Genehmigung durch den Dienstherrn

§ 65 Abs. 1 BBG stellt den Grundsatz der Genehmigungspflicht einer jeden Nebentätigkeit auf, zu der der Beamte nicht verpflichtet ist,[142] und verweist zugleich auf die in § 66 Abs. 1 BBG abschließend aufgeführten Ausnahmen.[143] Die Entscheidung über das Genehmigungsersuchen eines Beamten ist der Dienstbehörde jedoch nicht ins Belieben gestellt, und der gesetzliche Wortlaut ist in dieser Hinsicht mißverständlich: § 65 Abs. 2 BBG bestimmt, daß die Genehmigung bei der Besorgnis einer Beeinträchtigung dienstlicher Interessen[144] zu versagen ist. Die Vorschrift ist freilich so auszulegen, daß die Nichtgestattung einer Nebentätigkeit nur im Falle der möglichen Beeinträchtigung dienstlicher Interessen zulässig ist, andernfalls besteht ein Rechtsanspruch des Beamten auf die Genehmigung.[145] Aus verfassungsrechtlichen Gründen wird man zudem eine gewisse Schwere der möglichen Beeinträchtigung voraussetzen müssen, um einen verhältnismäßigen Interessenausgleich zwischen Dienstherrn bzw. Öffentlichkeit und dem Beamten zu ermöglichen. Die Beweislast liegt seit der Neufassung des § 65 Abs. 2 BBG im Jahre 1997 allerdings beim Beamten, der der Dienstbehörde die Gründe einer eventuellen Fehleinschätzung darlegen muß.[146]

---

[142] Gemäß der Definition der Nebentätigkeit für *diese* Arbeit werden ohnehin nur solche untersucht.

[143] Diese Ausnahmen von der Genehmigungsbedürftigkeit sind von der Aufzählung in Satz 2 der Vorschrift zu unterscheiden: Öffentliche Ehrenämter und unentgeltliche Betreuungs- und Pflegedienste an einem Angehörigen gelten schon nicht als Nebentätigkeit und sind von der Genehmigungspflicht daher von vornherein nicht umfaßt.

[144] Erforderlich dafür ein unmittelbarer oder mittelbarer Bezug auf die Amtsführung des Beamten, vgl. *BVerwGE* 84, 229.

[145] *Schnellenbach,* Rn. 255; *Battis*, § 65, Rn. 2.; *BVerwGE* 60, 254, 255.

[146] *Battis*, § 65, Rn. 2.

Wann nun die Besorgnis der Beeinträchtigung dienstlicher Interessen angebracht ist, konkretisiert § 65 Abs. 2 BBG auf zweierlei Art. Zunächst enthält die Vorschrift in ihrem Satz 2 beispielhaft typische Konstellationen, die unabhängig von Umfang der Nebenbeschäftigung einen Versagungsgrund darstellen. Liegt eines dieser Bespiele vor, ist die Rechtsfolge der Versagung zwingend, und dem Dienstherrn wird kein Ermessen eingeräumt.[147] § 65 Abs. 2 Satz 3 nennt als weiteren regelmäßigen Versagungsgrund ein übersteigertes Ausmaß der Nebentätigkeit, das diese in Wirklichkeit einen Zweitberuf sein läßt. Dies wiederum ist regelmäßig der Fall, sobald die Nebentätigkeit/en ein Fünftel der regelmäßigen wöchentlichen Arbeitszeit im Amt überschreiten. Auch bei Vorliegen eines solchen Grundes ist die Versagung zwingend. Die Formulierung „in der Regel" ermöglicht es dem Beamten aber auch hier, das tatsächliche Nichtvorliegen eines Zweitberufs darzulegen und so seine Möglichkeit zur Nebenbeschäftigung zu wahren.

Da das Genehmigungsverfahren mit einigem bürokratischen Aufwand verbunden ist,[148] hat man für geringfügige – aber genehmigungspflichtige – Nebenbeschäftigungen, die den Zeitaufwand von einem Fünftel der regelmäßigen Wochenarbeitszeit sowie die Entlohnung von monatlich € 100 nicht überschreiten,[149] die Genehmigung in § 5 Abs. 1 BNV gesetzlich fingiert. Sollten aber dienstliche Interessen beeinträchtigt werden, ist auch der Widerruf dieser geringfügigen Nebenbeschäftigungen gemäß § 5 Abs. 3 BNV möglich und geboten.

III. Ausnahmen

Vom Grundsatz der Genehmigungspflicht für Nebentätigkeiten gibt es einige Ausnahmen, die sich in § 66 Abs. 1 BBG aufgeführt finden. Diese Nebenbeschäftigungen können auch ohne Genehmigung der Dienstbehörde aufgenommen werden. Grob gesprochen fallen darunter unentgeltliche Nebentätigkeiten, die eigene Vermögensverwaltung, wissenschaftliche und künstlerische Tätigkeiten, Gutachtertätigkeiten sowie Tätigkeiten in der Berufsvertretungen, Verbänden und Gewerkschaften. Hintergrund dabei dürfte zum einen sein, die Arbeitsbedingungen einiger Beamtenberufe, die typischerweise von Nebentätigkeiten geprägt sind,[150] nicht durch eine große Zahl von Genehmigungsverfahren übermäßig zu verschlechtern, sowie die Verwaltung von diesen – sonst ständig wiederkehrenden – Verfahren zu entlasten. Die Genehmigungsfreiheit bei nebenbe-

[147] Allerdings ist die Entscheidung, *ob* ein Beispiel vorliegt, durch die Formulierung des Gesetzgebers teilweise doch wieder dem Dienstherrn überlassen, da nicht immer an objektive Kriterien angeknüpft wird: Was ist z.B. „dem Ansehen der öffentlichen Verwaltung abträglich" (Beispiel Nr. 6)?

[148] Vgl. hierzu § 65 Abs. 6 BBG.

[149] Davon sind vor allem Ehrenämter mit Aufwandsentschädigung betroffen, kaum jedoch für diese Untersuchung relevante Nebentätigkeiten.

[150] Vgl. z.B. die regelmäßige Schriftsteller-, Gutachter- und Vortragstätigkeit der Professoren.

ruflicher Gewerkschafts- und Verbandsarbeit wiederum dürfte ein Ausfluß der grundgesetzlichen Koalitionsfreiheit sein.

IV. Anzeigepflicht

Für die Nebentätigkeit der Beamten gilt eine umfassende Anzeigepflicht schon aus Gesetz. Sie umfaßt zunächst denknotwendig alle genehmigungsbedürftigen Tätigkeiten, denn mit Einreichung des Antrags auf Genehmigung wird ja die beabsichtigte Tätigkeit der Dienstbehörde gemeldet. Gleichermaßen sind jedoch die durch § 5 Abs. 1 BNV allgemein genehmigten Nebentätigkeiten der Anzeigepflicht unterworfen, vgl. § 5 Abs. 1 S. 3 BNV. Und auch die genehmigungsfreien literarischen, künstlerischen, wissenschaftlichen, Vortrags- und Gutachtertätigkeiten müssen gemäß § 66 Abs. 2 S. 1 BBG der Dienstbehörde in detaillierter Weise gemeldet werden, sobald sie gegen Entgelt erbracht werden. Für entgeltliche Nebentätigkeiten der Hochschulprofessoren bestimmt dies § 52 HRG separat unter Verweis auf die Bestimmungen des jeweils einschlägigen Landesrechts, jedoch ohne eigene „Beschwer" für den Adressatenkreis.

Die Analyse der Anzeigepflicht bei privatrechtlichen Hauptbeschäftigungen hat ihre grundsätzliche „Harmlosigkeit" gezeigt; sie ist sogar notwendig, um dem Arbeitgeber die Erfüllung seiner Fürsorgepflichten zu ermöglichen. Dabei war jedoch stets nur von der Anzeige des Tätigkeitsumfangs die Rede. Besonderheit der Anzeigepflichten der Beamten ist unterdessen, daß auch die Entgelte der Nebentätigkeit betragsmäßig beziffert werden müssen.[151] Der Gesetzgeber sieht also in der Höhe der Entlohnung ein Kriterium für die Vereinbarkeit einer Nebenbeschäftigung mit der Beamtentätigkeit.[152] So begründet auch der BT-Rechtsausschuß die Verschärfung der Anzeigepflicht im Jahre 1997 damit, daß die Angabe der Vergütungshöhe dem Dienstherrn die Entscheidung darüber erleichtern soll, ob eine Verletzung dienstlicher Pflichten vorliegt.[153] Das ist kritisch zu würdigen, da die Höhe einer Vergütung grundsätzlich nichts über die individuelle Belastung und verbleibende Leistungsfähigkeit des Beamten auszusagen vermag, wenn man von Extremfällen einmal absieht. Vielmehr ist die Nebentätigkeitsvergütung ein Spiegelbild für die Nachfrage nach der Arbeitsleistung des Beamten in der Nebentätigkeit. Diese Begehrtheit hängt aber stark von einigen äußeren Faktoren ab, etwa der individuellen Wertschöpfung des Beamten in seiner Nebentätigkeit oder auch seiner Konkurrenz für die angebotene Leistung.

---

[151] Vgl. §§ 65 Abs. 6 S. 2, 66 Abs. 2 S. 1 BBG. Eine Ausnahme bildet nur die Anzeigpflicht bei allgemein genehmigten Nebentätigkeiten, bei denen der Beamte allerdings versichern muß, nicht mehr als € 100 pro Monat einzunehmen.

[152] Für Professoren galt bereits lange vor der Verschärfung der „allgemeinen" Beamtengesetze eine entsprechende Regelung aus § 52 HRG.

[153] Beschlußempfehlung des Rechtsausschusses, BT-Drs. 13/8079.

Hintergrund der anzugebenden Vergütung ist, daß im Beamtenrecht die Genehmigungspflicht bzw. die allgemeine Genehmigung einer Nebentätigkeit u.a. gerade von deren Unentgeltlichkeit abhängt bzw. vom Unterschreiten einer niedrigen Schwelle. Das aber ist wieder darauf zurückzuführen, daß mit der Anzeige der Vergütung auf die Abhängigkeit des Beamten von seiner Nebentätigkeit geschlossen werden kann. Je größer sein Salär aus der Nebentätigkeit im Verhältnis zum Beamtengehalt ist, desto größer ist auch der Anreiz, sich bei eventuellen Kollisionen – sei es nur bezüglich des zu erbringenden Arbeitseinsatzes oder aber auch bezüglich der zu vertretenden Interessen – zugunsten der Nebentätigkeit zu entscheiden. Ziel des Zweiten Nebentätigkeitsbegrenzungsgesetzes war dann auch unter anderem die Bekämpfung der Korruption.[154] Allerdings wird der Beamte, sollte er tatsächlich „fremdmotiviert" sein, keine oder falsche Angaben zu seinen Nebeneinkünften machen: Die mögliche Erkenntnis der Dienstbehörde aus der Aufführung der Einnahmen ist mithin minimal. Problematisch ist zusätzlich, daß auf diese Weise bei hohen Einnahmen durch Nebentätigkeiten eine „Hypersensibilität" der Dienstbehörde hinsichtlich kleinster Leistungsschwankungen des Beamten[155] begünstigt wird. Die Behörde wird dazu neigen, normale und unvermeidbare Schwankungen ohne weiteres auf die Nebentätigkeit zurückzuführen.

Selbst wenn dem Dienstvorgesetzten die Entscheidung darüber erleichtert werden soll, „ob dienstliche Pflichten verletzt werden"[156]: Die bestehende Regelung des § 66 Abs. 2 Satz 1 BBG stellt eine verdachtsunabhängige finanzielle Offenbarungspflicht dar. Sie ist auch zum genannten Zweck, dem sie aus genannten Gründen nicht einmal dienlich zu sein scheint, ein tiefer Einschnitt in die teilweise durch Art. 5 Abs. 3 GG privilegierte „Freizeit" des Beamten oder sogar – bei regelmäßiger Tätigkeit – in seine Berufsfreiheit, zudem in sein Recht auf informationelle Selbstbestimmung.[157] Da die fragliche Vorschrift eine allgemeine Anzeigepflicht enthält, die nicht weiter zwischen der potentiellen Dienstpflichtverletzung einzelner Nebentätigkeiten unterscheidet, liegt zusätzlich ein Eingriff in das Recht des betroffenen Beamten aus Art. 3 Abs. 1 GG vor.[158] Sie ist daher – wenn überhaupt – nur noch mit starken Bedenken angemessen.[159]

---

[154] *Battis* NVwZ 1998, 34 m.w.N.

[155] Ein eigenes Thema und an dieser Stelle nicht behandelt ist die Frage einer geeigneten Bewertungsmethode für Beamtenleistungen.

[156] *Schnellenbach,* Rn. 276.

[157] Im einzelnen *Ossenbühl/Cornils,* S. 124 ff.

[158] Von einer Grundrechts*verletzung* spricht *Badura,* ZBR 2000, 109, 113.

[159] Im Ergebnis gänzlich verneinend *Badura,* ZBR 2000, 109, 115; a.A. *Battis,* § 66, Rn. 14, der von rechtlicher Unbedenklichkeit spricht.

V. Verbote

Angesichts des rigiden Genehmigungs- und Anzeigesystems ist es erstaunlich genug, daß das Beamtenrecht keine absoluten Verbote bestimmter Nebentätigkeiten kennt, und ebenso wenig finanzielle oder zeitliche Höchstgrenzen. Stets ist die Genehmigung des Dienstherrn zwischengeschaltet, die immer noch Ausnahmen von den „Regelbeispielen" wie etwa der 1/5-Vermutung des § 65 Abs. 2 Satz 3 zuläßt. Der Vorteil ist, daß man sich mit den bestehenden Genehmigungsmöglichkeiten bei aller Strenge des Nebentätigkeitsrechts viel weniger dem Vorwurf der Unangemessenheit aussetzen kann als unter Verwendung starrer Verbote.

Formell nachrangige, speziellere Vorschriften sind hingegen nicht ganz frei von echten Verboten. So hat etwa die Hamburger Behörde für Wissenschaft und Forschung eine Verwaltungsanordnung über die Beschäftigung wissenschaftlicher Mitarbeiter (WissMitAO-Uni) auf Grund von §§ 23, 24 des Hamburger Hochschulgesetzes erlassen. Abschnitt 3.3.3 dieser Anordnung bestimmt, daß diesen Angestellten keine Nebentätigkeiten[160] genehmigt werden dürfen,[161] die die wissenschaftliche Weiterbildung nicht fördern oder aufgrund des geringen Umfangs zumindest nicht beeinträchtigen können. Das ist deshalb prekär, weil im gleichen Abschnitt angeordnet wird, daß wissenschaftliche Mitarbeiter prinzipiell nur auf „halben Stellen" beschäftigt werden.

Daraus folgt zweierlei: Ein wissenschaftlicher Mitarbeiter kann nicht in Vollzeit angestellt werden, und in seiner zwangsläufig langen wöchentlichen Freizeit kann er nicht einmal einer zweiten Beschäftigung seiner Wahl nachgehen, von besonders kurzen Arbeitszeiten oder weiteren wissenschaftlichen Tätigkeiten einmal abgesehen. Die vermeintliche Begründung dafür liefert die Anordnung gleich mit, wonach dem Mitarbeiter in der verbleibenden Zeit die Gelegenheit zur Anfertigung seiner Dissertation gegeben werden soll. Viel näher liegt hier jedoch die Vermutung, daß auf diese Weise möglichst vielen Bewerbern die Möglichkeit zur wissenschaftlichen Mitarbeit gegeben werden soll, die dann aber nicht noch Arbeitsplätze in der freien Wirtschaft „belegen" sollen. Das entspräche den oben erwähnten arbeitsmarktpolitischen Motiven und ist entsprechend problematisch.[162]

---

[160] „Neben-" ist hier insoweit mißverständlich, daß die besagte Nebentätigkeit durchaus den gleichen zeitlichen Umfang einnehmen kann wie die wissenschaftliche Haupttätigkeit.

[161] Die gebundene Entscheidung des Dienstherrn macht den Genehmigungsvorbehalt hier zu einem De-facto-Verbot.

[162] Laut inoffizieller Auskunft der Hamburger Universitätsverwaltung ist freilich die „Wissenschaftlichkeit" bei der Genehmigung von Nebentätigkeiten in der Praxis kein Erfordernis.

VI. Die Beschränkungen des TVöD

Die nunmehr „eigene" Nebentätigkeitsbeschränkung des TVöD findet sich in dessen § 3 Abs. 3. Danach sind entgeltliche Nebentätigkeiten dem Arbeitgeber schriftlich anzuzeigen. Die Anzeigepflicht tritt damit unabhängig von Art oder Aufwand der Nebentätigkeit ein, sobald sie gegen Entgelt geleistet wird. Zudem räumt die Vorschrift dem Arbeitgeber sodann einen weiten Spielraum ein. Er ist nämlich zur Untersagung oder Stellung von Auflagen berechtigt, wenn die Nebentätigkeit geeignet ist, „die Erfüllung der arbeitsvertraglichen Pflichten der Beschäftigten oder berechtigte Interessen des Arbeitgebers zu beeinträchtigen".

Auf den ersten Blick bedeutet dies im Vergleich zur vorherigen, dem Beamtenrecht entsprechenden Rechtslage eine deutliche Vereinfachung des Nebentätigkeitsrechts und auch eine Privilegierung der Arbeitnehmerstellung. Zum einen entfällt die gesetzessystematische Einteilung in Nebenamt und Nebenbeschäftigung, zum anderen – und vor allem – entfällt der Grundsatz des Erlaubnisvorbehalts. Obligatorisch ist nunmehr allein die Benachrichtigung des Arbeitgebers. Das diesem zustehende Recht zur Untersagung bzw. Beschränkung bei Interessenkollision ist dem allgemeinen Arbeitsrecht entnommen.[163] Dementsprechend eingeschränkt wird das Ermessen des Arbeitgebers bei all solchen Tätigkeiten sein, die seine Interessen nicht oder nur peripher berühren. Allerdings ist aus Sicht des Arbeitnehmers wohl weniger der Ermessensmißbrauch des Arbeitgebers im Rahmen der Auflagenerteilung zu befürchten als viel eher im Rahmen der Feststellung und Bewertung, wie weit die Interessenbeeinträchtigung durch eine angezeigte Nebentätigkeit reicht. Hierfür sieht der neue Tarifvertrag keine Regelbeispiele oder sonstige Konkretisierungen vor, weshalb für die Zukunft mit der Aufstellung typischer (faktischer) Präzedenzfälle durch die Gerichte gerechnet werden darf.

C. Einschränkungen durch ungeschriebene Treupflicht

Auch und gerade Beamtenverhältnisse sind durch eine gegenseitige Treuepflicht zwischen Dienstherrn und Beamten gekennzeichnet, Dienst- und Treueverhältnis werden im Grundgesetz gar gleichberechtigt nebeneinander genannt.[164] Auf der Seite des Beamten bestimmt die Treuepflicht dessen gesamten Aufgabenkreis und ist die Grundpflicht, aus der sich zahlreiche andere geschriebene und ungeschriebene Pflichten ergeben.[165] Darunter sind auch Pflichten hinsichtlich etwaiger Beamten-Nebentätigkeit, deren geschriebene Regeln soeben erläutert wurden.

---

[163] Dörring/Kutzki-*Kutzki*, § 3, Rn. 21.
[164] Vgl. Art. 33 Abs. 4 GG.
[165] *Peine/Heinlein*, S. 66.

Das Nebentätigkeitsrecht ist aber so umfassend kodifiziert, daß kaum Platz bleibt für weitere Beschränkungen aus ungeschriebener Treuepflicht. Grundsätzlich wird man sagen können, daß durch die Treuepflicht auch alle genehmigungsfreien oder allgemein genehmigten Nebentätigkeiten nur in dem Rahmen ausgeübt werden dürfen, wie es die ordnungsgemäße Hauptamterfüllung zuläßt. Je nach verwendeter Definition der Nebentätigkeit sind einige weitere Beschränkungen denkbar, wie etwa die Pflicht eines besonders verletzungsanfälligen Beamten, nicht einer ihn besonders gefährdenden oder zeitintensiven Sportart nachzugehen. Für den im Rahmen dieser Arbeit gebrauchten Nebentätigkeitsbegriff, der nur entgeltliche Nebentätigkeiten kennt, ist jedoch kein entscheidender neuer Regelungsinhalt erkennbar. Es sind also keine Beschränkungen durch die ungeschriebene Treuepflicht ersichtlich, die weiter fassen als die gesetzlichen Beschränkungen ohnehin.

Für die gemäß TVöD ausgestalteten Arbeitsverhältnisse gilt dieser Befund nahezu entsprechend – insoweit ist herauszuheben, daß entsprechend der Treuepflicht auch nicht untersagte oder mit Auflagen versehene Nebentätigkeiten in einer Art und Weise auszuführen sind, die die Interessen des Haupt-Arbeitgebers möglichst wenig beeinträchtigen, ohne daß allerdings hierdurch dem Arbeitnehmer etwa die Pflicht zur ständigen Risikoevaluation auferlegt werden könnte. Bewußte und unnötige Gefahraussetzungen des Arbeitnehmers z. B. könnten – gerade wenn bei Anzeige für den Arbeitgeber nicht absehbar – jedoch zu Verletzungen der Treuepflicht führen.

§ 3 Zusammenfassung und Vergleich

Der Grundsatz der Berufsfreiheit bedeutet nur im Ausnahmefall die Möglichkeit, tatsächlich einer beliebigen Anzahl von Berufen nachzugehen. Sowohl für privatrechtlich als auch für öffentlich-rechtlich Angestellte und für Beamte ist dieses Recht mit zahlreichen Auflagen und Einschränkungen verbunden, und sogar Selbständige bestimmter Berufsgruppen haben Beschränkungen hinzunehmen.

Motiv der Nebentätigkeitsbeschränkungen ist der jeweilige Interessenausgleich: Bei Angestellten stehen sich die Interessen von Arbeitgeber und Arbeitnehmer gegenüber, bei Beamten deren Interessen einerseits und die des Dienstherrn sowie der Öffentlichkeit andererseits. Die Beamten haben konsequenterweise eine stärkere Einschränkung ihres Rechtes auf Nebentätigkeit hinzunehmen als die privatrechtlich Angestellten, die nur ihrem Arbeitgeber verpflichtet sind.

Da ein Beamtenverhältnis im jeweiligen Beamtengesetz „standardisiert" ist und ein öffentlich-rechtliches Arbeitsverhältnis auf dem TVöD basiert, ein privatrechtlicher Dienstvertrag aber in vielerlei Hinsicht unterschiedlich ausgestaltet sein kann, beruhen die Nebentätigkeitsbeschränkungen des Privatrechts – obwohl im Ergebnis weniger einschneidend – auf wesentlich mehr verschiedenen Rechtsgrundlagen. Beide Berufsgruppen sind jedoch mit drei grundlegenden Typen einer Nebentätigkeitsbeschränkung konfrontiert: Der Anzeigepflicht, dem absoluten Verbot bzw. einer objektiven Begrenzung sowie dem Genehmigungsvorbehalt mit Ermessen des Vorgesetzten.

Die Anzeigepflicht ist, solange sie nur die Tatsache einer Nebenbeschäftigung sowie den darauf verwendeten Stundenaufwand umfaßt, unproblematisch und zum Schutz des Arbeitnehmers sogar erforderlich. Privates Arbeitsrecht wie öffentliches Dienstrecht kennen sie. Die im Beamtenrecht verbreitete Anzeigepflicht hinsichtlich erlangter Vergütungen jedoch greift massiv in die persönlichen Rechte des Beamten ein. Vor allem, wenn dieser einer an sich genehmigungsfreien oder allgemein genehmigten Nebentätigkeit nachgeht, erscheint die obligatorische Anzeige der erlangten Vergütung als nicht mehr mit dem Ziel der Korruptionsvermeidung im Verhältnis stehend.

Nebentätigkeitsverbote und zeitliche Höchstgrenzen gibt es für privatrechtlich Angestellte vor allem auf gesetzlicher Grundlage und als Ausfluß einer nebenvertraglichen Treue- oder Loyalitätspflicht. Ferner können die Parteien des Arbeitsvertrags weitergehende Verbote vereinbaren, die jedoch bei einer unangemessenen Benachteiligung des Arbeitnehmers unwirksam sind. Das allgemeine Beamtenrecht kennt hingegen keine absoluten Nebentätigkeitsverbote. Im Einzelfall ausgesprochen können Verbote lediglich bei dem Haupt-Arbeitgeber schlechterdings unzumutbaren

Hingegen spielt die Genehmigungspflicht im Beamtenrecht eine zentrale Rolle: Grundsätzlich muß jede vom Beamten beabsichtigte Nebentätigkeit vom Dienstherrn genehmigt werden. Dessen Entscheidung lehnt sich im Allgemeinen an einen Katalog von Versagungsgründen an, die jedoch ihrerseits unbestimmt und auszulegen sind. Für privatrechtliche, aber auch für öffentlich-rechtliche Angestellte gibt es regelmäßig keine Genehmigungspflichten. Das geschriebene Recht und die Treuepflicht sorgen im privaten Arbeitsrecht bereits für einen Interessenausgleich, der nicht weiter zu ungunsten des Arbeitnehmers verschoben werden soll. Wird jedoch privatrechtlich eine Genehmigungspflicht vereinbart, ist darauf zu achten, daß weder die Bedingungen noch die Prozedur der Genehmigung unangemessen streng sind oder bereits für sich einen Abschreckungsgrund für den nebentätigkeitswilligen Arbeitnehmer darstellen.

Dritter Teil Schutzwürdigkeit und Schutz des Wettbewerbs

Wie der Name des Gesetzes gegen Wettbewerbsbeschränkungen (GWB) verrät, hat es den Schutz des Wettbewerbs zur Aufgabe. Einerseits muß Wettbewerb positive Folgen irgendeiner Art mit sich bringen, andererseits muß er in seinem Bestand gefährdet sein, um die Existenz eines solches Gesetzes zu rechtfertigen. Die kartellrechtliche Literatur freilich geht der Frage nach dem Sinn und Nutzen des Wettbewerbs – wenn überhaupt – in nur sehr knapper Form nach.[166] Der folgende Abschnitt soll daher systematisch zusammenfassen, was Wettbewerb ist, warum er schutzwürdig und wodurch er gefährdet ist, wie er von hoheitlicher Seite geschützt wird und schließlich, inwieweit sich die vorerst allgemeinen Ausführungen zum Wettbewerb auch auf den speziellen Fall des Arbeitsmarktwettbewerbs übertragen lassen. Je ähnlicher der Arbeitsmarktwettbewerb dem Gütermarktwettbewerb ist, desto leichter fällt die Argumentation für die Anwendung wettbewerbsrechtlicher Vorschriften auf Arbeitsmarktsachverhalte.

§ 1 Wettbewerb auf dem Gütermarkt

Die Literatur zur Wettbewerbstheorie und zur Wettbewerbspolitik hat den Wettbewerb auf dem Gütermarkt zum Gegenstand, dem Markt also für Waren und gewerbliche Dienstleistungen, auf dem Unternehmen die Anbieter sind und Haushalte die Nachfrager. Wenig Behandlung finden hingegen die Märkte für Arbeitskraft (mit den Haushalten als Anbietern und Unternehmen als Nachfragern) und Geld (mit den Banken als Anbietern und Haushalten sowie Unternehmen als Nachfragern). Das hat seine Gründe weniger in einer untergeordneten Bedeutung der letztgenannten Märkte als vermutlich in der Tatsache, daß die vereinfachenden und abstrahierenden Modelle zur Wettbewerbstheorie und zum Preismechanismus beim Arbeits- und beim Geldmarkt mit noch mehr Besonderheiten und Ausnahmen konfrontiert werden als bei der Schematisierung des Gütermarktes ohnehin schon, und daher in diesem Bereich auch noch stärker an Aussagekraft einbüßen.

A. Marktwirtschaft vs. Planwirtschaft

Die Grundannahme der Volkswirtschaftlehre ist, daß Menschen unbegrenzte Bedürfnisse nach Waren und Dienstleistungen haben und diese mit nur begrenzt zur Verfügung stehenden Ressourcen (also z.B. Arbeitskraft, Rohstoffe, Produktionskapital, Boden) bestmöglich zu befriedigen versuchen. Daraus folgt die

---

[166] Ausführlich *Schmidt*, 2. Kapitel; vergleichsweise umfangreich bereits die Darstellung in der UWG-Kommentierung *Hefermehl/Köhler/Bornbach*, Einl. UWG, Rn 1.1-1.51.

Frage, was von wem in welcher Menge auf welche Weise mit den begrenzten Ressourcen zu produzieren ist, um in einer arbeitsteiligen Volkswirtschaft insgesamt einen möglichst hohen Bedürfnisbefriedigungsgrad zu erreichen.[167]

Jedes einzelne Wirtschaftssubjekt jedoch – also insbesondere jedes Unternehmen, aber auch jeder private Haushalt – steht vor einem analogen Problem. Ein Betrieb kann u.a. verschiedene Güter produzieren oder Dienstleistungen erbringen, verschiedene Mengen davon, zu verschiedenen Preisen und unter Zahlung verschieden hoher Mitarbeitergehälter. Private Haushalte können eine ähnliche Flexibilität beim Einsatz ihrer Arbeitskraft walten lassen. Zudem können sie verschiedene Güter und Dienstleistungen, wiederum in verschieden Mengen und zu verschiedenen Preisen, nachfragen. In der Praxis gibt es für die Entscheidung, was von wem, wie und wofür angeboten wird, zwei Lösungsansätze: Man versucht von hoheitlicher Seite, den höchstmöglichen Bedürfnisbefriedigungsgrad vorab theoretisch zu bestimmen, und gibt den Wirtschaftssubjekten einzelne Produktionsparameter vor, um dieses Ziel zu erreichen; oder man überläßt das Wirtschaften den Wirtschaftssubjekten und ihren jeweils eigenen Interessen sowie ihrer Durchsetzungskraft.

Der erste Ansatz skizziert grob die Idee, die Hintergrund der zentralistischen Planwirtschaft ist. Es werden die Produktionsparameter vorab festgelegt und das Produktionskapital in großem Maße verstaatlicht, um der privaten Eigeninitiative möglichst umfassend entgegenzutreten. Denn die vorab geplante Bedürfnisbefriedigung, die ohnehin mit stets ungewissen Voraussagen und Annahmen arbeitet, hat nur dann Aussicht auf Erfolg, wenn möglichst alle Wirtschaftssubjekte sich an diese Pläne halten. Die zentralen Anweisungen sind für die Bevölkerung entsprechend verbindlich.[168]

Überläßt man hingegen den Wirtschaftssubjekten ihren Handlungsspielraum, so werden sie sich bei ihren Entscheidungen innerhalb der einzelnen Produktionsparameter an der erzielbaren Gegenleistung orientieren, da sie ihre eigenen unendlichen Bedürfnisse möglichst weitgehend befriedigen wollen. Bei der Entscheidung für ein zu produzierendes Gut etwa wird der Produzent[169] regelmäßig dasjenige wählen, dessen Absatz langfristig die höchste Rendite auf sein eingebrachtes Kapital verspricht. Ist er dann tatsächlich Anbieter dieses Guts geworden, wird er es wiederum regelmäßig an denjenigen Nachfrager abzusetzen versuchen, der ihm hierfür die beste Gegenleistung – regelmäßig den höchsten Preis – bietet. Dies impliziert jedoch das Vorhandensein zweier Charakteristika der Marktwirtschaft: Es kommt zu freiwilligen Begegnungen zwischen Anbietern

[167] *Begg/Fischer/Dornbusch*, Abschn. 1.

[168] Für eine tabellarische Gegenüberstellung der Idealtypen Markt- und Zentralverwaltungswirtschaft vgl. Neubäumer/Hewel-*Hewel/Neubäumer*, S. 14.

[169] Das gilt analog auch z.B. für einen Finanzinvestor.

und Nachfragern eines Guts auf ökonomischen Märkten, und sowohl Anbieter als auch Nachfrager können unter mehreren potentiellen Geschäftspartnern, die sich mit ihrer Gegenleistung gegenseitig zu übertreffen versuchen, wählen. Mit anderen Worten: Es herrscht Wettbewerb, der damit das entscheidende Element jeder funktionierenden Marktwirtschaft ist. Das Erstreben eines hohen Bedürfnisbefriedigungsgrades durch eine zentrale Planungsinstanz entfällt dabei weitgehend. Dennoch kann ein hoher Befriedigungsgrad aus Gründen, die der folgende Abschnitt[170] erläutert, erreicht werden.[171]

Märkte sind eine Modellvorstellung und deshalb grundsätzlich frei definierbar, wobei vor allem die Bestimmung des gehandelten Guts und eine geographische Eingrenzung üblich sind, beides aber beliebig fein.[172] Eine besonders grobe, aber für diese Arbeit relevante Abgrenzung ist die zwischen den Märkten für Güter (also Waren und gewerbliche Dienstleistungen) und Arbeitskraft. Wettbewerb kann auf allen Märkten herrschen, und nicht nur zwischen den Käufern bzw. den Verkäufern eines bestimmten Guts. So bemühen sich zum Beispiel viele potentielle Mieter um eine Wohnung, viele Unternehmen um wenige vermögende Investoren und viele Fußballvereine um einzelne Spieler. Je nach dem Verhältnis der Anbieter zu den Nachfragern auf einem Markt spricht man dementsprechend von Angebots- bzw. Nachfrageüberschuß.

B. Wirkungsweise des Wettbewerbs / Preismechanismus

Die Rolle des Wettbewerbs in der Marktwirtschaft erfordert es, ihn und seine Wirkungsweise genauer zu skizzieren. Laut Definition ist Wettbewerb das Streben von zwei oder mehr Personen oder Gruppen nach einem Ziel, wobei der höhere Zielerreichungsgrad des einen in der Regel einen niedrigeren Zielerreichungsgrad des anderen bedingt.[173] Für die Beschreibung des ökonomischen Wettbewerbs muß diese Definition aber auf die typische Marktsituation übertragen werden. Dabei zeigt ein Blick in die wettbewerbstheoretische Literatur, daß eine allgemein akzeptierte Definition des ökonomischen Wettbewerbs nicht existiert.[174] Erfaßt sind lediglich Vorgänge, Sachverhalte und Arten von Marktgeschehen, die üblicherweise mit dem Vorhandensein von Wettbewerb erklärt werden. Grundlegend ist hier der Preismechanismus.

---

170 Vgl. unten Abschn. B und C II-IV.

171 Schon *Smith,* Book IV, Chapter II, S. 485, führte aus, daß private Investitionsentscheidungen unter Berücksichtigung der „local situation" des Individuums den aufgrund staatlicher Planung getroffenen Entscheidungen überlegen sind.

172 Wettbewerbsrechtlich bedeutsam ist die Abgrenzung des „Relevanten Markts", zu dem jeweils alle Güter zu zählen sind, die sich nach Eigenschaften, Verwendungszweck und Preis so nahestehen, daß sie untereinander austauschbar sind. Vgl. im einzelnen *Bunte,* S. 188.

173 Definition in *Gabler* Wirtschaftslexikon, Stichwort „Wettbewerb".

174 *Herdzina,* S. 11 u. 31.

Die Nachfrager eines beliebigen Gutes machen die nachgefragte Menge generell vom zu zahlenden Preis abhängig. Gibt es das Gut umsonst, werden sie eine sehr große Menge fordern, ab einem bestimmten Preis[175] hingegen werden sie auf das Gut vollständig verzichten. Dazwischen läßt sich in der Modellvorstellung jedem Preis eine genaue Nachfragemenge zuordnen. Ein Gut wird von einem Konsumenten nur dann gekauft werden, wenn der in ihm individuell erblickte Nutzen zumindest gleichwertig mit der erbrachten Gegenleistung (dem Kaufpreis) ist. Einerseits ist dieser Nutzenausgleich mit steigendem Preis für immer weniger Haushalte gegeben, andererseits sinkt mit steigender Kaufmenge der zusätzliche Nutzen für den Käufer durch jedes weitere Stück.[176] Die Nachfragefunktion muß folglich zu einer fallenden Nachfragekurve führen. Hingegen wird die Produktion mit zunehmendem Marktpreis immer lukrativer, und zwar für die gegenwärtigen Anbieter, aber gerade auch für neu in den Markt eintretende Unternehmen. Darüber hinaus führen wachsende Produktionsmengen durch Skaleneffekte[177] zu geringeren durchschnittlichen Produktionskosten,[178] und damit tendenziell zu weiterem Wachstum. Grundsätzlich wird daher mit steigendem Marktpreis die Angebotsmenge wachsen, woraus sich eine steigende Angebotskurve ableitet. Angebots- und Nachfragekurve haben einen Schnittpunkt, der damit den Preis darstellt, zu dem die angebotene und die nachgefragte Menge übereinstimmen und die vorhandenen Anbieter das Gut vollständig absetzen.

Die gegensätzlichen Interessen von Anbieter- und Nachfragerseite werden aber erst durch den Wettbewerb angeglichen. Stehen sich auf dem Markt viele Verkäufer und viele Käufer mit dem jeweiligen Ziel möglichst günstiger Geschäftsabschlüsse gegenüber, wird auf der Verkäuferseite derjenige mit dem günstigsten Verkaufspreis die meisten Kunden anziehen. Wollen die anderen Verkäufer nicht auf ihren Waren „sitzen bleiben“, werden sie diesem Preis folgen oder durch andere Annehmlichkeiten für die Käufer mithalten müssen. Sie werden den Preis aber nur soweit reduzieren, bis der Verkauf noch minimal vorteilhaft

---

[175] Die Höhe dieses Preises hängt ganz wesentlich davon ab, inwieweit es günstigere Substitutionsprodukte für das fragliche Gut gibt.

[176] Man spricht vom abnehmenden Grenznutzen: Mit zunehmender Quantität eines Gutes nimmt der Nutzenzuwachs durch jede weitere Einheit dieses Gutes ab (Erstes Gossen'sches Gesetz). Mit begrenztem Budget wird der Konsument – mit dem Ziel der bestmöglichen Bedürfnisbefriedigung – daher theoretisch aus allen ihm angebotenen Gütern eine Mengenkombination wählen, in der ihm jedes erworbene Gut den gleichen Grenznutzen aufweist (Zweites Gossen'sches Gesetz; benannt nach *Hermann Heinrich Gossen,* 1810-1958).

[177] Engl. "economies of scale"; Degression der Pro-Stück-Kosten bei zunehmenden Produktionsmengen (vgl. *Dubs,* Abb. 3-10). Verursacht durch breitere „Umlage“ der Fixkosten und Produktivitätssteigerungen mit zunehmender Betriebsgröße.

[178] Die durchschnittlichen Kosten können jedoch in den meisten Branchen durch Skaleneffekte nicht unbegrenzt gesenkt werden. Ab einer bestimmten Produktionsmenge tritt gar der gegenteilige Effekt auf, vor allem verursacht durch stark steigenden Verwaltungs- und Kontrollaufwand.

für sie selbst ist.[179] Mit fallendem Preis wird die Zahl der Anbieter dann – wie oben erläutert – regelmäßig sinken. Andererseits wird der Käufer, der den höchsten Preis zu zahlen bereit ist, das begehrte Gut zu ungunsten anderer Nachfrager aufkaufen können, wenn diese nicht ihre Zahlungsbereitschaft entsprechend erhöhen. Käufer, deren subjektiver Nutzen aus dem fraglichen Gut den Wert des Kaufpreises unterschreitet, werden dabei sukzessiv ausscheiden. Der Preis spiegelt damit den Nutzen des gehandelten Guts in dieser Menge für die jeweilige Seite wider. Die Annäherung von Anbieter- und Nachfragerseite mit dem Ausscheiden führt zum „Matching" der Übrigbleibenden bei einem Preis, zu dem die Transaktion für beide Parteien vorteilhaft ist und vollzogen wird. Der Wettbewerb ist damit Voraussetzung für das Funktionieren dieses Preismechanismus. Auf ihm beruhen die Produktions- und Konsumentscheidungen der Wirtschaftssubjekte und damit das Funktionieren der Marktwirtschaft als ökonomisches Ordnungssystem schlechthin.

Fehlender Wettbewerb unter den Anbietern bzw. unter den Nachfragern kann bewirken, daß die gebotenen und verlangten Preise nicht den tatsächlichen beiderseitigen individuellen Nutzen am gehandelten Gut widerspiegeln. Stellt man sich etwa ein Produktionsmonopol oder auch ein Produzentenkartell auf der Anbieterseite vor, die einen hohen Marktpreis vorgeben, so kommt es zwar auch auf diesem Markt zu Transaktionen, die auf den Nutzen des Gutes für die – verbleibenden – Käufer schließen lassen. Der Produzent hat in diesem Fall aber keine Veranlassung, den Verkaufspreis auch an seinem tatsächlichen Nutzen auszurichten, denn die Nachfrager können nicht zu günstigeren Anbietern ausweichen. Regelmäßig werden die Käufer an ihren teuer erstandenen Gütern gegenüber dem Verkäufer einen hohen Nutzenüberschuß haben, und auch der Verkauf zu einem niedrigeren Preis hätte beide Parteien besser gestellt. Durch die dem hohen Preis entsprechende kleine Transaktionsmenge werden so aber weit weniger Käufer bedient als unter Wettbewerbsbedingungen. Es werden – in volkswirtschaftlicher Perspektive – weniger Güter zur Bedürfnisbefriedigung hergestellt als eigentlich mit den vorhandenen Ressourcen finanzierbar, und die hergestellten Güter werden gesamtwirtschaftlich falsch verteilt.[180] Der Marktpreis wird durch den vom Verkäufer erzielbaren „Monopolgewinn" bestimmt,[181] nicht aber durch die Nutzenangleichung.

Je nachdem, ob sich auf einer Marktseite viele, einige oder nur ein einziger Teilnehmer finden, spricht man von verschieden Marktstrukturen: dem Polypol,

---

179 In der Praxis müssen etwa durch den Verkaufspreis die langfristigen Stück-Durchschnittskosten des produzierenden Betriebes gedeckt sein.

180 Vgl. zur Erläuterung der einzelnen Wettbewerbsfunktionen Abschn. C.

181 Vgl. im einzelnen Abschn. C II.

dem Oligopol und dem Monopol.[182] Diese Strukturen haben großen Einfluß auf den Charakter des Wettbewerbs auf dem jeweiligen Markt und damit auch auf seine Wirkungsweise. Ein Monopolist hat nicht nur gegenwärtig keine Wettbewerber, er muß qua Definition auch nicht den Eintritt eines neuen Wettbewerbers fürchten.[183] Seine Markteintscheidungen sind von Wettbewerbszwängen losgelöst. Das andere Extrem, das Polypol, kann aus so vielen Marktteilnehmern bestehen, daß der einzelne Markeilnehmer aus seiner Sicht mit seinen Kauf- oder Verkaufentscheidungen keinen Einfluß auf den Marktpreis hat, also mangels eigener Größe einem gegebenen Marktpreis gegenübersteht. Herrscht dieser Zustand auf der Anbieter- und der Nachfragerseite, ist die wichtigste Bedingung des „perfekten Wettbewerbs"[184] auf einem Markt erfüllt.[185] Der perfekte Wettbewerb ist in der Realität kaum existent, da er das gleichzeitige Vorliegen noch dreier weiterer Bedingungen erfordert: ein standardisiertes gehandeltes Gut,[186] vollständige Information hinsichtlich aller Qualitäts- und Preisentwicklungen mit entsprechend kurzen Reaktionszeiten der Marktteilnehmer sowie keine Eintrittsbarrieren in den Markt für potentielle Marktteilnehmer. Der perfekte Wettbewerb wird dennoch dem Monopol zu Anschauungszwecken gegenübergestellt, um verschiedene Wettbewerbsmechanismen zu verdeutlichen.

C. Funktionen des Wettbewerbs

Neben der nur sehr abstrakt zu schildernden Wirkungsweise des Wettbewerbs lassen sich zahlreiche Funktionen und Aufgaben ausmachen, die der Wettbewerb in Wirtschaft und Gesellschaft erfüllt oder zumindest erfüllen soll. Folgend werden einzelne Wettbewerbsfunktionen erläutert. Dabei wird bewußt keine Stellung dazu bezogen, inwieweit und auf welche Weise diese Folgen hoheitlich final angestrebt werden sollten.[187]

---

[182] Auf der Nachfrageseite unterscheidet man Polypson, Oligopson und Monopson. Aus sprachlichen Gründen wird in dieser Arbeit statt dessen – wo erforderlich – auf die Bezeichnungen Nachfragemonopol, Nachfrageoligopol und Nachfragepolypol zurückgegriffen.

[183] *Begg/Fischer/Dornbusch,* Abschn. 8-6 ff.

[184] Synonym werden die Bezeichnungen „vollständiger Wettbewerb" oder „vollständige Konkurrenz" benutzt.

[185] *Begg/Fischer/Dornbusch,* Abschn. 8-1.

[186] Es muß sich ein Gut handeln, daß bei allen Anbietern in prinzipiell gleicher Qualität vorliegt. Beispiele sind etwa destilliertes Wasser, einzelne Obstsorten oder Büroklammern. Die Autoindustrie hingegen, selbst wenn sie aus noch mehr Herstellern bestünde, steht *nach diesen Maßstäben* nicht mit einem homogenen Produkt im Wettbewerb. VWs Polo unterscheidet sich z.B. in vielen Belangen von Fords Fiesta. Je verschiedener die Produkte, desto angemessener ist es, die Anbieter als Monopolisten für ihr jeweiliges Gut zu verstehen.

[187] Die Frage nach dem idealen Umfang des Wettbewerbsschutzes ist ein von der Fragestellung dieses Abschnitts und dieser Arbeit zu isolierendes Thema. Die vorliegende Diskussion untersucht die erweiterte Anwendung *bestehender* Normen, während die Wettbewerbspolitik auf sehr grundlegender Ebene u. a. die Gestaltung des Wettbewerbsschutzes zum Inhalt hat.

„Der Wettbewerb ist das großartigste und genialste Entmachtungsinstrument der Geschichte. Man braucht es nur zu beschwören, alle weitere Arbeit leistet es von allein.“ Diese Funktionsbeschreibung *Böhms* erhebt keinen Anspruch auf Vollständigkeit und verdeutlicht dennoch, daß die Bedeutung des ökonomischen Wettbewerbs über im engeren Sinne wirtschaftliche Zusammenhänge hinausgeht. Allein zur Kategorisierung der verschiedenen Wettbewerbsfunktionen gibt es zahlreiche Ansätze, die sich teils nur in der Terminologie, teils jedoch in Abgrenzungskriterien und Kategorisierungstiefe unterscheiden.[188] Keine der Kategorisierungen vermag jedoch eindeutige Zuordnungen herauszuarbeiten, denn stets erfüllen zumindest einige der Wettbewerbsfunktionen die Merkmale mehrerer Kategorien. Selbst denkbar grobe Unterscheidungen wie die zwischen wirtschaftspolitischen und gesellschaftspolitischen Funktionen[189] oder zwischen dem Zielkomplex Wettbewerbsfreiheit und dem Zielkomplex ökonomische Vorteilhaftigkeit[190] führen so zu keinem eindeutigen Ergebnis. Aus diesem Grunde wird für die folgende Darstellung weder ein Kategorisierungsentwurf übernommen noch ein eigener gebraucht. Die Erläuterung der einzelnen Funktionen wird zeigen, daß alle Folgen sowohl gesellschafts- als auch wirtschaftspolitische Aspekte innehaben.

I. Wirtschaftliche Handlungs- und Wahlfreiheit

Ist auch die Frage stark umstritten, ob die ökonomische Freiheit ein oder gar das einzige wettbewerbspolitisch anzustrebende Ziel sei,[191] so läßt sich die aus dem Wettbewerb resultierende Folge der wirtschaftlichen Freiheit nicht leugnen. Dabei sollte zwischen zwei Arten der Freiheit unterschieden werden, der individuellen Freiheit einerseits und der gesamtgesellschaftlichen Freiheit andererseits.

Die individuelle Freiheit des einzelnen Marktteilnehmers äußert sich im Wettbewerb zunächst in seiner Wahlmöglichkeit aus mehreren potentiellen Transaktionspartnern auf der Marktgegenseite. Er kann deren angebotene Leistungen vergleichen, mit ihnen unter Umständen Konditionen verhandeln und sogar versuchen, einen gegen den anderen auszuspielen. Der Wettbewerb bietet jedoch ebenso die Freiheit des eigenverantwortlichen Eintritts und auch Austritts aus

Die Darstellung der positiven Wettbewerbsfolgen reicht jedoch zur Begründung zumindest der Schutzwürdigkeit unter Anwendung bereits bestehender Instrumente.

[188] Vgl. die Übersicht bei *Schmidt,* Tabelle 2.

[189] *Emmerich,* § 1 Rn. 7 ff.

[190] *Hoppmann,* S. 77, 79 f.

[191] Vgl. zur aktuellen (auch politischen) Kontroverse um die Schutzrichtung des europäischen Wettbewerbsrechts einführend *Zimmer,* S. 11. Von *EuGH*-Seite wurde bekräftigt, daß der Wettbewerb *als solcher* geschützt werde und die Beeinträchtigung seiner Funktionen für die Anwendung des Rechts nicht entscheidend sei, insbesondere ein „Schaden für die Verbraucher“ nicht entstehen müsse, *EuGH* v. 15.03.2007, EuZW 2007, S. 306, 311: „British Airways“.

Märkten, so etwa die Aufnahme der Produktion bekannter oder neuer Güter und Dienstleistungen mit selbst gewählten Produktionsfaktoren[192] sowie die selbständige Gestaltung der eigenen Wertschöpfungskette. Erst der Wettbewerb ermöglicht es einer Person, den vollen Nutzen aus ihrem Eigentum zu ziehen, nämlich nach eigenem Ermessen zu konsumieren, zu produzieren oder zu investieren.

Als eine Folge der individuellen Wettbewerbsfreiheit sind die Marktpositionen der einzelnen Teilnehmer nicht manifestiert, sondern der Möglichkeit eines – je nach Markttypus mehr oder weniger raschen – Wandels unterworfen. Ein Teilnehmer wird, soweit er die Bedürfnisse der Marktgegenseite genauer als seine Konkurrenz erkennt und befriedigt, seine Marktposition vorteilhaft ausbauen. Ein Neueinsteiger kann mit einer Innovation auf Anhieb einen großen Marktanteil erlangen, und ebenso können sich neue Märkte entwickeln bzw. auch alte verschwinden. Aus der Summe der derart handelnden Wirtschaftssubjekte resultiert im Zusammenspiel mit entsprechenden rechtlichen Bestimmungen eine freiheitliche Wirtschafts- und Gesellschaftsordnung. Die auf Privateigentum und Vertragsautonomie beruhende Rechtsordnung führt nur dann zu ausgleichenden und damit im weitesten Sinne gerechten Ergebnissen, wenn keines der Rechtssubjekte eine dauerhaft und unumstößlich dominante Position einnehmen kann, die ihm das Diktat des Ob und Wie einer Transaktion ermöglicht.[193] Neben die „formale Freiheit", die sich aus der juristischen Gleichbehandlung der Wirtschaftssubjekte begründen soll, tritt durch den Wettbewerb die „materiale Freiheit", die juristisch möglichen Wirtschaftshandlungen auch tatsächlich durchsetzen zu können. Ausgeglichene Marktergebnisse werden erzielt, weil die Teilnehmer die Beeinträchtigung der eigenen Geschäftsinteressen durch für die Gegenseite attraktivere Konkurrenten befürchten müssen. Erforderlich, aber auch hinreichend ist eine durch Eigeninteresse begründete Obligation zum Interessenausgleich, die sich nur durch Wettbewerb erzeugen läßt. Damit wird dieser neben dem Privateigentum und der Vertragsfreiheit zu einer tragenden „Säule des Gebäudes"[194] einer freien Wirtschafts- und Gesellschaftsordnung.

Aus wirtschaftspolitischer Sicht gewährleistet die Freiheitsfunktion, daß die ökonomische Entscheidungskompetenz auf viele Wirtschaftssubjekte verteilt bleibt. Monopol- und Kartellstrukturen zeichnen sich dagegen durch ähnlich konzentrierte Planungskompetenzen wie eine zentrale Planwirtschaft aus, auch wenn statt des Staates ein oder mehrere Marktteilnehmer – und meist nur für ihren Markt – die Gestalter sind. Entsprechend dem Anteil, den das Wirtschaf-

---

[192] *Herdzina*, S. 14.
[193] *Eucken*, S. 279, forderte noch explizit vollständige Konkurrenz als Bedingung für die faktische Vertragsfreiheit.
[194] *Emmerich*, 7. A., S. 5.

ten[195] in jedermanns täglichem Leben ausmacht, ist jedoch auch die Bedeutung einer freiheitlichen Wirtschaftsordnung für die Gesellschaft. Die Freiheitsfunktion des Wettbewerbs wird daher im Allgemeinen als nichtökonomische oder gesellschaftspolitische Funktion bezeichnet. Ebenso, wie der Prozeß der politischen Willensbildung auf vielen Individualentscheidungen beruht und in dieser Form als Bedingung für eine freiheitliche Gesellschaft angesehen wird, muß auch die wirtschaftliche Ordnung aus souveränen Individualentscheidungen entstehen.[196]

II. Leistungsgerechte Einkommensverteilung

Das Wohlstandsniveau einer Volkswirtschaft wird unter anderem durch das Volkseinkommen[197] pro Kopf sowie das Volksvermögen[198] pro Kopf indiziert. Diese Kennzahlen liefern jedoch nur Mittelwerte. Indes ist für den Wohlstand und den Wohlfahrtsgrad auch die Vermögens- und Einkommensverteilung von Bedeutung.[199] Die Wohlstandsverteilung, insbesondere die Einkommensverteilung, läßt sich nach verschiedenen Kriterien untersuchen. Am stärksten von Gerechtigkeitserwägungen getragen ist dabei die Frage nach einer angemessenen personellen Einkommensverteilung.[200] Dabei wird üblicherweise untersucht, welcher Anteil des Volkseinkommens den ärmsten x % der Personen einer Volkswirtschaft zufließt.[201] Diese Messung läßt jedoch in Wirklichkeit nur Rückschlüsse über die Gleichmäßigkeit der Einkommensverteilung zu, die von der Verteilungsgerechtigkeit streng zu unterscheiden ist. Ist nämlich die Gleichmäßigkeit empirisch bestimmbar und mit der „Lorenzkurve" graphisch zu veranschaulichen, schließt die Frage nach der Gerechtigkeit individuelle Werturteile mit ein.

---

[195] Darunter fallen sowohl der entgeltliche Einsatz der eigenen Arbeitskraft als auch Konsum- und Investitionsentscheidungen.

[196] Vgl. dazu *Edwards,* S. 4.

[197] Volkseinkommen = Die Summe der Entgelte, die die Produktionsfaktoren einer Volkswirtschaft (Arbeit, Boden, Kapital) ein einem definierten Zeitraum erwirtschaften (*Begg/Fischer/Dornbusch,* Figure 19-5).

[198] Volksvermögen = Summer aller Kapitalien, der natürlichen Ressourcen und der menschlichen Arbeit zu einem Stichdatum (*Dubs,* Kap. 2, 2.).

[199] *Dubs,* Kap. 4, 1.1.

[200] Andere statistisch erfaßbare Maßstäbe sind die sozioökonomische Einkommensverteilung (Unterscheidung nach Berufsgruppen) und die regionale Einkommensverteilung (Unterscheidung z.B. nach Bundesländern).

[201] Die Untersuchung führt zu der so genannten Lorenzkurve, die jedem Bevölkerungsanteil den entsprechenden Einkommens- oder auch Vermögensanteil zuordnet. In Ländern mit gleichmäßig verteilten Einkommen wird diese Kurve annähernd kontinuierlich – wenn auch leicht zunehmend – steigen, in Ländern mit großen Einkommensgefällen wird die Kurve zunächst sehr schwach und später sehr stark steigen. In allen Fällen *muß* sie schließlich 100 % der Bevölkerung 100% des Einkommens/Vermögens zuordnen.

Verteilungsgerechtigkeit wird vor allem durch drei unterschiedliche Schlüssel angestrebt: das Gleichheitsprinzip, das Bedarfsprinzip und das Leistungsprinzip.[202] Nur der erste Schlüssel lehnt sich in seinem Gerechtigkeitsurteil an die Gleichmäßigkeit der Verteilung an. Der zweite und der dritte dulden und erfordern eine ungleichmäßige Verteilung, unterscheiden sich jedoch im Zuteilungskriterium: Das Bedarfsprinzip stellt die Verteilungsmenge zu einem gegenwärtigen Bestand oder/und der individuellen Leistungsfähigkeit in Zusammenhang, das Leistungsprinzip bemißt die Zuteilmenge nach dem erbrachten Beitrag zur zu verteilenden Gesamtmenge oder nach einer anderen quantifizierbaren Leistung.

Für die Einkommensverteilung auf Märkten wird im Allgemeinen das Leistungssystem als gerechteste Lösung angesehen.[203] Unter seiner Anwendung werden zunächst gleiche Aktivitäten zweier Marktteilnehmer mit den gleichen – positiven oder negativen – Auswirkungen auf den Markt mit theoretisch gleichen Einkommen bedacht. Ein besonderer positiver Beitrag zu Umfang und Qualität des Gütervolumens ermöglicht den Marktteilnehmern zudem einen entsprechenden Einkommenszuwachs, was Anreizwirkung hat und so dem Allgemeinwohl dient. Und auch der soziale Frieden wird am ehesten durch ein System gesichert, das hohe Einkommen ausschließlich mit einer entsprechenden herausragenden Leistung begründet.[204]

Wettbewerb ist geeignet, auf diese leistungsgerechte Einkommensverteilung hinzuwirken. Am besten veranschaulichen läßt sich dies durch die Gegenüberstellung der Produktionsmengenentscheidungen eines Monopolisten und eines Teilnehmers im perfekten Wettbewerb.[205] Im letzteren Fall ist der Marktpreis vorgegeben. Der Teilnehmer ist relativ zum Markt so unbedeutend, daß seine eigene Mengenentscheidung keinen Einfluß auf den Marktpreis nimmt. Gleichzeitig kann er zum Marktpreis beliebige Mengen des Guts absetzen,[206] die ihn treffende Nachfragekurve ist daher horizontal und nicht fallend. Sein Grenzerlös entspricht im perfekten Wettbewerb einfach dem Marktpreis. Der Produzent wird die Produktionsmenge wählen, bei der die Grenzkosten gleich dem Grenzerlös sind, in diesem besonderen Fall also gleich dem Marktpreis. Wenn jedoch Marktpreis und Grenzkosten übereinstimmen, sind „ungerechtfertigte" Gewinne, die aus Produktionsmengenbeschränkungen resultieren und damit auf Kosten der Allgemeinheit erfolgen, ausgeschlossen. Besondere Gewinne können nur

---

202 *Herdzina,* S. 28.

203 Im Bereich der auf die nach Leistung bemessenen „Primärverteilung" folgende Umverteilung – also bei den sozialen Sicherungssystemen – hat sich das Bedarfsprinzip durchgesetzt.

204 *Herdzina,* S. 28.

205 Vgl. zum folgenden *Begg/Fischer/Dornbusch,* Abschn. 8-2 ff. und 9-7 ff.

206 Bei einem höheren Preis wird er wegen der angenommenen Markttransparenz und der Mobilität der Abnehmer nichts absetzen können. Einen kleineren Preis zu verlangen ist nicht vorteilhaft, da die unbegrenzte Absatzmöglichkeit bereits beim Marktpreis besteht.

durch besondere Leistungen erzielt werden, wie beim sparsamen Faktoreinsatz oder durch Neuentwicklungen. Im Unterschied zu Monopolgewinnen sind diese Pioniergewinne jedoch zeitlich begrenzt und werden durch das Nachziehen der Konkurrenz abgebaut. Die durchschnittlichen Erlöse pro Stück werden langfristig nur die Durchschnittsstückkosten decken. Die Anbieter werden im perfekten Wettbewerb auf längere Sicht keine besonderen Gewinne erlangen, sondern nur den Ausgleich für ihre Opportunitätskosten erwirtschaften. Etwas untechnischer ausgedrückt begründet sich die Gerechtigkeit also darin, daß beim Vorhandensein von Konkurrenz das Preisniveau auf die tatsächlichen Produktionskosten des Marktes gedrückt wird und die Anbieter aus einer künstlich erzeugten Güterknappheit keinen Profit schlagen können, da ihre Konkurrenten jeden Nachfrageüberschuß befriedigen würden.

Auch ein Monopolist wählt die Produktionsmenge, bei der seine Grenzkosten gleich seinem Grenzerlös sind. Als alleiniger Anbieter des Gutes steht er jedoch einer fallenden Nachfragekurve und damit auch einem sinkenden Grenzertag gegenüber, der jedenfalls kleiner ist als der jeweilige Preis. Seine Produktionsmenge, die zwingend das gesamte Angebot ausmacht, ist kleiner als unter Wettbewerbsbedingungen. Aufgrund der reduzierten Menge erzielt der Monopolist einen erhöhten Preis, der seine Grenzkosten, aber auch seine Durchschnittskosten regelmäßig übersteigt. Dieser so genannte Monopolgewinn ist insoweit ungerechtfertigt, als er nicht in Zusammenhang mit der Leistung des Monopolisten steht. Mit steigenden Produktionskosten – und damit einer „schwächeren Leistung“ – wird sogar die produzierte Menge regelmäßig fallen und der Preis für die Abnehmer steigen. Die Abnehmer erhalten eine geringe Menge des Guts zu einem höheren Preis. Der Produzent hingegen arbeitet ohne Wettbewerbsdruck und häufig genug unter Verwendung von Überkapazitäten,[207] die eine zusätzliche Ressourcenverschwendung darstellen.

Nun sind Monopole und noch mehr der perfekte Wettbewerb äußerst seltene Marktstrukturen. Aber auch in Oligopolen und heterogenen Polypolen[208] behält die vorstehende Analyse ihre Gültigkeit. Der Oligopolist wird, wie der monopolistische Wettbewerber[209] auch, ebenfalls die Produktionsmenge nach übereinstimmenden Grenzkosten und Grenzerlös ausrichten. Eingangs kann auch er Sondergewinne erwirtschaften, soweit seine Durchschnittskosten die Einnahmen

---

[207] *Herdzina*, S. 29.

[208] Ein heterogenes Polypol besteht aus vielen Anbietern, die zwar kein homogenes Produkt, aber sich doch sehr ähnliche Substitute anbieten. Da jeder Anbieter streng genommen Monopolist ist und doch faktisch im Wettbewerb steht, spricht man auch vom monopolistischen Wettbewerb. Die Möglichkeit zur Preisgestaltung ist gegeben, aber sehr begrenzt. Beispiel sind etwa Lebensmittelgeschäfte: Kleine „Tante-Emma-Läden“ können einen kleinen Aufschlag für die Nähe zum Kunden durchsetzen, laufen aber ständig Gefahr, den Kunden dadurch an den entfernten, doch billigeren Supermarkt zu verlieren.

[209] Vgl. zur Begriffserklärung Fn. 230.

unterschreiten. Nach und nach werden jedoch Konkurrenten sein lukratives Geschäft nachahmen, also neu in den Markt eintreten oder ihre Kapazitäten erhöhen. Die auf jeden einzelnen Wettbewerber fallende Nachfrage reduziert sich, wodurch auch sich auch die Grenzerlöse und damit die optimale Produktionsmenge reduzieren. Die Angebotszunahme hält an, bis die dann vorhandenen Produzenten wegen des permanenten individuellen Nachfragerückgangs keine besonderen Gewinne mehr erwirtschaften. Ihre durchschnittlichen Erlöse und Kosten pro Stück haben sich angeglichen und sie erreichen damit gerade einen „Break-Even".[210] Dann sind wiederum lediglich – sich mit der Zeit abbauende – Pioniergewinne aufgrund neuer besonderer Marktleistungen möglich.

Die Ausführungen zeigen, daß eine dem Wettbewerb unterlegene Marktstruktur eine in diesem Sinne gerechte Primärverteilung ermöglicht; bemessen nach dem Leistungskriterium jedenfalls gerechter, als sie auf monopolistischen Märkten erfolgt.

III. Angebotszusammensetzung

Für die Volkswirtschaft ist es ein Wohlfahrtsgewinn, wenn die angebotenen Waren und Dienstleistungen sich möglichst mit der nachgefragten Güterkombination decken. Herrscht zwischen Nachfrage und Angebot eine Differenz, so ist die möglichst treffende, schnelle und unkomplizierte Anpassung erstrebenswert. Auch hierzu vermag der Wettbewerb beizutragen.

In einer imaginären Marktwirtschaft mögen nur zwei Güter gehandelt werden, z.B. Äpfel und Bananen, und auf beiden Märkten herrsche Marktgleichgewicht. Aufgrund des Wettbewerbs erzielen die Anbieter für beide Güter lediglich ihren Break-Even. Wenn sich die Nachfragerpräferenzen ändern und weniger Äpfel und statt dessen mehr Bananen nachgefragt werden, werden in einem ersten Schritt die Bananenanbieter – entsprechend ihrer steigenden Angebotskurve – größere Mengen zu einem höheren Preis absetzen. Es kommt zu außerordentlichen Erträgen der Produzenten. Sie könnten unter Beibehaltung der gegenwärtigen Menge zwar noch mehr an der gestiegenen Nachfrage verdienen, müßten aber – wegen des herrschenden Wettbewerbs und unter Ausblendung kollusiver Absprachen – eine Kapazitätsausweitung ihrer Konkurrenz und damit den Verlust von Marktanteilen befürchten, und könnten sich auch etwaige Skaleneffekte nicht zunutze machen.

---

210 Definition in *Gabler* Wirtschaftslexikon, Stichwort „Break-Even-Punkt": Punkt, an dem eine Ausbringungsgröße eine Einbringungsgröße...überschreitet. Gemeint ist damit die gerade kostendeckende Produktion einer Wirtschaftseinheit.

Auf dem Apfelmarkt bewirkt der Nachfragerückgang bei konstant großem Angebot die Reduktion des Marktpreises.[211] Immer weniger Produzenten auf diesem Markt schaffen den Break-Even, die anderen scheiden aus. Sie werden zum Bananenmarkt wechseln, dessen Produzenten zwar ihren Output bereits erhöht haben, aber dennoch wegen der stärker gestiegenen Nachfrage besondere Erträge erwirtschaften. Durch den Transfer der Anbieter reduziert sich die Angebotsmenge auf dem Apfelmarkt in dem Maße, wie sie sich auf dem Bananenmarkt erhöht. Dieser Prozeß führt zum Abbau der Gewinne auf dem Bananenmarkt, während auf dem Apfelmarkt das gesunkene Angebot die Preise wieder auf ein „normales" Maß steigen läßt. Der Prozeß ist erst beendet, wenn auf beiden Märkten die gleichen Gewinnmöglichkeiten für die Produzenten bestehen. Dies wird beim jeweiligen Ausgleich von Angebot und Nachfrage der Fall sein.

Die Situation der aus zwei Märkten bestehenden Volkswirtschaft läßt sich auf eine beliebige Anzahl von Märkten übertragen. Das Kapital wird stets zu den lukrativsten Investitionsgelegenheiten fließen, so daß die erreichbaren Gewinnmargen auf allen Märkten durch sich wandelnde Verbraucherpräferenzen sowie durch Pionierleistungen verändert und durch Nachzügler wieder angeglichen werden. Daher ist der Wettbewerb über finanzielle Anreize in der Lage, das Güterangebot den Bedürfnissen einer Volkswirtschaft anzupassen. Die Anpassungsgeschwindigkeit hängt von der Stärke der Nachfrageschwankungen sowie von der Aufwendigkeit eines Produktwechsels für die Produzenten ab. Entscheidend ist jedoch, daß zentral geplante Angebotszusammensetzungen kaum schneller alterniert werden könnten und vor allem aufgrund praktisch unmöglicher Voraussehbarkeit die Verbraucherpräferenzen weniger genau träfen als das Marktergebnis.

IV. Faktorallokation

Um die prinzipiell unbegrenzten Bedürfnisse der Konsumenten mit begrenzten Ressourcen bestmöglich zu befriedigen, ist ein denkbar kleiner Grad an Ressourcenverschwendung erforderlich. Die Produktionsfaktoren Arbeit, Boden und Kapital sollten weitestgehend zur Produktion der jeweils gefragten Güter eingesetzt werden. An der Nachfrage vorbeigehende Produktion ist Verschwendung und damit grundsätzlich zu vermeiden.

Die vorstehend beschriebene Anpassung des Güterangebots ist vor diesem Hintergrund nicht nur insoweit vorteilhaft, als durch sie den Konsumenten die Güter in der richtigen Menge zur Verfügung stehen. Die Vermeidung der Überproduktion weniger gefragter Güter spart zudem Produktionsressourcen. Nicht absetzbare Übermengen, die sonst über anderweitige Aufpreise refinanziert würden,

211 Sondereffekte wie garantierte Mindestpreise oder herstellerinterne Quersubventionen bleiben außer Betracht.

können vermieden werden. Die Produktionsfaktoren werden zum Ort ihrer größten Nützlichkeit geführt, und die aus falschen Produktionsmengen resultierende gesamtwirtschaftliche Verschwendung wird minimiert.

Die Qualität des Wettbewerbs bestimmt hierbei die Qualität der Verteilung. Im perfekten Wettbewerb werden sich die knappen Güter pareto-effizient[212] auf die Gesellschaft verteilen.[213] Diese Verteilung ist zwar noch nicht notwendigerweise gerecht, aber doch zumindest verschwendungsfrei.

V. Technischer Fortschritt

Schließlich wird der „technische Fortschritt" als wesentliche Wettbewerbsfunktion genannt.[214] Es ist dabei zweckmäßig, zwei Arten von Fortschritt zu unterscheiden. Der Produktfortschritt bezeichnet die Veränderungen im gehandelten Gut selbst. Produzenten versuchen, ihr Produkt so weiterzuentwickeln, daß dessen Nutzen für die Marktgegenseite steigt. Die Nutzenerhöhung kann zwar von sich aus zu einem höheren Verkaufspreis und damit evtl. auch zu einer höheren Marge führen. Diese Wirkungskette tritt jedoch mit Gewißheit ein, wenn der Produzent im Wettbewerb zu Anbietern steht, deren Produkte diesem Fortschritt nicht oder nicht sofort folgen können. Der „first mover" ist dann in einer Pionierrolle und erlangt als vorübergehender Alleinanbieter entsprechende Sondergewinne, bis seine Wettbewerber nachgezogen sind. Wettbewerbstechnisch eröffnet er einen neuen Markt, steht einer stark steigenden Nachfrage gegenüber und löst in der Folge die oben[215] beschriebenen Anpassungshandlungen seiner Konkurrenten aus, die ihm auf den lukrativen neuen Markt folgen werden. Die Allgemeinheit profitiert von einer kontinuierlichen Güterinnovation und einer gestaffelten Preisstruktur, die verschiedene Grade von Aktualität und Qualität der Güter berücksichtigt.

Neben dem Produktfortschritt besteht die Möglichkeit des Verfahrensfortschritts. Innovationen betreffen dann den Herstellungsvorgang des Produkts, beim Produzenten kommt es zu Produktivitätssteigerungen.[216] Betriebswirt-

---

[212] Pareto-effizient ist ein Zustand der Güterverteilung, von dem aus keine weitere Umverteilung denkbar ist, die ein Wirtschaftssubjekt besser stellen kann, ohne gleichzeitig ein anderes schlechter zu stellen (benannt nach *Vilfredo Pareto*).

[213] Zur Beschreibung der Wirkungskette vgl. *Begg/Fischer/Dornbusch,* Abschn. 15-2; *Schmidt,* 1. Kapitel, Abschn. III 1.

[214] Die Einschränkung auf *technische* Veränderungen ist dabei nicht angebracht, denn auch Dienstleitungen sind durch Wettbewerb einem progressiven Wandel unterworfen. Es wäre treffender, auch den administrativen sowie den kommunikativen Fortschritt mit einzubeziehen oder aber auf die Einschränkung ganz zu verzichten. Aufgrund der Verbreitung des Ausdrucks soll aber weiterhin von „technischem Fortschritt" die Rede sein.

[215] Vgl. oben Abschn. C III.

[216] *Herdzina,* S. 24 ff.

schaftlich entspricht das einer Reduktion der Produktionskosten. Fallende Grenz- und Durchschnittsstückkosten führen bei konstantem Output zu wachsenden Produzentenerträgen. Denkbar und üblich ist jedoch auch eine Ausweitung des Angebots, da im Wettbewerb stehende Unternehmen einen hohen Marktanteil anstreben und bei größeren Mengen zumeist von „economies of scale“ profitieren. Trotz des abnehmenden Verkaufspreises kann die gegenwärtige Ertragslage beibehalten werden. Der Gesamtwirtschaft werden folglich regelmäßig mehr Güter zu einem niedrigeren Preis zur Verfügung gestellt.

Die gezeigten Wirkungsketten haben eine gemeinsame Voraussetzung: Sie gehen von einem gelungenen Innovationsprozeß aus, der tatsächlich Kostensenkungen bewirkt bzw. zu einem attraktiveren Produkt führt. Der Fortschritt ist unterdessen regelmäßig mit erheblichen und langfristigen Aufwendungen für Forschung und Entwicklung verbunden, oder aber mit Kosten, die für die Verwertung fremder Entwicklungsleistungen anfallen. Der Produzent hofft, die besonderen Aufwendungen durch darauf folgende höhere Erträge mehr als auszugleichen. Ob sich diese Erwartung erfüllt, ist jedoch meist ungewiß. So können sich z.B. Verbraucherpräferenzen unerwartet verschieben, gesetzliche Rahmenbedingungen ändern oder Forschungsprojekte schlicht fehlschlagen. Mit der Aufnahme von Forschungs- und Entwicklungshandlungen geht der Produzent ein finanzielles Wagnis ein. Dazu wird er nur bereit sein, wenn die denkbaren positiven Folgen der Entwicklungsaktivitäten ihm selbst einen deutlichen Vorteil verschaffen können; der gesellschaftliche Nutzen ist kein hinreichender Anreiz. Die Aussicht auf vorübergehende Sondergewinne ist jedoch Motivation genug, insbesondere wenn Patentgesetze die Anpassungsaktivitäten der Wettbewerber künstlich verzögern. Lassen sich Sondererträge aber auch auf andere Weise erreichen, etwa als Monopolgewinne, nimmt der Forschungsanreiz rapide ab. Entscheidend ist, daß eine technologische Vorreiterrolle für den Anbieter mit sonst nicht möglichen Gewinnaussichten verknüpft ist, bzw. daß die Gefahr besteht, diese Gewinnmöglichkeiten an Konkurrenten zu verlieren.

Auf diese Weise ist der Fortschritt an das Vorhandensein von Wettbewerb geknüpft. Natürlich lassen sich Forschungs- und Entwicklungsbemühungen auch hoheitlich anordnen. Deren Erfolg steht aber in Frage. Einerseits dürften Entwickler selbst bei hoheitlich ausgelobten finanziellen Anreizen ein geringeres Eigeninteresse zeigen als bei eigener Vermarktungsmöglichkeit. Vor allem aber ist die zentrale Bestimmung der Fortschrittsziele und ihrer jeweiligen Dringlichkeit erforderlich, um den gesamtwirtschaftlich und gesellschaftlich erstrebenswerten Forschritt zu erreichen. Das ist, wie schon die Planung der einzelbetrieblichen Produktionsparameter, eine in der erforderlichen Komplexität nicht zu bewerkstelligende Aufgabe. Sinnvoll und gängig ist die hoheitlich angeordnete und finanzierte Entwicklungstätigkeit freilich in nicht lukrativen Segmenten, etwa in der kommerziell nicht verwertbaren Grundlagenforschung und im Bereich der öffentlichen Güter.[217]

VI. Zusammenfassung und Bestimmung der Schutzwürdigkeit

In der Zusammenfassung kann zwischen den Folgen für den einzelnen Marktteilnehmer und den gesamtwirtschaftlichen bzw. gesellschaftlichen Folgen unterschieden werden.

Der einzelne Marktteilnehmer wird durch den Wettbewerb zuvorderst in die Lage versetzt, autonom aus einer Vielzahl möglicher Geschäftspartner zu wählen, die sich in ihren Leistungen daher tendenziell nach seinem Bedarf richten. Aufgrund seiner Wahlmöglichkeiten wird er als Verhandlungspartner trotz seiner kleinen individuellen Marktmacht „ernst genommen". Der Wettbewerb ermöglicht ihm bei besonderen Leistungen ein besonderes Einkommen und damit die überdurchschnittliche Bedürfnisbefriedigung. Das Angebot der Waren und Dienstleistungen setzt sich tendenziell nach seinen Vorlieben zusammen und vermag sich selbständig und rasch auch geänderten Präferenzen anzupassen. Schließlich sorgt der Wettbewerb für Produktinnovation, die Auswahl aus mehreren Qualitäts- und Preisklassen und einen immanenten Preiswettbewerb, der die Anbieter überteuerter Güter bestraft.

In größerem Maßstab sorgt der Wettbewerb für das Funktionieren der auf Privateigentum und Privatautonomie beruhenden Zivilrechtsordnung, indem er dauerhafte Machtstrukturen verhindert und die formale Freiheit der Rechtssubjekte um die materiale Freiheit ergänzt. Er reizt alle Marktteilnehmer permanent zu besonderen und innovativen Marktleistungen an, indem er sie mit besonderen Ertragsmöglichkeiten honoriert, und fördert so das Allgemeinwohl. Er reguliert die Ressourcenallokation und dadurch die Zusammensetzung des Güterangebots nach der Nachfrage, also nach dem Maßstab der Nützlichkeit. Die Verschwendung knapper Ressourcen wird reduziert. Der Wettbewerb sorgt durch den technischen Fortschritt für die Erhöhung der Lebensqualität und stabilisiert durch die leistungsorientierte Einkommensverteilung das soziale Klima.

Die vorstehenden Wettbewerbsfolgen werden gemeinhin positiv bewertet. Einige sind für das Funktionieren der Marktwirtschaft unerläßlich, andere zumindest förderlich. Losgelöst von der wettbewerbspolitischen Frage, ob und wie einzelne Funktionen anzusteuern sind, kann festgehalten werden, daß der Wettbewerb in seiner Gesamtheit Bedingung für eine marktwirtschaftliche Wirtschafts- und

---

[217] „Öffentliche Güter" sind solche, von deren Konsum niemand ausgeschlossen werden kann und für die daher (ökonomisch rational handelnd) niemand einen Preis zu zahlen bereit ist. Beispiele: die Landesverteidigung, das Justizsystem, der Hochwasserschutz.

freiheitliche Gesellschaftsordnung ist. Bekennt sich ein System zu diesen Ordnungen, so muß es den Wettbewerb als schützenswertenswert erachten.

D. Marktversagen / Natürliche Wettbewerbsverzerrungen

Die obige Beschreibung der Wettbewerbsfunktionen und die daraus gezogenen Schlüsse gehen von einem „ungestört" wirkenden Wettbewerb aus, der in dieser Form in der Realität nicht existent ist. Zahlreiche Fremdeinflüsse wirken auf das Spiel zwischen Angebot und Nachfrage und die daraus entstehenden Anreize ein und führen zu Verzerrungen der theoretischen Wettbewerbsergebnisse oder sogar zum Versagen der Marktprozesse. Die wichtigsten werden im folgenden zusammenfassend dargestellt, um ein realistisches Bild von der Stellung des Wettbewerbs zu zeichnen und seine Schutzwürdigkeit akkurat zu bestimmen. Zunächst folgen die natürlichen Ursachen für das regelmäßige Nichtvorhandensein perfekten Wettbewerbs, danach einige Zusammenhänge, in denen der Wettbewerb selbst unter perfekten Bedingungen nicht die übliche Funktionalität zeigt bzw. unerwünschte Ergebnisse erzielen würde. Allen hier behandelten Aspekten ist gemein, daß es zu Ihrer Entstehung und Einflußnahme keiner gezielt wettbewerbsbeschränkenden Maßnahmen seitens der Beteiligten bedarf.

I. Imperfekter Wettbewerb

Der perfekte Wettbewerb, also seine reinste Form, die den idealen Nutzenausgleich zwischen Anbietern und Nachfragern bewirkt und die beste Erfüllung der vorgenannten Funktionen bewirkt, ist von vornherein kaum existent. Statt dessen haben sich abweichende Marktstrukturen, Marktverhaltensweisen und nicht zuletzt auch Marktergebnisse gebildet. Der Wettbewerb ist damit in der Regel „imperfekt", auch und gerade in Hinblick auf seine Funktionserfüllung.

1. Marktstruktur und „economies of scale"

Der perfekte Wettbewerb setzt ein beidseitiges, homogenes Polypol voraus. Dieses ist vor allem auf Anbieterseite selten. Je nach Branche unterschiedlich starke Skaleneffekte sorgen bei den Anbietern für Konzentrationsprozesse, welche wachsende Unternehmensgrößen mit einer abnehmenden Anzahl von Unternehmen verknüpfen. Der Konzentrationsgrad der Anbieter eines Marktes hängt – unter Ausblendung regulativer Eingriffe – davon ab, wie groß die branchenabhängige betriebsoptimale Produktionsmenge im Verhältnis zum gesamten Marktvolumen ist.[218] So sind Märkte denkbar, in denen nur ein Unternehmen zu betriebsminimalen Kosten produzieren und langfristig bestehen kann,[219] während andere Märkte den Produzenten wenig Größenvorteile bieten und so annä-

[218] Vgl. im einzelnen *Begg/Dornbusch/Fischer,* Abschn. 9-1.
[219] Man spricht dann vom „natürlichen Monopol".

hernd polypolistisch bleiben.[220] Die Produktionskostenstruktur des Marktes entscheidet auf diese Weise, inwieweit die volkswirtschaftlich optimale Unternehmensgröße mit den Wettbewerbsfunktionen in einen Zielkonflikt tritt. In vielen – vor allem den fixkostenintensiven – Branchen reduziert jedoch der Markt selbst die mögliche Zahl von Wettbewerbsteilnehmern und verhindert damit die für perfekten Wettbewerb erforderlichen Polypole.

2. Marktzutritt

Der perfekte Wettbewerb erfordert freien Marktzugang für neue Teilnehmer. In der Praxis verhindern häufig verschiedene Markteintrittsschranken diesen Zugang. Diese können ökonomischer Natur sein wie im Falle starker Größenvorteile oder der Sorge vor rigorosen Wettbewerbshandlungen der potentiellen Konkurrenten.[221] Vielfach liegen jedoch auch rechtliche Markteintrittschranken vor, etwa in Form komplizierter Zulassungsverfahren oder öffentlicher Lizenzvergaben. Markteintritte werden zumindest gehemmt, und die Tendenz der vorhandenen Marktteilnehmer, sich mit der bekannten und gleich bleibenden Konkurrenz zu „arrangieren", wird verstärkt. Der Wettbewerbsdruck reduziert sich.

3. Markttransparenz und Anpassung der Marktteilnehmer

Die Annahme des gegebenen Marktpreises im perfekten Wettbewerb sowie die Unmöglichkeit seiner Beeinflussung durch einzelne Marktteilnehmer setzten voraus, daß die Markgegenseite über alle Produkt- und Preisentwicklungen informiert ist und ohne weiteres die Möglichkeit hat, unverzüglich zwischen verschiedenen Transaktionspartnern zu wechseln. Beide Annahmen entsprechen nur im Einzelfall dem Realgeschehen.

Vor allem im Bereich der Konsumgüter, aber auch z.B. bei Wohnraum, herrscht eine gewisse Preistransparenz. Da die relativ kleinen Produktpreise und Preisunterschiede jedoch einen relativ hohen Marktbeobachtungs- und ggf. Wechselaufwand bedingen, unterläßt der Verbraucher eine genaue Marktbeobachtung und ist daher weitgehend uninformiert. Auch seine Wechselbereitschaft und -geschwindigkeit sind dadurch reduziert. Im Segment größerer Transaktionsmengen und -summen, also vor allem im Geschäft zwischen Unternehmen, ist der Anreiz zu einer akkuraten Marktbeobachtung und ggf. zu einem Wechsel des Transaktionspartners höher. Regelmäßig herrscht hier jedoch wegen individuell und häufig vertraulich ausgehandelter Preise und Konditionen weniger Preistransparenz. Insgesamt sind die anbietenden Marktteilnehmer daher selbst in Po-

[220] Beispiele sind einerseits die Versorgungsunternehmen (mit marktrelativ hohen optimalen Produktionsmengen), andererseits Floristik- oder Tabakwarengeschäfte.
[221] Z.B. drohende Preiskriege oder der Markteintritt des angegriffenen Konkurrenten auf einem anderen, bislang unumkämpften Markt.

lypolen – abweichend von der oben dargestellten Theorie – in der Lage, Preise durchzusetzen und den Markpreis zu beeinflussen.

4. Ungleiche Verhandlungsmacht

Zwar ist es der Wettbewerb, der durch das Vorhandensein von Ausweichmöglichkeiten für halbwegs ausgeglichene Verhandlungspositionen zwischen den Marktgegenseiten sorgen soll.[222] Jedoch setzt auch das voraus, daß die Marktteilnehmer glaubhaft das Ausweichen auf andere Verhandlungspartner „androhen" können. Fehlen ihnen hierzu die ökonomischen oder die juristischen Möglichkeiten, bietet auch die markttheoretisch mögliche Auswahl anderer Transaktionspartner keine größere eigene Verhandlungsmacht.

Ein gutes Beispiel für das Wechselspiel zwischen ungleicher ökonomischer und juristischer Verhandlungsmacht ist die Situation der Wohnungsmieter. Zunächst wird eine ökonomische Verhandlungsschwäche des einzelnen Mieters gegenüber dem Wohnungseigentümer angenommen und das Mietrecht aus Gerechtigkeitserwägungen zugunsten des Mieters gestaltet. Dem Vermieter ist es danach u. a. nicht möglich, das Mietverhältnis nach Belieben zu beenden.[223] Seine juristische Verhandlungsmacht ist, sobald das Mietverhältnis eingegangen wurde, erheblich reduziert. Daraus resultiert jedoch der abnehmende Anreiz, in Grundeigentum und damit in Wohnraum zu investieren. Die Folge kann die Abnahme des angebotenen Wohnraums sein, was wiederum die ökonomische Verhandlungsmacht der Mieter schwächt und vielfach zu einer weiteren Korrektur des Mietrechts drängt. Mit jeder Korrektur jedoch entfernt man sich vom perfekten Wettbewerb auf diesem Markt.

II. Externe Effekte

Als externe Effekte werden Wirkungen einer Handlung bezeichnet, bei denen Verursacher und Betroffener nicht übereinstimmen.[224] Sie treten auf, wenn beispielsweise eine Chemiefabrik am Oberlauf eines Flusses das Wasser verschmutzt, welches dann von einer Papierfabrik am Unterlauf gereinigt werden muß. Die betrieblichen Kosten und die volkswirtschaftlichen Kosten divergieren, denn das Chemiewerk bietet seine Produkte zu seinem Produktionspreis an, der noch nicht die Reinigungskosten am Unterlauf und damit die vollständigen gesellschaftlichen Belastungen enthält. Die Produkte sind folglich zu billig, es wird aus volkswirtschaftlicher Sicht zuviel produziert. Umgekehrtes gilt für die Papierfabrik, die ihre Produkte zu einem höheren Preis verkaufen muß, als sie volkswirtschaftliche Kosten verursacht. Es kommt zu einer Unterproduktion und

[222] Vgl. oben die Ausführungen zur „materialen Freiheit", Abschn. C I.
[223] Vgl. zu den Kündigungsgründen §§ 573 ff. BGB.
[224] Neubäumer/Hewel-*Hewel/Neubäumer*, S. 25.

damit insgesamt zu einer Fehlallokation. Auch durch positive Einwirkungen sind externe Effekte möglich und wesensgleich. So verschönert ein Grundstückseigentümer mit dem Streichen des eigenen Gartenzauns die gesamte Nachbarschaft. Da er jedoch als Einziger finanziell belastet wird, obwohl viele Anwohner profitieren (und damit ein höherer sozialer Nutzen besteht), besteht zur Zaunpflege kein dem Nutzen entsprechender Anreiz, und es wird aus volkswirtschaftlicher Sicht zu wenig gestrichen. Ein weiteres Problem besteht darin, daß die Verhinderung der externen Effekte – im ersten Beispiel etwa durch Errichtung eines Klärwerks – zumeist günstiger ist als die nachträgliche Neutralisierung. Externe Effekte führen in dieser Konstellation zu weiterer volkswirtschaftlicher Verschwendung.

Neben dem Verbot einer solchen Produktion oder der Auflage, eine Kläranlage zu bauen, kommt auch die Einforderung der externen Kosten beim Verursacher in Frage. Das hat zwar den Vorteil, daß dieser – mit der Produktionsmenge wachsende Emissionen unterstellt – sein Aktivitätsniveau aus eigenem Interesse auf ein auch gesamtwirtschaftlich effizientes Maß beschränken wird.[225] Allerdings lassen sich in der Praxis weder das Ausmaß der externen Effekte noch deren Herkunft in der erforderlichen Genauigkeit bestimmen. Die Vergütung positiver externer Effekte ist ähnlich unpraktikabel, so daß diese Sonderwirkungen jedenfalls zu Fehlern im Marktergebnis führen.

III. Öffentliche Güter

Für öffentliche Güter ist der Markt ein ungeeigneter Ort, um Konsum- und Produktionsentscheidungen zu treffen. Das liegt daran, daß mangels Ausschlußmöglichkeit der Konsum dieser Güter nicht an eine Gegenleistung gebunden ist und der für sich rational Handelnde daher keinen Preis zu zahlen bereit sein wird. So werden etwa Küstenbewohner bei der freiwilligen finanziellen Umlage eines Deiches vorgeben, an diesem Deich kein Interesse zu haben, um dann als „free rider" doch von der durch andere getätigten Investition zu profitieren. Volkswirtschaftlich nützliche Güter werden nicht oder in zu geringem Maße produziert, sofern man die Produktionsentscheidung in diesen Fällen dem Markt überläßt.

Ganz ähnlich ist die Folge, wenn der Markt im Voraus über die Produktion eines Gutes entscheiden soll, dessen Nutzen teilweise oder vollständig erst in der Zukunft spürbar wird. Die Kosten-Nutzen-Abwägung wird regelmäßig nicht zu sachgerechten Ergebnissen führen, so daß auch hier von einem in Zukunft notwendigen Gut zu wenig produziert werden dürfte.

---

[225] Vgl. zum selbständigen Erreichung des optimalen Niveaus gefährlicher Aktivität *Schäfer/Ott*, Kap. 4, Abschn. 4.2.

IV. Umverteilungsbedarf

Der Wettbewerb wäre in seiner perfekten Form in der Lage, ein paretoeffizientes Allokationsergebnis zu erzielen.[226] Die Ausführungen zur Einkommensverteilung haben überdies gezeigt, daß die leistungsgerechte Verteilung ebenfalls ohne weitere Einwirkung möglich ist. Zum einen existieren jedoch Bereiche, in denen das Leistungskriterium von der Gesellschaft nicht als gerechter Verteilungsschlüssel angesehen wird und das Marktergebnis bewußt korrigiert werden soll. Zum anderen entsteht aus den bereits aufgezeigten Wettbewerbsverzerrungen eine Fehlverteilung, die durch nachträgliche hoheitliche Umverteilungsmaßnahmen kompensiert werden soll. Prekär ist daran, daß diese Umverteilungsmaßnahmen ihrerseits mitunter zu empfindlichen Wettbewerbsverzerrungen führen, und auf diese Weise eine Tendenz zur endlosen Marktkorrektur entstehen kann.

Sobald der Staat das erreichte Verteilungsergebnis nach seinen Gerechtigkeitserwägungen korrigieren möchte, wird er reicheren Bevölkerungsgruppen Einkommen und/oder Vermögen abnehmen, um es ärmeren Bevölkerungsgruppen zu übertragen. Dies wird durch Steuern geschehen müssen, da freiwillige Einkommensverzichte den Verteilungsbedarf nicht decken werden. Indem ein bestimmtes Gut besteuert wird, entsteht eine Differenz zwischen dem vom Nachfrager bezahlten und dem vom Anbieter erhaltenen Preis. Die Differenz steht in Folge für die Umverteilung zur Verfügung. In der Preisdifferenz äußert sich jedoch auch eine Nutzendifferenz zwischen Anbietern und Nachfragern. Der Ausgleich zwischen Angebot und Nachfrage erfolgt zu einer Menge, bei der der gesamtwirtschaftliche Grenznutzen weiterer Güterproduktion höher ist als die gesamtwirtschaftlichen Grenzkosten dieser Produktion.[227] Eine höhere Produktionsmenge des Gutes wäre ein volkswirtschaftlicher Wohlstandsgewinn. Die Besteuerung führt daher zu einem ineffizienten Marktergebnis, das durch den Aufwand für die Finanzverwaltung weiter verschlechtert wird. Daraus läßt sich ein Zielkonflikt zwischen Gesamtwohlstandsniveau und dem Grad der nachträglichen Verteilbarkeit ableiten.

Auch die Konsumentscheidungen der Nachfrager können fehlgeleitet und dadurch der individuelle Wohlstand reduziert werden. Die Wirtschaftssubjekte bestreben, alle Güter in der Mengenkombination zu konsumieren, daß sie den gleichen individuellen Grenznutzen erfüllen. Die Besteuerung eines Teils der Güter stellt hierbei eine Nutzenverzerrung dar. Sie sorgt für einen höheren Preis ohne Nutzenausgleich und führt zur erhöhten Nachfrage unbesteuerter, jedoch individuell unnützerer Güter, und sorgt damit für einen weiteren Effizienzver-

---

[226] Vgl. oben, Abschn. C IV.

[227] Vgl. im einzelnen *Begg/Dornbusch/Fischer*, Abschn. 15-3.

lust. Besteuerungen sind zur Vermeidung dessen so zu gestalten, daß sie möglichst gleichmäßig auf alle Güter erhoben werden.[228]

V. Zusammenfassung und Schlußfolgerung

Der Abschnitt hat gezeigt, daß die wettbewerbstheoretischen Gleichgewichtsmodelle einen eben nur theoretischen Wert haben. In der Realität kommt es einerseits kaum jemals zum perfekten Wettbewerb auf einem Markt. Andererseits würde selbst dieser in vielen Bereichen fehlerhaft wirken und die oben erläuterten Funktionen daher nur teilweise erfüllen können. Noch stärker können sich die Unzulänglichkeiten des Wettbewerbssystems unter den herrschenden „imperfekten" Bedingungen auswirken.[229]

Selbst wenn man jedoch die vielen Fälle der Verzerrungen und des Versagens marktwirtschaftlicher Produktions- und Konsumentscheidungen zugrunde legt, bleibt die Marktwirtschaft das erfolgreichste bekannte praktikable Wirtschaftssystem. Die Vorteile der dezentralen Entscheidungsfindung und des Fehlens unangemessener freiheitsbeschränkender Maßnahmen wurden durch die vermeintliche Planungsgerechtigkeit des sozialistischen Systems nicht kompensiert, und die Marktwirtschaft hat den erwarteten ökonomischen Beitrag zu Freiheit, Wohlstand und Gerechtigkeit[230] bislang deutlich überzeugender leisten können. Der Wettbewerb behält mithin trotz aller seiner aufgezeigten Schwächen und Inkonsequenzen seine oben festgestellte Schutzwürdigkeit.

E. Wettbewerbsbeschränkungen

I. Allgemeines

Bereits *Adam Smith*, der als Entdecker und erster „Kommentator" des Preismechanismus gilt, stellte fest, daß die größten Wettbewerbsbeschränkungen vom Staat ausgehen.[231] In Form verschiedener Steuern, Zölle, Subventionen und gesetzlicher Regulierungsmöglichkeiten[232] steht diesem eine große Auswahl an Werkzeugen zur Verfügung, um seine Vorstellungen von einer wünschenswerten Wettbewerbssituation zu verwirklichen. Im Zusammenhang mit dieser Ar-

[228] Im einzelnen: *Lipsey/Lancaster*, Review of Economic Studies XXIV, 11, 18 m.w.N.

[229] Daß dies nicht so sein muß, vertrat als erstes *John Maurice Clark* im Jahre 1940 (S. 241 ff.). Er schlug vor, punktuelles Marktversagen nicht mit möglichst perfektem Wettbewerb in allen anderen Bereichen, sondern mit anderen absichtlich herbeigeführten Wettbewerbsverzerrungen zu neutralisieren, und stellte damit die sog. *Gegengiftthese* auf. Mit ihr begann die Abkehr vom perfekten Wettbewerb als wettbewerbspolitischem Leitbild und Ziel aller Bestrebungen.

[230] *Herdzina*, S. 31.

[231] Vgl. z.B. die Analyse zur Wirkung von Einfuhrzöllen/Steuern: *Smith*, Book IV, Chapter II, S. 481 ff.

[232] Vgl. oben insbes. die Abschnitte „Marktzutritt" D I 2 und „Umverteilungsbedarf" D IV.

beit sind jedoch die wettbewerbsbeschränkenden Maßnahmen der *Marktteilnehmer* von vorrangigem Interesse. Nebentätigkeitsbeschränkungen können als Maßnahme der Nachfrager auf dem Arbeitsmarkt interpretiert werden. Im vorliegenden Zusammenhang werden mithin entsprechende Maßnahmen auf dem *Güter*markt analysiert.

Von der Vielzahl der positiven Wettbewerbsfolgen profitieren – wie erläutert – regelmäßig die Marktgegenseite der im Wettbewerb stehenden Wirtschaftssubjekte sowie die Allgemeinheit. Dies ist jedoch untrennbar mit Einschränkungen und Zwängen verbunden, denen die einzelnen Wettbewerber ausgesetzt sind. Es ist deren Interesse nachvollziehbar, die Intensität des sie treffenden Wettbewerbs zu mindern oder diesen ganz auszuschalten: Wettbewerb ist für den einzelnen Marktteilnehmer mit erheblichen Kosten verbunden. Einhergehend mit den gesamtwirtschaftlichen Vorteilen des Wettbewerbs resultieren diese Kosten vor allem aus fehlenden Sondergewinnen, darüber hinausgehenden Preiskämpfen um Marktanteile und Größenvorteile und der Produktentwicklungs- und Anpassungsobligation. Zusätzlich entstehen erhebliche Aufwendungen für die Absatzförderung. Innerhalb des Wettbewerbs besteht daher eine Tendenz zur Selbstaufhebung, da den Marktteilnehmern ökonomische Anreize für „Friedensabsprachen" gesetzt sind.

Zwei oder mehr Unternehmen, die zueinander im Wettbewerb stehen, befinden sich – jedenfalls mit einem Teil ihres Geschäftstätigkeit – auf demselben relevanten Markt[233] und damit auf der gleichen Wertschöpfungsstufe eines Guts. Per definitionem ist damit kein Wettbewerb z.B. zwischen Zulieferer und Produzent oder zwischen Groß- und Einzelhändler denkbar. Jedoch besteht die Möglichkeit, mit Handlungen über verschiedene Wertschöpfungsstufen hinweg den Wettbewerb innerhalb einer oder mehrerer Stufen zu beschränken. Die Kategorisierung der einzelnen denkbaren Beschränkungshandlungen wird zunächst aus unternehmensstrategischer und erst danach aus juristischer Sichtweise vorgenommen, um so ihre praktische Bedeutung genauer aufzuzeigen.

II. Kategorisierung aus Unternehmenssicht

Aus Sicht des einzelnen Unternehmens, das den ihn treffenden Wettbewerbsdruck reduzieren möchte, kommen zwei grundsätzliche Vorgehensweisen in Frage: Entweder es hemmt den Wettbewerb im Einvernehmen mit seinen Konkurrenten (Kollusion), oder es bekämpft die Wettbewerber sogar intensiver als üblich mit dem primären Ziel ihres baldigen Marktausscheidens (Konfrontation). Aus betriebswirtschaftlicher Sicht sind beide Varianten auf ihre Weise riskant: Der Verdrängungswettbewerb ist sogar im Falle des späteren Sieges mit

---

[233] Ausführlich zum „Relevanten Markt" und dem gesetzgeberischen „Marktmachtkonzept" *Bunte,* S. 188.

erheblichen Kosten über einen selten absehbaren Zeitraum verbunden, da die Leistungsstärke und vor allem die finanziellen Reserven der Konkurrenten zumeist nicht genau bekannt sind. Kollusives Verhalten erfordert zwar keine aufwendigen Wettbewerbshandlungen. Dafür sind die Konkurrenz und ihre Einhaltung des Vereinbarten zu beobachten, denn ein Abweichler könnte kurzzeitig stark auf Kosten der Übrigen profitieren. Zudem können Neueinsteiger in den Markt die vereinbarten Strukturen aufbrechen und ebenfalls als einziges nicht kollusiv handelndes Unternehmen vorübergehend hohe Profite erzielen. Schließlich drohen von Seiten der staatlichen Wettbewerbsaufsicht empfindliche Sanktionen.

1. Kollusive Strategien

Kollusives Verhalten zielt auf die friedliche Koexistenz der Wettbewerber und auf den Ausgleich derer Interessen ab. Der Wettbewerb wird ausgeschaltet, indem in Absprache mit den Konkurrenten einzelne oder alle Wettbewerbshandlungen unterlassen werden oder auch weiterreichende strategische Kooperationen vereinbart werden. Ziel ist, den Wettbewerbsdruck möglichst weitgehend zu beseitigen und jedem der ehemaligen Wettbewerber an den daraus resultierenden Vorteilen teilhaben zu lassen.

a) Kartellbildung, Abstimmung der Verhaltensweisen

Die formell einfachste Möglichkeit zum Erreichen dieses Ziels ist das Kartell. Die Wettbewerber stimmen hierfür die Wettbewerbsparameter[234] in ihren Markthandlungen ab. Die Zahl der Teilnehmer auf einer Marktseite nimmt für die Gegenseite in Folge tatsächlich (z.B. bei Absprachen über Absatzgebiete) oder faktisch (z.B. bei Preis-Leistungskartellen) ab, die Auswahl und damit der Wettbewerb schwinden. Innerhalb des Kartells können nun Sondergewinne verbucht werden. Die Planungssicherheit der Unternehmen nimmt zu, die individuellen Wettbewerbskosten reduzieren sich drastisch. Dennoch erhalten die Unternehmen ihre Unabhängigkeit.

Kartelle können jedoch nicht nur auf operativer Ebene, sondern auch durch langfristige strategische Verbünde entstehen. So hat die branchenweite Vereinbarung einer technischen Norm bzw. eines Standards ebenso Kartellcharakter wie die Kostenteilung durch gemeinsame Grundlagenforschung oder gemeinsame Einkaufsplattformen.

---

[234] Wettbewerbsparameter: Unternehmerische Entscheidungsmöglichkeiten, auf deren Ebene Wettbewerb ausgetragen wird; aus Käufersicht die Gründe für den Kauf eines Guts, vor allem der Preis, aber auch Qualität, Innovation, Design, Service, Vertrieb etc.

Schließlich kann ein faktisches Kartell auch dadurch entstehen, daß die Markttransparenz durch die Teilnehmer künstlich verstärkt wird – ein zunächst überraschender Befund vor dem Hintergrund, daß die volle Markttransparenz in der Theorie als Voraussetzung für den perfekten Wettbewerb angesehen wird. Kartelle dieser Art treten vor allem in Form der so genannten „Open-Price-Systeme" auf, in denen die Teilnehmer sich verpflichten, Geschäftsabschlüsse und deren Konditionen unter Nennung der Geschäftspartner direkt oder mittels einer zentralen Einrichtung den Konkurrenten zu melden. Sie sind in der Praxis für den Wettbewerb schädlich, weil in den typischen Marktstrukturen, also Oligopolen und monopolistischen Polypolen, die Wettbewerber zu einem Parallelverhalten inspiriert werden, und der einzelne Marktteilnehmer sich der Gestaltung einiger seiner Wettbewerbsparameter begibt. Nicht möglich sind vor allem besondere Zugaben und Rabatte zur Erreichung eines Geschäftsabschlusses, die ohne ein Open-Price-System unentdeckt blieben. Sie würden aufgedeckt, so daß dieses Wettbewerbsinstrument bei den Teilnehmern, die regelmäßig einen Preiskrieg vermeiden wollen, ausscheidet. Eine mögliche Preisstarrheit ist die Folge.

An die Stelle einer formellen Vereinbarung kann auch die stillschweigende Abmachung darüber treten, die Wettbewerbshandlungen zu koordinieren. So ist etwa denkbar, daß auf der Anbieterseite eines Marktes die Preise von einem Unternehmen gestaltet werden, und die vermeintlichen Wettbewerber ihre Preise ungefragt auf das gleiche Niveau anpassen. Durch Rotation mag die Rolle des Preissetzers sogar regelmäßig wechseln. In ihren Auswirkungen sind solche stillen Übereinkünfte nicht minder allgemeinschädlich als Kartelle. Auf das Merkmal der expliziten Übereinkunft der Marktteilnehmer ist daher in der Kategorisierung ebenso wie in der Bewertung kein besonderer Wert zulegen.

b) Einvernehmlicher Unternehmenszusammenschluß

Kartellvereinbarungen sind regelmäßig verboten und rechtlich nicht durchsetzbar.[235] Den Kartellteilnehmern entstehen Kosten, weil die Durchsetzung des Vereinbarten bei den Konkurrenten überwacht werden muß. Etwaige Abweichler würden kurzzeitig große Gewinne und dazu einen Vertrauensvorschuß der Marktgegenseite erlangen. Zur Abschreckung müssen daher Sanktionen durch die Wettbewerber jederzeit glaubwürdig angedroht werden, was ebenfalls Ressourcen bindet. Zudem besteht ein permanentes Risiko finanzieller Aufwendungen, sobald das verbotene Kartell behördlich entdeckt und sanktioniert wird. Nicht zuletzt setzt ein Kartell immer die Übereinstimmung aller Teilnehmer auf einer Marktseite voraus, eine in der Praxis schwierig zu erfüllende Bedingung.

---

[235] Vgl. § 1 GWB, Art. 81 EGV.

Diese Defizite sind durch einen Unternehmenszusammenschluß vermeidbar. Die Addition der Marktanteile kann von einem bestimmten Konzentrationsgrad an kartellähnliche Sondergewinne bewirken, und laufende „Kartellkosten" fallen nicht an. Um den Preis der unternehmerischen Unabhängigkeit und der anfallenden Integrationsaufwendungen können die fusionierten Unternehmen mit diversen finanziellen und strategischen Vorteilen rechnen. Selbst bei verbleibenden Wettbewerbern profitiert das neue Unternehmen von Skaleneffekten, möglichen Synergieeffekten und seiner gewachsenen Marktmacht, im Vertrieb wie im Einkauf.

Während die Unternehmenskonzentration in der Regel mit der Abnahme des Wettbewerbsdrucks und damit allgemeinschädlichen Folgen verbunden wird, bezeichnet das maßgeblich von *Kantzenbach*[236] entwickelte Leitbild des „funktionsfähigen Wettbewerbs" ausdrücklich das weite Oligopol als wettbewerbsintensivsten Zustand und mißt damit einem gewissen Konzentrationsgrad durchaus allgemeinnützliche Folgen bei. In dieser Marktstruktur sei der Wettbewerbsdruck durch die Kombination der unternehmensindividuellen Gewinnchancen, Existenzrisiken und Finanzierungsmöglichkeiten am höchsten.[237] Diese Argumentation wurde in der Praxis vor allem in Hinblick auf die Funktion des technischen Fortschritts angewandt. Dieser setze eine gewisse Unternehmensgröße voraus, da Forschung und Entwicklung mit regelmäßig hohen Kosten verbunden seien und zusätzlich nur marktstarke Unternehmen die Mittel zur Vermarktung einer technischen Innovation besäßen.[238] Eine positive Korrelation zwischen Unternehmensgröße und Umfang der Forschungsaktivitäten konnte jedoch bislang nicht eindeutig festgestellt werden; vielmehr steigen die relativen Forschungsausgaben (gemessen am Unternehmensumsatz oder der Beschäftigtenzahl) tendenziell uneinheitlich und unregelmäßig.[239] Andererseits ist auch kein Beweis dafür ersichtlich, daß eine weite oligopolistische Marktstruktur die Wettbewerbsfunktionen in ihrer Gesamtheit schlechter erfüllt als ein Polypol. Der Konzentrationsprozeß ist damit zumindest auf polypolistischen Märkten nicht generell als schädlich anzusehen, neben die aufgezeigten Verbundvorteile für die Unternehmen können auch gesamtwirtschaftliche treten.

2. Konfrontative Strategien

Eine konfrontative Strategie zur Wettbewerbsbeschränkung setzt an den Wettbewerbern an und verfolgt ihr Ausscheiden aus dem Markt. An die Stelle des In-

---

[236] *Kantzenbach/Kallfaß*, S. 103 ff.
[237] Vgl. *Schmidt*, 1. Kapitel, Abschn. VI 1 a).
[238] Nach der sog. *Schumpeter*-Hypothese gibt es einen positiven Zusammenhang zwischen der Größe eines Unternehmens und seinen F&E-Aktivitäten und Innovationen, vgl. *Schumpeter*, S. 135.
[239] *Jüttner-Kramny*, S. 189.

teressenausgleichs der kollusiven Strategien verfolgt hier der Wettbewerber allein sein eigenes Wohl.

a) „Feindliche“ Akquisition eines Konkurrenten

Die möglichen Verbundvorteile fusionierter Unternehmen führen mitunter zu Akquisitionen gegen den Willen des Managements oder eines Teils der Eigentümer des Zielunternehmens. Denkbar ist das Szenario bei den meisten überwiegend fremd finanzierten Unternehmen, sobald es dem am Kauf interessierten Unternehmen gelingt, den oder die Mehrheitsinvestor/en am Konkurrenten zum Verkauf ihrer Anteile bzw. die Gläubiger zur Abtretung ihrer Darlehensforderungen zu bewegen.

Folge dieser Transaktion ist jedenfalls das Ende der formellen Unabhängigkeit des Akquisitionsziels. Regelmäßig wird der Käufer jedoch auch die Unternehmensstrategie des übernommenen Konkurrenten so anpassen, daß der vormalige Wettbewerb reduziert bzw. unterdrückt wird. Die Ersparnis der Wettbewerbskosten ist neben den entstehenden Größenvorteilen ein wesentlicher Beweggrund für die Übernahme direkter Konkurrenten.

Die obigen[240] Ausführungen zur möglichen gesamtwirtschaftlichen Vorteilhaftigkeit des Konzentrationsprozesses gelten entsprechend.

b) Horizontale Strategien, „direkte“ Konfrontation

Ein Unternehmen kann versuchen, seine Wettbewerber durch direkt wirkende Maßnahmen zu bekämpfen. Es entspricht damit zwar dem originären Wettbewerbsgedanken, versucht jedoch, mit Hilfe einiger den Preismechanismus zumindest ergänzender Handlungen sein Ziel zu erreichen. Hintergrund des dann vorübergehend besonders scharfen Wettbewerbs ist weniger die Absicht der vorrangigen Transaktion mit der Marktgegenseite als die des Marktaustritts des Konkurrenten. Die Abgrenzung zum unlauteren Wettbewerb kann also darin gesehen werden, daß hier nicht nur mit verwerflichen Mitteln unter Hinnahme des Wettbewerbssystems gekämpft wird, sondern daß das Ziel als solches – die deutliche Reduktion des Wettbewerbs – als verwerflich gelten kann.

Eine verbreitete horizontale Konfrontationsstrategie besteht darin, den Wettbewerber durch einen Preiskrieg zum Marktausstieg zu zwingen. Das Unternehmen wird seine Preise unüblich stark reduzieren. Sein Wettbewerber wird, sofern kein perfekter Wettbewerb besteht, seine Preise angleichen müssen. Entscheidend ist, daß der Provokateur dieses Preiskrieges durchaus einen vorübergehenden operativen Verlust hinzunehmen bereit ist und dabei hofft, daß er die-

---

[240] Vgl. oben, Abschn. E II 1 b).

sen längere Zeit anderweitig ausgleichen kann als der angegriffene Wettbewerber.[241] Mittelfristig möchte er damit die Alleinstellung auf dem Markt erlangen und durch dann mögliche Sondergewinne die vorausgegangenen Einbußen mehr als ausgleichen. Die Abgrenzung zwischen üblichem Preiswettbewerb und Preiskrieg ist nicht eindeutig. Es dürfte sich jedoch spätestens dann um eine preiskriegerische Maßnahme handeln, wenn das Unternehmen über längere Zeit hinweg seine Güter zu Preisen auf dem Markt anbietet, die seine eigenen Herstellungs- bzw. Einkaufspreise[242] unterschreiten.

Eine weitere Möglichkeit der Wettbewerbsbeschränkung durch horizontale Konfrontation ist vor allem im Falle ehemaliger staatlicher Monopolisten relevant. Viele dieser Unternehmen, insbesondere die Versorgungs- und Verkehrsbetriebe, erfordern eine sehr aufwendige Infrastruktur und damit ein großes Anlagevermögen. Möchte ein Konkurrent in diesen Markt eintreten, kann er regelmäßig aus finanziellen wie logistischen Gründen keine ebensolche Infrastruktur aufbauen. Es wäre auch schlechterdings volkswirtschaftliche Verschwendung, z.B. jedem Haushalt den Anschluß an zwei oder mehr verschiedene Stromnetze zu ermöglichen. Der neue Wettbewerber wird daher mit dem ehemaligen Monopolisten zu vereinbaren versuchen, dessen Infrastruktur gegen Gebühr mitbenutzen zu dürfen. Trotz eines angemessenen Preises für diese Fremdbenutzung wird sich der Inhaber der Infrastruktur jedoch einer solchen Vereinbarung widersetzen, wenn er aus strategischen Gründen den Wettbewerb verhindern und seine Möglichkeit auf Monopolgewinne bewahren möchte.

c) Vertikale Strategien, „indirekte" Konfrontation

Ein Unternehmen kann das Ziel der Wettbewerbsreduktion auch durch nicht direkt auf den Konkurrenten zielende, sondern sich auf die vor- bzw. nachgelagerten Wertschöpfungsstufen auswirkende Handlungen verfolgen. Da die dort angesiedelten Unternehmen auch mit dem direkten Wettbewerber in tatsächlicher oder potentieller Beziehung stehen, wirken die vertikalen Handlungen in indirekter Weise auf den Wettbewerber mit dem Ziel seiner Verdrängung ein. Diese Art der indirekten horizontalen Konfrontation mit dem Wettbewerber ist durch vertikale Vereinbarungen wie auch durch einseitige vertikale Handlungen möglich, wobei beide Methoden in der Praxis ineinander übergehen und eine klare Abgrenzung nicht immer möglich ist.[243]

---

[241] Zum Verlustausgleich bieten sich verschiedene Möglichkeiten: Neben der Aufnahme kurzfristiger Verbindlichkeiten oder dem Eigentümerzuschuß kommt vor allem die Quersubvention mit Erträgen aus anderen Geschäftsbereichen in Frage, soweit vorhanden.

[242] Sog. „Einstandspreis".

[243] Vor allem dürften Vereinbarungen in vielen Fällen unter ausdrücklicher oder auch impliziter Repressalienandrohung zustande kommen.

Vereinbart werden können in erster Linie besondere Lieferverhältnisse. Dabei kann sich – etwa im Beispiel der Beziehung zwischen Produzent und Großhändler – der Großhändler in einer vertikalen Bindung verpflichten, ausschließlich das Gut des Produzenten zu beziehen.[244] Dessen Konkurrenten haben dadurch trotz möglicherweise besserer Leistungen das Nachsehen, weil das gebundene Unternehmen seine Bezugsentscheidung nicht mehr in einem Kosten-Nutzen-Vergleich der anbietenden Marktteilnehmer trifft. Durch die Bindung werden auf diese Weise (potentielle) Absatzkanäle der Konkurrenten blockiert. Gleichzeitig geht damit häufig eine Alleinbelieferungspflicht einher, nach der der Produzent ausschließlich einen Abnehmer beliefern darf. Hierdurch reduziert sich der Wettbewerb auf der Großhändlerseite, und sowohl der Produzent als auch – in kleineren Maße – die Einzelhändler büßen ihre Wahlmöglichkeiten ein.

Der Großhändler kann auch zusagen, den Vertrieb des vom Produzenten bezogenen Guts auf bestimmte Weise zu gestalten: Er kann sich etwa zum Weiterverkauf zu einem bestimmten Preis[245] oder zu definierten Konditionen verpflichten, ebenso wie zum Weiterverkauf an einen örtlich oder sachlich begrenzten Kundenkreis.[246] Die Preisbindung beschränkt vor allem den Wettbewerb zwischen den Großhändlern, und damit auf der nachgelagerten Wertschöpfungsstufe: Die Großhändler schränken sich im Gebrauch ihres wichtigsten Wettbewerbsparameters ein. Daraus direkt folgend kann, etwa bei Fachhandelsbindungen, der Wettbewerb auf der weiter nachfolgenden Einzelhandelsebene beschränkt sein, da der Produzent eine Einteilung zwischen ihm genehmen und nicht genehmen Einzelhändlern getätigt hat und er letztere durch die Bindung des Großhändlers vom Markt ausschließt. Mittelbar wird jedoch auch der Produzentenwettbewerb behindert oder zumindest stark verzerrt. Das seine Absatzkanäle bindende Unternehmen kann die Nachfragemenge und den Nachfragepreis für seine Produkte wesentlich besser homogenisieren und sogar steuern als eines, das seine Güter über autonom nach der Marktlage handelnde Mittler vertreibt.[247]

Denkbar sind auch sog. Kopplungsbindungen, die regelmäßig einem weniger nachgefragten Gut zum Absatz verhelfen sollen, indem sie dessen Bezug zur

[244] Sog. „Ausschließlichkeitsbindung“.

[245] Sog. „Preisbindung“.

[246] Bsp.: Weiterverkauf allein an Fachhandelsunternehmen, nicht an Discounter, sog. „Selektiver Vertrieb“.

[247] In Einzelfällen können vertikale Bindungen allerdings durchaus zur Intensivierung des Wettbewerbs führen. Der Markteintritt eines neuen Wettbewerbers etwa ist bei einer durch ihn vorab festgelegten Marketingstrategie (zu der auch die Preisgestaltung gehören würde) über mehrere Ebenen hinweg regelmäßig einfacher. Auch könnten vertikale Bindungen zu gesellschaftlichen Einsparungen führen, indem die Glieder einer Wertschöpfungskette wesentlich besser aufeinander abgestimmt wären, vgl. auch Abs. 6 ff. der Begr. zu VO Nr. 2790/1999, ABl. EG 1999 L Nr. 336, 21.

Voraussetzung des Erwerbs eines anderen, begehrten Guts machen. Leistungsfähigere Wettbewerber auf dem Markt für das weniger populäre Gut haben keine Chance, sich ohne die besondere Dreingabe des populären Gutes durchzusetzen.

Hat ein Unternehmen einen hinreichenden Grad an Marktmacht erlangt, kann es statt einer Vereinbarung seine Zulieferer und Abnehmer zu Handlungen forcieren, die seine Wettbewerber schädigen. Es kann sie zu Liefer- oder Bezugssperren auffordern oder zur Preisdiskriminierung der Konkurrenz drängen,[248] sogar ohne dafür eine besondere Gegenleistung erbringen zu müssen. Auch die beschriebenen Liefervereinbarungen können von einem marktstarken Unternehmen vielfach durchgesetzt werden, ohne einen Interessenausgleich mit den gebundenen Unternehmen erreichen zu müssen. Als Druckmittel kann das marktstarke Unternehmen – vor allem in Besitz einer starken Marke oder eines sonstigen Alleinstellungsmerkmals – die eigene Lieferung an seine potentiellen Abnehmer verweigern oder an besondere Konditionen knüpfen bzw. die Preise staffeln. Das Preisniveau kann dabei grundsätzlich höher gewählt werden als bei funktionierendem Wettbewerb.

Vor allem die Preisstaffelung oder -diskriminierung ist für ein ohnehin mächtiges Unternehmen ein probates Mittel zur weiteren Verbesserung der eigenen Position, auch wenn sie nicht als „Zwangsmittel" eingesetzt wird. Damit greift es einerseits in den freien Wettbewerb auf der Abnehmerebene ein, andererseits jedoch wird auch das Ergebnis auf dem „eigenen" Markt verfälscht und der Wettbewerb zu den „eigenen" Konkurrenten verzerrt. Ein Unternehmen, das seine Abnehmer preislich diskriminieren kann, gestaltet die Preise nach der Nützlichkeit des Produkts für den Abnehmer. Das erste Stück wird dem Höchstbietenden verkauft usw. Der Verkaufspreis nimmt zwar ab, jedoch nicht mit Auswirkungen auf die zeitlich vorangegangenen Verkäufe. Der Grenzerlös entspricht einfach dem aktuellen Verkaufspreis. Die Folge sind vorläufig eine höhere Produktionsmenge und gleichzeitig höhere Erlöse für den Produzenten,[249] allerdings um den Preis des noch weiter abnehmenden Wettbewerbsdrucks durch Konkurrenten, denen keine Preisdiskriminierung und damit keine Sondergewinne möglich sind. Die Entwicklung zum Monopol wird begünstigt.

Als ein sehr effektives Mittel zur Reduktion des Wettbewerbsdrucks kann sich schließlich die vertikale Integration erweisen. Indem ein Produzent beispielsweise einen marktstarken Zulieferer übernimmt, wird er regelmäßig seine Ein-

---

[248] Die Preisdiskriminierung, also das Verlangen unterschiedlicher Preise für das gleiche Produkt bei verschiedenen Abnehmern, zeigt, wie eng intensiver Wettbewerb und wettbewerbsschädliches Handeln beieinander liegen. So stellt sich schon bei Gewährung eines großen Mengenrabatts die Frage, welcher Qualität dieser ist.

[249] Vgl. *Begg/Fischer/Dornbusch*, Abschn. 8-9.

kaufskonditionen im Vergleich zu seinen Wettbewerbern verbessern können. Vor allem jedoch wird er direkt in die Preis- und Produktionsmengengestaltung der ehemaligen Marktgegenseite eingreifen können. Er kann damit seine Konkurrenten horizontal wie vertikal bekämpfen: Einerseits als nun begünstigter Teilnehmer auf der ursprünglichen Wertschöpfungsstufe, andererseits als Marktgegenüber von der neu erschlossenen Ebene aus. Ein unternehmensinterner Abnehmer wird gegenüber einem externen – losgelöst von marktwirtschaftlich rationalen Kosten-Nutzen-Entscheidungen – bevorzugt, und auch auf die Handlungen der übrigen Zulieferer kann auf nicht polypolistischen Märkten auf diese Weise Einfluß genommen werden.

III. Juristische Kategorisierung

Sowohl die juristische Literatur zum Wettbewerbsrecht als auch die relevanten Gesetzestexte gliedern die möglichen Wettbewerbsbeschränkungen in einigen aber entscheidenden Aspekten anders. Es wird weniger auf die Motivation der wettbewerbsbeschränkenden Handlungen abgestellt als auf die Handlungsart und -qualität als solche. So werden auch Maßnahmen eines Unternehmens juristisch erfaßt, die dessen eigenen Wettbewerbsdruck überhaupt nicht reduzieren, sondern auf anderen Märkten wettbewerbsbeschränkende Wirkung haben. Die Einteilung der Maßnahmen erfolgt in die Kategorien Vereinbarung, Behinderung und Unternehmenskonzentration.

1. Vereinbarungen

Hierunter fallen Beschränkungen der wettbewerbsrelevanten Handlungs- und Entschließungsfreiheit durch Vereinbarung, Beschluß oder aufeinander abgestimmtes Verhalten rechtlich selbständig bleibender Unternehmen.[250] Zu den Vereinbarungen gehören damit zunächst die Kartelle und die abgestimmten Verhaltensweisen auf horizontaler Ebene. Ebenso werden vertikale Abmachungen hierzu gezählt, wenngleich in nicht einheitlichem Umfang. Zwar werden Preis- und Konditionenbindungen wettbewerbstechnisch ebenso als Vereinbarung eingestuft wie Lizenzverträge, Uneinigkeit besteht hingegen im Bereich der Ausschließlichkeits- und Kopplungsbindungen. Teilweise werden diese unter die Vereinbarungen subsumiert,[251] teilweise hingegen bereits als Behinderung eingestuft.[252] Als – wie oben dargestellt – Strategie mit konfrontativem Motiv enthalten solche Bindungen tatsächlich die Charakteristika beider Handlungsmuster. Dennoch sollten sie beim Vorhandensein einer Kategorie „Vereinbarungen" dieser auch zugeordnet werden, solange es sich nicht um mit Marktmacht

[250] *Schmidt,* 6. Kapitel, Abschn. II.
[251] So noch *Emmerich,* 9. A., § 15.
[252] *Schmidt,* 6. Kapitel, Abschn. IV 2 c)., *Emmerich,* § 27, Rn. 77.

durchgesetzte „Vereinbarungen pro forma“ handelt, sondern mit der Bindung auch ein Interessenausgleich für den Gebundenen einhergegangen ist.

2. Behinderungen / Mißbrauch von Marktstärke

Neben den nur vereinzelt als Behinderung eingestuften Ausschließlichkeits- und Kopplungsbindungen werden diverse weitere Diskriminierungshandlungen zu den Behinderungen gezählt. Anders als die Vereinbarungen werden sie einseitig mit dem mittelbaren oder unmittelbaren Ziel der Konkurrentenschädigung bzw. der für Wettbewerbsverhältnisse unüblichen Verbesserung der eigenen Position unternommen. Dazu zählen der Boykott und die Lieferverweigerung, die Installation eines selektiven Vertriebssystems,[253] die Preisdifferenzierung und -diskriminierung, die unbillige Verweigerung des Zugangs zur Marktinfrastruktur sowie jeder weitere Mißbrauch einer starken bzw. beherrschenden Marktstellung. Hierzu wiederum werden vor allem „durchgedrückte“ Ausschließlichkeits- und Kopplungsbindungen, Preiskriege und Preismißbrauch[254] gerechnet.

Behinderungen im Sinne des Wettbewerbsrechts können folglich sowohl sich auf vertikaler als auch auf horizontaler Ebene auswirkende Handlungen sein. Allerdings werden lediglich die direkten Behinderungen als solche erfaßt. Wenn also z.B. durch eine Ausschließlichkeitsvereinbarung eines Lieferanten mit einem Abnehmer der Wettbewerber des Lieferanten behindert wird, ist grundsätzlich die *Vereinbarung* der juristische Anknüpfungspunkt. Gleichwohl kann diese Vereinbarung als Behinderung eingestuft werden, wenn etwa ein marktstarkes Unternehmen ein vergleichsweise schwaches faktisch zum Abschluß nötigt.[255]

3. Unternehmenskonzentration

Die dritte Gruppe der Wettbewerbsbehinderungen stellen Unternehmenszusammenschlüsse dar, die den Unternehmen nichtorganisches Wachstum und damit den raschen Erwerb der aufgezeigten Größenvorteile ermöglichen. Nach deutschem Wettbewerbsrecht z.B. ist ein Zusammenschluß grundsätzlich rechtlich relevant, sobald die beteiligten Unternehmen jeweils jährliche Inlandserlöse von mehr als € 25 Millionen und kumulierte Gesamterlöse von mehr als € 500 Mil-

---

[253] Streng genommen sind hier zwei mögliche Handlungen zu unterscheiden, je nach Struktur der Wertschöpfungskette: Die Lieferverweigerung gegenüber einzelnen Abnehmern (Direkte Behinderung) sowie die Bindung der Abnehmer, nur an definierte Kunden (z.B. Facheinzelhändler) weiterzuverkaufen (Vereinbarung mit Drittbehinderung).
[254] Preismißbrauch: Die Wahl eines hohen, unter „normalen“ Wettbewerbsbedingungen nicht durchsetzbaren Preises durch ein marktmächtiges Unternehmen. Problematisch ist die Abgrenzung zum legitimen Abschöpfen der Sondergewinne, das ja zentraler Ansporn für jedes kompetitive Handeln und damit eine Wettbewerbsvoraussetzung sind.
[255] Vgl. *Schmidt*, 13. Kapitel, Abschn. II 2 d), m.w.N. zur Rspr.

lionen aufweisen.[256] Hingegen ist unerheblich, ob es sich um einen horizontalen Zusammenschluß oder eine vertikale oder gar diagonale[257] Integration handelt. Ebenfalls gleichgültig ist, in welcher rechtlichen Form der Zusammenschluß gestaltet ist. Der Erwerb des fremden Unternehmensvermögens („asset deal") wird ebenso erfaßt wie der Erwerb der Unternehmensanteile („share deal") oder ein andersartiger Kontrollerwerb, entscheidend ist nur die faktische Möglichkeit der unternehmerischen Einflußnahme auf das Zielunternehmen. Es spielt auch keine Rolle, ob der Zusammenschluß einvernehmlich vereinbart wurde, oder ob es sich um eine feindliche Akquisition handelt bzw. mit welchen strategischen Absichten der Zusammenschluß begründet ist.

F. Gesetzlicher Schutz des Wettbewerbs auf dem Gütermarkt

Die Tendenz des Wettbewerbs zur Selbstausschaltung, die – wie aufgezeigt – durch Eigeninteressen der Marktteilnehmer begründet ist, wird von hoheitlicher Seite zu verhindern versucht. Folgend werden die den deutschen Gütermarkt vorrangig schützenden Regelungen beschrieben, die sich im EG-Vertrag sowie im GWB finden.[258] Hier nicht weiter behandelt werden wettbewerbsschützende Spezialgesetze.[259]

I. Europäisches Recht

Auf EU-Ebene beanspruchen die Wettbewerb schützenden Regelungen des EG-Vertrages Geltung, sowie Verordnungen auf dessen Grundlage. Grundsätzlich wirken nationale Gesetze und EU-Normen parallel, bei widersprüchlichen Ergebnissen genießt jedoch das EU-Recht Vorrang.[260] Dabei ist jedoch zu beachten, daß auf EU-Ebene nicht nur Unternehmen die Auslöser möglicher Wettbewerbsbehinderungen sein können, sondern auch die nationalen Gesetzgeber und

---

[256] Vgl. § 35 Abs. 1 GWB.

[257] „Diagonal" ist ein Zusammenschluß zweier Unternehmen, die auf unterschiedlicher Wertschöpfungsstufe tätig sind, ohne miteinander in einem Anbieter-/Nachfragerverhältnis zu stehen.

[258] Von zentraler Bedeutung im deutschen Wettbewerbsrecht ist daneben das Gesetz gegen den unlauteren Wettbewerb (UWG). Im Gegensatz zum GWB bekämpft es jedoch nicht direkt Wettbewerbsbeschränkungen, sondern stellt „Spielregeln" auf, durch die die Lauterkeit des Wettbewerbs „im Interesse der Mitbewerber, der Verbraucher und der Allgemeinheit" (u. a. *BGH* GRUR 2001, 751, 753: „Telefonwerbung für Blindenwaren") bewahrt wird. Es unterstellt damit eine Wettbewerbssituation und soll für die wettbewerbliche Entfaltungsfreiheit der Mitbewerber und mittelbar für eine sachgemäße Grundlage der Konsum- bzw. Investitionsentscheidungen auf der Marktgegenseite sorgen. Vgl. zum Schutzzweck im Einzelnen *Beater,* § 10, Rn. 11 ff., m.w.N.

[259] Vgl. vor allem §§ 23 ff. Telekommunikationsgesetz (TKG), § 32 i. V. m. § 28 Postgesetz (PostG) und §§ 5 ff. Energiewirtschaftsgesetz (EnWG).

[260] *EuGH* v. 13.02.1969, Slg. 1969, 1, 13: „Walt Wilhelm"; inzwischen mit Bezugnahme auf Art. 81 Abs. 3 EGV auch in § 22 GWB kodifiziert.

Exekutivorgane. Ein effektives System zum Wettbewerbsschutz muß daher auch dieser Art der Beschränkungen entgegentreten.

Der geographische Anwendungsbereich des EU-Wettbewerbsrechts läßt sich den relevanten Normen teils selbst entnehmen: Einerseits muß es sich um eine Wettbewerbsbeschränkung innerhalb des Gemeinsamen Marktes handeln.[261] Dafür ist nach überwiegender Ansicht bereits hinreichend, wenn nicht-EU-basierte Unternehmen eine Handlung im EU-Ausland vornehmen, deren Auswirkungen im Gemeinsamen Markt spürbar sind.[262] Andererseits ist – in Abgrenzung zu den nationalen Wettbewerbsordnungen der Mitgliedstaaten – erforderlich, daß durch die Wettbewerbsbeschränkungen der zwischenstaatliche Handel beeinträchtigt ist.[263] Diese Bedingung ist sehr weit auszulegen und entsprechend regelmäßig erfüllt: Für ihre Erfüllung genügt im Wesentlichen, daß eine Maßnahme geeignet ist, den Handel zwischen Mitgliedstaaten unmittel- oder mittelbar in einer Weise zu beeinträchtigen, die der Verwirklichung der Ziele eines zwischenstaatlichen Marktes nachteilig sein kann, indem sie die gegenseitige Durchdringung der vormals nationalen Märkte erschwert und zur Errichtung von Handelsschranken beiträgt.[264]

1. Wettbewerbsbeschränkungen durch Unternehmenshandlungen

Säulen des EU-Wettbewerbsrechts gegen Beschränkungen durch Unternehmen sind die gesetzliche Verhinderung der den Wettbewerb beschränkenden Vereinbarungen,[265] des Mißbrauchs marktbeherrschender Stellungen[266] sowie der Behinderung wirksamen Wettbewerbs im Gemeinsamen Markt durch Zusammenschlüsse mehrerer Unternehmen.[267]

a) Wettbewerbsbeschränkende Vereinbarungen

Art. 81 Abs. 1 EGV verbietet Vereinbarungen zwischen Unternehmen, Beschlüssen von Unternehmensvereinigungen und aufeinander abgestimmte Verhaltensweisen, welche den Handel zwischen Mitgliedstaaten zu beeinträchtigen geeignet sind und eine Verhinderung, Einschränkung oder Verfälschung des Wettbewerbs bezwecken oder bewirken. Diese weit gefaßte Formulierung wird in der zweiten Satzhälfte durch Verbotsbeispiele konkretisiert, die insbesondere

---

[261] Vgl. Art 81 I EGV: „...innerhalb des Gemeinsamen Marktes...“, Art. 82 EGV: „...auf dem Gemeinsamen Markt oder auf einem wesentlichen Teil desselben...“.

[262] *Emmerich,* § 3, Rn. 16 f. m. w. N.

[263] Vgl. Art. 81 Abs. 1 u. 82 EGV: „...Handel zwischen Mitgliedstaaten...“.

[264] *EuGH* v. 30.06.1966, Slg. 1966, 281, 303: „LTM vs. MBU“.

[265] Vgl. Art. 81 EGV.

[266] Vgl. Art. 82 EGV.

[267] Vgl. Art. 2 Abs. 3 VO 139/2004 (Fusionskontroll-VO (FKVO), ursprünglich VO 4064/89).

die Festsetzung der Preise oder Geschäftsbedingungen, die Abstimmung der Produktions-, Vertriebs- oder Investitionsentscheidungen sowie die Marktaufteilung umfassen. Weiterhin werden Vereinbarungen über unbegründete Ungleichbehandlungen anderer Marktteilnehmer und sowie unsachgemäße Kopplungsbindungen explizit untersagt. Abs. 2 der Vorschrift erklärt entsprechende Vereinbarungen für nichtig.

Nach der bis vor kurzem vorgesehenen Anwendung des Verbots aus Art. 81 Abs. 1 durch *Kommission* und *EuGH*[268] sind die vielen möglichen „Negativ-Konstellationen" in drei typische Fallgruppen einteilbar.[269] Zunächst sind horizontale Abreden untersagt. Neben der dargelegten schadhaften Wirkung der üblichen Kartellabreden auf einem bestehenden gemeinsamen Markt besteht für die EU-Behörden auch und vor allem ein Grund zum Einschreiten bei horizontalen Absprachen, durch die die Schaffung eben des einheitlichen Marktes verhindert werden und die Trennung in nationale oder regionale Märkte aufrechterhalten werden soll.[270] Verboten wurde in diesem Rahmen zudem das Herbeiführen einer künstlichen Markttransparenz durch Open-Price-Systeme, denen die Provokation eines Parallelverhaltens und das Ausschalten der wettbewerbstypischen Ungewißheit unterstellt wurden.[271]

Die zweite Gruppe bilden die vertikalen Abreden. Die gewollte Durchdringung der nationalen Märkte wird hier vor allem mittels verschiedener Ausschließlichkeitsbindungen und Export- bzw. Reimportverbote verhindert,[272] die daher einen typischen Anwendungsfall eines Vereinbarungsverbots nach Art. 81 Abs. 1 EGV darstellen. Ebenso sind aber die in einem einheitlichen Markt auftretenden Preis-, Konditionen- und Abschlußbindungen über unterschiedliche Wertschöpfungsstufen hinweg untersagt.

Art. 81 Abs. 1 EGV wird jedoch auch in Zusammenhang mit dem Mißbrauch gewerblicher Schutzrechte und Urheberrechte angewendet. Diese rechtlichen Privilegien, die grundsätzlich den Pioniergewinn sicherstellen und damit eine Verstärkung der Wettbewerbshandlungen bewirken sollen, können als eine besondere Art horizontaler oder auch vertikaler Wettbewerbsbeschränkung genutzt werden. Es ist mithin zu unterscheiden, ob etwa der Lizenzinhaber in der Vereinbarung mit einem Lizenznehmer die legitime Verwertung seines Wettbewerbsvorteils betreibt oder darüber hinaus die Errichtung wettbewerbsbeschrän-

---

[268] Mit Erlaß der VO 1/2003 wurde das Genehmigungsverfahren bei den EU-Wettbewerbsbehörden um die direkte Anwendbarkeit durch die Adressaten auch hinsichtlich der Ausnahmeregelung des Art. 81 Abs. 3 EGV ergänzt.

[269] Vgl. zu dieser Kategorisierung *Schmidt,* 13. Kapitel, Abschn. II 1 a).

[270] Z.B. WuW/E EWG/MUV, 617 f.: „Pioneer".

[271] *EuGH* v. 28.05.1998, Rechtssache C-7/95 P, Rn. 119: „Landwirtschaftliche Zugmaschinen".

[272] Vgl. WuW/E EWG/MUV, 421 ff.: „Miller Schallplatten".

kender Strukturen bezweckt.[273] Prinzipiell sind Wettbewerbsbeschränkungen in Lizenzverträgen und gleichartigen Abmachungen über andere gewerbliche Schutzrechte daher durch Art. 81 Abs. 1 EGV untersagt und nur dann freizustellen, wenn sie den Schutzzweck des EU-Wettbewerbsschutzes nicht unterminieren.[274]

Das umfassende Vereinbarungsverbot ist durch eine ebenfalls weit formulierte Ausnahmevorschrift, Art. 81 Abs. 3 EGV, relativiert. Hiernach können die Bestimmungen des Abs. 1 auf einzelne Vereinbarungen, Beschlüsse oder abgestimmte Verhaltensweise oder aber Gruppen dieser für nicht anwendbar erklärt werden. Das Recht dazu stand vergangenheitlich getreu Art. 9 Abs. 1 VO 17/62 (die so genannte VO Nr. 17) der *Kommission* zu. Seine Ausübung setzte nach Art. 81 Abs. 3 EGV kumulativ[275] voraus, daß die fragliche Vereinbarung (a) die Warenerzeugung oder Warenverteilung verbessert oder den technischen oder wirtschaftlichen Fortschritt fördert, (b) die Verbraucher am entstehenden Gewinn angemessen beteiligt werden, (c) den beteiligten Unternehmen durch die Vereinbarung keine für diesen Zweck nicht unerläßlichen Beschränkungen auferlegt werden sowie (d) der Wettbewerb für einen wesentlichen Teil der betreffenden Waren nicht ausgeschaltet wird. Im Interesse der Verfahrensökonomie sowie der Rechtssicherheit konnte die *Kommission*, wie angesprochen, über Einzelfreistellungen hinaus auch ganze Typen von Vereinbarungen im Rahmen der so genannten Gruppenfreistellungen vom Vereinbarungsverbot ausnehmen. Daraus folgten nach der Beschreibung der freistellungsfähigen Vereinbarung Kataloge zulässiger und unzulässiger Klauseln, die als weiße und schwarze Listen bezeichnet werden.[276]

Freigestellte Vereinbarungstypen waren und sind so z.B. bestimmte Technologietransfer-Vereinbarungen,[277] Spezialisierungsvereinbarungen[278] und selektive Vertriebssysteme im Kfz-Handel.[279] Seit 2000 wird sogar ein Großteil aller vertikalen Vereinbarungen grundsätzlich vom Verbot des Art. 81 Abs. 1 EGV freigestellt: Die VO 2790/99[280] ersetzt mehrere ältere Gruppenfreistellungsverordnungen und stellte vertikale Vereinbarungen im Bereich der Waren und Dienstleistungen vom Verbot frei, solange (im wesentlichen) die jeweiligen Marktan-

[273] WuW/E EWG/MUV, 263 ff.: „Grammophon", WuW/E EWG/MUV, 551 ff.: „Maissaatgut".
[274] *Schmidt*, 13. Kapitel, Abschn. II 1 a).
[275] Vgl. *EuG*, EuZW 1996, 660, 666: „Métropole".
[276] *Emmerich*, 9. A., § 36 Nr. 8.
[277] VO 240/96, ABl. EG 1996 L Nr. 31, 2 ff.
[278] Z.B. zur einheitlichen Kennzeichnung von Rindfleisch im Endverkauf, vgl. Art. 16 ff. VO 2658/2000, ABl. EG 2000 L Nr. 204, 7 f.
[279] VO 1475/95, ABl. EG 1995 L Nr. 145, 25 ff.
[280] ABl. EG 1999 L Nr. 336, 21 ff.

teile der beteiligten Unternehmen 30% nicht überschreiten.[281] Bis zu diesem Grad wird unterstellt, daß die Effizienzgewinne im Vertriebssystem die Nachteile durch die Wettbewerbsbeschränkung aufwiegen.[282] Verboten blieben zudem ausgewählte, aus wettbewerbspolitischer Sicht besonders problematische Klauseln, vor allem im Bereich des Gebietsschutzes sowie der Preisbindungen. Auch im Bereich horizontaler Vereinbarungen ist der Versuch unternommen worden, die Verfahren transparenter und effizienter zu gestalten. Die sog. Leitlinien zur horizontalen Kooperation[283] gliederten die möglichen Horizontalvereinbarungen in i. d. R. zulässige,[284] i. d. R. unzulässige[285] und weiter eingehend zu prüfende.

Trotz dieser umfassenden Gruppenfreistellungen und Leitlinien sowie der in über 90% der angemeldeten Fälle angewendeten Praxis, mit einfachen Verwaltungsschreiben[286] eine Unbedenklichkeitserklärung auszustellen und auf die detaillierte Prüfung zu verzichten,[287] werden – zur weiteren Entlastung der *Kommission* – seit dem 01.05.2004 die Vereinbarungen keiner Einzelfallprüfung mehr unterstellt. Statt dessen sieht VO 1/2003 die Ablösung der fallweisen Freistellungen seitens der *Kommission* durch das System der Legalausnahme vor. Vereinbarungen, die neben Art 81 Abs. 1 EGV auch dessen Abs. 3 erfüllen, bedürfen weder einer Freistellung, noch müssen sie angemeldet werden. Verstöße gegen das EU-Kartellverbot werden damit nur noch im Falle einer mehr oder minder zufälligen Entdeckung zur Untersagung führen. Selbst wenn man den Gesetzesadressaten guten Willen nachsagen möchte, scheint es zumindest bedenklich, angesichts generell sachlich komplizierter und häufig genug langer Verfahrensgänge diese gerade an die Betroffenen zu delegieren und auf deren Kompetenz sowie Objektivität zu vertrauen. Hierin vor allem wurzelte die gerade auch aus Deutschland vorgetragene Kritik.[288] Von Bedeutung ist zudem, daß die Verordnung nunmehr zu einer entsprechenden Anpassung des GWB führte. Bei Sachverhalten mit spürbarem Gemeinschaftsbezug wendet das Bundeskartellamt zudem Art. 81 EGV direkt an,[289] und der deutsche Gesetzgeber möchte

[281] Eine Ausnahme bildet hier der Kraftfahrzeugvertrieb, für den gemäß Art. 2 Abs. 5 der VO die „eigene" Gruppenfreistellungsverordnung 1400/2002 weiterhin Anwendung findet.
[282] Vgl. Abs. 6 der vorangestellten Begr. zu VO 2790/99.
[283] ABl. EG 2001 C Nr. 3, 2 ff.
[284] Vor allem Einvernehmen der Wettbewerber über den Gebrauch irrelevanter Wettbewerbsparameter und Zusammenarbeit in Projekten, die einzeln nicht durchführbar wären (Arbeitsgemeinschaften).
[285] Vor allem Marktaufteilung, Einvernehmen im Bereich der Preise oder Produktionsmengen.
[286] Sog. „Comfort Letters".
[287] Hierzu im einzelnen *Schrödermeier/Wagner,* WuW 1994, 403 ff.
[288] Vgl. zur Kritik z.B. *BKartA,* TB 1997/1998, S. V; *Gröning,* WRP 2001, 83; *Jaeger,* WuW 2000, 1062; *Möschel,* FAZ v. 15.11.03; a. A. *Geiger,* EuZW 2000, 165, 166; *Bechthold,* BB 2000, 2425, 2431.
[289] Vgl. Art 3 I VO 1/2003.

auch für alle weiteren Fälle ohne diesen Bezug eine gleichartige Behandlung gewährleisten.[290]

b) Mißbrauch einer marktbeherrschenden Stellung

Der Mißbrauch einer marktbeherrschenden Stellung ist nach Art. 82 EGV mit dem Gemeinsamen Markt unvereinbar und verboten. Eine marktbeherrschende Stellung setzt keine tatsächliche Beherrschung voraus, sondern es reicht die Möglichkeit, in diesem Sinne wettbewerbshindernd vorzugehen.[291] Auch ist gemäß EG-Vertrag ausreichend, daß die Beherrschung eines wesentlichen Teils des Gemeinsamen Marktes mißbraucht wird; erforderlich ist jedoch, daß dies dazu führen kann, den Handel zwischen den Mitgliedstaaten zu beeinträchtigen. Für die Anwendung des Art. 82 EGV ist grundsätzlich unerheblich, ob der Mißbrauch durch ein einzelnes oder eine Mehrheit gemeinsam marktbeherrschender Unternehmen vorgenommen wird. Die Rechtsfolge wird hier – anders als in Art. 81 Abs. 2 EGV – nicht explizit genannt. Sie ist Art. 7 Abs. 1 VO 1/2003 zu entnehmen, nach dem die *Kommission* bei Feststellung einer Zuwiderhandlung die daran beteiligten Unternehmen verpflichten kann, diese abzustellen.

Das Kriterium der Marktbeherrschung ist im EGV nicht weiter erläutert. Hier bietet sich der Rückgriff auf Art. 66 EGKS-Vertrag an: In dessen § 2 wird auf Unternehmen Bezug genommen, die die Möglichkeit haben, die Preise zu bestimmen, die Produktion oder Verteilung zu kontrollieren oder zu beschränken oder einen wirklichen Wettbewerb zu verhindern. § 7 stellt auf Unternehmen ab, die auf ihrem Markt dem Wettbewerb entzogen sind. Hieraus lassen sich zwei Indikatoren der Marktbeherrschung ableiten:[292] Einerseits die Unabhängigkeit des fraglichen Unternehmens von Marktkonkurrenten und -partnern in seiner Wettbewerbsstrategie, andererseits die Möglichkeit zur Verhinderung eines wirksamen Wettbewerbs. Von Gerichtsseite wurde die Marktbeherrschung ebenfalls angenommen, sobald ein Unternehmen die Fähigkeit zur Entwicklung unabhängiger Marktstrategien besitzt.[293] Die geforderte Unabhängigkeit kann sich aufgrund mehrerer Indikatoren ergeben.[294] In erster Linie gehören dazu ein großer absoluter (jenseits der 40%)[295] und relativer Marktanteil, eine besondere Finanzkraft, ein großer Vorsprung in der Produkt-, Beschaffungs- oder Vertriebsexpertise, besondere „strategische" Partnerschaften zu anderen Unternehmen, der Besitz wertvoller gewerblicher Schutzrechte sowie eine besonders geringe Nachfragelastizität für das Produkt des Unternehmens.

---

[290] *BMWA,* Stellungnahme v. 24.02.2003.
[291] *Oppermann,* § 15, Rn. 22 m.w.N.
[292] *Emmerich,* § 9 Rn. 24.
[293] *EuGH,* WuW/E EWG/MUV, 425, 433: „Chiquita"; *EuGH,* WuW/E EWG/MUV, 447: „Hofmann – La Roche / Vitamine".
[294] Vgl. im einzelnen *Emmerich,* § 9 Rn. 25 f.
[295] Umkehrschluß zu *EuGH,* WuW/E EWG/MUV, 25, 433: „Chiquita".

Auch der Mißbrauchsbegriff wird durch den EGV nicht bestimmt, doch enthält Art. 82 EGV vier Regelbeispiele, nach denen insbesondere das Erzwingen bestimmter Preise oder Geschäftsbedingungen, die Einschränkung der Erzeugung, des Absatzes oder der technischen Entwicklung zum Schaden der Verbraucher, die Diskriminierung einzelner Handelspartner mit Folge derer Benachteiligung sowie die Durchsetzung unsachlicher Kopplungsbindungen einen Mißbrauch darstellen. Durch die gewählten Regelbeispiele wird deutlich, daß die Vorschrift sowohl den Behinderungsmißbrauch als auch den Ausbeutungsmißbrauch untersagen soll. Da die Aufzählung nicht abschließend ist,[296] können alle Maßnahmen beherrschender Unternehmen als mißbräuchlich angesehen werden, die auf die Abschottung schon beherrschter und die Eroberung weiterer Märkte durch wettbewerbsbeschränkende Praktiken abzielen.[297]

Eine Freistellung oder Legalausnahme vom Mißbrauchsverbot ist nicht vorgesehen.

c) Zusammenschlußkontrolle

Ohne selbst im EGV geregelt zu sein, bildet die Zusammenschlußkontrolle im europäischen Recht die letzte wesentliche wettbewerbsrechtliche Säule. Ursprünglich wurden Zusammenschlüsse mangels anderer gesetzlicher Anknüpfungspunkte als potentieller Mißbrauch einer marktbeherrschenden Stellung interpretiert.[298] Mit der Fusionskontrollverordnung (FKVO)[299] vom 21.12.1989, aktuell in der Fassung der Änderung vom 20.01.2004,[300] liegt jedoch eine eigenständige Rechtsgrundlage für das Verfahren der Fusionskontrolle vor. Sie beansprucht in ihrem Art. 21 Abs. 1 grundsätzlich alleinige Geltung und läßt u. a. die Anwendung der VO Nr. 1/2003 und dadurch die Bezugnahme auf Art. 82 EGV im Fusionskontrollverfahren nicht zu. Möglich bleibt freilich, neben der Fusionskontrolle die Mißbrauchskontrolle gemäß Art. 85 EGV zu betreiben.

Als Aufgreifkriterium dienen der *Kommission* – neben dem in Art. 3 FKVO definierten Zusammenschluß[301] – gemäß Art. 1 Abs. 2 FKVO ebenfalls Umsatz-

---

[296] *EuGH* v. 21.02.1973,Sl g. 1973, 215, 246: „Cotinental Can".
[297] *Schmidt,* 13. Kapitel, Abschn. II 2 a).
[298] *EuGH* v. 21.02.1973,NJ W 1973, 966: „Continental Can".
[299] VO 4046/89, ABl. EG 1989 L Nr. 395, 1; korrigiert durch ABl. EG 1990 L Nr. 257, 13.
[300] VO 139/2004, ABl. EG 2004 L Nr. 24, 1.
[301] Danach wird der Zusammenschluß grundsätzlich durch die Fusion bisher voneinander unabhängiger Unternehmen oder den unmittelbaren oder mittelbaren Kontrollerwerb einer oder mehrerer Personen oder Unternehmen über die Gesamtheit oder Teile eines oder mehrerer anderer Unternehmen bewirkt, vgl. Art 3 I FKVO. Auch die Gründung eines Joint Ventures gilt als Unternehmenszusammenschluß, Art. 3 Abs. 2 FKVO, während u. a. ein kurzfristiger Anteilserwerb durch einen Finanzinvestor ohne geschäftsgestalterische Absicht keinen Unternehmenszusammenschluß i. S. d. FKVO darstellt, Art 3 V a) FKVO.

schwellenwerte der am Zusammenschluß beteiligten Unternehmen. Erforderlich sind kumulierte weltweite Erlöse von jährlich 5 Milliarden Euro, wobei zumindest zwei der beteiligten Unternehmen jeweils mindestens 250 Millionen Euro auf Gemeinschaftsgebiet umsetzen müssen. Art. 1 Abs. 3 FKVO erfaßt zudem Zusammenschlüsse kleineren Volumens, die jedoch mindestens drei Mitgliedstaaten betreffen. Den beteiligten Unternehmen soll auf diesem Wege die Mehrfachanmeldung bei nationalen Behörden erspart bleiben.[302] Im Verhältnis zu nationalen Fusionskontrollregelungen der Mitgliedstaaten beansprucht die FKVO in ihrem Art. 21 Abs. 3 alleinige Geltung, sobald ein Zusammenschluß gemeinschaftsweiter Bedeutung vorliegt. Ausnahmen von dieser Regel bilden Art. 21 Abs. 4 FKVO, nach dem ein Mitgliedsstaat im Rahmen der Wahrung seiner „berechtigten Interessen" abweichende Entscheidungen treffen darf, sowie Art. 9 FKVO, demzufolge die *Kommission* ein Kontrollverfahren an eine nationale Behörde rückverweisen kann, sofern der beabsichtigte Zusammenschluß eine beherrschende Stellung mit daraus folgender Beeinträchtigung des wirksamen Wettbewerbs auf einem Markt (nur) in einem Mitgliedsstaat bewirkt.

Für unvereinbar mit dem Gemeinsamen Markt sollen nach Art. 2 Abs. 3 FKVO Zusammenschlüsse erklärt werden, durch die wirksamer Wettbewerb auf einem Teil des oder dem gesamten Gemeinsamen Markt erheblich behindert würde, und zwar insbesondere durch Begründung oder Verstärkung einer beherrschenden Stellung. Konkretisiert wird dieses Eingreifkriterium durch Art. 2 Abs. 1 b) FKVO, in dem der *Kommission* die Berücksichtigung der Marktstellung, der wirtschaftlichen Macht, der Finanzkraft, der Situation der Lieferanten und Abnehmer etc. im Rahmen der Zusammenschlußprüfung aufgetragen wird. Einen kontroversen Punkt in der „Liste" der zu berücksichtigenden Aspekte bildet die „Entwicklung des technischen und wirtschaftlichen Fortschritts, sofern diese dem Verbraucher dient und den Wettbewerb nicht behindert".[303] Einerseits läßt sich dieser Passus als Verpflichtung zum Sichern wettbewerblicher Marktstrukturen oder gar der Wettbewerbsfreiheit verstehen, mit deren Durchsetzung sich die Fortschrittseffekte selbsttätig ergeben sollen.[304] Andererseits läßt sich auch das Zugeständnis an die *Kommission* herauslesen, den Erhalt einer wettbewerblichen Marktstruktur bzw. der Wettbewerbsfreiheit in angemessener Weise gegen eine gezielte „Fortschrittspolitik" durch Begünstigung wirtschaftlicher Konzentrationsprozesse abwägen zu dürfen.[305]

Mit der Änderung im Jahre 2004 erfolgte eine graduelle Angleichung der europäischen an die amerikanische Fusionskontrolle und das dort entscheidende Kri-

---

[302] Im Einzelnen Wiedemann-*Wagemann,* § 15, Rn.13; *Emmerich,* § 15, Rn. 12.
[303] Vgl. hierzu *Schmidt,* 13. Kapitel, Abschn. II 3 b).
[304] So die systemtheoretische Interpretation.
[305] So die wohlfahrtsökonomische Interpretation.

terium „substantial lessening of competition".[306] Vormals galten in Europa solche Zusammenschlüsse als mit dem Gemeinsamen Markt unvereinbar, die eine beherrschende Stellung begründen oder verstärken, durch die wirksamer Wettbewerb auf einem Teil des oder dem gesamten Gemeinsamen Markt erheblich behindert würde. Nunmehr kommt es also mehr auf die tatsächliche (oder angesichts der regelmäßigen Vorabprüfung: potentielle) Wettbewerbsbeeinträchtigung als auf die Marktstellung der Beteiligten an, im wesentlichen also auf eine Prognose der *Kommission*. Das Ergebnis einer Fusionskontrollprüfung ist für die Beteiligten damit weniger vorhersehbar geworden als unter dem ehemaligen, primär an Marktstellungen geknüpften Kontrollverfahren.

2. Wettbewerbsbeschränkungen durch staatliche Interventionen

Ungeachtet des bestehenden Binnenmarktes und einer darin großteils verwendeten gemeinsamen Währung steht die europäische Wettbewerbspolitik häufig in Konflikt zu nationalen wirtschaftspolitischen Interessen.[307] Vor allem kann die Erhöhung des Wettbewerbsdrucks in einem europaweiten Markt zu Kompensationshandlungen durch die nationalen Instanzen führen, die damit die jeweils einheimischen Marktteilnehmer begünstigen möchten. Die gegenwärtige systematische Trennung der der EU zugeordneten Wettbewerbspolitik von der weiterhin den Einzelstaaten zugeordneten Fiskalpolitik eröffnet nationalen Kompensationsbemühungen weitläufige Möglichkeiten. Für die Wirkung des EU-weiten Wettbewerbsrechts ist mithin von elementarer Bedeutung, wie diese Art staatlicher Wettbewerbsbeschränkungen behandelt wird.

Vielfach betätigten und betätigen sich Staaten unternehmerisch, vormals vor allem im Versorgungs-, im Verkehrs-, im Logistik- und im Telekommunikationssektor. Die Unternehmen in Staatseigentum werden wie alle anderen dem Art. 81 ff EGV sowie der FKVO unterworfen und damit in Hinblick auf das Wettbewerbsrecht gleichbehandelt.[308] Dies ist vor allem daher von Bedeutung, da das Merkmal der Marktbeherrschung bei den zahlreichen ehemaligen Monopolisten in Staatseigentum auch heutzutage noch regelmäßig erfüllt ist und den Einzelstaaten als Eigentümer solcher Betriebe neben der Durchsetzung des Wettbewerbs zumindest *auch* andere Interessen unterstellt werden könnten.

Staatliche Wettbewerbsbeschränkungen können jedoch auch auf nichtunternehmerischen Handlungen beruhen. Zum einen ist ein zum EGV widersprüchliches nationales Wettbewerbsrecht denkbar, welches allerdings im Kollisionsfall dem vorrangigen EU-Recht weichen müßte.[309] Zum anderen sind weitere legislative

[306] Vgl. Section 7 Clayton Act.
[307] Vgl. hierzu im Einzelnen *Emmerich,* § 3, Rn. 7 f. mit weitergehenden Literaturhinweisen.
[308] *EuGH*, JuS 1994, 882: „Almelo/IJM".
[309] *EuGH* v. 13.02.1969, Slg. 1969, 1, 13: „Walt Wilhelm".

und exekutive Maßnahmen möglich, die der Schutzrichtung des EU-Wettbewerbsrechts direkt oder indirekt entgegenwirken.[310] Hier verbietet Art. 86 Abs. 1 EGV den Mitgliedstaaten explizit, in Bezug auf öffentliche oder mit besonderen oder ausschließlichen Rechten privilegierte Unternehmen dem EGV widersprechende Maßnahmen zu treffen. Darüber hinaus untersagt die ständige Rechtsprechung[311] des *EuGH* unter Rückgriff insbesondere auf die Artikel 3 Abs. 1 g) und 10 Abs. 2 EGV den Mitgliedstaaten, durch eigene Maßnahmen die praktische Wirksamkeit der Wettbewerbsregeln zu unterminieren.

II. Deutsches Recht

Das GWB hat mit Inkrafttreten der 7. GWB-Novelle zum 01.07.2005 eine weitgehende Angleichung an das Europäische Wettbewerbsrecht erfahren. Vormals unterteilte es die Wettbewerbsbeschränkungen auf gröbster Ebene in (horizontale) Kartellvereinbarungen,[312] Vertikalvereinbarungen,[313] den Wettbewerb beschränkendes Verhalten von marktbeherrschenden Unternehmen und Diskriminierungen[314] sowie Unternehmenszusammenschlüsse.[315] Nunmehr werden Vereinbarungen ungeachtet ihrer Art von den gleichen Vorschriften erfaßt,[316] wie dies auch im europäischen sowie im US-amerikanischen Wettbewerbsrecht praktiziert wird. Die Normen zum Marktmißbrauch und zur Fusionskontrolle blieben im wesentlichen gleich. Darüber hinaus behandelt das GWB die Kartellbehörden, Kartellverfahrensregeln und schließlich die Vergabe öffentlicher Aufträge.

1. Wettbewerbsbeschränkende Vereinbarungen

§ 1 GWB verbietet „Vereinbarungen zwischen Unternehmen, Beschlüsse zwischen Unternehmensvereinigungen und aufeinander abgestimmte Verhaltensweisen, die eine Verhinderung, Einschränkung oder Verfälschung des Wettbewerbs bezwecken oder bewirken".[317] Es muß sich in der seit dem 01.07.2005 gültigen Fassung des GWB für die Gültigkeit des Verbots nicht mehr um „miteinander im Wettbewerb stehende" Unternehmen handeln, die Vereinbarungen treffen. Die Vorschrift erfaßt Horizontal- wie auch Vertikalvereinbarungen. Dies macht die ehemaligen §§ 14-17 GWB, die verschiedene Arten vertikaler Be-

[310] Beispiele sind etwa aufwendige Zulassungsverfahren für die fraglichen Produkte oder besondere Besteuerungs- bzw. Subventionsverfahren.
[311] *EuGH* v. 13.02.1969, Slg. 1969, 1, 13: „Walt Wilhelm"; *EuGH* v. 21.09.1988, Slg. 1988, 4786, 4791: „Van Eycke vs. Aspa"; *EuGH* v. 21.09.1999, EuZW 2000, 174: „Brentjens".
[312] Vgl. § 1 ff. GWB a.F.
[313] Vgl. § 14 ff. GWB a.F.
[314] Vgl. § 19 f. GWB.
[315] Vgl. § 35 ff. GWB.
[316] Vgl. §§ 1-3 GWB.
[317] Vgl. § 1 GWB.

schränkungen behandelten, obsolet. Konsequenterweise sind diese Vorschriften durch die GWB-Novelle entfallen. Durch das Beinhalten der vertikalen Vereinbarungen ist es kein Erfordernis für einen Verstoß gegen § 1 GWB, daß die Beeinträchtigung des *zwischen den vereinbarenden Unternehmen* bestehenden Wettbewerbs Ziel oder Folge der Vereinbarung ist,[318] sondern es reicht die Beeinträchtigung jedweder Wettbewerbssituation aus. Das Verbot der Verträge zulasten Dritter führt freilich regelmäßig zu einer Bindung mindestens eines der vereinbarenden Unternehmen.[319]

Ausreichend ist dabei, wenn die Beschränkung der gemeinsamen Erwartung kaufmännisch vernünftiger Vertragsbeteiligter entspricht.[320] Die Beschränkung muß daher nicht besonderes Motiv der Beteiligten sein, die in Kauf nehmende Voraussicht genügt. Auf das Vorhandensein einer tatsächlichen Beschränkung kommt es nicht an. Andererseits ist die subjektive Komponente ohne Belang, sobald es durch die Horizontalvereinbarung tatsächlich zu Einschränkungen, Behinderungen oder Verfälschungen des Wettbewerbs kommt.[321]

Stark am Art. 81 Abs. 3 EGV – i.V.m. VO 1/2003 – orientiert ist die aktuelle Fassung des § 2 Abs. 1 GWB. Nach dieser Vorschrift sind Wettbewerbsbeschränkungen durch Vereinbarungen bzw. abgestimmte Verhaltensweisen bei Erfüllung zweier positiver Bedingungen und zweier negativer Bedingungen vom Verbot des § 1 GWB freigestellt. Die Bedingungen entsprechen denen des Art. 81 Abs. 3 EGV:

- Die Beschränkung führt zur Verbesserung der Warenerzeugung oder Warenverteilung oder zur Förderung des technischen oder wirtschaftlichen Fortschritts
- Die Verbraucher werden am durch diese Verbesserung entstandenen Gewinn angemessen beteiligt
- Die Beschränkung ist nicht unerläßlich für das Erreichen der Verbesserung
- Die Beschränkung eröffnet den Unternehmen nicht die Möglichkeit, den Wettbewerb für einen wesentlichen Teil der betreffenden Waren auszuschalten.

Während Art. 81 Abs. 3 EGV (aufgrund des vormaligen Systems der obligatorischen Anmeldung einer Wettbewerbsabsprache und folgenden administrativen

---

[318] So noch z.B. Langen/Bunte-*Bunte*, 9. A., § 1, Rn 108.
[319] U. a. *Emmerich,* § 20, Rn. 28. und *Bechthold,* § 1, Rn. 25. befinden, daß zumindest eins der vereinbarenden Unternehmen im fraglichen Wettbewerbsverhältnis beteiligt sein muß.
[320] Langen/Bunte-*Bunte,* § 1, Rn. 212, m.w.N.
[321] *Bechthold,* § 1, Rn. 26; das Erfordernis einer bezweckten *oder* bewirkten Wettbewerbsbeschränkung wurde ungeachtet der strukturellen Änderungen des GWB aufrechterhalten.

Einzelfallprüfung) vorsieht, daß entsprechende Vereinbarungen freigestellt werden *können*, und das System der Legalausnahme erst mit der VO 1/2003 implementiert wurde, konnte sich der deutsche Gesetzgeber diesen Umweg ersparen und reformierte § 2 Abs. 1 GWB in der Weise, daß entsprechende der Ausnahme unterfallende Vereinbarungen per Gesetz vom Verbot freigestellt *sind*. Demgemäß wird auch im deutschen Recht nunmehr die Verantwortung für die Einschätzung der Einschlägigkeit der Ausnahme an die potentiellen Partner der Vereinbarung delegiert, mit den bereits erläuterten Folgen.

§ 2 Abs. 2 GWB stellt überdies fest, daß die Freistellung wettbewerbsbeschränkender Vereinbarungen und Verhaltensweisen vom GWB-Verbot auch auf Grundlage der EG-Freistellungsverordnungen erfolgt, ohne daß hierfür ein Bezug zum „Gemeinsamen Markt" bestehen müßte. Da insoweit für die Herleitung der Freistellungen auf eine andere Rechtsgrundlage in der jeweils aktuellen Form verwiesen wird, handelt es sich bei § 2 Abs. 2 GWB um eine sog. „dynamische Verweisung". Hervorzuheben ist in diesem Zusammenhang die nunmehr auch für das deutsche Wettbewerbsrecht einschlägige VO 2790/99[322], die vertikale Vereinbarungen im Bereich der Waren und Dienstleistungen unter besonderer Berücksichtigung der Marktanteilsschwelle von 30% vom Verbot freistellt.

Diese Neustrukturierung des GWB hatte zur Folge, daß diverse Vorschriften überflüssig wurden und gestrichen werden konnten; bei anderen wiederum war der Wegfall im Jahre 2005 eine politische Entscheidung. So entfielen – wie schon genannt – die fein differenzierten Vorschriften in den §§ 14-17 GWB, die die Vertikalvereinbarungen in Preisbindungen, Abschlußbindungen und Lizenzvereinbarungen unterteilten. Folge dessen ist, daß vertikale Vereinbarungen nunmehr auch dann verboten sein können, wenn sie nicht über „Waren oder gewerbliche Leistungen" geschlossen werden. Der Wortlaut des reformierten Gesetzes schließt damit bei der Begrenzung vertikaler Wettbewerbsbehinderungen zumindest auf der Rechtsfolgenseite keine Arbeitsmarktsachverhalte mehr aus.

Daneben entfielen zahlreiche Ausnahmen zum Kartellverbot, die spezielle Kartellarten privilegierten, so etwa § 3 in Hinblick auf Spezialisierungskartelle, § 5 in Hinblick auf Rationalisierungskartelle oder § 6 betreffend Strukturkrisenkartelle. Bestehen blieb demgegenüber die Bevorzugung der sog. „Mittelstandskartelle", nunmehr kodifiziert in § 3 GWB. Danach sind wettbewerbsbeschränkende Vereinbarungen „kleinerer" und „mittlerer" Unternehmen zulässig,[323] die die Rationalisierung wirtschaftlicher Vorgänge durch zwischenbetriebliche Zusam-

---

[322] ABl. EG 1999 L Nr. 336, 21 ff.

[323] Gesetzlich ist nicht bestimmt, was ein „kleines" oder ein „mittleres" Unternehmen ist. Üblicherweise wird das fragliche Unternehmen mit seinen Wettbewerbern verglichen, also anderen Unternehmen auf dem gleichen räumlichen und sachlichen Markt, vgl. LMR-*Nordemann*, § 3. Rn. 11 f. m.w.N.

menarbeit zum Gegenstand haben, sofern hierdurch der Wettbewerb auf dem Markt nicht wesentlich beeinträchtigt und die Wettbewerbsfähigkeit (gerade) der beteiligten kleinen bzw. mittleren Unternehmen verbessert wird.

2. Mißbrauch einer marktbeherrschenden Stellung, Diskriminierung

Zusätzlich zu wettbewerbsbeschränkenden Vereinbarungen soll das GWB Unternehmen auch vom Mißbrauch einer marktbeherrschenden Stellung sowie von der Diskriminierung seiner Konkurrenten abhalten. Durch §§ 19 und 20 GWB werden (unreformiert im Jahre 2005) Regeln aufgestellt, die die wettbewerblichen Handlungsmöglichkeiten marktbeherrschender und auch nur relativ marktmächtiger Unternehmen beschränken. Hintergrund dessen ist, daß das deutsche – wie im übrigen auch das europäische – Wettbewerbsrecht den Unternehmen grundsätzlich unbeschränktes organisches Wachstum ermöglicht und auch keine Entflechtungsmöglichkeiten vorsieht.[324] [325] Die einzige Möglichkeit der Einflußnahme auf selbständig gewachsene Unternehmen zum Zwecke des Wettbewerbsschutzes ist daher das Aufstellen dieser Grenzen des Marktmachtgebrauchs.[326] Da es sich um die Beschränkung in erster Linie konfrontativer Wettbewerbsstrategien handelt, ist der Gesetzgeber in einem Dilemma: Er kann zwar in kurzfristiger Perspektive die Marktmacht einzelner Unternehmen beschränken, um damit die Wettbewerbschancen kleiner Konkurrenten zu verbessern. Langfristig mindert er jedoch auch die Attraktivität einer hervorragenden Marktposition an sich, wenn er im Wettbewerb erstrittene Sondergewinnmöglichkeiten durch Auflagen des Marktmachtgebrauchs begrenzt. Diese Aspekte sind gegeneinander abzuwägen, und das Votum des Gesetzgebers fällt eindeutig zugunsten der marktschwachen Unternehmen aus: Die marktbeherrschende Position wird auch unter Einwirkung der beschränkenden gesetzlichen Auflagen als lukrativ genug angesehen, um den wettbewerblichen Grundanreiz zu erhalten.

Verboten ist zunächst durch § 19 Abs. 1 GWB das mißbräuchliche Ausnutzen einer marktbeherrschenden Stellung durch ein oder mehrere Unternehmen. Seit der 6. GWB-Novelle[327] ist diese Vorschrift als Verbotsgesetz auch im Sinne des § 134 BGB ausgestaltet[328] und damit von einfacher Struktur. Problematisch sind freilich die Tatbestandsmerkmale, deren offene Formulierung erheblichen Kon-

---

[324] Zur Unpraktikabilität möglicher Entflechtungsregelungen vgl. *Herdzina*, S. 234 ff.

[325] Das Bundeskartellamt hat in der Vergangenheit entspr. § 40 Abs. 3 GWB einige Unternehmenszusammenschlüsse (z.B. Lufthansa-Eurowings, Haniel-Fels, Karstadt-Neckermann) unter Auflagen genehmigt, die einer Entflechtungsanordnung entsprachen: Es wurde der gleichzeitige Verkauf ganzer Betriebsteile, Rechte/Lizenzen oder Posten des Anlagekapitals angeordnet.

[326] Wiedemann-*Wiedemann*, § 23, Rn. 1.

[327] BGBl. I 2546 v. 02.09.1998.

[328] FK-*Paschke*, § 19 GWB 2005, Rn. 42.

kretisierungsbedarf bewirkt. So bestimmen die Absätze 2 und 3 des § 19 GWB das Kriterium der Marktbeherrschung, während Absatz 4 Markthandlungen aufführt, die insbesondere als mißbräuchlich gelten. Die Aufzählung ist jedoch nicht abschließend.

§ 20 GWB unterstellt marktbeherrschende sowie relativ marktstarke[329] Unternehmen einem Verbot der Diskriminierung und der unbilligen Behinderung anderer Unternehmen. § 20 Abs. 1 GWB ist ein Unterfall des in § 19 Abs. 4 GWB beschriebenen Behinderungsmißbrauchs.[330] Neben der Behinderung wird auch die unbegründete Ungleichbehandlung untersagt. § 20 Abs. 2 GWB stellt marktstarke Unternehmen den marktbeherrschenden in Hinblick auf Abs. 1 gleich. Abs. 3 der Vorschrift verbietet marktbeherrschenden wie marktstarken Unternehmen das Ausnutzen ihrer Position im Geschäftsverkehr zur Erlangung besonderer Vorzugskonditionen. Abs. 4 dehnt das Verbot der unbilligen Behinderung (nicht aber das der Ungleichbehandlung) auf relativ überlegene Unternehmen[331] aus.[332] Als beispielhafte Behinderung wird insbesondere der regelmäßige Güterabsatz unter Einstandspreis untersagt. Abs. 5 verlagert die Beweislast im Falle einer Behinderung gemäß Abs. 4 unter einigen Voraussetzungen auf das vermeintlich behindernde Unternehmen, während Abs. 6 Branchenvereinigungen und Gütezeichengemeinschaften untersagt, Unternehmen ohne sachlichen Grund nicht aufzunehmen, wenn diese dadurch im Wettbewerb unbillig benachteiligt würden.

3. Zusammenschlußkontrolle

Aus Unternehmenssicht ist das externe Wachstum, das hauptsächlich mittels Fusionen, Akquisitionen und Joint Ventures betrieben wird, wie oben gezeigt, häufig die attraktivere Alternative zum organischen Wachstum: Zum einen lassen sich Skalen- und Synergieeffekte schneller und zu besser überschaubaren Kosten erreichen, zum anderen wird der Wettbewerbsdruck auf dem betroffenen Markt häufig gemindert, sobald die Zahl der Wettbewerber abnimmt. Unter-

[329] Marktstärke wird durch § 20 Abs. 2 GWB für Unternehmen angenommen, soweit deren Anbieter oder Nachfrager für bestimmte Güter in der Weise abhängig sind, daß für sie ausreichende und zumutbare Ausweichmöglichkeiten nicht bestehen. Entscheidend ist damit die Stellung eines Unternehmens in seinen *vertikalen* Beziehungen (*Emmerich,* § 29, Rn. 13), von nachrangiger Bedeutung dagegen die Stellung im direkten Vergleich zu seinen Wettbewerbern. Je weniger potent die vertikalen aktuellen und potentiellen Geschäftspartner und je begrenzter deren Einkaufs- oder Vertriebsmöglichkeiten sind, desto eher ist das fragliche Unternehmen marktstark im Sinne des Gesetzes.

[330] Auf Grundlage der ehemaligen Gesetzesnummerierung: *BGH* v. 03.03.1969; WuW/E BGH 1027, 1029: „Sportartikelmesse II".

[331] Bewertet wird nach Konstruktion des Art. 20 Abs. 4 EGV die Überlegenheit im Vergleich zu dem jeweils durch eine Wettbewerbsmaßnahme betroffenen anderen Unternehmen.

[332] Der Absatz beabsichtigt somit lediglich den Schutz kleinerer Wettbewerber (Wiedemann-*Lübbert,* § 25, Rn. 10), nicht jedoch potentieller oder aktueller Geschäftspartner.

nehmenszusammenschlüsse sind jedoch trotz der aufgezeigten möglicherweise negativen Auswirkungen auf den Wettbewerb nicht pauschal abzulehnen, denn sie können – gerade wenn vertikaler Art – Ausdruck eines wettbewerblichen Vorstoßes sein[333] und neben der Kostensenkung für die beteiligten Unternehmen auch gesamtwirtschaftlich eine Ressourceneinsparung bewirken. Idealerweise sollten daher nur die Zusammenschlüsse untersagt werden, in denen die entstehende strukturelle Wettbewerbsbedrohung die möglichen Vorteile überwiegt.

Die Zusammenschlußkontrolle, der dritte materiell-rechtliche Schwerpunkt des GWB in dessen §§ 35 bis 43, ist (ebenfalls ohne wesentliche Veränderung im Jahre 2005) in diesem Sinne gestaltet. Das Verbot eines Zusammenschlusses durch das zuständige Bundeskartellamt[334] setzt mehrere Bedingungen voraus, die gemeinhin in die Kategorien „Aufgreifkriterien" und „Eingreifkriterien" aufgeteilt werden. Aufgreifkriterien sind dabei Bedingungen, deren Erfüllung das Bundeskartellamt überhaupt erst zu einer Beschäftigung mit dem Fall veranlaßt bzw. die Anmeldepflicht der beteiligten Unternehmen[335] begründet. Hierzu zählen das Vorliegen eines Unternehmenszusammenschlusses im Sinne des Gesetzes[336] sowie die Erfüllung bestimmter Größen- und damit Relevanzkriterien durch die betroffenen Unternehmen bzw. Märkte.[337] Eingreifkriterien sind die für eine Untersagung durch das Bundeskartellamt „zu erfüllenden" Bedingungen, die durch § 36 Abs. 1 GWB bestimmt sind. Diese sind das Begründen oder Verstärken einer marktbeherrschenden Stellung[338] durch den Zusammenschluß sowie das nichterfolgte Darlegen (und im Zweifel Beweisen), daß durch den Zusammenschluß auch Verbesserungen der Wettbewerbsbedingungen eintreten, die zudem die Nachteile der Marktbeherrschung überwiegen.

Sollten auch die Eingreifkriterien durch die beteiligten Unternehmen erfüllt werden, muß das Kartellamt den Zusammenschluß untersagen, weiteres Ermessen steht ihm nicht zu. Den Unternehmen bleibt in diesen Fällen die Beantragung einer Ministererlaubnis gemäß § 42 Abs. 1 GWB, die einen amtlich untersagten Zusammenschluß dennoch ermöglicht, sofern dessen gesamtwirtschaftliche Vorteile die Wettbewerbsbeschränkung aufwiegen oder der Zusammenschluß durch ein überragendes Interesse der Allgemeinheit gerechtfertigt ist.

---

[333] *Herdzina*, S. 215; eine vertikale Integration kann z.B. der Vorbereitung eines neuartigen Direktvertriebs dienen.

[334] Vgl. § 36 Abs. 1 GWB.

[335] Vgl. im Einzelnen § 39 GWB.

[336] Vgl. § 37 GWB; die einzelnen Tatbestände sind innerhalb der Vorschrift in absteigender Intensität des Zusammenschlusses geordnet, ausreichend ist jedoch gemäß Abs. I Nr. 4 schon das Erlangen einer wettbewerblich erheblichen Einflußmöglichkeit auf ein anderes Unternehmen.

[337] Vgl. § 35 GWB.

[338] Hinsichtlich des Merkmals der Marktbeherrschung gelten die Grundsätze des § 19 Abs. 2 und 3, FK-*Rieger*, § 34 GWB 2005, Rn 34.

Dabei können den Unternehmen gemäß § 42 Abs. 2 GWB Auflagen, wie zum Beispiel auch die Entflechtung anderer Unternehmensbereiche, gestellt werden. Die Auflagen dürfen jedoch nicht in einer laufenden Verhaltenskontrolle bestehen.[339]

G. Zusammenfassung zum Gütermarktwettbewerb

Die Marktwirtschaft ist das erfolgreichste praktizierte System zur Güter- und Ressourcenverteilung in einer Volkswirtschaft. Ihr Vorteil liegt vor allem darin, daß den Wirtschaftssubjekten die Entscheidung überlassen wird, ob, wie viel und mit welchem Aufwand sie produzieren, investieren und konsumieren. Die Nachfrage bewirkt für ein sich selbständig permanent anpassendes Güterangebot, was zu einer relativ schnellen und „sparsamen" Bedürfnisbefriedigung führen kann. Für einen gesamtwirtschaftlich nützlichen Güteraustauschprozeß ist jedoch die Präsenz mehrerer voneinander unabhängiger Nachfrager und Anbieter auf jedem Markt mit jeweiliger Gewinnabsicht erforderlich. Erst durch die Möglichkeit, aus mehreren Transaktionspartnern wählen zu können, entsteht auf der Gegenseite ein Anreiz, sich den Bedürfnissen des Wählenden weitgehend anzupassen.[340] Für jede Form der Marktwirtschaft ist Wettbewerb daher die Grundbedingung. Durch diesen Anreiz zum Interessenausgleich vermag der Wettbewerb diverse Funktionen zu erfüllen. Einerseits sind das ökonomische Funktionen, die alle zur quantitativ und qualitativ bestmöglichen Bedürfnisbefriedigung der Volkswirtschaft beitragen können. Andererseits findet sich darunter die eher gesellschaftliche Freiheitsfunktion, die der zivilrechtlichen Vertragsfreiheit eine reale Handlungsfreiheit zur Seite stellt. Obwohl der Wettbewerb ein fragiles System ist, dessen Wirkungsweise durch zahlreiche reale Abweichungen und Ausnahmen vom Idealmodell eingeschränkt wird, bleibt er eine schützenswerte Institution in einer freiheitlichen Gesellschaft.

Auf kurze Sicht weniger vorteilhaft und vielfach mit hohen Aufwendungen verbunden ist der Wettbewerb hingegen für die jeweils miteinander konkurrierenden Wirtschaftssubjekte. Der Wettbewerbsdruck bewirkt einen Anreiz, in Übereinkunft mit den Konkurrenten den Wettbewerb auszuschalten. Lohnenswert aus Sicht der im Wettbewerb befindlichen Unternehmen kann jedoch auch sein, durch besonders wettbewerbsintensives Verhalten weniger die Gunst der Marktgegenseite als das Ausscheiden der Wettbewerber zu verfolgen, um danach die zuvor erlittenen Einbußen unter weniger Wettbewerbsdruck zu kompensieren. Jedenfalls besteht die latente Gefahr der „Selbstzerstörung" des Wettbewerbs.

Der Schutz des Wettbewerbs wird sowohl auf europäischer als auch auf deutscher Ebene mit Hilfe eines auf drei wesentlichen Säulen beruhenden Wettbe-

[339] *Ebel,* § 42, Rn. 8.

[340] Dies gilt, soweit die Transaktion gleichzeitig gerade noch individuell vorteilhaft bleibt.

werbsrechts verfolgt. Diese Säulen knüpfen an die denkbaren Wettbewerb beschränkenden Handlungen an. Reglementiert werden zunächst Vereinbarungen zwischen aktuellen oder potentiellen Wettbewerbern sowie zwischen in einem Lieferant/Abnehmer-Verhältnis stehenden Unternehmen. Die zweite Säule behandelt den Mißbrauch einer marktbeherrschenden Stellung durch Unternehmen, während die dritte Säule das Wachstum durch Unternehmenszusammenschlüsse begrenzt. Kein Einfluß genommen wird hingegen auf das organische Unternehmenswachstum, und auch Unternehmensentflechtungen sind rechtlich nicht vorgesehen.

§ 2 Besonderheiten des Arbeitsmarktwettbewerbs

Es stellt sich nun die Frage, ob die für den Gütermarkt festgestellten positiven Auswirkungen auch im Bereich des Arbeitsmarktes Geltung zeigen oder der Wettbewerb auf diesem vielleicht andere erstrebenswerte Konsequenzen nach sich zieht. Nur unter diesen Voraussetzungen erscheint die Anwendung des Wettbewerbsrechts zum Schutze des Arbeitsmarktwettbewerbs angebracht. Je ähnlicher sich der Gütermarkt- und der Arbeitsmarktwettbewerb in ihrem Wesen sind, desto vorbehaltloser ist die parallele Anwendung des Wettbewerbsrechts auf die Arbeitsmarktsachverhalte zu empfehlen. Folgend sollen deshalb der Arbeitsmarkt zunächst umschrieben und sodann – analog zu den Ausführungen zum Gütermarkt – die Wirkungsweise des Wettbewerbs skizziert, die Wettbewerbsfunktionen und die Behinderungen erläutert sowie der gegenwärtige gesetzliche Wettbewerbsschutz dargestellt werden.

A. Abgrenzung zum Gütermarkt

Auf dem Arbeitsmarkt treten Unternehmungen als Nachfrager und Haushalte als Anbieter menschlicher Arbeitskraft einander gegenüber. Hier wird dezentral darüber entschieden, wie viel Arbeitsleistungen in einer Volkswirtschaft nachgefragt und angeboten werden.[341] Dabei bieten sich beiden Seiten einige Parameter: Anbieter können u. a. früher oder später ins Berufsleben einsteigen und es wieder verlassen, sie können unterschiedliche wöchentliche und auch tägliche Arbeitszeiten anbieten, sie können innerhalb ihrer Möglichkeiten einen Grad eigener Qualifikation wählen und natürlich auch die Qualität ihrer Arbeitsleitung ständig verändern. Nachfrager können ihre Produktion zu einem guten Teil durch menschliche Arbeitskraft oder aber durch Produktionskapital fertigen lassen, und bei gegebener Zahl der nachgefragten Arbeitseinheiten ist deren Aufteilung auf verschiedene Arbeitnehmer variabel. Wie auch der Gütermarkt umfaßt der Arbeitsmarkt viele einzelne, für sich relevante Märkte, die sich vor allem sachlich – also im Berufsbild – und geographisch voneinander abgrenzen lassen. Häufig bedingt auch das Berufsbild die geographische Größe des Marktes: So ist

[341] Neubäumer/Hewel-*Hewel/Neubäumer,* S. 313.

der relevante Markt für z.B. Pkw-Fahrlehrer oder Call-Center-Mitarbeiter ein eher lokaler, der für z.B. Universitätsprofessoren, Verkehrspiloten oder Fußballprofis ist hingegen zumindest ein nationaler, vielfach sogar internationaler.

In gesamtwirtschaftlicher Perspektive ist der Arbeitsmarkt einer der Faktormärkte,[342] neben dem Markt für Land und dem für Produktionskapital.[343] Hieraus folgen die Anbieterrolle der Privathaushalte sowie die Tatsache, daß auf dem Arbeitsmarkt zwar mitunter Nachfragemonopole, aber nur sehr selten Angebotsmonopole bestehen.

In der Öffentlichkeit werden traditionell vor allem Aspekte des Versagens des Arbeitsmarktes wahrgenommen. Die Arbeitslosenzahl steht wesentlich mehr in der Beobachtung als die Zahl der Zu- und Abgänge.[344] Letzterer Wert, mithin die Fluktuation, spiegelt jedoch die Dynamik des Arbeitsmarktes und damit einen wichtigen Aspekt seiner Funktionsfähigkeit wider.

In der Arbeitsmarktforschung wurde und wird nur teilweise von Besonderheiten ausgegangen, die sich in eigenen Modellen und modellierten Wirkungsreihen zur Erklärung der Arbeitsmarktaktivitäten äußern. Ursprung ist die „Allgemeine Gleichgewichtstheorie", die *Walras* vor bereits über 130 Jahren beschrieb.[345] Hierin findet sich kein Unterschied des Arbeitsmarktes zur Funktionsweise des Gütermarktes. Es gibt einen Lohnsatz, zu dem Angebot- und Nachfragemenge der Arbeitskraft übereinstimmen. Im Vorwege hierzu sorgen Angebots- oder Nachfrageüberschuß dafür, daß genau dieser Lohnsatz erreicht wird. Für das einzelne Unternehmen ist der Preis für Arbeitskraft gegeben, es verhält sich als Mengenanpasser und setzt so viele Arbeitseinheiten ein, bis das Grenzprodukt der Arbeit dem aktuell herrschenden Lohnsatz entspricht. Unterbeschäftigung kann nur vorübergehender Natur sein und durch externe Störungen auftreten,

---

[342] Genauer müßte es heißen: Märkte für Produktionsfaktoren.

[343] Vgl. *Begg/Fischer/Dornbusch,* Abschn. 19-3: In dem eingangs der Arbeit erwähnten denkbar einfachen Modell zum gesamtwirtschaftlichen Ressourcenstrom stehen sich nur Unternehmen und Haushalte gegenüber, staatliches Engagement wird ebenso vernachlässigt wie Im- und Exporte oder Spartätigkeit. In dieser simplifizierten Volkswirtschaft stellen die Haushalte die Produktionsfaktoren Arbeit, Land und Kapital zur Verfügung; letzteres entweder direkt oder über Einlagen bei Finanzinstituten. Die Unternehmen stellen unter Verwendung der Faktoren Güter her und entlohnen die Haushalte durch Löhne, Mieten, Dividenden etc. Diese Einkünfte verwenden die Haushalte zur Anschaffung der produzierten Güter. Güter- und Arbeitsmarkt stehen damit in engem Verhältnis und sind spiegelbildlich organisiert, denn die Nachfrager- und die Anbieterrolle sind vertauscht. Folglich unterscheiden sich auch die Richtungen des Ressourcen- und des korrespondierenden Geldstroms.

[344] Wiesen die 90er Jahre in Westdeutschland einen durchschnittlichen Bestand von 2,3 Mio. Arbeitlosen auf, so verbargen sich dahinter im Mittel jeweils 4,3 Mio. Zu- und Abgänge pro Jahr (Amtliche Nachrichten der Bundesanstalt für Arbeit).

[345] *Walras,* S. 112 ff.

z.B. Produktionsunterbrechungen größeren Ausmaßes.[346] Längere Arbeitslosigkeit ist in jedem Falle freiwillig.[347] Viele neuere arbeitsmarkttheoretische Ansätze[348] fußen auf diesen Annahmen und stellen eher Verfeinerungen als Korrekturen oder gar Änderungen dar. Erster konkreter Angriffspunkt dieses neoklassischen Ansatzes war dessen zugrundelegende Annahme der Homogenität der Arbeitsleistung. Aus der Kritik haben sich sogenannte „segmentationstheoretische" Ansätze herausgebildet.[349] Sie gehen anfangs von einem fragmentierten Gesamtarbeitsmarkt aus, dessen Teile sich vor allem nach unterschiedlichen Ausbildungsrichtungen, Ausbildungstiefen und Leistungsfähigkeiten der Arbeitnehmer unterscheiden ließen. Später wurde gefolgert, daß einzelne „Institutionelle Märkte"[350] ihre Teilnehmer mit anderen Mittel als dem Lohnanreiz zu Angebotshandlungen veranlassen würden.

Mittlerweile besteht über die Segmentierung des Arbeitsmarktes zwischen den Vertretern beider Theorien Einigkeit. Jedoch gehen – in summarischer Unterscheidung – die Neoklassiker davon aus, daß die Unterteilung durch das Marktverhalten individueller Arbeitgeber entstehe, deren kumulierte Nachfrageverhalten zu nach Qualifikation, Geschlecht, Region usw. unterscheidbaren Teilarbeitsmärkten führten. Jeder einzelne Teilmarkt funktioniere aber identisch, nämlich lohnpreisgesteuert. Hiergegen wendet sich die moderne Segmentationstheorie, die von einem weit stärkeren Einfluß lohnverschiedener Faktoren (z.B. Normen, Arbeitnehmerimmobilität) auf die Arbeitsmarktsegmentation ausgeht. Zudem lehnt sie die These der freiwilligen Arbeitslosigkeit ab.[351]

Auch bei der Arbeitsmarktuntersuchung genügt im Rahmen dieser Arbeit ungeachtet aller Erklärungsversuche des wissenschaftlichen Schrifttums die positive Feststellung der mit dem Gütermarkt übereinstimmenden sowie der von ihm abweichenden Wirkungsketten und Folgen des Arbeitsmarktwettbewerbs.

B. Wirkungsweise des Arbeitsmarktwettbewerbs

Für die Betrachtung der Funktionsweise soll zunächst eine weitgehende Flexibilität des Arbeitsmarktes unterstellt werden, institutionelle Beschränkungen seien hier ausgeblendet. Es wird erneut zunächst perfekter Wettbewerb auf dem Arbeitsmarkt angenommen. Der Preismechanismus zeigt schon unter diesen vereinfachten Bedingungen, daß im Bereich des Arbeitsmarktes unterschieden wer-

---

[346] Vgl. *Henneberger/Keller*, S. 77.

[347] Freiwillig bedeutet in diesem Fall, daß ein Arbeitnehmer nicht zum herrschenden Lohnniveau zu arbeiten bereit ist.

[348] *Schmid/Dosky/Braumann*, S. 3.

[349] Vgl. bereits *Cairnes*, Part II, Chapter I, § 4; ausführlich *Schmid/Dosky/Braumann*, S. 76 ff.

[350] *Kerr*, S. 92, 93. In diesem Sinne auch der Titel der Abhandlung: „The Balkanization Of Labor Markets".

[351] Gegenüberstellend *Henneberger*, S. 6 ff.

den muß zwischen dem Verhalten der Gesamtheit der Arbeitnehmer bzw. Arbeitgeber, derjenigen auf einem definierten Markt sowie dem einzelnen Arbeitnehmer oder Arbeitgeber, und ebenso zwischen der kurzfristigen und der langfristigen Betrachtung.

Ausgangspunkt sei das Arbeitsangebot eines einzelnen Arbeitnehmers. Wird ihm eine reale[352] Erhöhung des Lohns pro Arbeitseinheit angeboten, sind zwei Wirkungsketten denkbar. Einerseits ist das Erbringen der Arbeitsleistung durch die erhöhte Gegenleistung attraktiver geworden, es gibt einen Anreiz zur Mehrarbeit. Insoweit wird der „normalen" Angebotskurve entsprochen.[353] Andererseits bewirkt eine Lohnerhöhung, daß das gleiche Einkommen mit weniger Arbeitseinsatz erzielt werden kann. Einige Arbeitnehmer werden aus einer Lohnerhöhung bevorzugt zusätzliche Freizeit ziehen und auf den möglichen monetären Vorteil verzichten. Umgekehrt kann eine Lohnkürzung einen Arbeitnehmer zur Mehrarbeit sogar zwingen, um einen bestimmten Lebensstandard zu halten.[354] In der Praxis heben sich beide Anreize bei männlichen Arbeitnehmern annähernd auf, mit steigendem Lohn bleibt das Arbeitsangebot also weitgehend konstant, während bei Arbeitnehmerinnen Lohnerhöhungen zu moderaten Arbeitszeitverlängerungen führen.[355]

Ähnliches gilt bei der Betrachtung des gesamten Arbeitsmarktes einer Volkswirtschaft. Die branchenübergreifend gleichmäßige Erhöhung des allgemeinen Lohnniveaus kann zwar Menschen, die sich bisher aus anderen Quellen finanzierten,[356] einen erhöhten Arbeitsanreiz bieten, solange nicht die Sozial- und Arbeitslosenhilfe in gleichem Maße ausgebaut wird. Sie kann auch Personen dem Arbeitsmarkt zuführen/erhalten, die andernfalls eine längere Ausbildung absolviert oder früher in den Ruhestand gewechselt hätten. Die arbeitende Bevölkerung jedoch steht auch in ihrer Gesamtheit vor dem oben aufgezeigten Kompromiß.[357] Das legt den Schluß nah, der Preis der Arbeitskraft habe auf ihr Angebot nur minimalen Einfluß.

Allein, auch auf dem Gütermarkt steht ein einzelner Verbraucher vor dem Dilemma, sich beim Konsum zwischen vielen Gütern und für die jeweiligen Men-

[352] Es soll nachfolgend nur von realen Lohnentwicklungen gesprochen werden, also solchen, die nicht durch Änderungen des allgemeinen Preisniveaus aufgewogen werden. Ferner soll unterstellt sein, daß die Produktivität der Arbeitnehmer (hier: Leistung pro für die Lohnzahlung relevanter Zeiteinheit) bei gleich bleibendem Kapitaleinsatz konstant bleibt.
[353] Sog. Substitutionseffekt.
[354] Sog. Einkommenseffekt. Bereits Marx' Verelendungstheorie beruht u.a. auf der Annahme, daß Arbeiter die Kürzung ihrer Löhne nicht durch eine Reduktion des Arbeitsangebots „strafen" können.
[355] Vgl. *Brown,* Section 9.
[356] Vor allem fallen darunter staatliche und familieninterne Transferzahlungen.
[357] Vgl. zur individuellen Partizipation die ausführliche Darstellung bei *Franz,* Abschn. 2.2.2.

gen entscheiden zu müssen, so wie es der Arbeitnehmer – wie gezeigt – zwischen zusätzlichem Lohn und zusätzlicher Freizeit muß.[358] Beim Gütermarktangebot ist jedoch die Funktion des Preismechanismus in einem definierten (Einzel-) Markt entscheidend. Betrachtet man einen solchen definierten Arbeitsmarkt, beispielsweise den Markt für Verkehrspiloten, erhält auch hier der Preismechanismus Gültigkeit. Eine Erhöhung der Pilotengehälter wird kurzfristig die oben beschriebenen Wirkungsketten auslösen. Langfristig jedoch wird die finanzielle Attraktivität im Verhältnis zu anderen Berufen für eine wachsende Zahl von Nachwuchspiloten sorgen, die eine Erhöhung des Arbeitsangebots bewirken. Eine Lohnsenkung wird ebenso über längere Zeit hinweg die Zahl der Piloten reduzieren, andere besser vergütete Berufe werden hingegen Zulauf an Arbeitnehmern erfahren.

Die Betrachtung der Arbeitgeberseite zeigt zunächst, daß die Nachfrage nach Arbeitskraft – und die nach allen anderen Produktionsfaktoren – in erster Linie abhängig ist von der Nachfrage nach den von den Produzenten hergestellten Gütern.[359] Nimmt man hier jedoch ein bestimmtes Nachfragevolumen an, haben die Produzenten als Mengenanpasser grundsätzlich die Möglichkeit, die Zusammensetzung der Produktionsfaktoren zu bestimmen, und sie werden sich an den relativen Preisen dieser Faktoren orientieren. Je teurer der Einsatz menschlicher Arbeitskraft im Verhältnis zum Kapitaleinsatz ist, desto weniger Arbeitskraft wird nachgefragt.[360] Reale Lohnerhöhungen führen damit kurzfristig „nur" zu betrieblichen Belastungen und möglicherweise zur Reduktion der Produktionsmenge,[361] langfristig jedoch zum Ersatz der menschlichen Arbeitskraft durch Produktionskapital. Zusätzlich kommt es trotz des erhöhten Kapitaleinsatzes regelmäßig zu einer Erhöhung der Gesamtproduktionskosten. Die Folge wäre damit

---

[358] Entsprechend dem Konsumenten, der Güter in einer Mengenkonstellation nachfragt, in der ihm alle jeweils letzten Einheiten gleich nützlich sind, wird der Arbeitnehmer einen Kompromiß suchen, bei dem der individuelle Nutzen des Lohns und der der ihm verbleibenden Freizeit gleich groß sind; vgl. hierzu *Franz,* Abschn. 2.2.1.f.

[359] *Falk/Koebel,* S. 16 f., haben die Elastizitäten der Nachfrage nach folgenden Faktoren in Bezug auf den Output empirisch für das Jahr 1990 ermittelt: Arbeit (hoch qualifiziert) 0,908; Arbeit (qualifiziert) 0,658; Arbeit (gering qualifiziert) 0,475; Arbeit (gesamt) 0,630; Sachkapital 0,736; Energie 0,575.

[360] Dies führt dazu, daß in den Industriestaaten vermehrt kapitalintensive Wirtschaftsbereiche wie etwa die Kfz- oder Halbleiterproduktion sowie Forschungsaktivitäten angesiedelt sind, und personalintensive Branchen wie bspw. die Textilproduktion in Entwicklungs- und Schwellenländer abgewandert sind. Gleichartige Betriebe, etwa im Versorgungssektor, sind in Industriestaaten wesentlich weniger personalintensiv organisiert als in Entwicklungsländern.

[361] Ein Unternehmen setzt zur Gewinnmaximierung den Reallohn dem Grenzertrag der Arbeit gleich. Da der Grenzertrag mit wachsender Beschäftigtenzahl abnimmt, hat die Erhöhung des Reallohnniveaus zur Folge, daß weniger Arbeitskraft nachgefragt wird. Da kurzfristig keine kapitalintensivere Produktionstechnik eingeführt werden kann, sinkt als unmittelbare Folge das Produktionsvolumen.

auch langfristig eine Reduktion des Produktionsvolumens,[362] und zwar hinsichtlich einzelner Arbeitgeber und auch mit Blick auf den gesamten Arbeitsmarkt. Betrachtet man einzelne Branchen, kann eine singuläre reale Lohnerhöhung neben der oben beschrieben Nachfragereduktion langfristig zu einem Abwandern der Produzenten in Branchen mit günstigeren Personalkosten führen, eine zusätzliche Verminderung der Nachfrage nach Arbeitskraft in dieser Branche nach sich ziehend.

Das Aufeinandertreffen von Angebot und Nachfrage gestaltet sich folglich ebenfalls dem Gütermarkt entsprechend. Eine Reduktion des Arbeitsangebots oder eine Erhöhung der Nachfrage wird sich in einem Wettstreit der Arbeitgeber um adäquate Arbeitnehmer äußern, der das reale Lohniveau steigen läßt, soweit nicht a) kurzfristig die Reduktion/Beibehaltung des Produktionsvolumens oder b) langfristig der Wechsel zu einer kapitalintensiveren Produktionsmethode die günstigere Lösung für die Nachfrager darstellt. Ein Angebotsüberschuß auf dem Arbeitsmarkt sorgt hingegen für einen Wettstreit um einen Arbeitsplatz auf der Seite der Arbeitnehmer und für ein gegenseitiges Unterbieten bei den Lohnforderungen, mit Folge eines sinkenden Reallohnniveaus und einer dadurch wieder steigenden Nachfrage nach Arbeitskraft.[363]

Die theoretische Wirkungsweise des Arbeitsmarktwettbewerbs ist damit im Wesentlichen mit der des Gütermarktes vergleichbar. Allerdings setzt das voraus, daß die vielfältigen Bedingungen des perfekten Wettbewerbs als gegeben angenommen werden.

C. Funktionen des Arbeitsmarktwettbewerbs

Zu untersuchen ist nun, ob die oben erläuterten Wettbewerbsfunktionen auch durch den Arbeitsmarktwettbewerb erfüllt werden können, bzw. welche Abweichungen sich zeigen. Auch an dieser Stelle soll zunächst perfekter Wettbewerb unterstellt sein. Einen wettbewerbstheoretischen Diskurs in Hinblick auf den Arbeitsmarkt, der mit dem zum Gütermarkt nur auch nur vergleichbar wäre, hat es nie gegeben. Dies ist vor allem überraschend, weil sowohl das individuelle Interesse an einem möglichst positiven Marktergebnis zumeist unmittelbar ist

[362] Vgl. *Begg/Fischer/Dornbusch,* Abschn. 10-1.

[363] In der Praxis gilt dies freilich nur mit starken Einschränkungen, vor allem begründet durch kollektiv vereinbarte Tarife, vorgeschriebene Mindestlöhne und durch Sozialleistungen, die einen Mindestlohn ohne Gegenleistung darstellen. Da der Empfänger hier neben dem Sozialhilfeeinkommen den vollen Freizeitnutzen genießt, beginnt der „innere Konflikt" für potentielle Arbeitnehmer, eine Stelle anzunehmen, bereits bei einem Lohn weit oberhalb des Sozialhilfesatzes bzw. Mindestlohns.

als auch der Arbeitsmarkt in seinem Volumen große volkswirtschaftliche Bedeutung hat.[364]

I. Handlungsfreiheit

Das Vorhandensein einer Vielzahl von Arbeitnehmern wie auch Arbeitgebern führt auch auf dem Arbeitsmarkt zu einem doppelten Freiheitsgewinn.

Dem Gütermarkt entsprechend profitieren zuvorderst die einzelnen Marktteilnehmer, die aus einer Vielzahl möglicher Transaktionspartner wählen können, welche sich im Interesse einer Transaktion auf die Interessen der Marktgegenseite zu bewegen. Der Arbeitnehmer kann unter Wettbewerbsbedingungen auf der Arbeitgeberseite die beste Gegenleistung für seine Arbeitskraft erwarten und umgekehrt. Auch der Eintritt in oder Austritt aus einzelne/n Arbeitsmärkte/n wird ermöglicht. Zum rechtlichen Dürfen der Privatautonomie gesellt sich durch den Wettbewerb auch hier das faktische Können. Dies ist für den einzelnen Marktteilnehmer gerade auf dem Arbeitsmarkt von elementarer Bedeutung, da hier – anders als auf dem Gütermarkt, der zumeist auch den Nichtabschluß oder das Ausweichen auf Substitute ermöglicht – die meisten Anbieter auf die Transaktion existentiell angewiesen sind und auch die Nachfrager trotz kapitalintensiver Produktionsverfahren grundsätzlich nicht ohne menschliche Arbeitskraft auskommen.[365] Der individuelle Freiheitsgewinn auf Grund des Wettbewerbs ist aus diesem Grunde auf dem Arbeitsmarkt regelmäßig von noch größerer Bedeutung.

Zugleich wird durch den Wettbewerb verhindert, daß aus der temporären Stärke eines Markteilnehmers eine dauerhafte Machtposition entstehen kann, durch die das Ob und Wie der Arbeitsleistung und ihrer Inanspruchnahme fremdbestimmt werden. Damit bleibt vor allem gewährleistet, daß die Arbeitnehmerseite die Entscheidung ihres Arbeitseinsatzes tatsächlich autonom trifft, und das wegen seiner sozialen Bedeutung sogar grundgesetzlich verbriefte Recht der freien Berufswahl und Berufsausübung zumindest in der Mehrheit der Fälle tatsächlich ausgeübt werden kann.

II. Leistungsgerechte Einkommensverteilung

Auf einem Arbeitsmarkt mit perfektem Wettbewerb stünde der Arbeitnehmer einer faktisch endlosen Nachfrage nach seiner Arbeitskraft zu einem durch ihn

[364] So betrug das Arbeitnehmerentgelt für Deutschland, also die kumulierten in Deutschland verdienten Bruttolöhne, im Jahre 2005 € 1.129 Mrd. und machte damit gut die Hälfte des Bruttonationaleinkommens in diesem Zeitraum (€ 2.248 Mrd.) aus.

[365] Vor allem gilt das in Volkswirtschaften mit ausgeprägtem Tertiär-, also Dienstleistungssektor.

nicht beeinflußbaren Marktlohn gegenüber. Der Arbeitnehmer wird Arbeitseinheiten anbieten, bis seine Grenzkosten[366] gleich seinem Grenzerlös[367] sind. Da aber der Grenzerlös dem Marktlohn entspricht, können besondere Einkommen nur vorübergehend durch besondere Marktleistungen des Arbeitnehmers erzielt werden, die einen Wettbewerbsvorteil darstellen. Andere Arbeitnehmer können diesen Leistungen mittelfristig nacheifern, und die Gewinnspanne des „first mover" wird zurückschmelzen.

Anders verhält es sich, wenn man ein Angebotsmonopol bzw. – in der Praxis realistischer – ein Preis- und Mengenkartell auf der Angebotsseite des Arbeitsmarktes unterstellt. Dieses steht beim Angebot seiner Arbeitskraft zwar steigenden Grenzkosten, aber einem sinkenden Grenzerlös[368] gegenüber, da der Nutzen jeder zusätzlichen Arbeitsleistung anfangs je nach Kapitalisierungsgrad einer Unternehmung / einer Branche steigt, jedoch schließlich abnimmt.[369] Die Gleichsetzung der Grenzkosten mit dem Grenzerlös hat eine Reduktion des Arbeitsangebots im Vergleich zur Wettbewerbssituation zur Folge, einhergehend mit dessen Verteuerung. Die durchschnittlichen Pro-Arbeitseinheit-Einnahmen übersteigen dauerhaft und unabhängig von besonderer Marktleistung die entsprechenden Kosten und bescheren der Anbieterseite leistungsfremde Sondergewinne in Form eines höheren Lohnniveaus. Zwar ist absehbar, daß die Produzenten in der Praxis diese Lohnerhöhung entweder in Preiserhöhungen an die Verbraucher weitergeben (und diese damit real dem ehemaligen Zustand gleichgestellt werden) oder kapitalintensivere Produktionsmethoden wählen würden. In diesem Fall jedoch würde der Produktionsfaktor Arbeitkraft wegen der kartellbedingten Verteuerung – unter gesamtwirtschaftlichen Effizienzkriterien betrachtet – zu knapp eingesetzt.

Dem Gütermarktmodell wird auf dem simplifizierten Arbeitsmarkt damit insoweit entsprochen, daß unter Wettbewerbsbedingungen ein nach Leistungskriterien gerechtes Ergebnis der Einkommensverteilung erreicht wird. Dies ist neben allen Anreizwirkungen auch ein wichtiger sozialer Aspekt. Der vielfach geäußerten Losung „Gleicher Lohn für gleicher Arbeit", die trotz ihrer sachlichen Unvollständigkeit[370] ein wesentliches Element für den Erhalt des sozialen Frie-

[366] In diesem Fall vor allem die Aufwendungen für die Erbringung der Arbeitsleistung (Fahrtkosten, Schulungen und Ausbildung, Gesundheitseinbußen etc.) sowie der subjektive Wert des mit der Arbeit einhergehende Freizeitverlust, jeweils bezogen auf die letzte Arbeiteinheit.

[367] Unter der Bedingung perfekten Wettbewerbs der normale Vergütungssatz pro Arbeitseinheit.

[368] Technisch wird vom „Grenzprodukt" der Arbeit gesprochen. Bewertet man dieses mit dem am Gütermarkt herrschenden Durchschnittspreis, erhält man das „Grenzwertprodukt", vgl. Neubäumer/Hewel-*Hewel/Neubäumer*, S. 314.

[369] *Begg/Fischer/Dornbusch*, Abschn. 10-2.

[370] Das Dogma läßt vor allem unberücksichtigt, daß sich im Lohn mehr die individuelle Wertschöpfung als der individuelle Arbeitsaufwand widerspiegelt; entscheidend ist daher die

dens darstellt, entspricht das Leistungskriterium bei der Einkommensverteilung am ehesten.

III. Angebotszusammensetzung

Ähnlich einem Güterproduzenten hat auch ein Anbieter von Arbeitskraft die Auswahl unter vielen „Branchen“, und ähnlich dem Produzenten ist die Auswahl durch eigene Merkmale – hier vor allem die Qualifikation statt finanzieller Ressourcen – begrenzt. In den meisten Fällen wird diese Entscheidung einmalig mit der Berufswahl getroffen und hat noch viel langfristigere Folgen als unternehmerische Investitionen. Mit abnehmender Qualifikation sind nachträgliche Korrekturen der Berufswahl faktisch immer schwieriger, wenn nicht unmöglich.

Unter Zugrundelegung eines bestimmten Qualifikationsniveaus wird der rationale Arbeitnehmer sein Betätigungsfeld jedoch ebenso aus Nutzenerwägungen wählen wie der Güterproduzent. Es soll unterstrichen werden, daß der Nutzen des Arbeitnehmers sich auch, aber nicht nur aus dem erzielbaren Einkommen ergibt. Persönliche Fähigkeiten, Interessen und Talente lassen einige Tätigkeiten subjektiv aufwendiger und weniger angenehm sein als andere. Arbeitsbedingungen, Entwicklungs- und Wandlungsmöglichkeiten beeinflussen die Berufswahl ebenfalls in starkem Maße. Dennoch kann festgehalten werden, daß der potentielle Arbeitgeber mit seinem Lohnangebot und durch das Bereitstellen der Arbeitsumgebung einen starken Einfluß auf die individuelle Berufswahl hat. Betrachtet man nun mehrere Branchen, werden sich die Arbeitsbedingungen in Sektoren mit Arbeitskräftemangel verbessern, um sie für Arbeitnehmer attraktiver zu gestalten.[371] Vermehrt werden die Arbeitnehmer in ihrer Nutzenkalkulation dies berücksichtigen und in diese Branche strömen. Ist der Mangel beseitigt, werden die besonderen Konditionen – kurzfristig nur für Neueinsteiger, langfristig aber auch für die „Etablierten“ – nivelliert. Umgekehrt werden die Arbeitsbedingungen in Sektoren, die über ein ausreichendes oder gar zu großes Angebot an Arbeitskraft verfügen, tendenziell schlechter und für immer weniger Arbeitnehmer das Angebot wert. Die Arbeitnehmer jeder einzelnen „Qualifizierungsstufe“ werden sich so auf die Branchen und Betriebe verteilen, daß die Arbeitsbedingungen – und damit das Austauschgut zur Arbeitskraft – sich angleichen.

Der Wettbewerb trägt mithin auch im Arbeitsmarkt dazu bei, das Angebot menschlicher Arbeitskraft auf die Nachfrageverhältnisse abzustimmen. Berück-

---

(durchaus auch räumliche) Nähe der Arbeitsleistung zu Produktionskapital und Know-How. Vgl. hierzu einführend *Miegel*, S. 126.

371 Noch außer Betracht bleiben soll hier der häufig vorzufindende Zustand eines brachenübergreifenden Angebotsüberschusses, mithin der Arbeitslosigkeit, unter dem eine wachsende Nachfrage auch ohne Veränderung der Arbeitskonditionen befriedigt werden kann.

sichtigt man die Abhängigkeiten der Arbeitsmarktnachfrage vom Gütermarktangebot sowie des Güterangebots von der Güternachfrage, so zeigt sich, daß der Wettbewerb die Arbeitnehmer die von Ihnen nachgefragten Güter auch tatsächlich (mit-)produzieren läßt.

IV. Faktorallokation

Auch beim Arbeitsmarkt tritt die Allokationswirkung des Wettbewerbs neben die Bedarfsdeckung. Mit sich überbietenden Arbeitsbedingungen werben die Arbeitgeber um die für ihre Bedürfnisse am besten geeigneten Arbeitnehmer. Auf der anderen Seite konkurrieren die Arbeitnehmer mit sich überbietenden Arbeitsleistungen bzw. Voraussagen hierüber um die besten Arbeitsbedingungen. In der Folge erhält im Idealfall der produktivste Arbeitnehmer die mit den größten Gegenleistungen ausgestatte Arbeitsstelle. Diese Gegenleistungen entsprechen jedoch genau dem Nutzen, den die Arbeitgeber dem Arbeitnehmer für ihr Unternehmen beimessen.[372] Daraus folgt, daß jeder Arbeitnehmer seine Leistung am Ort der größten Nützlichkeit erbringt. Die Vermeidung der Arbeitsleistung an „falscher" Stelle spart Ressourcen. Der Produktionsfaktor Arbeitskraft wäre dadurch in volkswirtschaftlicher Perspektive unter perfekten Wettbewerbsbedingungen mit denkbar geringer Verschwendung verteilt.

V. „Fortschritt" der Arbeitsleistung

Schließlich ist noch die Parallele zur Fortschrittsfunktion auf dem Gütermarkt zu ziehen. Analog dem Produktions- und dem Produktfortschritt lassen sich auch beim Angebot der Arbeitskraft mehrere Anknüpfungspunkte für mögliche Verbesserungen finden. Ein offensichtliches Element ist dabei die Qualifikation des Arbeitnehmers, welche sein Potential darstellt. Der Wettbewerb vieler Arbeitnehmer um eine begehrte Arbeitsstelle, in größerem Maßstab aber auch das Streben vieler Arbeitnehmer nach möglichst wertvoller Gegenleistung,[373] veranlaßt diese zur eigenen Aus- und Weiterbildung. Entscheidend dabei ist, daß auf diese Weise einerseits Anpassungen des Faktors Arbeitskraft an den technischen Produktions- und Produktfortschritt gewährleistet sind,[374] vice versa jedoch auch

[372] Es wurde bereits festgestellt, daß das Unternehmen unter der Bedingung des einheitlichen Lohns Arbeitnehmer einstellt, bis die Grenzkosten des Faktors Arbeitskraft das Grenzwertprodukt überschreiten. Der einheitliche Lohn setzt jedoch eine einheitliche Gegenleistung voraus. Berücksichtigt man die unterschiedlichen Qualifikationen und die korrespondierenden Preise, wird der Arbeitgeber um einen individuellen Arbeitnehmer „mitbieten", bis der Preis des Arbeitnehmers über seinem erwarteten betrieblichen Nutzen auf dem vakanten Arbeitsplatz liegt.

[373] Nochmals sei festgehalten, daß diese Gegenleistung nicht monetär sein muß, sondern auch im ideellen Bereich liegen kann.

[374] Dies gilt insbesondere vor dem Hintergrund, daß der Arbeitnehmer unter der Voraussetzung technischen Fortschritts die immanente Sorge seiner Substitution durch Produktionska-

und gerade durch den Arbeitnehmer-Qualifikationswettbewerb Produktions- und Produktfortschritt gewährleistet werden. Noch direkter wird durch die Qualifikation der Arbeitnehmer auf das Wohlstandsniveau einer Gesellschaft Einfluß geübt, wenn es sich weniger um eine Produktions- als um eine Dienstleistungswirtschaft handelt. Die zusätzliche Qualifikation kann dem Arbeitnehmer neben allen ideellen Anreizen im günstigen Fall einen dauerhaften Anstieg seines Marktwertes ermöglichen, zumindest aber einen temporären.[375]

Um einem Nachfrager nützlich zu sein, muß das vorhandene Potential vom Anbieter auch abgerufen werden. Die persönliche Leistung am Arbeitsplatz ist damit die zweite wesentliche Determinante, und auch sie wird durch den Wettbewerb positiv beeinflußt. Dies gilt sowohl für die Qualität der Arbeitsleistung[376] als auch für die Quantität pro Lohneinheit: Unter gleichqualifizierten Anbietern entscheidet die Nutzung des Potentials darüber, wer die Transaktion mit der Nachfrageseite vollzieht. Perfekter Wettbewerb würde vor diesem Hintergrund auf dem Arbeitsmarkt dafür sorgen, daß das Angebot von hoher Nützlichkeit für die Arbeitgeber wäre, aber dabei nicht teurer als die Opportunitätskosten der Arbeitnehmer.

VI. Vergleich zum Gütermarktbefund

Vergleicht man die obigen Ergebnisse mit den Funktionen eines perfekten Gütermarktwettbewerbs, zeigen sich große Übereinstimmungen. Dieses Ergebnis ist nachvollziehbar, denn trotz der Unterschiede im Transaktionsgegenstand setzt die Bedingung des perfekten Wettbewerbs die wesentlichen "Spielregeln" fest, und statt aus verschiedenen Gütern bildet sich der Arbeitsmarktwettbewerb aus verschiedenen Berufsqualifikationen. Hier wie da gibt es unterschiedliche Qualitätssegmente und auch geographisch abgrenzbare Märkte. Der perfekte Arbeitsmarktwettbewerb erfüllt mithin die aus der Theorie zum Gütermarktwettbewerb bekannten ökonomischen Funktionen sowie auch die Freiheitsfunktion. Letztere ist im Austauschverhältnis Arbeitskraft gegen Lohn – sobald man eine relative Bewertung vornimmt – sogar von besonderer Bedeutung. Während die Privatautonomie auf dem Gütermarkt neben wählbaren Vertragspartnern und Konditionen auch den Vertragsschluß selbst ins Belieben der Parteien stellt, ist dieser auf dem Arbeitsmarkt regelmäßig obligatorisch und nicht durch das Ausweichen auf Substitute vermeidbar. Entsprechend wertvoll für die Parteien ist die Entscheidungsfreiheit hinsichtlich der verbleibenden Parameter.

---

pital hat. Daß diese Sorge weniger berechtigt ist als allgemein angenommen, weil gleichzeitig neue Arbeitsplätze entstehen, zeigt *Franz* in Abschn. 5.2.

375 Entscheidend hierfür ist, inwieweit konkurrierende Arbeitnehmer den Qualifikationsvorsprung aufholen können und wollen.

376 Je nach Berufsbild fallen darunter z.B. der Umfang der Kenntnisse, die Genauigkeit, die Aufmerksamkeit oder die Kreativität.

D. Marktversagen / Natürliche Wettbewerbsverzerrungen

Auch und gerade beim Arbeitsmarktwettbewerb verbietet sich die Annahme, die vollständige Konkurrenz sei ein in der Realität üblicher Zustand. Dabei zeigt sich erneut die schon beim Gütermarktwettbewerb getroffene Feststellung, daß nur ein Teil der realen Wettbewerbsverzerrungen künstlich erzeugt ist. Grundlegend sind Verzerrungen, die systemimmanent im Arbeitsmarktwettbewerb verankert sind und überwiegend mit den Charakteristika des Handlungsgegenstands – der menschlichen Arbeitskraft – erklärt werden können. Diese sollen hier beleuchtet werden. Vorerst nicht erfaßt werden künstliche Verzerrungen, die auf zielgerichtetes Hinwirken der Marktteilnehmer oder des Staates beruhen.

I. Marktstruktur und Verhandlungsmacht

Regelmäßig sind Arbeitsmärkte nicht als beidseitiges Polypol strukturiert. Das erklärt sich zunächst daraus, daß auch beim Einsatz menschlicher Arbeitskraft Skaleneffekte auftreten. Da der Arbeitsmarkt jedoch zu den Faktormärkten gehört und sich weithin abhängig von der Güternachfrage verhält, tritt die natürliche Konzentration bei den Nachfragern auf, die auch produktivitätssteigerndes Kapital generieren können, und nicht bei den Anbietern.[377] Es herrscht folglich grundsätzlich eine Überzahl der Arbeitnehmer und die entsprechend kleinere Auswahl an Transaktionspartnern auf der Arbeitgeberseite.[378] Schon in gesamtwirtschaftlicher Perspektive wird man regelmäßig nicht von so unbedeutenden Marktanteilen der Arbeitgeber am Arbeitsmarkt sprechen können, daß sie aus ihrer Sicht keinen Einfluß auf den Marktpreis hätten,[379] wenn es doch z.B. in Deutschland diverse Arbeitgeber mit über 100.000 Inlandsbeschäftigten gibt.[380] Noch viel stärker wirkt das Ungleichgewicht jedoch, wenn man einzelne relevante Arbeitsmärkte betrachtet, die in sachlicher und geographischer Hinsicht voneinander getrennt sind. Analog der Definition für den Gütermarkt muß beim Arbeitsmarktwettbewerb die Menge der aus Sicht der Arbeitnehmer austauschbaren Arbeitgeber als relevanter Markt angesehen werden;[381] sowohl das geforderte Arbeitnehmerprofil als auch die Gegenleistungen müssen sich innerhalb eines relevanten Marktes gleichen. Je konzentrierter nun die Unternehmen einer betreffenden Branche sind und je spezialisierter ein Arbeitnehmer für eine Branche ausgebildet ist, desto eher wird er einem Nachfrageoligopol oder gar einem

---

[377] Hinzu tritt selbstverständlich die physische Unmöglichkeit, die Arbeitskraft zweier Menschen zu kumulieren.

[378] Das quantitative Verhältnis Arbeitnehmer – Arbeitgeber ist nicht zu verwechseln mit dem Verhältnis Arbeitnehmer – Arbeitsplätze.

[379] So aber eine entscheidende Bedingung der perfekten Konkurrenz.

[380] Neben dem Staat z.B. Siemens, Deutsche Bahn, Volkswagen, Metro, Robert Bosch.

[381] Ebenfalls wäre ein relevanter Markt aus Sicht der Unternehmen definierbar; bezogen auf das Anforderungsprofil einer Stelle wäre das die Menge vergleichbar qualifizierter, leistungsfähiger und „teurer“ Arbeitnehmer.

Monopol gegenüberstehen.[382] Arbeitgeber stehen dagegen, sieht man von Einzelfällen ab, tatsächlich Angebotspolypolen gegenüber. Innerhalb des Angebots ist die relative Stärke eines Arbeitnehmers auch zu klein, um Einfluß auf den „Marktpreis" seines Angebots zu haben.

Die Wirkungen der zahlenmäßigen Asymmetrie verstärken sich weiter unter Berücksichtigung der faktischen Wahlmöglichkeiten der Arbeitnehmer. Ein Arbeitnehmer ist regelmäßig finanziell darauf angewiesen, einer Beschäftigung nachzugehen. Die Frage nach dem „Ob" einer Transaktion auf dem Arbeitsmarkt ist ihm abgenommen, weil sein Arbeitseinkommen den ganz überwiegenden Anteil seiner Einkünfte ausmacht, und er außerdem eine zu geringe Sparquote und -summe aufweist, um ein Finanzpolster für einen auch nur mittelfristigen Verdienstausfall aufzubauen. Das „Wieviel" für eine Transaktion auf dem Arbeitsmarkt ist dem Arbeitnehmer vorbestimmt durch seine laufenden Kosten einerseits und sein langfristig aufgebautes Qualifikationsniveau andererseits. Und bezüglich des „Wo" der Transaktion ist er eingeschränkt durch sein gewähltes Berufsfeld, wobei – wie dargestellt – ein Mehr an Spezialisierung mit einem Weniger an Wahlmöglichkeiten einhergeht. Demgegenüber ist der Arbeitgeber freier in seinen Entscheidungen, wobei diese Freiheit mit seiner Größe noch zunimmt. Ein Arbeitnehmer erwirtschaftet im Betrieb zumeist einen relativ kleinen Teil der gesamten Wertschöpfung. Es besteht mitunter die Möglichkeit seiner Substitution durch Produktionskapital, und Nachfrageschwankungen können statt durch kurzfristige Inanspruchnahme oder Verzicht auf Arbeitskraft u. a. durch Lagerhaltung ausgeglichen werden. Unternehmungen sind regelmäßig zum großen Teil langfristig fremdfinanziert und damit auch vom aktuellen Geschäftsergebnis weniger abhängig als ein Arbeitnehmer von seinem Salär.

Weil der individuelle Arbeitnehmer sowohl dringender auf das Zustandekommen eines Arbeitsvertrags angewiesen ist als der Arbeitgeber als auch regelmäßig geringere Wahlmöglichkeiten hat als dieser, verschiebt die Verhandlungsmacht von einer – unter perfekten Wettbewerbsbedingungen angenommenen – paritätischen Aufteilung in Richtung der Arbeitgeber. Die erreichbaren Skaleneffekte in der Güterproduktion auch beim Produktionsfaktor Arbeitskraft, zusammen mit der Tatsache, daß die kleinsten Produktionskosten durch eine Kombination menschlicher Arbeitskraft mit Produktionskapital erreicht werden, bewirken damit eine strukturelle Verhandlungsübermacht der Nachfragerseite. Daraus kann folgen, daß auf dem Arbeitsmarkt Transaktionen vollzogen werden, die keinen echten Nutzenausgleich darstellen und damit gesamtwirtschaftlich ineffizient sind.

---

[382] Beispiel: Die Ausbildungen zum Bürokaufmann und zum Feinmechaniker im gleichen Betrieb mögen beide 3 Jahre dauern und die gleichen schulischen Voraussetzungen erfordern. Der Bürokaufmann wird im Zweifel – ungleich dem Feinmechaniker – zu einer Vielzahl Branchen, z.B. zu einem Zeitungsverlag, wechseln können.

II. Marktzutritt

Das zweite wesentliche Wettbewerbskriterium, der freie Zugang zum und auch Rückzug vom Markt, ist im Fall des Arbeitsmarkts gleichfalls durch einige Beschränkungen auf beiden Marktseiten beeinträchtigt. Auf der Nachfragerseite sind die Beschränkungen, da es sich gleichzeitig um die Anbieterseite des Gütermarkts handelt, diesen entsprechend. Vor allem stellen mangelnde Investitionsmittel sowie eine aggressive potentielle Konkurrenz die ökonomischen Eintrittsschranken dar. Das Arbeitsmarktangebot ist vor allem dadurch „sachlich und fachlich“ inflexibel, daß das Erlangen einer auf dem Arbeitsmarkt relevanten Qualifikation[383] einige Zeit in Anspruch nimmt und mit nur geringer Gegenleistung verbunden ist. Hat sich ein Arbeitnehmer für eine Berufsrichtung entschieden, würde ihn ein Wechsel des Berufs regelmäßig für einige Jahre einen großen Teil seines Einkommens kosten. Zudem wäre in vielen Fällen seine überfachliche Qualifikation[384] in Frage gestellt, was eine weitere und langfristige Beeinträchtigung seiner Verdienstmöglichkeiten bzw. sogar seiner Einstellungsaussichten zur Folge hätte.

Daraus folgt, daß ein Marktrückzug auf Arbeitnehmerseite praktisch nur schwer möglich ist;[385] Umschulungsmaßnahmen stellen vor diesem Hintergrund heute einen wichtigen Teil aktiver Arbeitmarktpolitik dar.[386] Der Marktzugang wiederum bedarf zumindest einer Ausbildung, die regelmäßig mehrere Jahre in Anspruch nimmt. Der Zugang ist damit nur sehr langfristig und aus dargestellten Gründen nur für Berufsanfänger möglich. Für viele Stellen – vor allem in höherer Verantwortung – wird darüber hinaus von der Arbeitgeberseite eine langjährige Berufspraxis in einer Branche erfordert. Ein solcher Markt ist für Neu- und Seiteneinsteiger sogar ganz geschlossen.

III. Markttransparenz und Anpassung der Marktteilnehmer

Auch die Teilnehmermobilität innerhalb eines Marktes entspricht nicht den theoretischen Anforderungen. Ist für einen perfekten Wettbewerb unendliche Anpassungsgeschwindigkeit angenommen, verhindern auf Anbieter- und Nachfragerseite unterschiedliche Gründe auf ähnliche Weise das Ausweichen auf die jeweils aktuell günstigste Transaktion.

---

[383] Nebeneinander stehen häufig die vom Arbeitgeber gewünschte fachliche und die vorgeschriebene formelle Qualifikation (Bsp.: Meisterbrief). Bereits das Erlangen der ersteren erfordert häufig Jahre, die formelle Qualifikation sei an dieser Stelle noch ausgeblendet.

[384] Man könnte dem Arbeitnehmer eine „Wechselmentalität“ unterstellen und das Risiko einer aufwendigen Einarbeitung auf ihn selbst abwälzen.

[385] Dies ist ein wichtiger Grund für das Vorhandensein struktureller Arbeitslosigkeit.

[386] Vgl. Sechster Abschnitt SGB III, „Förderung der beruflichen Weiterbildung". Die ursprüngliche Bezeichnung lautete treffender „Umschulung“.

Die Nachfrager sind durch die Immobilität des Produktionskapitals an einen Standort gebunden und können sich nur durch alternierende Arbeitskonditionen[387] auf die Anbieter zu bewegen. Kommt es jedoch erst zur Neueinstellung oder Entlassung, entstehen den Unternehmen – abgesehen vom institutionellen Anpassungsaufwand[388] – ökonomische und häufig auch technologische Anpassungskosten,[389] die ihre Reaktionswilligkeit auf Marktgegebenheiten zumindest dämpfen. Dabei sind ökonomische Anpassungskosten die direkt aus der Personalfluktuation resultierenden z.B. für Suche, Auswahl oder Einarbeitung.[390] Technologischer Anpassungsaufwand begründet sich vor allem aus der Unteilbarkeit des Produktionskapitals, so daß etwa die Installation einer neuen Produktionslinie den Zeitpunkt des möglicherweise schon vorher wünschenswerten Personalzuwachses bestimmt. Hinzu kommen Produktivitätseinbußen aus einem verschlechterten Betriebsklima, das die Folge einer ständigen Anpassung der Arbeitsnachfrage und der korrespondierenden Löhne wäre. Diese individuellen Kosten reduzieren die Anpassungsgeschwindigkeit auf dem Markt.

Der Wechselaufwand der Anbieter innerhalb des Marktes ist vorwiegend nicht-ökonomischer Natur. Anpassungskosten mögen dem Arbeitnehmer durch die Stellensuche entstehen sowie bei Vollzug des Stellenwechsels etwa durch einen Umzug. Die sozialen Bindungen des Arbeitnehmers inner- und außerhalb des Betriebs und vor allem die Bindungen seiner Angehörigen werden jedoch in mindestens gleichem Maße einen Wechsel selbst bei rationaler Vorteilhaftigkeit verzögern. Dazu kommt der Verlust der unmeßbaren Annehmlichkeiten, die einem Arbeitnehmer durch die Vertrautheit seiner Arbeitsstelle entstehen, z.B. der reduzierte Leistungsdruck aufgrund eines inoffiziellen Senioritätsprinzips, die Kenntnis der informellen Entscheidungswege etc.

Der optimalen Arbeitsmarktanpassung steht zudem auch die verminderte Markttransparenz entgegen. Keine der Marktseiten weist einen hierfür hinreichenden Überblick über die Marktgegenseite sowie die eigene Konkurrenz auf. Die gängige Frage nach dem Gehaltswunsch und die Unsicherheiten beim Gefragten in nicht durch Tarife künstlich regulierten Berufsfeldern zeigen, daß bekannte Marktpreise für Arbeitsleistung nicht wirklich bestehen.[391] Neben die Individualität der Vergütungspolitik tritt deren Vertraulichkeit; über Löhne wird schon deshalb nicht viel gesprochen, weil die Neigung besteht, davon nicht nur die persönliche Wertschöpfung, sondern auch den persönlichen Wert abzuleiten. Es

[387] Dazu zählen neben den Bedingungen am Arbeitsplatz auch Löhne, Urlaubstage etc.

[388] Diese gesetzlichen bedingten Beschränkungen der freien Variation der Nachfrage werden folgend in Abschnitt F I erläutert.

[389] Vgl. im einzelnen *Franz,* Abschn. 4.3.1.

[390] Für eine umfassende Übersicht über einzelne Posten der Personalfluktuationskosten vgl. *Henneberger,* S. 75.

[391] Es darf angenommen werden, daß mit steigendem Qualifikationsniveau der gezahlte Lohn innerhalb wachsender Spannweiten liegt.

gibt für die Suche nach Arbeitskraft oder nach einem Arbeitsplatz keine Mittelsstelle mit kompletter Marktinformation, Vermittlungen über Arbeitsagenturen sind nicht der Regelfall. Selbst die Einbeziehung von Stellenanzeigen oder Stellengesuchen würde nur einen Teil der Marktaktivität aufzeigen, denn rund 60% der Arbeitsplätze werden nicht durch aktive Suche der Arbeitnehmer, sondern im Wege des „Hat sich so ergeben“[392] gefunden.

IV. Homogenes „Gut“

Einen ganz wesentlichen Grund für diese mangelnde Inanspruchnahme ist die kaum mögliche Standardisierung menschlicher Arbeitsleistung. Wie oben festgestellt wurde, setzt sich der Nutzen eines Arbeitnehmers für seinen Arbeitgeber abstrakt aus a) seinem Potential und b) dem Grad der Ausschöpfung seines Potentials zusammen. Zwar läßt sich das Potential eines Arbeitnehmers anhand formaler Qualifikationen näherungsweise beschreiben. Einerseits vermag die formale Qualifikation jedoch nur punktuelle Fähigkeiten aufzuzeigen, die sich vom praktischen Anforderungsprofil häufig stark unterscheiden. Andererseits ist ungewiß, inwieweit der Arbeitnehmer bei Erbringen seiner formalen Qualifikation sein Potential ausgenutzt hat. So zeigt sich z.B. gerade bei juristischen Examina, daß freudige und traurige Überraschungen eher die Regel als die Ausnahme sind und die Vorleistungen aus mehreren Jahren Studium, Referendariat und Prüfungsvorbereitung vergleichsweise schwach mit den Examensergebnissen korrelieren. Vor allem jedoch läßt die Qualifikation keinen Rückschluß darauf zu, zu welchem Grade das Potential im konkreten Arbeitsverhältnis ausgeschöpft wird. Übliche Bewerbungsverfahren schließen aus vorangegangenen Zeugnissen und aus dem freiwilligen Engagement des Arbeitnehmers auf seine Einsatzbereitschaft und übertragen diese auf seine künftige Berufstätigkeit, was eine zumindest vage Schlußfolgerung darstellt. Noch dazu kann der Einsatzwille des Arbeitnehmers täglichen Schwankungen ausgesetzt sein und auch von Einsatzgebiet zu Einsatzgebiet – sofern diese wechseln – variieren.

Für Dienstleistungen, die vielfach (vor allem wenn durch „Ein-Mann-Unternehmen“ geleistet) den Arbeitsleistungen in ihren wirtschaftlichen Auswirkungen gleichen, zeigte *Hirte*[393] umfassend die Gründe ihrer fehlenden Homogenität sowie die Schwierigkeiten ihrer Quantitäts- und Qualitätsmessung auf. Hieraus läßt sich für Arbeitsverhältnisse u.a. ableiten, daß die erbrachte Leistung (anders als beim Produktkauf) stets auch abhängig vom Zusammenwirken des Anbietenden und des Nachfragers ist: Ein Arbeitgeber hat (z.B. durch seine Motivationskünste, die Klarheit und Vernünftigkeit seiner Weisungen, das Einräumen eines geeigneten Grades an kreativer Arbeitnehmerfreiheit, die Ausstattung mit Arbeitsmitteln) einen großen Einfluß auf das Arbeitsergebnis. Dessen

---

[392] *Noll*, S. 285.

[393] Vgl. im einzelnen *Hirte*, Berufshaftung, S. 196 m.w.N.

Bewertung gestaltet sich zudem schon hinsichtlich der Quantität schwierig (dies zu berücksichtigen versuchen im übrigen die verschiedenen Vergütungssysteme wie Zeitakkord und Zeit-Stückakkord), erst recht aber hinsichtlich der Qualität. Anders als beim Erwerb eines Produktes mit bestimmten „Soll-Eigenschaften" besteht nur das Leistungsversprechen des Arbeitnehmers als Bezugsgröße. Dessen Plausibilität muß daher bei der Bewertung einer Arbeitsleistung mitberücksichtigt werden. Zudem fehlt es regelmäßig schon an geeigneten Bewertungsgrundlagen, da der Eindruck des Arbeitgebers den Rückschluß auf die Arbeitsqualität nur beschränkt zuläßt. Dies gilt insbesondere bei von Spezialisten erbrachten Arbeitsleistungen (bspw. in der Forschung, die einer starren Ergebniserwartung nicht zugänglich ist) und bei solchen, bei denen nach oben Gesagtem der Arbeitgeber vergleichsweise stark mit eingebunden ist. Hier ist er zu einer objektiven Einschätzung des Ergebnisses zumeist nicht in der Lage. Vor diesem Hintergrund sind auch (selbst klar formulierte) Arbeitszeugnisse von begrenzter Aussagekraft.

Hieraus folgt, daß menschliche Arbeitskraft ein sehr inhomogenes „Gut" ist. Vor allem Arbeitgebern verursacht das Bestimmen der wirklichen Nützlichkeit eines potentiellen Arbeitnehmers hohe Kosten, und selbst damit ist nur eine Annäherung an den tatsächlichen Wert möglich.[394] Die Arbeitnehmer stehen bei der Beurteilung der Attraktivität einer offenen Stelle vor dem prinzipiell gleichen Problem. Der große Anteil informell vergebener Arbeitsplätze resultiert vor allem aus dem Wunsch der Marktteilnehmer nach Risikovermeidung: Angesichts eines schwer kalkulierbaren Marktergebnisses wird die Transaktion bevorzugt mit einem bekannten oder empfohlenen Partner vollzogen, wenn auch dessen Nützlichkeit geringer sein könnte als bei einer rationalen Entscheidung auf dem Markt im denkbar besten Fall.

Die fehlende Homogenität kann noch auf einem weiteren Wege zu Marktversagen führen. Ein Arbeitgeber kennt das tatsächliche Potential eines Arbeitnehmers bei Einstellung nicht genau, er weiß jedoch, daß eine hohe Motivation des Arbeitnehmers tendenziell zu besseren Arbeitsergebnissen führt. Nach der sogenannten Effizienzlohntheorie[395] wird der Arbeitnehmer nun mit diesen beiden Variablen im Blick einen Lohn über Marktniveau bzw. Gleichgewichtspreis anbieten: Zunächst erhält er als Gegenleistung vermeintlich umfassendere private Informationen vom Bewerber, für den die potentielle Stelle höhere Attraktivität hat als die bei anderen Arbeitgebern. Einmal angestellt, wird der Arbeitnehmer seine Tätigkeit zudem mit einer höheren Motivation verrichten als der „Durchschnittsverdiener": Die Befürchtung, das Privileg des höheren Lohns durch

[394] Vgl. *Henneberger,* S. 94: Arbeitgeber bevorzugen „interne" Aufsteiger oder trauen bei Neueinsteigern in einen Betrieb der persönlichen Vermittlung, weil die Kosten zur Ermittlung eines für eine Position adäquaten Arbeitnehmers hoch sind.

[395] Vgl. ausführlich bei *Henneberger,* S. 157 ff., *Schmid/Dosky/Braumann,* S. 53 ff.

Schlechtverrichtung der Arbeit zu verlieren und auf den Marktlohn abzusinken, wird mit wachsendem Abstand zum Marktlohn größer. Arbeitgeber werden die günstigeren Arbeitsangebote Erwerbsloser ausschlagen und den höheren Faktorpreis der Arbeit in Hoffnung auf eine vergleichsweise gleichmäßige, überdurchschnittliche Arbeitsleistung in Kauf nehmen. Sie handeln also in der Hoffnung auf eine mit steigenden Löhnen ebenfalls steigende Produktivität ihrer Arbeitnehmer. Folgt eine ausreichender Teil der vergleichbarer Arbeitgeber dieser Lohnpolitik, kann das zur Arbeitslosigkeit beitragen, indem der markträumende Lohnsatz marktweit überschritten wird, die Produktionskosten steigen und die Nachfrage entsprechend sinkt. Prekär daran ist, daß Arbeitgeber dieses Szenario nicht nur in Kauf nehmen, sondern es Ihnen sogar nützt: Arbeitslosigkeit kann offenkundig die Einsatzbereitschaft der (noch) Beschäftigten weiter verstärken.[396]

V. Interne Arbeitsmärkte

Die Untrennbarkeit der Arbeitsleistung vom Menschen, die Intransparenz der Arbeitsmärkte und die fehlende Homogenität der Arbeitsleistungen tragen zur Entwicklung und Verbreitung sogenannter interner Arbeitsmärkte bei. Der interne Arbeitsmarkt wird als eine administrative Beschäftigungseinheit definiert, innerhalb derer Ausbildung, Allokation und Entlohnung von Arbeit durch formale wie informelle Regeln und Verfahren festgelegt wird.[397] Interne Arbeitsmärkte wurden erstmals in den fünfziger Jahren untersucht,[398] als man feststellte, daß gerade in Großbetrieben der Massengüterproduktion[399] der Einsatz des Faktors Arbeit und vor allem die Auswahl und Bezahlung des Anbieters weniger rein ökonomischen Kriterien als institutionellen Regeln unterliegt. So werden beispielsweise Stellen nur betriebsintern ausgeschrieben oder Senioritätsprivilegien wie etwa Aufstiegsleitern nach Betriebszugehörigkeit geschaffen, so daß die Mobilität der Arbeitskräfte und der Wettbewerb zwischen den Arbeitskräften sich reduziert. Interne Arbeitsmärkte zeichnen sich auf der Nachfragerseite durch überdurchschnittliche Gegenleistungen wie hohe Saläre, gute Arbeitsbedingungen und eine hohe Arbeitsplatzsicherheit aus. Auf der Angebotsseite wird dem mit geringer Arbeitskräftefluktuation entsprochen.[400] Aus betriebswirtschaftlicher Sicht sind Kosteneinsparungen dadurch möglich, daß die Arbeitnehmerschaft in einem transparenten Aufstiegsverfahren mit verminderter Konkurrenz zu kooperativem Verhalten neigt. Hingegen würde etwa die Aufhebung langfristig gewachsener Lohnrelationen, wie sie in Großbetrieben üblich sind,

---

[396] So lag im Jahre 1976 in Deutschland die durchschnittliche Zahl der jährlichen Arbeitsunfähigkeitstage/Arbeitnehmer bei 25, im Jahre 2004 bei 13.

[397] *Henneberger*, S. 5.

[398] Vgl. etwa *Kerr*, S. 92 ff.

[399] Zur Korrelation der Betriebsgröße mit der Ausprägung interner Arbeitsmärkte vgl. *Blossfeld/Mayer*, KZfSS 1988, 262, 266.

[400] Vgl. zu den Kennzeichen interner Arbeitsmärkte i.e. *Brandes/Buttler*, S. 96 ff.

die Arbeitsmotivation und Kooperationsbereitschaft nachhaltig negativ beeinflussen.[401] Wenn auch die arbeitnehmereigene Individualleistung hinter der in einer konkurrierenden Arbeitsumgebung zurückbleiben *mag,*[402] ermöglicht das ungestörte Zusammenwirken der Arbeitnehmer dem Betrieb Skaleneffekte auch beim Einsatz menschlicher Arbeitskraft. Auch gesamtwirtschaftlich läßt sich aus diesem Grunde ein Effizienzgewinn ableiten.[403] Ungeachtet dessen stellen interne Arbeitsmärkte eine Wettbewerbsbeschränkung in gesamtwirtschaftlicher Perspektive dar. Nicht nur das Wettbewerbsverhältnis zwischen den internen Arbeitnehmern ist eingeschränkt, sondern auch der Zutritt zu den internen Märkten für externe Arbeitnehmer. Interne und externe Arbeitsmärkte sind lediglich über einzelne Gruppen von Arbeitsplätzen verbunden, die sich regelmäßig am unteren Ende der „Einkommens- und Qualifikationspyramide"[404] befinden. Hier bestehen die wesentlichen und häufig die einzigen Eintrittsmöglichkeiten für externe Arbeitnehmer.

Das „Paradebeispiel" für einen internen Arbeitsmarkt stellt in Deutschland der Öffentliche Dienst dar. Die Eintrittsbedingungen, die Entlohnung, das Procedere der Versetzungen und Beförderungen und die Senioritätsprivilegien sind gesetzlich kodifiziert. Der Austausch der Arbeitskräfte mit dem privatwirtschaftlichen (hier externen) Arbeitsmarkt ist gehemmt, die Fluktuation der Arbeitnehmer unterschreitet die im privaten Sektor. Die gezeigten strengen Nebentätigkeitsbeschränkungen reduzieren zusätzlich den Kontakt der Beamten und öffentlich Angestellten zu externen Nachfragern.

Zu betonen ist, daß interne Arbeitsmärkte eher die Regel als eine Ausnahme darstellen. Übereinstimmend stellen heute verschiedene arbeitsmarkttheoretische Ansätze fest, daß es Tendenzen zu Lohn- und Preisinflexibilitäten gibt und Unvollkommenheiten des Arbeitsmarktwettbewerbs die Normalität darstellen.[405]

VI. Zusammenfassung und Bestimmung der Schutzwürdigkeit

Wie gezeigt, ist der Arbeitsmarkt bereits ohne bewußt wettbewerbsbeschränkende Einwirkung dem perfekten Wettbewerb noch verschiedener als der Gütermarkt. Das liegt in seiner Rolle als Faktormarkt begründet, insbesondere aber an der Eigenart der Arbeitskraft, untrennbar mit einem Menschen verbunden zu sein. Dieser ist anders als Güter oder auch Produktionskapital weder frei handelbar noch einer objektiven, langfristigen und verläßlichen Nutzenkalkulation zu-

---

401 *Henneberger,* S. 8.

402 Es ist anzunehmen, daß ein Zuviel an betriebsinterner Arbeitnehmerkonkurrenz die Individualproduktivität sogar reduziert, z.B. bei übertriebener Vorsichtigkeit der Arbeitnehmer, um eigene Fehler zu vermeiden.

403 Dazu ausführlich *Williamson,* S. 72 ff.

404 *Henneberger,* S. 6.

405 Zusammenfassend *Franz,* Unvollkommene Arbeitsmärkte, S. 93 ff.

gänglich. Der Aktivitäten der Teilnehmer sind auf dem Arbeitsmarkt tendenziell träger als auf dem Gütermarkt. Das Gut „Arbeitskraft" ist nicht homogen. Die Wirksamkeit des Wettbewerbs im Sinne der Erfüllung definierter Funktionen ist dadurch noch weniger zuverlässig. Dies gilt jedoch nicht pauschal: Vor allem die Freiheitsfunktion, die aus genannten Gründen gerade für Arbeitnehmer von großer Bedeutung ist, wird durch den Arbeitsmarktwettbewerb weitgehend erfüllt. Auch die Anpassung der Arbeitnehmerqualifikation an den volkswirtschaftlichen Bedarf und die fortdauernde „Weiterbildung" im Sinne der Fortschrittsfunktion wird durch den verbleibenden Wettbewerb gefördert. Hingegen werden vor allem die Verteilungen des Humankapitals auf die Arbeitgeber und der Einkommen auf die Arbeitnehmer deutlich weniger „optimal" sein als unter vollständiger Konkurrenz angenommen, jedenfalls weichen die tatsächlichen Voraussetzungen stark vom Soll ab. Dennoch rechtfertigen schon die erstgenannten Funktionen den Schutz des Arbeitsmarktwettbewerbs. Zudem muß auch für den Arbeitsmarkt die Überlegenheit gegenüber anderen praktizierbaren Verteilungssystemen – in erster Linie also der zentralen Planung des Faktoreinsatzes – angenommen werden. Die begründenden Aussagen zum Gütermarkt[406] gelten hier entsprechend, schon wenn man rechtliche Bedenken wie den Einschnitt in die Freiheitsrechte außen vor läßt und nur ökonomische Kriterien bemüht. Es ist vor allem nicht möglich, den jeweiligen Bedarf an Arbeitskraft in den unzähligen Berufsfeldern mit der für die gesamtwirtschaftliche Bedarfsdeckung an Gütern erforderlichen Genauigkeit zu prognostizieren.

E. Wettbewerbsbeschränkungen

Gesamtwirtschaftliche Effizienzen, Freiheiten und Anpassungen verursachen den im Wettbewerb befindlichen Marktteilnehmern auch auf dem Arbeitsmarkt Kosten, die als Wettbewerbsdruck bezeichnet werden können. Zur Verminderung des Wettbewerbsdrucks, im Einzelfall überraschenderweise jedoch auch aus Allgemeinwohlerwägungen, können die Marktteilnehmer versucht sein, den Wettbewerb gezielt zu beschränken. Dargestellt werden nun die typischerweise vorgenommenen beschränkenden Maßnahmen auf dem Arbeitsmarkt. Dafür soll an der juristischen Kategorisierung festgehalten werden, die auch bei der Einordnung der Beschränkungen des Gütermarktwettbewerbs Verwendung findet.

I. Vereinbarungen

1. Horizontalvereinbarungen

Die sich zuvorderst anbietende Methode, dem Wettbewerbsdruck auf dem Arbeitsmarkt auszuweichen, besteht in der mit den jeweiligen Wettbewerbern abgesprochenen Benutzung der Wettbewerbsparameter, also der horizontalen Ver-

---

[406] Vgl. oben, Dritter Teil, § 1, A.

einbarung. Vor allem eignen sich dafür der Umfang der gehandelten Arbeitsleistung (z.B. Arbeitsstunden pro Woche) und die Vergütung pro Arbeitseinheit. Weniger praktikabel, weil nur schwer meßbar und zu kontrollieren, ist die Vereinbarung über die einheitliche Qualität der angebotenen Arbeitsleistung bzw. auf Nachfragerseite die qualitativ einheitliche Inanspruchnahme dieses Faktors.

Die Absprache vieler am Markt relativ unbedeutender Arbeitnehmer bedarf infrastruktureller Voraussetzungen, soll nicht der Koordinationsaufwand die möglichen Kartellgewinne überschreiten. Daher existieren Gewerkschaften, also frei gegründete, staatlich und von Unternehmen unabhängige dauerhafte Interessenverbände, die den Zweck verfolgen, die Arbeits- und Wirtschaftsbedingungen zu wahren und zu fördern;[407] notfalls auch im Wege des Arbeitskampfes.[408] Gewerkschaften haben jeweilige Zielgruppen, deren Interessen vertreten werden sollen. Dabei kann eine Gewerkschaft die Arbeitnehmer des gleichen Berufsstands (zum Beispiel Deutsche Angeselltengewerkschaft) oder der gleichen Branche vertreten (zum Beispiel IG Metall). Ziel einer Gewerkschaft soll sein, für die funktional vergleichbaren Arbeitnehmer innerhalb ihres Mitgliederstamms einheitliche – denkbar günstige – Arbeitsbedingungen durchzusetzen. Primäres Mittel hierfür ist der Tarifvertrag, welcher gemäß § 2 Abs. 1 TVG zwischen Gewerkschaften und einzelnen Unternehmen oder Unternehmensvereinigungen geschlossen werden kann. Kommt aus Sicht der Gewerkschaft keine akzeptable Möglichkeit der Einigung zustande, kann sie ihre Mitglieder ferner zum Warnstreik oder zum Streik aufrufen.

Die Arbeitnehmerschaft verfügt in den meisten Industrieländern über einen fallenden Organisationsgrad, der inzwischen regelmäßig unter 50 % liegt.[409] Die größte deutsche Dachorganisation von Gewerkschaften, der DGB, zählte z.B. im Jahre 2005 im Mittel 6,8 Mio. Mitglieder, was bereits 84% der deutschen Gewerkschaftsmitglieder ausmachte. Von diesen treten zudem bei weitem nicht alle auf dem Arbeitsmarkt auf und partizipieren damit ohne direkten Nutzen.[410] Auf der anderen Seite haben gerade die deutschen Gewerkschaften ein großes Problem durch „free rider", weil von den von ihnen erstrittenen Lohnabschlüs-

---

[407] Vgl. *Franz,* Abschn. 7.2.1; bezugnehmend auf Koalitionen: v. Münch/Kunig-*Löwer,* Art. 9, Rn. 69 m.w.N.; eine gesetzliche Definition der Gewerkschaft ist nicht vorhanden, zumindest die Anforderungen an eine Koalition im Sinne des Art. 9 Abs. 3 GG müssen jedoch erfüllt sein, um eine Vereinigung als Gewerkschaft zu qualifizieren.

[408] *Däubler,* Abs. 48.

[409] Ausnahmen hierzu sind Schweden und Dänemark, vgl. *Franz,* Tabelle 7.4.

[410] So errechnete sich für Deutschland aus dem Verhältnis der Anzahl der Gewerkschaftsmitglieder zu der der sozialversicherungspflichtigen Beschäftigten für das Jahr 2003 ein Bruttoorganisationsgrad von 33%. Betrachtet man jedoch das Verhältnis der *beschäftigten* Gewerkschaftsmitglieder im Verhältnis zu allen Beschäftigten dieses Sektors, ergibt sich (für 2002) der Nettoorganisationsgrad von nur 20,4% (Ostdeutschland) bzw. 23,8% (Westdeutschland), vgl. *Franz,* Abschn. 7.2.1.

sen auch Nichtmitglieder profitieren, und ein monetärer Anreiz für eine Gewerkschaftsmitgliedschaft damit nicht immer besteht. Tarifverträge gelten in direkter oder indirekter Form für rund 90% aller Arbeiter und Angestellten, da auch ungebundene Unternehmen zahlreich in ihren Arbeits- und Anstellungsverträgen auf die betreffenden tarifvertraglichen Vereinbarungen verweisen.[411]

Unternehmen können – über ihre Verbände auf Landesebene – Mitglied in Arbeitgeberverbänden sein. Der Landesverband gehört dann zugleich dem entsprechenden bundesweiten Arbeitgeber-Branchenverband und dem branchenübergreifenden Landesverband der Arbeitgeber an. Auf diese Weise waren im Jahre 2003 43% der westdeutschen und 21% der ostdeutschen Betriebe an einen Flächentarifvertrag gebunden. Sie beschäftigten 62% resp. 43% der Arbeitnehmer.[412] Die Bedeutung der Tarifverträge geht jedoch – wie gezeigt – darüber weit hinaus. Insgesamt wurden Anfang der 90er Jahre rund 70% des deutschen Volkseinkommens unter direkter oder indirekter Tarifbindung erwirtschaftet.[413] Während einerseits die individuelle Verhandlungsmacht eines Unternehmens durch den Anschluß an einen fernverhandelten Tarifvertrag abnimmt, bietet die Kollektiveinigung den Unternehmen andererseits u.a. die Möglichkeit zur legalen Angleichung ihrer Pro-Kopf-Personalkosten,[414] zur Reduktion des individuellen Verhandlungsaufwands, zur Vermeidung eines nur sie treffenden Streiks sowie zur Nichtoffenlegung der Ertragssituation, die bei Individualverhandlungen zwischen Unternehmen und Gewerkschaft eine wichtige Berechnungsgrundlage darstellt. Zusätzlich wird für die Laufzeit eines Tarifvertrags hinsichtlich seiner Inhalte regelmäßig eine „Friedenspflicht" vereinbart, die den Unternehmen das Ausfallrisiko des Produktionsfaktors Arbeit reduziert.

Wenngleich Tarifverträge befristet abgeschlossen werden und durch unterschiedliche sachliche und geographische Geltungsbereiche ständig mehr als 50.000 verschiedene Tarifverträge wirksam sind,[415] sind unter diesen Voraussetzungen auf einzelnen relevanten Arbeitsmärkten kartellähnliche Strukturen unumgänglich. Ineffizienzen können sich getreu obiger Ausführungen zunächst durch zu hohe Lohnabschlüsse ergeben,[416] die den sektoralen Beschäftigungsgrad unter ein ökonomisch sinnvolles Maß fallen lassen. „Überschüssige" Arbeitnehmer können in andere – unregulierte – Arbeitsmärkte strömen und dadurch den dortigen Marktpreis für Arbeitsleistung unter das effiziente Maß reduzieren. Dies gilt um so mehr in Deutschland, da die hiesige Tarifordnungs-

---

411 *Franz,* Abschn. 7.1.
412 *Franz*, Tabelle 7.6.
413 *Monopolkommission,* BT-Drs. 12/8323, Abs. 880.
414 Ausführlich dazu *BMWA-Beirat,* Abs. 18.
415 So hatten im Jahre 2004 ca. 62.000 Tarifverträge Gültigkeit, *Franz,* Abschn. 7.1.
416 Die hohen Abschlüsse lassen sich aus Arbeitnehmersicht mit deren originärem Interesse, aus Arbeitgebersicht u.a. mit der oben erläuterten Effizienzlohntheorie erklären.

struktur Abschlüsse oberhalb des markträumenden Preises begünstigt:[417] Gewerkschaftsmitglieder erwarten für ihre Beiträge ein Verhandlungsresultat, das das freie Marktergebnis übertrifft. Das System der Flächentarife läßt wenig Raum für Anpassungen an die einzelbetriebliche Finanz- und Nachfragesituation. Die Tarifführerschaft[418] haben tendenziell leistungsstarke Branchen und auch Regionen inne. Die Tarifparteien beanspruchen zwar die autonome Macht zur Lohnabschlußfindung, die finanzielle Verantwortung für die korrespondierende Beschäftigungsentwicklung trägt jedoch in Form des Sozialsystems zum großen Teil der Staat. Schließlich können weitere Ineffizienzen durch zu starre Bestimmungen des Arbeitsumfangs und Arbeitseinsatzbereichs auftreten, sowie durch umfangreiche Produktionsverluste im Fall eines Arbeitskampfs.

Neben die aufgezeigten Beeinträchtigungen freiheitlicher und ökonomischer Wettbewerbsfunktionen können jedoch auch Vorteile ökonomischer und gesellschaftlicher Natur treten.[419] So kann unterstellt werden, daß vergleichbare Arbeitsbedingungen innerhalb der Arbeitnehmerschaft das soziale Klima insgesamt und auch gerade innerhalb eines Betriebes verbessern. Daraus können gleichzeitig Produktivitätssteigerungen resultieren.[420] Durch die Egalisierung der Lohnkosten innerhalb konkurrierender Unternehmen wird die Bedeutung anderer Wettbewerbsparameter aufgewertet, offenbar insbesondere die der Innovationskraft.[421] Hieraus folgt eine Stimulation des technischen Fortschritts. Die kollektivierte Arbeitnehmerschaft hat in Verhandlungen ein größeres Drohpotential, so daß das Mittel der Arbeitsniederlegung zur Forderungsdurchsetzung tendenziell seltener Anwendung findet,[422] ggf. jedoch zumindest zentral „steuerbar" ist und nicht zur Existenzbedrohung einzelner Betriebe führt. Ferner stellen die Gewerkschaften ein Medium zum individuell gefahrlosen Widerspruch der Arbeitnehmer gegen ihren Arbeitgeber dar. Bestünde diese Möglichkeit nicht, so käme für die Arbeitnehmer neben der individuell riskanten direkten Konfrontation nur die Abwanderung zu anderen Betrieben in Frage.[423] Eine solche Abwanderung in Form einer Kündigung bereitet beiden Seiten zusätzliche Ko-

---

[417] *Monopolkommission,* BT-Drs. 12/8323, Abs. 886.

[418] Tarifführerschaft meint Pilotabschlüsse, die anderen Regionen bzw. Branchen als Orientierung oder sogar als Vorlage dienen.

[419] Vgl. *dazu im einzelnen Franz,* Abschn. 7.2.2.

[420] Einerseits vermitteln einheitliche Arbeitsbedingungen Sicherheit, Solidarität und das Gefühl gleicher und/oder fairer Behandlung durch den Arbeitgeber. Andererseits können sich mangelnde Differenzierungen – vor allem bei der Behandlung qualitativ verschiedener Arbeitsergebnisse – auch leistungsmindernd auswirken, wenn damit ein wesentlicher Anreiz zur besonderen Leistungserbringung entfällt.

[421] *Wey,* DIW-WB 13/2004.

[422] Vgl. das relativ niedrige Streiktageniveau in Deutschland unter *http://wko.at/statistik/eu/eu-streikdauer.pdf*: in Deutschland jährlich 10 verlorene Arbeitstage pro 1000 abhängig Beschäftigte, im EU 15-Durchschnitt 40-50 Tage, vereinzelt über 300 Tage.

[423] Vgl. *Teichmann,* S. 621.

sten.[424] Wird die Arbeitskräftefluktuation reduziert, vermindern sich auch entsprechende Aufwendungen. In Deutschland konnte die These zumindest in Hinblick auf die zumeist eng mit Gewerkschaften kooperierenden Betriebsräte bestätigt werden: Die Existenz einer betrieblichen Arbeitnehmervertretung vermindert die Personalfluktuation.[425]

2. Vertikalvereinbarungen

Zweiter Typus der möglichen Wettbewerbsbeschränkung auf dem Arbeitsmarkt und für die in dieser Arbeit behandelte Fragestellung von besonderem Interesse ist die Vertikalvereinbarung. Damit ist hier die mögliche Bindung zwischen Arbeitgeber und Arbeitnehmer gemeint. Anhand der im GWB für den Gütermarkt vorgenommenen Kategorisierung sollen sie im folgenden erfaßt und dargestellt werden.

Eine für das Wettbewerbsrecht wesentliche Eigenschaft des Gütersektors ist seine Unterteilbarkeit in mehrere Wertsschöpfungsstufen. Regelmäßig lassen sich zumindest Produzent, Händler und Verbraucher abgrenzen. Vielfach muß die Wertschöpfungskette jedoch um mehrere Zulieferer und Zwischenhändler ergänzt werden, um ein realistisches Bild der Wertschöpfung zu zeichnen. Zwischen allen aufeinanderfolgenden Wertschöpfungsstufen können freie Märkte bestehen, und auf den Marktseiten[426] ein entsprechender Wettbewerb. Im Arbeitssektor ist eine Wertsteigerung der Arbeitskraft nicht möglich, weil sie vom Erbringer – dem Anbieter – nicht getrennt und „weiterverarbeitet" werden kann. Es gibt aus diesem Grunde lediglich die Anbieter- und die Nachfragerseite, und Vertikalvereinbarungen können nur zwischen diesen Ebenen vereinbart werden. Entscheidend ist jedoch, daß auch die Inhalte der Vereinbarungen sowie ihre Auswirkungen keine fremden Ebenen betreffen können. Dadurch wird die Vielfalt der Vertikalvereinbarungen, die den Wettbewerb aus Sicht der Beteiligten praktikabel einschränken können, im Vergleich zum Gütermarkt von vornherein reduziert.

So hat es z.B. keinen praktischen Sinn, auf dem Arbeitsmarkt eine Vereinbarung zu schließen, die einer Inhaltsbindung auf dem Gütermarkt entspräche. Der Nachfrager nach Arbeitskraft wird nie in die Situation kommen, diese an Dritte weiter zu vertreiben. Er hat mithin auch keine Freiheit in der Preis- oder Konditionengestaltung, der er sich durch eine vertikale Vereinbarung mit dem Anbieter begeben könnte. Auch umgekehrt wäre eine solche fiktive Vereinbarung gegenstandslos, da der Anbieter der Arbeitskraft diese nicht extern bezieht, son-

---

[424] Auf Arbeitnehmerseite vor allem Bewerbungs- und Mobilitätskosten, auf der Arbeitgeberseite in erster Linie Such- und Einarbeitungskosten.

[425] *Addison/Schnabel/Wagner*, Oxf. Econ. Pap. 2001, S. 659, 669.

[426] Gemeint ist die jeweilige Anbieter- sowie die Nachfragerseite.

dern das Potential und die Bereitschaft zur Erbringung in sich trägt. Vertikale Inhaltsbindungen im Sinne des GWB scheiden damit als Wettbewerbsbeschränkung auf dem Arbeitsmarkt faktisch aus.

Differenzierter fällt das Bild aus, wenn man die Möglichkeit zur Vereinbarung sogenannter Abschlußbindungen betrachtet. Zwar werden aufgrund des Wesens des Arbeitsmarktes – es wird nur Arbeitskraft gehandelt – keine Kopplungsbindungen mit anderen Transaktionsgegenständen als der individuellen Arbeitskraft geschlossen. Ebenso wenig sinnvoll ist – wie schon für Inhaltsbindungen aufgezeigt – die Beschränkung der Weiterveräußerung von Arbeitskraft. Eine Parallele läßt sich jedoch für Bindungen ziehen, die die Beteiligten in der Freiheit beschränken, „andere Waren oder gewerbliche Leistungen von Dritten zu beziehen oder an Dritte abzugeben".[427] Überträgt man diese Formulierung auf die Gegebenheiten des Arbeitsmarktes, entstünde eine Bindung zwischen den Parteien eines Arbeitsvertrags, die es untersagt, die gesamte oder die verbleibende Arbeitskraft an andere Nachfrager zu leisten bzw. zusätzliche Arbeitskraft von anderen Anbietern zu beziehen. Gebunden werden nur eine oder beide Parteien der Vereinbarung, damit ist diese auch auf dem Arbeitsmarkt praktikabel. Bei Bindung des Arbeitgebers kann vereinbart werden, daß der Arbeitgeber keine weiteren Arbeitnehmer mit gleichem Betätigungsfeld beschäftigen darf – eine fernliegende Vorstellung – oder daß der Arbeitnehmer in seiner Position nicht durch einen anderen Anbieter „ausgetauscht" werden darf, bzw. nur unter Einschränkungen.[428] In der Variante, in der der Arbeitnehmer gebunden wird, seine Arbeitskraft ausschließlich an einen Arbeitnehmer zu leisten, handelt es sich – je nach Formulierung – um a) ein Verbot des Arbeitgeberwechsels[429] oder vor allem b) die restriktivste Form einer Nebentätigkeitsbegrenzung.

Art und Weise sowie Intensität der Wettbewerbsbeschränkung hängen davon ab, in welchem Maße der Arbeitnehmer in der Verwendung und Verwertung seiner Arbeitskraft eingeschränkt wird. Für eine Untersuchung der Wettbewerbsbehinderung kann daher im wesentlichen zwischen den oben abgegrenzten vier Typen einer Nebentätigkeitsbegrenzung unterschieden werden: dem Nebentätigkeitsverbot, der zeitlichen Beschränkung in Form einer Höchstdauer, dem Genehmigungsvorbehalt durch den Arbeitgeber sowie der Anzeigepflicht. Nur ist die Intensität der Wettbewerbsbeschränkung nicht schon dann besonders hoch, wenn es sich um eine restriktive Nebentätigkeitsbeschränkung handelt. Vielmehr muß

---

[427] So die Formulierung des die Abschlußbindungen behandelnden § 16 Nr. 2 GWB a.F.

[428] Dem entspricht die Vereinbarung einer Kündigungsfrist oder eines Kündigungsverbot.

[429] Das Verbot des Arbeitgeberwechsels kann eine praktische Rolle bei Arbeitsplätzen spielen, die mit großen Fluktuationskosten – z.B. für die Einarbeitung einer neuen Arbeitskraft – verbunden sind. Ebenfalls relevant sind in diesem Zusammenhang Beschränkungen beim Wechsel zu einem Konkurrenten (vgl. das Beispiel bei *Poth,* S. 7), wenn die Gefahr besteht, daß der Arbeitnehmer diesem betriebsinternes Know-How zugänglich macht. In vorliegender Arbeit sollen die Wechselverbote nicht weiter analysiert werden.

auch die Marktstruktur berücksichtigt werden. Je weniger Arbeitgeber und/oder Arbeitnehmer es gibt und je höher damit der Konzentrationsgrad auf dem jeweiligen Arbeitsmarkt, desto spürbarer werden die Auswirkungen jeder Nebentätigkeitsbeschränkung auf die Wettbewerbsfunktionen sein.

Liegt ein absolutes Nebentätigkeitsverbot vor, entsprechen auch die Auswirkungen auf den Wettbewerb denen einer typischen Ausschließlichkeitsbindung,[430] mit einigen zusätzlichen Besonderheiten, die dem Transaktionsgegenstand Arbeitskraft immanent sind. Den Konkurrenten des Arbeitgebers wird es durch das Nebentätigkeitsverbot praktisch verwehrt, mit dem gebundenen Arbeitnehmer eine Transaktion hinsichtlich der ihm verbleibenden Arbeitskraft zu vollziehen. Der Arbeitnehmer büßt die Dispositionsfreiheit über seine Freizeit und seine Arbeitskraft ein. Damit wird zunächst die Freiheitsfunktion des Wettbewerbs zulasten der Arbeitnehmer empfindlich beeinträchtigt. Neutralisiert werden zum großen Teil auch Anreizwirkungen, die üblicherweise mit besonderen Leistungen auf die Marktgegenseite ausgeübt werden und die Grundlage des Preismechanismus sind: Selbst wenn ein Konkurrent höhere Gehälter oder bessere Arbeitsbedingungen als der ursprüngliche Arbeitgeber zu leisten bereit ist, kann der Arbeitnehmer seine zur Verfügung stehende Arbeitskraft dort nicht einsetzen. Der Arbeitnehmer hat keine Möglichkeit, zwei Arbeitgeber, in deren Dienst er zugleich ist, gegeneinander „auszuspielen" und so die bestmöglichen Arbeitskonditionen zu erlangen. Der Wettstreit der Arbeitgeberseite um die besten Arbeitnehmer ist damit auf das Hauptarbeitsverhältnis begrenzt. Die Idee einer leistungsorientierten Einkommensverteilung wird unterminiert, weil die Fähigkeit und der Wille zur zusätzlichen Leistungserbringung nicht gegen zusätzliches Einkommen „eingetauscht" werden können.

Die gesamtwirtschaftliche Ressourcenallokation wird insoweit beeinträchtigt, als Fälle auftreten, in den der am besten geeignete Arbeitnehmer nicht an den Ort seiner größten Nützlichkeit geführt werden kann, wenn dieser sich nicht gerade in der Sphäre seiner Hauptbeschäftigung befindet. Statt dessen muß eventuell ein ungebundener, wenngleich weniger geeigneter Arbeitnehmer die Stelle besetzen, selbst wenn diese vielleicht nur den Teilzeiteinsatz erfordert. Der Nichteinsatz zur Verfügung stehender Arbeitskraft stellt zudem auch gesamtwirtschaftliche Verschwendung dar, da die Ressource Arbeitskraft künstlich verknappt und damit verteuert wird. Schließlich wird die dem Preismechanismus vorausgesetzte und ganz grundlegende Identifikation guter und schlechter Ar-

---

[430] Es soll im folgenden unterstellt sein, daß Nebentätigkeitsbeschränkungen stets zwischen den Parteien *vereinbart* sind, selbst wenn es sich um gesetzliche Beschränkungen handelt. In der Praxis mögen sie zuweilen auch durch das Verhandlungsübergewicht einer Seite durchgesetzt werden, woraus sich nach korrekter Terminologie eine Wettbewerbsbehinderung bzw. ein Mißbrauch einer marktstarken Stellung ergäbe. Letztendlich stimmt der Arbeitnehmer jedoch mit der Aufnahme seiner Hauptbeschäftigung etwaigen Beschränkungen zu. Restriktionen, die nachträglich in ein Hauptarbeitsverhältnis „gedrückt" werden, sind die Ausnahme.

beitnehmer erschwert, weil diese einen wichtigen Teil ihrer Wettbewerbsparameter einbüßen: Die Vielfalt und auch die Menge ihrer individuell erbrachten Arbeitsleistung. Eine Unterscheidung, die sich an der Mehrfachbelastbarkeit (oder auch mangelnden „Konstanz") des Arbeitnehmers orientiert, ist gar nicht möglich; die Bewertung nach der Arbeitsmenge nur bedingt, weil diese immer auch von der Nachfrage des aktuellen Arbeitgebers abhängt. Ein Nebentätigkeitsverbot ist folglich eine empfindliche Beschränkung des Wettbewerbs auf der Nachfrager- sowie auch auf der Anbieterseite, mit weitreichenden negativen Folgen auf gesellschaftliche und ökonomische Wettbewerbsfunktionen.

Eine Vereinbarung über die zeitliche Begrenzung der Nebentätigkeit entspricht dem Grunde nach einem Verbot, denn auch hier ist die Nebentätigkeit – von den vorab genehmigten Freiräumen einmal abgesehen – prinzipiell und ohne weitere Prüfung untersagt. Art und Weise des Eingriffs in die Wettbewerbsfunktionalität entsprechen folglich auch den oben geschilderten Folgen eines absoluten Nebentätigkeitsverbots. Allerdings führt die zeitliche Begrenzung der Nebentätigkeit zu einer deutlich weniger intensiven Wettbewerbsbehinderung als ein vollständiges Verbot. Selbst wenn dem Arbeitnehmer nur ein sehr begrenzter Zeitumfang zur Verfügung steht, um ihn außerhalb seiner Haupttätigkeit zu verwenden, so besteht doch zumindest die *Möglichkeit* zur Transaktion mit anderen Arbeitgebern oder zur Aufnahme einer selbständigen Tätigkeit. Daraus folgt, daß der Arbeitnehmer mit einem Engagement nicht „vom Markt" ist, sondern weiterhin Arbeitskonditionen vergleichen und Verhandlungen führen kann. Er wird ein Interesse haben, den Markt mehr oder minder kontinuierlich zu beobachten. Die potentielle Arbeitserbringung, seien es auch nur ein paar Stunden pro Woche, setzt damit den Arbeitgebern einen Anreiz, markttaugliche Gegenleistungen zu anzubieten. Ebenso erfahren die Arbeitnehmer einen stärkeren Anreiz, ihren Marktwert stabil zu halten oder auch auszubauen, wodurch vor allem der Fortschrittsfunktion gedient wird. Sowohl auf Arbeitnehmer- als auch auf Arbeitgeberseite nimmt die Intensität der Wettbewerbsbeschränkung deutlich ab, sobald das absolute Verbot durch eine zeitliche Höchstgrenze für Nebentätigkeiten ersetzt wird.

Differenziert werden muß bei der Analyse der Anzeigeobligationen an den Arbeitgeber. Für die Wirkungsweise auf den Wettbewerbsmechanismus ist von Bedeutung, welchen Umfangs die Pflicht zur Anzeige der Nebentätigkeit ist. Unterscheiden lassen sich Anzeigen, daß überhaupt eine Nebentätigkeit – durchaus auch bestimmten Umfangs – aufgenommen wird, von solchen, die Details hinsichtlich Beschäftigung oder sogar Vergütung enthalten. Solange nur die Tatsache bzw. die zeitliche Inanspruchnahme einer Nebenbeschäftigung dem Hauptarbeitgeber angezeigt werden, etwa um das Überschreiten gesetzlich bestimmter Höchstarbeitszeiten zu vermeiden, folgen aus dieser Art Anzeige keine Wettbewerbsbeschränkungen. Denn weder tritt eine Bindung ein, noch werden durch sonstige Umstände Anpassungen der Marktteilnehmer in ihrem Wettbewerbsverhalten bewirkt. Umfaßt die Anzeige jedoch – wie üblich – auch Einzelheiten zur Nebentätigkeit, vor allem Details über Leistung und Gegenleistung, gibt der Arbeitnehmer damit seinem Arbeitgeber sein Wettbewerbsverhalten preis. Das schwächt zunächst die Position des Arbeitnehmers bei eventuellen Verhandlungen mit dem Arbeitgeber und reduziert dafür dessen – potentiellen oder aktuellen – Wettbewerbsdruck. Weitreichender sind jedoch Folgen, die denen eines „Open Price Systems" entsprechen. Durch Meldungen an eine zentrale Stelle – und sei es nur ein Arbeitgeber mit einer Vielzahl funktional gleichartiger Arbeitnehmer – kann eine künstliche Markttransparenz entstehen, die zu schleichender Angleichung der Arbeitsleistungen und -gegenleistungen führt. Individuell ausgehandelte und vormals vertrauliche Arbeitsleistungen, Arbeitsbedingungen oder Leistungsanreize werden „veröffentlicht" und verlieren damit an Attraktivität.[431] Die Vereinbarung umfassender Anzeigepflichten kann daher einerseits – gerade auf kleineren Märkten – kartellähnliche Wirkungen haben, vor allem die Anpassung der Wettbewerbsparameter. Voraussetzung ist dabei auch hier die Gebundenheit eines relevanten Anteils der Arbeitnehmerseite. Andererseits können bestimmte Nebentätigkeiten, z.B. solche vertraulicher Natur, durch ein extensives Anzeigeverfahren ganz verhindert werden.[432] Dadurch ist die Anzeigepflicht in der Lage, die Entstehung oder Entwicklung bestimmter sachlich abgegrenzter Arbeitsmärkte empfindlich zu beeinträchtigen, wenn deren Charakter dem Anzeigewesen widerspricht. So können auch ohne die Bindung des Arbeitnehmers an einen Arbeitgeber bei entsprechender Marktstruktur und umfassender Gestaltung der Anzeigepflicht spürbare Wettbewerbsbeschränkungen entstehen.

Eine Kombination der vorgenannten Nebentätigkeitsbeschränkungen stellt der Genehmigungsvorbehalt des Hauptarbeitgebers dar. Jedenfalls enthalten ist immer eine Anzeigepflicht. Diese wird regelmäßig umfassend sein, da dem Hauptarbeitgeber eine hinreichende Entscheidungsgrundlage gegeben werden muß. Gestattet der Arbeitgeber keine weitere Nebentätigkeit, liegt ein Äquivalent zu einem Nebentätigkeitsverbot vor, ergänzt um den Antrag auf Gestattung einer Nebentätigkeit. Folglich sind auch Art und Umfang der Wettbewerbsbeschrän-

[431] So würde z.B. die Nebentätigkeitsanzeige eines Hochschulprofessors auf dem Dienstwege das Dekanat passieren. Der Dekan kann aber durchaus ein potentieller Konkurrent des beantragenden Professors sein. Er ist durch das Verfahren über das Wettbewerbsverhalten seiner Kollegen im Bilde. Zumindest er ist damit auf dem Markt für Nebenbeschäftigungen im Vorteil. Sollte das Verfahren vorsehen, daß die Anträge für andere Kollegen einsehbar sind, werden die individuell ausgehandelten Bedingungen der Anderen als Anhaltspunkt für künftige Verhandlungen genutzt. Dieser Prozeß kann zu vollständigem Parallelverhalten führen.

[432] Soll etwa ein vertrauliches Gutachten erstellt werden, wird dem Auftraggeber gerade nicht daran gelegen sein, daß der nebentätige Auftragnehmer auch nur die Tatsache der Gutachtenerstellung, erst recht aber Details hinsichtlich Inhalt oder Vergütung, an seinen Hauptarbeitgeber meldet.

kung, die mit einem Genehmigungsvorbehalt einhergeht, aus oben Gesagtem ableitbar. Die umfassende Anzeigepflicht kann bei entsprechender Marktstruktur zu wettbewerbsschädlicher Transparenz im Stil eines Open Price Systems führen. Wird die Nebentätigkeit anschließend genehmigt, bleibt es bei dieser – stets gegebenen – Wettbewerbsbeschränkung. Wird sie jedoch untersagt, treten zusätzlich Wettbewerbsbeschränkungen auf, die denen einer vertikalen Ausschließlichkeitsvereinbarung entsprechen.

Damit würden die intensivsten Wettbewerbsbeschränkungen auf dem Arbeitsmarkt theoretisch erreicht durch vielfach negative Genehmigungsentscheidungen des Hauptarbeitgebers. Da jedoch – wie oben in der Darstellung der gängigen Nebentätigkeitsbeschränkungen aufgezeigt – keine übertrieben strenge Bedingungen an die Gestattung einer Nebentätigkeit gestellt werden dürfen, sind kontinuierlich negative Ermessensentscheidungen in der Praxis undenkbar. Den Arbeitsmarktwettbewerb am stärksten beeinträchtigen daher Vertikalvereinbarungen, die ein Nebentätigkeitsverbot zum Inhalt haben.

II. Behinderungen / Mißbrauch einer marktstarker Position

Aufgrund der Besonderheit der Arbeitskraft, untrennbar mit einem Menschen verknüpft zu sein, ergeben sich auch für die Gestaltung typischer Behinderungen wesentliche Unterschiede zum Gütermarkt. So sind „Preiskriege" in Form von Lohnunterbietungen auf Arbeitnehmerseite – blendet man die importierte Arbeitskraft, die zu „verfälschten" Kosten angeboten wird, einmal aus – ebenso wenig wahrscheinlich wie das Anbieten seiner Arbeitsleistung unter „Einstandspreis".[433] Boykotte des Angebots und der Nachfrage sind wenig praktikabel, da auf dem Arbeitsmarkt die Koordination vieler relativ kleiner Marktteilnehmer aufwendig und unzuverlässig ist und durch mögliche Gewinne aus dem Boykott kaum kompensiert werden kann. Es gibt nur zwei Ebenen – die Arbeitgeber und die Arbeitnehmer – und keine Wertschöpfungsprozesse über mehrere Stufen hinweg, auf die versucht werden könnte, Einfluß zu nehmen. Stichworte wie „Selektiver Vertrieb" oder „Preisbindung" haben im vom Gütermarkt bekannten Sinne hier keine Bedeutung. Zudem spielt, wie ausgeführt, innerhalb abtrennbarer Arbeitsmärkte die Kollektivierung der Arbeitnehmerschaft eine große Rolle: Arbeitnehmer werden zur Erreichung guter Arbeitsbedingungen regelmäßig eher kollusiv handeln, als daß sie sich gegenseitig in den Verwertungsmöglichkeiten ihrer Arbeitskraft behindern.

Anders stellt sich jedoch die Lage zwischen Beschäftigten und Arbeitssuchenden dar. Jeder Arbeitssuchende ist ein potentieller Konkurrent eines Beschäftigten, und die Erhöhung des Arbeitsangebots führt tendenziell zu stärkerem Wett-

---

[433] Zur Analyse einer möglichen „Quersubvention" im Wettbewerb zwischen Neben- und Haupttätigen vgl. Vierter Teil, § 2, C III 2 d).

bewerbsdruck und einer Reduktion des Marktpreises für Arbeit. Dieser Konflikt liefert die Grundlage für ein Verhalten der Beschäftigten, das die Einstellung Arbeitssuchender verhindern oder zumindest behindern kann. Nach dem sogenannten „Insider-Outsider-Modell“[434] werden die Insider (die Beschäftigten) die Outsider (die Arbeitssuchenden) am (Wieder-) Eintritt in die Erwerbstätigkeit zu hindern versuchen, um den Wettbewerbsdruck auf der Arbeitnehmerseite zu reduzieren und eigene Einkommenseinbußen zu vermeiden. Sobald Produktionssteigerungen finanziell lohnend und ein Interesse der Arbeitgeber an zusätzlichen Einstellungen erkennbar sind, werden die Insider Lohnerhöhungen fordern. Kommen die Unternehmen diesem Begehren nicht nach, drohen Produktionsausfälle durch Streik oder auch nur „Dienst nach Vorschrift“. Erhöhen sie die Löhne hingegen auf ein bestimmtes Niveau, ändert sich die Kostenkurve des Unternehmens in einer Weise, daß die Beibehaltung der ursprünglichen Produktionsmenge für das Unternehmen insgesamt wieder günstiger wird als die Produktionsausweitung. Zwar könnten die Unternehmen die Insider weitgehend durch Outsider ersetzen. Die Neueinstellung von Arbeitnehmern ist jedoch stets mit eigenen Kosten verbunden, die einen „Austausch“ der Belegschaft wesentlich teurer macht als die beabsichtigte – und ohne Lohnerhöhung der Insider lohnende – ergänzende Neueinstellung.[435] Die Insider machen sich so die Ertragsentwicklung bei wechselnden Produktionsmengen[436] und die teils signifikanten Einstellungskosten zunutze. Die „Kunst“ besteht im Fordern genau der Lohnerhöhung, die die optimale Produktionsmenge auf altem Niveau beläßt und dabei trotzdem eine leicht bessere Ertragslage bewirkt als die Neueinstellung und Ausweitung der Produktion. Zusätzlicher Wettbewerbsdruck für die Insider, vor allem zu Zeiten wieder schwindender Arbeitsnachfrage, wird durch diese Weise der Marktzutrittsbehinderung vermieden. Gleichzeitig jedoch kann auf diese Weise ein vorhandener Bestand an Arbeitslosigkeit verfestigt werden. Das Insider-Outsider-Modell beschreibt damit die Behinderung der potentiellen Konkurrenz bei ihrem Bestreben, in tatsächliche Konkurrenz zu treten. Dabei können die Insider/Arbeitnehmer durchaus als marktstark und die Outsider/Arbeitslosen als marktschwach bezeichnet werden: Durch ihre Anstellung

---

[434] Vgl. z.B. *Begg/Fischer/Dornbusch,* Abschn. 10-7; *Franz,* Abschn. 8.3; ausführlich bei *Lindbeck/Snower,* S. 165 ff.

[435] Vgl. *Henneberger,* S. 174 ff.: Neben Einstellungskosten für neue Arbeitskräfte und möglichen Abfindungen für die Insider verliert ein Betrieb vor allem deren betriebsspezifisches Know-How. Da der Betrieb am Anfang eines Arbeitsverhältnisses in die betriebsspezifische Ausbildung seiner Mitarbeiter durch ein über der momentanen Wertschöpfung liegendes Salär investiert, fallen bei einem vorzeitigen Ausscheidens eines insoweit ausgebildeten Mitarbeiters entsprechende Verluste an.

[436] Graphisch dargestellt gleicht diese Kurve zumeist einem umgedrehten U. Der Betrieb erwirtschaftet mit wachsenden Produktionsmengen zunächst steigende, später dann fallende Gewinne. Zurückzuführen ist das vor allem auf die graphisch u-förmige Grenzkostenkosten- sowie die fallende Absatzfunktion.

haben die Insider Sonderwissen hinsichtlich der betrieblichen Arbeitsnachfrage wie auch hinsichtlich der spezifischen, ausgeschriebenen Positionen.

Die Wettbewerbsbeschränkung durch den Insider-Outsider-Konflikt – vor allem die Lohnfindung auf einem höheren Niveau als erforderlich – wird durch die Interessen der verhandelnden Tarifpartner begünstigt. In der Führung der Gewerkschaften und auch in den Verhandlungsdelegationen sind Arbeitslose – falls überhaupt – unterrepräsentiert. Die Verbesserung der Verhältnisse für aktuelle Arbeitnehmer steht gegenüber dem Abbau der Arbeitslosigkeit im Vordergrund. Arbeitgeberverbände streben in ihrer Verhandlungsführung in erster Linie nach Streikvermeidung, und geben den Forderungen der Insider unter gleichzeitiger Beibehaltung des ursprünglichen Produktionsniveaus tendenziell nach. Ein Streik bedeutet eine kurzfristige massive Kostenerhöhung, das Eingeständnis einer Lohnerhöhung dagegen eine weniger einschneidende, aber langfristige Ergebnisreduktion.[437] In Hinblick auf Zukunftsinvestitionen wäre zwar die Inkaufnahme eines auch kostenintensiven Arbeitskampfes bei Erreichung eines moderaten Tarifabschlusses häufig günstiger als die Zusage größerer Lohnerhöhungen. Jedoch sind Arbeitgeber vorrangig an der Amortisation der in der Vergangenheit getätigten Investitionen interessiert, die in bestimmter Frist zu erfolgen hat. Der Amortisation vergangener Investitionen aber sind langfristige Lohnkostenerhöhungen weniger abträglich als massive – wenn auch einmalige – Ertragseinbrüche, wie ein Streik sie bewirken kann. Zudem ist Lebensdauer der Investitionsgüter beschränkt, und die Erhöhung der Löhne wirkt sich in der Praxis (nur) bis zum Ende der Abschreibungszeit auf die Unternehmen aus. Zwar müßte bei neuen Investitionen an das hohe Lohnniveau angeknüpft werden, jedoch bleibt dem Unternehmen die Möglichkeit, künftiges Anlagevermögen an Standorten mit wesentlich niedrigeren Lohnkosten zu positionieren. Rund 100.000 Arbeitsplätze pro Jahr – vor allem in beschäftigungsintensiven Branchen – wurden vor diesem Hintergrund ins Ausland „verlagert".[438] Arbeitgeber werden daher der Insiderargumentation verstärkt entgegenkommend sein und von der Einstellung günstigerer Outsider absehen, wenn sie die Möglichkeit zur künftigen Verlagerung des Produktionsstandortes sehen.

Zusätzlich verstärkt werden die jeweiligen Anreize zum Nichtberücksichtigen der Arbeitslosigkeit dadurch, daß die gesellschaftliche und vor allem auch finanzielle Verantwortung für Arbeitslose sukzessive von den Tarifparteien bzw. der Arbeitslosenversicherung zum Staat – und damit auch zu an den Tarifver-

[437] *BMWA-Beirat*, Abs. 18.
[438] *Duwendag*, FAZ v. 22.03.2004, S. 14; genannt ist ein geschätzter Jahresdurchschnitt seit 1990. Andere Quellen (DIHK) gehen von 50.000 Arbeitsplätzen aus, die jährlich von deutschen Unternehmen im Ausland *statt* in Deutschland geschaffen werden.

handlungen Unbeteiligten – verlagert wird, obwohl das vereinbarte Lohnniveau ganz erheblichen Einfluß auf die Beschäftigungsentwicklung ausübt.[439]

III. Konzentration

Konzentrationsprozesse beschränken sich auf dem Arbeitsmarkt aus physischen Gründen auf die Nachfragerseite. Eine Fusion zweier Menschen im Wortsinne ist nicht möglich. Zwar ist ein Verbund mehrerer Personen gemeinsamen Zwecks möglich, doch handelt es sich dabei um eine Gesellschaft, und die Organisation tritt nicht als Anbieter auf dem Arbeitsmarkt auf, sondern u. U. als Anbieter auf dem Dienstleistungsmarkt. Sofern Nachfrager fusionieren, wird das zwar aus Gründen der Rationalisierung geschehen, die sich auch ein der verminderten Nachfrage nach Arbeitskraft äußern kann. Ziel ist aber eine verbesserte Wettbewerbsposition auf dem Gütermarkt. Selbst wenn der eigentliche Beweggrund für die Konzentration die Verminderung der eigenen Arbeitsnachfrage ist: Es geht nicht um die Reduktion des gezahlten Preises pro Arbeitseinheit, und auch nicht um die Verbesserung der eigenen Position auf dem Arbeitsmarkt im Verhältnis zu anderen Nachfragern. Insbesondere weil der „Marktpreis" regelmäßig fremdbestimmt ist und beim Einsatz menschlicher Arbeitskraft im Vergleich zur kapitalisierten Produktion geringe Fixkosten anfallen, ist die Konzentration auch auf Arbeitgeberseite kein gängiges Instrument zur Wettbewerbsbeschränkung.

F. Rechtliche Behandlung der Wettbewerbsbeschränkungen

Wie gezeigt, ist trotz aller Unterschiede zum Gütermarktwettbewerb auch der Arbeitsmarktwettbewerb eine schützenswerte Institution, die sowohl individuelle als auch kollektive Vorteile freiheitlicher und ökonomischer Natur nach sich zieht. Es wurde ebenfalls dargelegt, daß von Seiten der Marktteilnehmer wettbewerbsbeschränkende Handlungen, insbesondere in Form von Vereinbarungen, unternommen werden, um den sie treffenden Wettbewerbsdruck zu reduzieren. Daher stellt sich die Frage, wie das Gesetz diese Wettbewerbsbeeinträchtigungen behandelt. Anders als auf dem Gütermarkt scheint der Wettbewerbsschutz hier noch nicht einmal vordergründig das wichtigste gesetzgeberische Ziel zu sein. Gesetzliche Beeinträchtigungen und gesetzlicher Schutz werden – soweit vorhanden – folgend dargestellt.

---

[439] Zum gesetzgeberischen „Beitrag" zum Insider-Outsider-Konflikt die Erläuterungen zu den gesetzlichen Wettbewerbsbeschränkungen auf dem Arbeitsmarkt vgl. unten, Abschn. F I 3, sowie *BMWA-Beirat*, Abs. 21.

I. Gesetzliche Beschränkungen des Arbeitsmarktwettbewerbs

Mehrere empfindliche Beschränkungen des Arbeitsmarktwettbewerbs, im Bereich der horizontalen und vertikalen Vereinbarungen wie auch bei den Behinderungen, beruhen auf Gesetzen oder sind doch zumindest durch solche begünstigt.

1. Horizontalvereinbarungen

So ist etwa das Recht zur Koalitionsbildung und damit zum Arbeitsmarktkollektivismus grundlegend in Art. 9 Abs. 3 GG verbrieft und bereits damit eine massive horizontale Wettbewerbsbeschränkung auf dem Arbeitsmarkt geschaffen. Aus dem Regelungsinhalt des Art. 9 Abs. 3 GG wird geschlossen, daß auch die Tarifautonomie als eigenverantwortliche Ordnung von Arbeits- und Wirtschaftsbedingungen durch Gesamtvereinbarung grundrechtlich geschützt ist.[440] Die Tarifautonomie – und ein Tarif soll immer eine Vielzahl von Transaktionen gleich behandeln – ist zusammen mit der Koalitionsfreiheit gewährleistet, weil das Führen kollektiver Verhandlungen und die kollektive Regelung des Arbeitslebens im einzelnen Sinn und Zweck der Koalitionsbildung sind.[441] Art. 9 Abs. 3 GG garantiert zwar nur die grundsätzliche Freiheit zur Kollektivierung und die Unabhängigkeit der beiden Arbeitsmarktseiten in ihren Verhandlungen und Vereinbarungen.[442] Der einfache Gesetzgeber hat immer noch einen „weiten Spielraum", innerhalb dieses Rahmens die Tarifautonomie auszugestalten.[443] Kriterium ist, daß die Tarifautonomie noch im Prinzip erhalten und funktionsfähig bleibt, und ihrer Beschränkung nicht durch ein milderes Mittel abgeholfen werden kann.[444] Mit dem Recht zu Kollektivverhandlungen, die für die Koalitionsmitglieder bindend sind, wird jedoch schon auf höchster Gesetzesebene dem Wettbewerbsprinzip elementar widersprochen. Dem entsprechend wäre die dem Gütermarkt entsprechende Behandlung der Horizontalvereinbarungen, welche ja über alle wettbewerbstheoretischen Schulen hinweg als Übel aufgefaßt werden, auf dem Arbeitsmarkt im steten Konflikt mit den verfassungsrechtlichen Vorgaben.

Die notwendige Konkretisierung der Rechte aus Art. 9 Abs. 3 GG nimmt auf einfachgesetzlicher Ebene das TVG abschließend vor,[445] wenn man von der in § 11 TVG vorgesehenen Durchführungsverordnung zu diesem Gesetz absieht. Ist im Art 9 Abs. 3 GG nur von Arbeits- und Wirtschaftsbedingungen die Rede, folgt aus § 1 Abs. 1 TVG, daß die Tarifmacht sich u.a. auf Inhalt, Abschluß und

---

[440] Schmidt-Bleibtreu/Klein, Art. 9, Rn 13.; Sachs-*Höfling*, Art. 9, Rn 84, m.w.N.
[441] So *BVerfGE* 20, 312, 317.
[442] Dreier-*Bauer*, Art. 9, Rn 78, m.w.N.
[443] *BVerfGE* 20, 312, 317
[444] *Gamillscheg*, S. 144, m.w.N.
[445] MHAR-*Löwisch/Rieble*, § 252, Rn. 23.

Beendigung von Arbeitsverhältnissen erstreckt. Wesentliche Inhalte eines Arbeitsverhältnisses und damit auch die typischen Inhalte des Tarifvertrags[446] sind die Ausgestaltung der Arbeitsleistung und der Gegenleistung. In dieser Weise sieht auch das TVG kollektives Marktverhalten beim Gebrauch ganz wesentlicher Wettbewerbsparameter vor. Die zwingende Wirkung der Vereinbarungen, die aus § 4 Abs. 1 Satz 1 TVG folgt, verstärkt die wettbewerbsbeschränkende Wirkung, indem auch das freiwillige Abweichen – z.B. eines gebundenen Arbeitnehmers zu seinem Nachteil – durch § 4 Abs. 3 TVG verwehrt wird, wenn der Tarifvertrag selbst diese Möglichkeit nicht vorsieht. Freilich sind Abweichungen des Arbeitsverhältnisses vom Tarifvertrag zugunsten des Arbeitnehmers gemäß des sogenannten „Günstigkeitsprinzips" stets möglich. Insoweit ist die gesetzliche Wettbewerbsbeschränkung auf dem Arbeitsmarkt, die durch legitimierte Horizontalvereinbarungen entsteht, vor allem eine Wettbewerbsbeschränkung auf Arbeitnehmerseite: Sobald auf dem Arbeitsmarkt ein Angebotsüberschuß besteht, verhindert ein Tarifvertrag die preistheoretisch folgende Reduktion des Reallohnniveaus. Die Folgen eines Nachfrageüberschusses werden durch den typischen Tarifvertrag hingegen weniger direkt beeinflußt. So sind die Parteien in der Findung eines über dem Tariflohn liegenden Arbeitsentgelts frei. Einzig das Arbeitsangebot des einzelnen Arbeitnehmers wird auf eine wöchentliche Höchstarbeitszeit begrenzt, so daß die Nachfragerseite durch außerordentlich hohe Löhne zwar die Qualität, nicht aber die Quantität der vom einzelnen Arbeitnehmer erbrachten Leistung positiv beeinflussen kann. Den Unternehmen bleibt folglich nur, ihren Bedarf an Arbeitskraft durch Neueinstellungen zu dekken.

Ist der Staat der Arbeitgeber, so hängt die Organisation der Arbeitnehmer von der Art des Anstellungsverhältnisses ab. Für Angestellte im Öffentlichen Dienst werden Tarifverträge geschlossen,[447] und sie können in Gewerkschaften organisiert sein.[448] Damit gelten die obigen Ausführungen entsprechend, wenngleich die Besonderheit ist, daß keine weitere Arbeitgeberkollektivierung mehr notwendig ist. Beamte hingegen stehen in einem öffentlich-rechtlichen Dienstverhältnis, und nicht in einem Arbeitsverhältnis im „technischen" Sinne.[449] Ihre Arbeitsbedingungen ergeben sich aus Gesetz und nicht aus einem Tarifvertrag.[450]

---

[446] Schaub-*Schaub*, § 200, Rn. 2.

[447] Vgl. für Arbeiter und Angestellte des Bundes § 191 BBG.

[448] Die knapp 1,5 Mio. Mitglieder zählende „Gewerkschaft öffentliche Dienste, Transport und Verkehr" (ÖTV), mittlerweile aufgegangen in der „Vereinigten Dienstleistungsgewerkschaft" (verdi), organisiert lediglich die Arbeiter im Öffentlichen Dienst. Die öffentlich Angestellten werden vor allem durch die branchenübergreifende „Deutsche Angestelltengewerkschaft" (DAG) sowie durch fachspezifische Angestelltengruppen (z.B. „Gewerkschaft Erziehung und Wissenschaft" (GEW) im Bildungs- und Wissenschaftssektor) vertreten.

[449] *Löwisch/Rieble*, § 1, Rn 28.

[450] Maßgebend für die Besoldung ist das Bundesbesoldungsgesetz, die Versorgung regelt das Beamtenversorgungsgesetz, außerdem relevant sind für Bundesbeamte u.a. das bereits erläu-

Das ändert jedoch nichts an der faktischen kollektiven Lohnfindung auf dem Verhandlungswege, in der vor allem der „Deutsche Beamtenbund“ (DBB) die Interessen der Beamten vertritt, soweit nicht branchenspezielle Interessenvertretungen hiermit betraut sind. Die Fixierung des Lohns und der übrigen Arbeitskonditionen in Gesetzen und Verordnungen hat jedoch noch stärker wettbewerbsbeschränkenden Charakter als die tarifliche Kollektivierung. Formell, weil die Rechtsnormen regelmäßig weniger flexibel sind als Tarifverträge und es auch keine „ungebundenen“ Beamten (entsprechend den ungebundenen Arbeitnehmern) gibt. Materiell, weil gerade Beamte mit dem Hintergedanken, auf diesem Wege deren Unabhängigkeit zu sichern, sowie als Äquivalent für die ihnen abgeforderte besondere Treupflicht,[451] regelmäßig das Privileg der „Unkündbarkeit“ eingeräumt wird.[452] Hat der Staat als Arbeitgeber damit einmal das Arbeitsangebot eines Anbieters in dieser Form angenommen, ist er a) bedarfsunabhängig zur weiteren Inanspruchnahme verpflichtet und kann b) die Stelle nicht anderweitig besetzen.

Eine weitere gesetzgeberische Maßnahme, die zwar keine Horizontalvereinbarungen legitimiert oder begründet, aber diesen in ihren Wirkungen doch entsprechen kann, ist das „Gesetz über die Festsetzung von Mindestarbeitsbedingungen“. Es enthält die Ermächtigung des Bundesministers für Wirtschaft und Arbeit, eine Untergrenze für Arbeitsentgelte und weitere Mindeststandards der Arbeitsbedingungen zu setzen, wenn die Tarifparteien sich nicht auf Mindestarbeitsbedingungen einigen konnten. Allerdings mußte das Gesetz wegen vorhandener entsprechender Tarifvereinbarungen bislang nicht angewendet werden.

Es zeigt sich jedoch, daß der deutsche Gesetzgeber insbesondere in der zwingenden Form des TVG seinen unausweichlichen Beitrag zur Kollektivierung der Preis- und Konditionenverhandlungen auf dem Arbeitsmarkt geleistet hat, und damit auch zur Wettbewerbsbeschränkung auf diesem. Zu untersuchen bleibt, ob sich auf EU-Ebene ähnliche Regeln finden.

Die Ursprünge der gemeinschaftsweit forcierten Kollektivierung der Arbeitsmärkte fußen auf der Europäischen Sozialcharta vom 18.10.1961. In ihrem Art. 5 wird das Koalitionsrecht der Arbeitnehmer und Arbeitgeber gewährleistet, und Art. 6 der Charta garantiert das Recht auf Kollektivverhandlungen. Mittlerweile enthält der EG-Vertrag mehrere Bestimmungen, die das Ziel verfolgen, den „Dialog der Sozialpartner“ zu fördern.[453] Art. 137 Abs. 1 f), Abs. 2 EGV räumen

terte BBG (u.a. für Nebentätigkeiten), die Bundesdisziplinarordnung und die Bundeslaufbahnverordnung. Für Landesbeamte gelten entsprechende Landesgesetze.

[451] Vgl. nur § 52 BBG.

[452] § 9 BBG, vgl. auch die verfassungsgerichtliche Anerkennung des „Lebenszeitprinzips“ in *BVerfGE* 9, 268, 286.

[453] Vgl. Art. 136 S. 1, Art. 139 EGV.

dem Rat sogar das Recht ein, zur Unterstützung der Mitgliedstaaten Maßnahmen zu ergreifen, die der Vertretung und der kollektiven Wahrnehmung der Arbeitgeberinteressen dienen. Das zeigt, daß auch auf europäischer Ebene die Kollektivierung der Arbeitsmärkte ein jedenfalls weitgehend akzeptiertes Grundprinzip darstellt, das offenbar auch als mit dem Ziel des „sozialen Schutzes in hohem Maße“[454] im Einklang stehend betrachtet wird. Allerdings nimmt schon Art. 137 Abs. 5 EGV ganz wesentliche Elemente von diesem Recht zur Ergänzung nationaler Sozialvorschriften aus: Keine Maßnahmen und Mindestvorschriften dürfen danach auf europäischer Ebene auf den Gebieten der Arbeitsentgelte, des Koalitionsrechts sowie des Arbeitskampfrechts erlassen werden. Und auch ohne diesen ausdrücklichen Hinweis wären die Formulierung eines Ziels „Sozialer Dialog“ sowie das Recht zur Unterstützung der Mitgliedstaaten in einer Politik, die die kollektive Interessenwahrnehmung auf dem Arbeitsmarkt ermöglicht, allein zu wenig, um eine unzweifelhafte Ausnahme zum an anderer Stelle betonten Wettbewerbsprinzip darzustellen. Selbst die Vereinigungsfreiheit in Art. 12 Abs. 1 der EU-Grundrechtscharta, die explizit auch den ungehinderten Beitritt zu Gewerkschaften umfaßt, vermag allein noch nicht die kollektive Verhandlung von Arbeitsbedingungen zu legitimieren, erst recht nicht auf Seiten der Arbeitgeber. Es fehlen Parallelvorschriften zum deutschen Grundgesetz, das die Tarifautonomie als wichtigen funktionalen Bestandteil der Koalitionsfreiheit auf Verfassungsrang schützt,[455] sowie zur Konkretisierung dieses Schutzes im deutschen TVG. So ist festzuhalten, daß das geschriebene EU-Recht keine direkten horizontalen Wettbewerbsbeschränkungen auf dem Arbeitsmarkt bedingt, wie es im deutschen Recht der Fall ist.

2. Vertikalvereinbarungen

Es wurde in der Darstellung der arbeitsmarkttypischen Wettbewerbsbeschränkungen gezeigt, daß aufgrund der besonderen Struktur des Arbeitssektors, der nicht mehrere Wertschöpfungsstufen kennt, sondern nur den Austausch von Arbeitskraft gegen Löhne (und andere Gegenleistungen) auf einer Stufe, Vertikalvereinbarungen nur in Form von Ausschließlichkeitsabsprachen Relevanz haben. Gesetzliche Bestimmungen, die der Bindung einer Arbeitsvertragspartei entsprechend wirken, sind wiederum in zwei Varianten denkbar. Einerseits kann die parallele Transaktion mit Konkurrenten des Bindenden eingeschränkt werden, andererseits der Ersatz des Bindenden durch einen anderen Transaktionspartner.

---

[454] Vgl. die vereinbarten Aufgaben der Gemeinschaft in Art 2 EGV.

[455] Die vergleichsweise konkrete Formulierung in Art. 9 Abs. 3 GG nennt ausdrücklich die „Wahrung und Förderung der Arbeits- und Wirtschaftsbedingungen“ als grundgesetzlich geschützten Koalitionszweck.

Gesetzliche Beschränkungen der Arbeitgeber in deren Option, mehrere funktionsgleiche Arbeitnehmer zu beschäftigen, würden einen empfindlichen Eingriff in die unternehmerische Freiheit darstellen, sind jedoch nicht ersichtlich. Die Privilegien, die einem Arbeitnehmer daraus erwachsen, daß er der Einzige in einer bestimmten Funktion ist, rechtfertigen eine solche Beschränkung des Arbeitgebers nicht. Anders kann sich die Lage darstellen, wenn es um den Austausch eines Arbeitnehmers durch einen – aus Sicht des Arbeitgebers nützlicheren – Konkurrenten geht, auch einen Arbeitnehmer in anderer Funktion. Der Gesetzgeber beschränkt den „Arbeitnehmerwechsel" in Hinblick auf die oben dargestellten Differenzen von Arbeitnehmern zu Arbeitgebern in der Verhandlungsmacht durch Kündigungsfristen, Kündigungsbedingungen und Kündigungsverbote.[456] Dem Wettbewerbsgedanken wird widersprochen, indem dem aktuellen Inhaber eines Arbeitsplatzes eine Art Bestandsschutz eingeräumt wird. Ein von der Marktgegenseite als momentan nützlicher erachteter Konkurrent wird daran gehindert, seine Leistung zu verwerten, sobald die begehrte Stelle einmal besetzt ist. Die Anpassungsgeschwindigkeit auf dem Arbeitsmarkt kann durch den gesetzlichen Kündigungsschutz im Einzelfall drastisch reduziert werden – bis auf Null.[457] Der beamtenrechtliche Grundsatz der Unkündbarkeit verstärkt diese Auswirkungen im öffentlichen Sektor.

Gesetzliche Regelungen, die einer vertikalen Bindung des Arbeitnehmers entsprechen, sind dem entgegengesetzt ausgestaltet. Regelmäßig ohne gesetzliche Hindernisse[458] gestaltet sich ein Wechsel des Arbeitsplatzes. Auch hier besteht eine gesetzliche Kündigungsfrist, die jedoch erheblich kürzer ist als die den kündigenden Arbeitgeber treffenden.[459] Viel stärker eingeschränkt allerdings sind Arbeitnehmer in ihrer Möglichkeit, mehreren Beschäftigungen parallel nachzugehen. Für Beamte kann auf die im Zweiten Teil, §2, Abschnitt B dieser Arbeit erläuterten gesetzlichen Nebentätigkeitsbeschränkungen bei öffentlich-

---

[456] Rechtsunwirksam ist etwa gemäß § 1 Kündigungsschutzgesetz (KSchG) eine Kündigung eines mehr als sechsmonatigen Arbeitsverhältnisses durch den Arbeitgeber, wenn sie „sozial ungerechtfertigt" ist.

[457] Auch rechtsunwirksame Kündigungen können gemäß § 9 KSchG zur Beendigung des Arbeitsverhältnisses führen, wenn dem Arbeitnehmer die Weiterbeschäftigung nicht zuzumuten ist und das Gericht auf seinen Antrag den Arbeitsvertrag per Urteil auflöst. Dem Arbeitnehmer wird dabei vom Gesetz eine angemessene, in § 10 KSchG näher bestimmte Abfindung zugesprochen. Nur 14 % der Kündigungsschutzverfahren werden allerdings durch streitiges Urteil entschieden, weit überwiegend werden Abfindungsvergleiche geschlossen, *Hoyningen-Huene/Linck*, § 1, Rn. 4 m.w.N. Liegt einer dieser Fälle vor, wird die Anpassungsgeschwindigkeit – von der gerichtlichen Verfahrensdauer abgesehen – zwar weniger reduziert, die Anpassung jedoch verteuert. Der Anreiz, einen leistungsstärkeren Arbeitnehmer einzustellen, wird dadurch gemindert.

[458] Das Wettbewerbsverbot des § 60 Abs. 1 HGB gilt nur für die Dauer des Arbeitsverhältnisses, Koller/Roth/Morck-*Koller*, § 60, Rn. 1.

[459] Vgl. § 622 Abs. 1 BGB (Vier-Wochen-Frist für die Arbeitnehmerkündigung) mit den gestaffelten Fristen des § 622 Abs. 2 BGB (Arbeitgeberkündigung).

rechtlicher Haupttätigkeit verwiesen werden, die ein umfangreiches Anzeige- und Genehmigungsverfahren vorsehen. In abgeschwächter Form, die an gleicher Stelle erläutert wurde, gilt dies auch für öffentlich-rechtlich Angestellte. Arbeitnehmer in privatrechtlichen Dienstverhältnissen sind in ihren Nebenbeschäftigungen durch die im Zweiten Teil, §1, Abschnitt B erläuterten Normen beschränkt. In wettbewerblicher Hinsicht können diese Restriktionen wegen ihrer Wesensgleichheit mit Ausschließlichkeitsvereinbarungen – gerade auf einzelnen relevanten Arbeitsmärkten – zu den gleichen Folgen führen, also insbesondere zur Fremddisposition über die Ressourcen des Arbeitnehmers, zur künstlichen Verknappung und Verteuerung der Arbeitskraft sowie zu ihrer Fehlallokation.

Der Blick auf das EU-Recht zeigt ein indifferentes Bild. So gibt es zwar für EU-Beamte eine eigene Nebentätigkeitsvorschrift,[460] die in ihrem Regelungsgehalt restriktiver als das deutsche Nebentätigkeitsrecht für Beamte eingestuft werden darf.[461] Eine Entsprechung zu den gesetzlichen Nebentätigkeitsbeschränkungen für privatrechtliche Arbeitsverhältnisse ist jedoch nicht ersichtlich, und auch für die Regelung nationaler Beamtenverhältnisse macht das europäische Recht keine Vorgaben. Daraus folgt, daß zwar der Spielraum der EU-*Beamten* durch vertikale Bindungen empfindlich eingeschränkt wird, ansonsten jedoch keine vertikalen Beschränkungen des Arbeitsmarktwettbewerbs erfolgen; weder durch national umzusetzende Richtlinien noch durch unmittelbar wirkende Verordnungen oder Verträge.

3. Behinderungen / Mißbrauch einer marktstarken Position

Schließlich bleibt zu untersuchen, ob und inwiefern gesetzgeberische Maßnahmen den Wettbewerb auf dem Arbeitsmarkt in einer Weise beschränken, die mit dem mißbräuchlichen Ausnutzen einer beherrschenden Stellung vergleichbar ist. Oben wurde dargelegt, daß Marktmißbrauch im Verhalten der Arbeitnehmer erblickt werden kann, soweit es den Zufluß zusätzlicher Arbeitskräfte verhindern soll, die sich nicht im Wettbewerb um eine konkrete Stelle befinden. Der Gesetzgeber hat dieses Insider-Outsider-Problem nicht durch Vorschriften, die sich entsprechend den horizontalen und vertikalen Beschränkungen direkt auf dem Arbeitsmarkt auswirken, begründet. Im Gegenteil, durch spezielle „Arbeitsbeschaffungsmaßnahmen" sollen gerade Langzeitarbeitslose wieder wettbewerbsfähig in den Arbeitsmarkt integriert werden. Indirekt trägt der Staat jedoch durch seine Sozialgesetzgebung und -politik zur Verschärfung des Insider/Outsider Verhaltens bei, indem er einen wichtigen Anreiz der Tarifparteien zur Bekämp-

---

460 Vgl. Art. 12 Abs. 3 Beamtenstatut der EWG und EAG.

461 So zählt das Beamtenstatut einmalige Aufträge, unentgeltliche Tätigkeiten und aufwendungsentschädigte Ehrenämter zu den genehmigungspflichtigen Nebentätigkeiten. Vom EU-Beamten wird jederzeitige Disponibilität erwartet, so daß auch Tätigkeiten, die etwa nach § 66 Abs. 1 BBG nicht zustimmungsbedürftig wären, durch die europäische Dienststelle genehmigt werden müssen. Vgl. im einzelnen *Euler*, S. 159 ff.

fung der Arbeitslosigkeit schwächt. Sehr anschaulich stellt dies ein Gutachten des Wissenschaftlichen Beirats beim BMWA dar.[462]

Mit der Tarifautonomie – also vor allem dem Recht zur staatlich unabhängigen Lohnfindung – einhergehend stehen die Tarifparteien in der Verantwortung für einen hohen Beschäftigungsstand. Dies ist eine originäre Verantwortung und sie ist deshalb gerechtfertigt, weil die Tarifparteien durch die Preisfindung auch den größten Einfluß auf Angebot und Nachfrage von Arbeitskraft ausüben. Das vereinbarte Lohnniveau soll den Beschäftigungsstand nicht drücken. Wenn dies passiert, soll durch das Instrument der Arbeitslosenversicherung gewährleistet sein, daß die Beschäftigten für die gegenwärtig nicht Beschäftigten aufkommen. Diese „Rückkopplung" gewährleistet die Maßhaltung bei der Lohnfindung, denn die Parteien sollen die Finanzierung und Finanzierbarkeit der anfallenden Arbeitslosengelder genauso autonom sicherstellen wie ein angemessenes Lohnniveau. Mit diesem Prinzip hat der deutsche Sozialstaat jedoch sukzessiv gebrochen, indem er einen wachsenden Teil der Leistungen für Arbeitslose sowie zur Bekämpfung der Arbeitslosigkeit nicht durch die Arbeitslosenversicherung, sondern durch das allgemeine Steueraufkommen[463] finanziert. Nicht nur die Aufbringung des Arbeitslosengeldes und der Sozialhilfe, auch die Kosten für Kombilöhne, Umschulungen und der arbeitsmarktbedingte Früheintritt in den Ruhestand werden vermehrt nicht bei den in erster Linie hierfür Verantwortlichen – den Tarifparteien – belassen. Der Selbstverantwortungsgedanke wird auf diese Weise ausgehöhlt. Seiner ursprünglichen Verantwortung für günstige Rahmenbedingungen auf dem Arbeitsmarkt[464] hat der Staat mittels Maßnahmen nachzukommen versucht, die die unerwünschten Ergebnisse der tarifautonomen Arbeitsmarktparteien korrigieren sollten. Jedoch wird dadurch deren Anreiz geschwächt, in der Tarifpolitik der Bekämpfung der Arbeitslosigkeit einen angemessenen Stellenwert einzuräumen, und das Abwehrverhalten der Insider gegenüber den Outsidern auf kollektiver Ebene begünstigt.

Diese – wenn auch effektive – doch sehr indirekte Einflußnahme des deutschen Staates auf das Insider/Outsider-Verhalten ist ohne europäische Entsprechung. Trotz ihrer faktischen Verzahnung mit der Wirtschaftspolitik, in derer Vereinheitlichung ein Grundanliegen der Europäischen Gemeinschaften gesehen wer-

[462] Vgl. zu Folgendem *BMWA-Beirat*, Abs. 12 u. 21.

[463] Zu diesem Steueraufkommen tragen neben den Arbeitnehmern auch Beamte, Selbstständige und juristische Personen direkt und indirekt bei.

[464] Vgl. § 1 StabG: „Bund und Länder haben bei ihren wirtschafts- und finanzpolitischen Maßnahmen die Erfordernisse des gesamtwirtschaftlichen Gleichgewichts zu beachten. Die Maßnahmen sind so zu treffen, daß sie im Rahmen der marktwirtschaftlichen Ordnung gleichzeitig zur Stabilität des Preisniveaus, zu einem *hohen Beschäftigungsstand* und außenwirtschaftlichem Gleichgewicht bei stetigem und angemessenem Wirtschaftswachstum beitragen" (Hervorhebung d. Verf.).

den darf,[465] ist die Sozialpolitik eine weitgehend von den Nationalstaaten autonom gehandhabte Angelegenheit.[466] Auch andere EU-Normen, die mißbräuchliches Ausnutzen der Arbeitsmarktmacht begründen oder fördern könnten, sind nicht ersichtlich.

II. Gesetzlicher Schutz des Arbeitsmarktwettbewerbs

1. Spezialgesetze

Seiner individuellen und gesamtgesellschaftlichen Bedeutung zum Trotz erfährt der Arbeitsmarktwettbewerb keinen speziellen gesetzlichen Schutz. Weder ist im deutschen Recht ein arbeitsmarktspezifisches Äquivalent zum GWB vorhanden, noch finden sich Entsprechungen zu den Art. 81 ff. EGV auf europäischer Ebene. Ebenfalls nicht ersichtlich sind speziell den Arbeitsmarktwettbewerb schützende Normen in anderen nationalen Rechtsordnungen. Weitere deutsche Vorschriften, die die Begrenzung von Wettbewerbsverboten in anderem Zusammenhang tangieren, treffen nicht den Kern des oben aufgezeigten Problems. So beschränkt § 74 Abs. 2 HGB die Verbindlichkeit eines den Handlungsgehilfen treffenden nachvertraglichen Wettbewerbverbots auf Fälle, in denen vom Prinzipal eine in der Norm näher bezifferte Entschädigung als Ausgleich für die Einschränkung geleistet wird. Eindeutig steht hier jedoch der Schutz des Handlungsgehilfen im Vordergrund,[467] wohingegen die mögliche Wettbewerbsbeschränkung ohne Erwähnung und Rechtsfolgen bleibt. Noch dazu wird von § 74 Abs. 2 HGB der Zeitraum nach Beendigung des ursprünglichen Arbeitsverhältnisses erfaßt, nicht aber der Sachverhalt zweier paralleler Beschäftigungen. Auch die Anwendung des § 138 Abs. 1 BGB, der sittenwidrige Geschäfte und als Unterfall dieser Knebelungsverträge nichtig erklärt, ist problematisch. Zum einen ist auch diese Norm individualschützend.[468] Bei einem Nebentätigkeitsverbot, das die Exklusivität des bestehenden Arbeitsverhältnisses beinhaltet, wird außerdem nicht der Arbeitgeberwechsel an sich untersagt. Ist die Nebentätigkeitsbeschränkung auch noch so restriktiv, wird der Arbeitnehmer doch nie – wie zur Annahme der Sittenwidrigkeit erforderlich[469] – so eingeschränkt sein, daß der Arbeitnehmer seine freie Selbstbestimmung ganz oder im wesentlichen

---

[465] In der Europäischen Gemeinschaft für Kohle und Stahl wurde das wirtschaftspolitische Verhalten in zwei damaligen Schlüsselindustrien supranationaler Kontrolle unterstellt, *Streinz*, Rn 15. Als „Ziele der Union" freilich werden in Art. 2 an vorderster Stelle der wirtschaftliche *und* soziale Fortschritt gemeinsam genannt.

[466] Eine der Ausnahmen stellt das vorgemeinschaftliche „Vorläufige Europäische Abkommen über Soziale Sicherheit unter Ausschluß der Systeme für den Fall des Alters, der Invalidität und zugunsten der Hinterbliebenen" vom 19.12.1953 dar, ebenso die VO 574/72 „über die Anwendung der Systeme der sozialen Sicherheit auf Arbeitnehmer und Selbständige sowie deren Familienangehörige, die innerhalb der Gemeinschaft zu- und abwandern".

[467] Röhricht/Westphalen-*Wagner*, § 74, Rn. 1.

[468] Palandt-*Heinrichs*, § 138, Rn. 1.

[469] *BGHZ* 19, 12, 44.

einbüßt. Es ist ihm rechtlich immer möglich, das exklusive Arbeitsverhältnis zugunsten eines anderen zu kündigen, welches ihm Nebentätigkeiten ermöglicht. Auch das Grundrecht der Berufsfreiheit in Art 12 I GG, dessen Schutz wie oben gezeigt durchaus auch Nebentätigkeiten umfaßt, dient der freien Entfaltung der Persönlichkeit und ist daher persönlichkeitsbezogen,[470] schützt jedoch nicht den Wettbewerb als Institution. Für einen Verstoß gegen das Grundrecht ist damit unerheblich, ob es zu einer Wettbewerbsbeschränkung auf dem Arbeitsmarkt kommt.

2. Allgemeines Wettbewerbsrecht

Ist somit kein spezieller gesetzlicher Schutz des Arbeitsmarktwettbewerbs ersichtlich, so kann doch die Anwendung „herkömmlichen" Wettbewerbsrechts auf Arbeitsmarktsachverhalte in Frage kommen. Dieser Abschnitt untersucht, ob und inwieweit die oben erläuterten Normen des GWB bzw. des EGV zum Schutz des Arbeitsmarktwettbewerbs herangezogen werden können, und welche rechtstechnischen Schwierigkeiten sich dabei auftun.

a) Anwendung des GWB

Als typische wettbewerbsbeschränkende Verhaltensweisen auf dem Arbeitsmarkt wurden horizontale Vereinbarungen (vor allem durch die Kollektivierung der Lohnverhandlungen), vertikale Vereinbarungen (durch Nebentätigkeitsbeschränkungen und Kündigungsschutz) und der Mißbrauch einer marktstarken Stellung (durch Insider/Outsider-Verhalten) ausgemacht. In Betracht kommt demgemäß die Anwendung der §§ 1 und 19 Abs. 1 GWB. Neben der Untersuchung der jeweiligen Tatbestandsmerkmale auf ihre „Kompatibilität" mit Arbeitsmarktsachverhalten ist zudem das Konkurrenzverhältnis des GWB zu den Vorschriften zu überprüfen, die ihrerseits den Arbeitsmarktwettbewerb beschränken.

(1) § 1 GWB

Der Wortlaut des § 1 GWB verbietet u.a. Vereinbarungen und Beschlüsse zwischen Unternehmen, die eine Einschränkung des Wettbewerbs bezwecken oder bewirken. Wenn dem GWB-Text auch keine Ausnahme für den Abschluß von Tarifverträgen zu entnehmen ist, kann die Anwendung des § 1 GWB auf Arbeitsmarktsachverhalte in Konflikt zu den drei wesentlichen Tatbestandsmerkmalen treten: Den Arbeitsmarktteilnehmern muß die Unternehmenseigenschaft zugesprochen werden, die Übereinkünfte auf dem Arbeitsmarkt, hauptsächlich

---

[470] v. Münch/Kunig-*Gubelt,* Art. 12, Rn. 2; vgl. auch Jarass/Pieroth-*Jarass,* Art. 12, Rn. 2, m.w.N.: Primär ist die „Freiheit des Bürger", erwähnt wird jedoch auch die (wohl individuelle) „Freiheit *zum* Wettbewerb" bzw. der „wettbewerbsfördernde Effekt".

also die Kollektivvereinbarungen über Arbeitsleistungen und Gegenleistungen sowie die Nebentätigkeitsregelungen, müssen Vereinbarungen oder Beschlüsse im Sinne des § 1 GWB darstellen, und Schutzgut des GWB muß (auch) der Arbeitsmarktwettbewerb sein.

(a) Unternehmen

Die Feststellung der Unternehmenseigenschaft bereitet die größten Schwierigkeiten auf der Arbeitnehmerseite. Grundsätzlich wird im GWB ein weiter,[471] „funktionaler" Unternehmensbegriff benutzt, der weniger durch formale Mindestanforderungen an ein Unternehmen als durch die Bewertung der Marktaktivitäten des fraglichen Subjekts geprägt ist, welche gerade in der betrachteten Beziehung unternehmerisch sein müssen.[472] Dafür reicht nach ständiger Rechtsprechung „jedwede Tätigkeit im geschäftlichen Verkehr".[473] Anknüpfungspunkt können auf dem Arbeitsmarkt zunächst die einzelnen Arbeitnehmer selbst sein. Natürlichen Personen wird die Unternehmenseigenschaft zwar zugesprochen, sofern sie Waren oder gewerbliche Dienstleitungen anbieten,[474] also auch wenn sie ihre Arbeitskraft auf der Anbieterseite des Gütermarktes „vertreiben".[475] Handelt es sich aber um abhängig Beschäftigte und damit Personen, die ihre Arbeitskraft auf dem Arbeitsmarkt anbieten, wird die Unternehmenseigenschaft – soweit ersichtlich nach allgemeiner Ansicht[476] – verneint, soweit keine anbietenden Gütermarktaktivitäten neben dem Arbeitsverhältnis erfolgen.[477] Dies wird damit begründet, daß die Transaktion Arbeitskraft gegen Lohn keine Beteiligung am Wettbewerb für Waren und Dienstleistungen darstelle, auf dessen alleinigen Schutz § 1 Abs. 1 GWB – in früherer Fassung auch seinem Wort-

---

[471] *BGH* v. 23.10.1979, WuW/E BGH, 1661, 1662: „Berliner Musikschule"; IM-GWB-*Zimmer*, § 1, Rn. 31.

[472] *Emmerich*, § 20, Rn. 5 f.; FK-*Huber/Baums*, § 1 a.F., Rn. 39.

[473] Vgl. z.B. *BGH* v. 19.09.1074, WuW/E BGH, 1325: „Schreibvollautomat"; *BGH* v. 09.03.1999, WuW/E DE-R, 349, 350: „Lottospielgemeinschaft".

[474] FK-*Huber/Baums*, § 1 a.F., Rn. 50; Wiedemann-*Stockmann*, § 7, Rn. 43; vgl. auch die Absicht des Gesetzgebers in Begr. RegE BT-Drucks. II/1158, S. 31.

[475] Vgl. zur Unternehmenseigenschaft der Verbraucher als Nachfrager auf dem Gütermarkt *Langer*, S. 110 ff.

[476] Vgl. etwa *Hendriks*, S. 42; Wiedemann-*Stockmann*, § 7, Rn. 45; FK-*Huber/Baums*, § 1 a.F., Rn. 74; LMR-*Nordemann*, § 1, Rn. 26.

[477] *Langer*, S. 190 f., zeigte einige Beispiele auf, in denen es zumindest nahe liegt, auch abhängig Beschäftigte in Hinblick auf ausgewählte Teile der erbrachten Arbeitsleistung der Geltung des GWB zu unterwerfen; so etwa der Beschluß abhängig beschäftigter Krankenhausärzte, die Nichtverwendung eines bestimmten Präparats anzudrohen, oder der Beschluß angestellter Fußballprofis, ihren Werbewert koordiniert zu nutzen. Allerdings könnte man im ersten Fall auch einen „herkömmlichen" Kartellverstoß der Krankenhäuser annehmen, mit ihren Ärzten als vertretungsbefugt Handelnden, und im zweiten Fall eine Abrede unter nebentätig selbständigen Werbeträgern.

laut nach – ausgerichtet sei.[478] Unternehmerisches Handeln wäre hiernach auf den Gütermarkt beschränkt.

Aus dieser Argumentation muß folgen, daß auch die Vereinigungen der Arbeitnehmer, die Gewerkschaften, weder Vereinigungen von Unternehmen noch selbst Unternehmen sind, soweit sie für ihre Mitglieder auf den Arbeitsmärkten agieren und in Vertretung die Arbeitsbedingungen mit Arbeitgebern und Arbeitgeberverbänden aushandeln.[479] Freilich können Gewerkschaften Unternehmenseigenschaft annehmen, wenn sie ihren Mitgliedern oder Dritten entgeltliche Leistungen anbieten, mit denen sie in Wettbewerb zu anderen gewerblichen Anbietern treten.[480] Der Wettbewerb zwischen Gewerkschaften, dem Grunde nach möglich,[481] ist seit dem Wiederaufbau des Gewerkschaftswesens nach 1945 praktisch unbedeutend.[482] Die Unternehmenseigenschaft wäre jedoch wohl auch in diesem Fall bei spezifischen Handlungen zur Mitgliederakquisition oder -bindung zu bejahen. In summa wird jedoch die Unternehmensqualität der Anbieterseite auf dem Arbeitsmarkt grundsätzlich abgelehnt, solange sie keine darüber hinausgehenden Aktivitäten betreibt. Dies gilt für einzelne Arbeitnehmer wie für Koalitionen.

In diesem Zusammenhang stellt sich jedoch bei aller Eindeutigkeit und allem Einmut in Rechtsprechung und Literatur die Frage, ob der Betrachtung der Arbeitnehmerseite nicht eine Differenzierung nach Ausmaß der Beschäftigung dienlich sein könnte. Wenn nämlich Ein-Personen-Unternehmen – bei aller Ähnlichkeit vor allem im Dienstleistungssektor – anders behandelt werden sollen als Arbeitnehmer, und dies mit der Abhängigkeit des Arbeitnehmers vom Arbeitgeber begründet wird, sollte eher der tatsächliche Grad dieser Abhängigkeit die Freistellung vom Wettbewerbsrecht begründen als der formale Arbeitnehmerstatus. Die tatsächliche Abhängigkeit eines Arbeitnehmers ließe sich zuvorderst anhand zweier Indikatoren bestimmen, nämlich dem Anteil der für eine Beschäftigung aufgewendeten Arbeitszeit an seiner Gesamtarbeitszeit sowie dem

---

478 Vgl. FK-*Huber/Baums*, § 1 a.F., Rn. 74; damit wurde die Auslegung eines gesetzlichen Tatbestandsmerkmals (Unternehmen) mit dem Vorhandensein eines anderen Tatbestandsmerkmals (Eignung zur Beeinflussung der Marktverhältnisse im Waren- und Dienstleistungsverkehr) begründet. Die 1999 entfallene Nennung des Eignungskriteriums konnte als Erweiterung des Anwendungsbereichs interpretiert werden, in den von da an auch Arbeitsmarktbelange fallen konnten. Der Unternehmensbegriff wurde dadurch nicht direkt beeinflußt, aber die Begründung seines Umfangs mit Verweis auf den Gesetzeswortlaut wurde verwehrt.

479 Allg. Ansicht, vgl. *BAG* v. 27.06.1989, WuW/E VG, 347, 348; IM-GWB-*Zimmer*, § 1, Rn. 64, 77; *Hendriks*, S. 42; LMR-*Nordemann*, § 1, Rn. 27.

480 IM-GWB-*Zimmer*, § 1, Rn. 64; im Umkehrschluß auch *Schoch*, BB 1965, 477, 478.

481 Wie gezeigt, können Gewerkschaften sowohl einen Berufsstand als auch eine Branche/Industrie vertreten. Demgemäß könnten theoretisch mehrere Gewerkschaften um die Gunst eines Arbeitnehmers werben und hierdurch in einem Wettbewerbsverhältnis stehen.

482 Vgl. zur historischen Entwicklung und der Dominanz der Industriegewerkschaften seit 1945 *Franz*, Abschn. 7.2.1.

Anteil des Einkommens durch die fragliche Beschäftigung am Gesamteinkommen. Handelt es sich nach diesen Kriterien um eine Nebentätigkeit, der ein Arbeitnehmer als bloßen „Zweitjob" nachgeht, so ist die Abhängigkeit regelmäßig deutlich geringer als bei Haupttätigkeiten. Diese Differenzierung könnte folglich in den Fällen, in denen eine bestimmte Abhängigkeit verneint wird, dazu führen, daß Arbeitnehmer hinsichtlich Ihrer Nebentätigkeit als Unternehmer eingestuft werden und damit auch den Unternehmensbegriff GWB ausfüllen. Freilich wäre diese Einzelfallprüfung deutlich aufwendiger als die pauschale Unterscheidung zwischen Arbeitsmarkt- und Gütermarktanbietern. Sie wäre aber im Wettbewerbsrecht kein Novum. An kleinere und mittlere Unternehmen stellt das GWB gerade deshalb weniger strengere Anforderungen, weil damit eine erhöhte Abhängigkeit von stärkeren Marktteilnehmern relativiert werden soll.[483] Entsprechend sollte es möglich sein, bei Arbeitnehmern mit geringer Abhängigkeit vom Arbeitgeber die Geltung des Wettbewerbsrechtsrechts auf diesem Wege herzustellen; auch wenn wegen der rechtseinschränkenden Wirkung des GWB eine genauere Überprüfung der faktischen Voraussetzungen erforderlich wäre als bei einer Freistellung, für die die Abhängigkeit von Umsatzgrößen abgeleitet wird.[484] Die Handhabbarkeit eines solchen Ansatzes kann jedoch dahingestellt bleiben: Er wird gegenwärtig nicht praktiziert, so daß nach oben Gesagtem die Unternehmenseigenschaft pauschal in aller Regel verneint wird.

Auf der Seite der Arbeitgeber kann die konsequente Benutzung des funktionalen Unternehmensbegriffs zu dem – paradoxen – Ergebnis führen, daß auch ein Unternehmen nicht als solches im Sinne des GWB qualifiziert ist, soweit es lediglich auf dem Arbeitsmarkt Arbeitskraft nachfragt;[485] die dann betrachtete Tätigkeit findet nämlich ebensowenig im geschäftlichen Verkehr statt wie das Arbeitsangebot der Arbeitnehmer. Dem ist jedoch entgegenzuhalten, daß die Abgrenzung arbeitsmarktrelevanter von geschäftlichen Tätigkeiten eines Unternehmens praktisch kaum möglich ist.[486] Es kann sogar gerade Zweck einer Unternehmung sein, menschliche Arbeitskraft zu kumulieren und dadurch ein Gütermarktangebot zu stellen.[487] Auch ansonsten ist die nachgefragte Arbeitskraft ein Produktionsfaktor und damit unmittelbar mit dem Gütermarktangebot eines Unternehmens verknüpft. Es ist daher angebracht, Unternehmen grundsätzlich bei der Anwendung des GWB als solche zu behandeln.[488] Abhängig vom Standpunkt in dieser Frage beurteilt sich die Bewertung der Arbeitgeberverbände. Sie selbst sind zwar – analog den Gewerkschaften auf der Arbeitnehmerseite – nicht

483 Den Gesetzeszweck des § 3 GWB bezeichnet etwa *Bechthold,* § 3, Rn. 1, mit „strukturellem Nachteilsausgleich". In Rn. 11 heißt es: „Welche Unternehmen unter diesen vagen Begriff fallen, ist unklar."

484 Exemplarisch: *Ebel,* § 4, Rn. 5.

485 *Roth,* S. 7, 12.

486 *Hendriks,* S. 44.

487 Dies ist etwa das Geschäftsmodell von Zeitarbeitfirmen.

488 So auch ausdrücklich *Hendriks,* S. 45; FK-*Huber/Baums,* § 1 a.F., Rn. 77.

als Unternehmen zu behandeln, soweit sie die Arbeitsnachfrage ihrer Mitglieder artikulieren und bei der Preisfindung für die Arbeitskraft mitwirken. Wenn man jedoch in den einzelnen Verbandsmitgliedern Unternehmen im Sinne des GWB erblickt, könnte ein Verband eine Unternehmensvereinigung darstellen, die in § 1 GWB gleichwertig neben den Unternehmen genannt wird. Hierfür ist erforderlich, daß der Verband ohne eigenen wirtschaftlichen Geschäftsbetrieb fremde unternehmerische Tätigkeiten beeinflußt.[489] Dies wird man für Arbeitgeberverbände – zumindest im Betätigungsfeld der kollektiven Nachfrage nach Arbeitskraft – annehmen dürfen. Damit stellt ein Arbeitgeberverband eine Unternehmensvereinigung dar, deren Beschlüsse grundsätzlich dem Kartellverbot unterliegen.[490]

(b) Vereinbarungen und Beschlüsse

Weitere Schwierigkeiten ergeben sich bei Betrachtung der Vereinbarungen bzw. Beschlüsse, die potentiell durch § 1 GWB untersagt sein könnten. Relevante Beschlüsse auf dem Arbeitsmarkt sind primär die Tarifvereinbarungen. Problematisiert werden (auch in der Öffentlichkeit) hier hauptsächlich die sogenannten „Arbeitsmarktkartelle", womit das kollektive Verhalten der Gewerkschaften sowie der Arbeitgeberseite bei Tarifverhandlungen bezeichnet wird. Zweite relevante Wettbewerbsbeschränkung sind die Nebentätigkeitsbeschränkungen. Die Kompatibilität beider Vereinbarungen mit dem Begriff der „Vereinbarung" im Sinne des § 1 GWB gestaltet sich uneinheitlich.

Im Tarifvertragssystem besteht das Spannungsverhältnis zwischen dem Ziel der Koalitionsfreiheit und dem des freien Wettbewerbs. Einerseits privilegiert die grundgesetzlich verbriefte Koalitionsfreiheit die Tarifautonomie, so daß kollektive Verhandlungen auf dem Arbeitsmarkt nicht nur ermöglicht, sondern sogar gefördert werden. Andererseits begeben sich beide Arbeitsmarktseiten hierbei u.a. der Autonomie über ihren wichtigsten Wettbewerbsparameter, nämlich den Preis.

Zur Lösung dieses Konflikts wurde und wird nun in Hinblick auf das Kartellverbot des § 1 GWB mit variierender Begründung ausgeführt, daß Tarifverträge diesem entzogen seien, und damit keine Vereinbarungen im Sinne des GWB darstellten. Dabei wird freilich nur vereinzelt eingestanden, daß man für die Annahme eines Nicht-Verstoßes gegen das GWB eine pauschale materielle Abwägung[491] der Schutzgüter des GWB mit denen der Koalitionsfreiheit bzw. Tarif-

---

[489] Langen/Bunte-*Bunte*, § 1, Rn. 30.

[490] *Hendriks*, S. 45; FK-*Huber/Baums*, § 1a.F., Rn. 77; im Ergebnis auch Loewenheim/Belke-*Loewenheim*, § 1, Rn. 29.

[491] *Immenga*, Grenzen des Ausnahmebereichs, S. 7, bezeichnet diesen Ansatz, der sich auf das in Art. 20 Abs. 1 GG verankerte Sozialstaatsprinzip beruft, als „Lehre von der Güterabwä-

autonomie durchführt. Die Abwägung wird zwar wegen ihrer Außergesetzlichkeit kritisiert,[492] aber verbreitet implizit oder explizit vorgenommen.[493] Wenngleich jedoch der Arbeitsmarktwettbewerb durch die Kollektivierung sowohl auf Anbieter- als auch auf Nachfragerseite in gezeigter Weise empfindlich aufgehoben ist, werden auch im Rahmen dieser Abwägung die Wettbewerbsbeschränkungen offensichtlich nur (und regelmäßig) mit dem Schutz der als sozial schwächer erachteten Arbeit*nehmer* gerechtfertigt. Die Auffassung, daß auch Interessen der Arbeitgeberseite eine Einschränkung des Wettbewerbsprinzips durch das TVG begründen sollten, wird soweit ersichtlich nicht vertreten.

Zwar wird die Annahme eines pauschalen Ausnahmebereichs für Arbeitsmarktvereinbarungen erschwert, weil der Gesetzgeber hierfür anders als etwa für die Sektoren Landwirtschaft oder Verlagserzeugnisse[494] keinen expliziten Ausnahmetatbestand geschaffen hat. Durch den Wegfall des Eignungskriteriums in § 1 GWB seit 1999 ist auch dessen Wortlaut keine Fixierung auf Gütermarktbelange zu entnehmen. Daher wird vereinzelt vertreten, auch Absprachen mit eindeutigem Arbeitsmarktbezug an den Bedingungen des § 1 GWB zu messen.[495] Dennoch herrscht – wie oben erläutert – weitgehende Einigkeit darüber, daß die Arbeitsmarktkollektive nicht durch die strengen Maßstäbe des GWB verhindert werden sollen.

Mag auch im Ergebnis die Tarifautonomie vor der Wettbewerbsfreiheit zu Recht Vorrang genießen, so überzeugt die gezeigte dogmatische Herleitung nicht, nach der die wertende Betrachtung pauschal ergibt, daß die fraglichen Vereinbarun-

gung". Danach kann die Einschränkung des Kartellverbots zur Erreichung sozialer Zwecke zulässig sein. Vgl. hierzu *Hübner,* S. 65, m.w.N.

[492] *Immenga,* Grenzen des Ausnahmebereichs, S. 8, m.w.N.

[493] *KG* v. 21.02.1990, NZA 1991, 24: Die die Tarifverträge vorbereitenden Handlungen und Erklärungen sind nicht von der Anwendung des GWB ausgeschlossen, aber gegenüber einer tarifrechtlich zulässigen Regelung vermag § 1 GWB nicht durchzudringen, da die Wettbewerbsbeschränkung wesensnotwendiger Bestandteil der verfassungsrechtlich geschützten Vereinbarungen ist; *Bechthold,* § 1, Rn. 87: „Vorrang des Tarifvertrages"; *Biedenkopf,* S. 5: „Zwangsläufige Folgen" der arbeitsrechtlichen Zuständigkeit für den wirtschaftsrechtlichen Bereich (also die Regelung der Arbeitsbedingungen durch die Tarifparteien, *Anm. d. Verf.*) müssen unberücksichtigt bleiben, wenn nicht beide Regelungen (Tarifautonomie/TVG und GWB, *Anm. d. Verf.*) in offenen Widerspruch geraten sollen. *Rieble,* Rn. 459 f.: Der Arbeitsmarkt ist kein Ausnahmebereich des GWB, aber das GWB beschränkt seinen an Unternehmen gerichteten Geltungsanspruch, um der Arbeitsmarktordung Vorrang zu lassen. Loewenheim/Belke-*Loewenheim,* § 1, Rn. 80 ff. bejaht zumindest die grundsätzliche Möglichkeit zur Abwägung, ohne jedoch Tarifverträge ausdrücklich als Abwägungsgegenstand zu nennen.

[494] Vgl. §§ 28, 30 GWB.

[495] Eine Vereinbarung der Arbeitgeber über die Angleichung von Höchstentgelten (Gagenstoppabkommen), die ehemals als nicht durch § 1 GWB erfaßt und daher zulässig angesehen wurde (vgl. *BKartA* v. 06.08.1962, WuW/E BKartA, 502 ff.), soll nach FK-*Huber,* § 1 n. F., Rn. 11, durch die 1999er-Fassung des § 1 untersagt sein. *Keine* neue Bewertung wird aber hinsichtlich der Vereinbarungen über *Mindest*konditionen vorgenommen.

gen schlechthin keine solche im Sinne des GWB darstellen. Wichtig ist, zwischen Koalitionsvereinbarung und Tarifvertrag zu unterscheiden. Es ist nicht der Tarifvertrag selbst, der ein Kartell begründet,[496] denn er wird zwischen einer Gewerkschaft und einem Unternehmen bzw. einem Arbeitgeberverband geschlossen. Für die Annahme eines relevanten Kartells durch Tarifvertragsschluß mangelt es mithin, abgesehen von der Unternehmenseigenschaft auf der Gewerkschaftsseite, an einem Wettbewerbsverhältnis: Der Tarifvertrag ist eine Vertikalvereinbarung. Für das Verbot *horizontaler* Absprachen relevant kann einzig der – wohl mit der Verbandsmitgliedschaft einhergehende – Beschluß der Mitglieder der Verbände sein, sich einem ausgehandelten Tarifvertrag zu unterwerfen.[497]

Eine exakte Subsumtion ergibt daher, daß in beiden Fällen – Tarifvertrag wie auch Koalitionsvereinbarung – jeweils Vereinbarungen im Sinne des Gesetzes vorliegen.

Dies bleibt im Falle des Tarifvertrags sowie in der Koalitionsvereinbarung der Arbeitnehmerseite schon deshalb ohne wettbewerbsrechtliche Folgen, weil jeweils Arbeitnehmer an den Vereinbarungen beteiligt sind und insoweit keine „Vereinbarungen zwischen Unternehmen" erfolgen wie von § 1 GWB erfordert. Kein Raum und kein Bedarf bestehen mithin für die Konstruktion eines „Ausnahmebereichs", um auf diese Weise (vor allem) Tarifverträge der Wirkung des GWB zu entziehen.

Dagegen stellt die Koalitionsvereinbarung der Arbeitgeberseite sehr wohl eine potentiell gegen § 1 GWB verstoßende Absprache dar, mit der u.a. die Ungewißheit um den wichtigsten Wettbewerbsparameter – die Arbeitsentgelte – ausgeschaltet wird. Bei unterstellter volkswirtschaftlicher Relevanz der Absprache vermag in diesem Fall nur ihre Privilegierung durch besondere Ausnahme zu begründen, warum durch sie kein wettbewerbsrechtlicher Verstoß erfolgt sein soll.

Vor diesem Hintergrund müssen nun auch vereinbarte Nebentätigkeitsbeschränkungen – die zweite wichtige Gattung von Störungen des Arbeitsmarktwettbewerbs – als „Vereinbarung" im Sinne des § 1 GWB eingestuft werden. Eine wettbewerbsrechtliche Relevanz tritt dadurch jedoch ebensowenig ein. Zwar wird hier kein „Ausnahmebereich" konstruiert, weil die Rechtsprechung und Literatur (soweit ersichtlich) die Nebentätigkeitsbeschränkung nicht als „arbeitnehmerfreundlich" einstufen, wie das mit den Koalitionsvereinbarungen geschieht. Hierauf kommt es aber auch nicht an, da schon die notwendige Beteili-

[496] *Rieble,* RdA 2000, 119.

[497] So auch *Bechthold,* RdA 1983, 99, der beim Tarifvertrag von einem „Folgevertrag" eines mit § 1 GWB kollidierenden Beschlusses spricht.

gung der Arbeitnehmerseite bei der Vereinbarung entsprechender Beschränkungen dazu führt, daß keine „Vereinbarungen unter Unternehmen" vorliegen und folglich keine Verletzung des § 1 GWB erfolgen kann.

Schließlich muß betont werden, daß der Wortlaut des § 1 GWB mit dem Erfordern einer „Vereinbarung" andere Wettbewerbsbeschränkungen unberücksichtigt läßt. Unabhängig vom Problem möglicher Gesetzeskonkurrenzen, welches sogleich beleuchtet wird, erfaßt die Vorschrift nach ihrer Formulierung z.B. keine gesetzlichen Beschränkungen. Außergesetzliche, aber nicht vereinbarte Restriktionen, wie beispielsweise Nebentätigkeitsbeschränkungen aus Treuepflicht, dürften ebensowenig betroffen sein. Ein „Abstrahlen" der GWB-Regelungen auf inhaltsähnliche Sachverhalte im Wege der Analogie kann nicht unterstellt werden – auch ist dem deutschen Wettbewerbsrecht keine „effet utile"-Doktrin bekannt, die zur Unzulässigkeit nicht erfaßter, aber gegenläufig wirkender staatlicher Maßnahmen führte.[498]

(c) Wettbewerbsbeeinträchtigung

Das letzte kritische Tatbestandsmerkmal ist schließlich das Bezwecken oder Bewirken einer Wettbewerbsbeschränkung. Der Wortlaut des § 1 GWB spricht von „Wettbewerb", ohne diesen zu konkretisieren, schränkt also das Schutzobjekt nicht auf den Gütermarkwettbewerb ein. Eine gesetzliche Definition des Wettbewerbs existiert nicht. Die Gesetzesbegründung des GWB von 1952 erwähnt Unternehmensbestrebungen, durch Preis- oder Qualitätsvorsprünge vor anderen Unternehmen den Verbraucher zum Abschluß eines Vertrages zu veranlassen. Hieraus allein aber die notwendige Unternehmensbeteiligung am Wettbewerbsbegriff des § 1 zu schließen, wäre verfehlt. Dieser Beschreibungsversuch für Wettbewerb vermag nämlich schon deshalb nicht zu überzeugen, weil er gleichermaßen Verbraucher (offenbar notwendigerweise) mit einschließt und hiernach sämtliche B2B-Märkte, also solche mit Unternehmen auf Anbieter- *und* Nachfragerseite, von der GWB-Geltung ausgenommen wären. Es liegt auf der Hand, daß dies von Gesetzgeber nicht beabsichtigt gewesen sein kann. Angesichts dieser Unklarheit besteht inzwischen zumindest nahezu Einigkeit darüber, daß der Wettbewerb kein allgemeingültig definierbarer Rechtsbegriff ist.[499] Dies führt dazu, daß Gerichte und Kartellbehörden nicht von einem fixen Wettbewerbsbegriff ausgehen, sondern zur Feststellung einer „wettbewerbsbeschränkenden" Maßnahme auf die Einschränkungen der unternehmerischen Hand-

---

[498] Diese EuGH-Rechtsprechungslinie untersagt es den Mitgliedstaaten, Maßnahmen zu ergreifen oder aufrechtzuerhalten, die der praktischen Wirksamkeit der Art. 81, 82 EGV zuwiderlaufen. Vgl. z.B. *EuGH* v. 21.09.1988, Slg. 1988, 4786, 4791: „Van Eycke vs. Aspa"; *EuGH* v. 21.09.1999, EuZW 2000, 174: „Brentjens"; *EuGH* v. 13.02.1969, NJW 1969, 1000: „Walt Wilhelm"; *EuGH* v. 16.11.1977, Slg. 1977, 2115, 2150: „ INNO vs. ATAB".

[499] Langen/Bunte-*Bunte*, Bd. 1, § 1, Rn. 102 m.w.N.

lungsfreiheiten abstellen.[500] Damit wird – mangels einer praktikablen Wettbewerbsdefinition – insoweit ein Zirkel geschlossen, als die Wirkung (die Wettbewerbsbeschränkung) direkt von der Ursache (die Handlungen der Akteure) abgeleitet wird. So führt z.B. abgestimmtes Verhalten *immer* und zwangsläufig zu einer Wettbewerbsbeschränkung im Sinne des Gesetzes. Abgestimmtes Verhalten auf dem Arbeitsmarkt (durch Beschlüssen, Vereinbarungen oder sonstige Koordination) stellt damit zunächst eine Wettbewerbsbeeinträchtigung dar, die dem GWB unterfallen kann.

Das sogenannte „Spürbarkeitskriterium" des GWB soll nun dafür sorgen, daß das Gesetz nur solche Wettbewerbsbeschränkungen aufgreift, die tatsächlich meßbare Auswirkungen auf die Wettbewerbsfunktionalität haben. Demgegenüber können irrelevante Abstimmungen – z.B. die Preisabsprache zweier sehr kleiner Wettbewerber mit unbedeutendem Marktanteil – ausgeblendet werden. Da schon der Wettbewerb nach oben Gesagtem nicht positiv definiert wird, gilt dies erst recht für die Spürbarkeit. Sie wird üblicherweise von der Marktstellung der Akteure abgeleitet. Über die für eine Spürbarkeit erforderliche Marktmacht besteht freilich kein allgemeiner Konsens. So verneinte der BGH die Spürbarkeit einer horizontalen Wettbewerbsbeschränkung angesichts kumulierter Marktanteile von 5%.[501] Gleichwohl wurde an anderer Stelle bei einem Gesamt-Marktanteil der Beteiligten von 4% bereits eine spürbare Wettbewerbsbeeinträchtigung unterstellt.[502] Für vertikale Beschränkungen wird angesichts des kürzlich reformierten § 1 GWB und insoweit mangelnder Rechtsprechung und Verwaltungspraxis in der Literatur das Heranziehen der im europäischen Recht verwendeten Spürbarkeitsschwelle vorgeschlagen, die überschritten sei, sobald einer der Akteure 15% Marktanteil auf einem der betroffenen Märkte erreiche.[503] Nicht hierauf ankommen dürfte es allerdings beim Vorliegen einer sogenannten „Kernbeschränkung" wie z.B. einer Preisbindung, die zur vom Marktanteil unabgängigen „Spürbarkeit" der Beschränkung führt.[504]

Im Ergebnis wird aber das Erfüllen des Spürbarkeitskriteriums stets eine Einzelfallfrage bleiben, die für Arbeitsmarktsachverhalte nicht pauschal verneint werden darf. Folglich ist das GWB-Tatbestandsmerkmal der (spürbaren) Wettbewerbsbeschränkung prinzipiell auf den Arbeitsmarkt anwendbar. Die Nichterfüllung des Tatbestandes des § 1 GWB folgt daher bei Vertikalvereinbarungen (lediglich) aus der mangelnden Unternehmenseigenschaft der Arbeitnehmerseite und bei Horizontalvereinbarungen (hier: Koalitionsvereinbarungen der Arbeit-

[500] Langen/Bunte-*Bunte,* Bd. 1, § 1, Rn. 102.
[501] *BGH* v. 14.01.1960, WuW/E BGH 369, 372: „Kohlenplatzhandel".
[502] *BGH* v. 12.03.1991, WuW/E BGH 2697, 2704: „Golden Toast".
[503] Langen/Bunte-*Bunte,* § 1, Rn. 242; zu unterscheiden ist dieser Wert von dem 30%-Marktanteil, der für die Einschlägigkeit der EU-Freistellungsverordnung für Vertikalvereinbarungen (VO 2790/1999) entscheidend ist.
[504] Vgl. *Kommission,* Bagatellbekanntmachung, ABl. EG 2001 C Nr. 368, 13.

geberseite) aus der Annahme eines Ausnahmebereichs vom GWB, durch den die Ausübung der Tarifautonomie privilegiert ist.

(2) § 19 Abs. 1 GWB

Wesensgleiche Schwierigkeiten würde die Anwendung des Mißbrauchsverbots einer marktbeherrschenden Stellung gem. § 19 Abs. 1 GWB auf derartige Beschränkungen des Arbeitsmarktwettbewerbs bereiten. Auch hier sind nur Unternehmen die Normadressaten, und „Unternehmen" ist auch im Sinne des § 19 nicht anders zu verstehen als in § 1 GWB.[505] Betrachtet man den typischen zu einer Wettbewerbsbeschränkung führenden Machtmißbrauch auf dem Arbeitsmarkt, nämlich das oben erläuterte Insider/Outsider-Verhalten, so sind die Arbeitgeber daran nicht beteiligt. Die Arbeitnehmer jedoch, die hierbei den Preis für ihre Arbeitsleistung unter anderem auch deshalb erhöhen, um Arbeitgebern den Anreiz zur Einstellung weiterer Mitarbeiter zu nehmen, und damit ihre überlegene Marktstellung als Beschäftigte (Insider) ausnutzen, werden folglich auch im Rahmen des § 19 Abs. 1 GWB nicht als Unternehmen zu qualifizieren sein.

Eine weitere Hürde für die Übertragbarkeit stellt die in § 19 Abs. 1 GWB verbotene Handlung dar. Die Vorschrift untersagt die „mißbräuchliche Ausnutzung einer marktbeherrschenden Stellung". Wenn man einmal unterstellt, daß die beschäftigten Arbeitnehmer eines sachlich-relevanten Teilarbeitsmarktes in ihrer kollektiven bzw. kollektivierten Gesamtheit eine im Verhältnis zu ihren (nichtbeschäftigten) Wettbewerbern überragende Marktstellung einnehmen könnten,[506] so stellt sich doch die Frage nach der mißbräuchlichen Ausnutzungshandlung. Regelbeispiele für einen Mißbrauch im Sinne dieser Vorschrift finden sich in ihrem Absatz 4. Anknüpfen läßt sich beim Insider/Outsider-Verhalten nur an die kollektive Lohnforderung in entsprechend kalkulierter Höhe.[507] Sie könnte, wie Absatz 4 Nr. 1 verlangt, die Wettbewerbsmöglichkeiten anderer Marktteilnehmer[508] in erheblicher Weise ohne sachlich gerechtfertigten Grund beeinträchtigen. Die kollektive Forderung günstiger Arbeitsbedingungen ist allerdings durch Art. 9 Abs. 3 GG geschützt und im dieses Grundrecht konkretisierenden TVG ausdrücklich vorgesehen. Damit untrennbar verbunden ist die Forderung eines Lohnzuwachses. Dieser kann – der Durchsetzbarkeit wegen – auch nicht unverhältnismäßig groß sein, unterliegt also der Abwägung der Arbeitnehmer zwischen wünschenswerten und erreichbaren Tarifvertragsresultaten. Die Feststellung eines Verstoßes gegen das Mißbrauchsverbot gestaltete sich daher –

---

505 FK-*Paschke*, § 19 GWB 2005, Rn. 67.

506 Diese wäre vor allem begründet auf der kollektiven Verhandlungsmacht mit mangelnder Berücksichtigung von Arbeitsloseninteressen und auf den Kosten der Personalfluktuation für die Arbeitgeber.

507 Vgl. zu Funktionsweise im einzelnen oben, Abschn. E II.

508 Über das Tatbestandsmerkmal „Unternehmen" soll an dieser Stelle hinweggesehen werden.

nimmt man nicht ohnehin den formalen Gesetzesvorrang des spezielleren TVG an – äußerst kompliziert: Es müßte bestimmt werden, inwieweit eine Lohnforderung zum Zwecke des Verdienstzuwachses erhoben wird, und inwieweit, um die Einstellung neuer Arbeitskräfte zu verhindern – und damit ohne unmittelbar sachlichen Grund. In der Praxis ist diese Unterscheidung jedoch kaum durchführbar, weil sich beide Verhalten in einer einheitlichen Handlung äußern.

(3) Konkurrenz zu gesetzlichen Wettbewerbsbeschränkungen

Die gesetzlichen Wettbewerbsbeschränkungen auf dem Arbeitsmarkt resultieren, wie gezeigt, vor allem aus dem Tarifvertragsgesetz, dem Kündigungsschutzgesetz, den Beamtengesetzen resp. dem TVöD sowie den zahlreichen gesetzlichen Nebentätigkeitsbeschränkungen. Zu ihnen tritt – die bereits verneinte Einschlägigkeit hier noch einmal vorausgesetzt – das GWB in Konkurrenz, wenn es den Arbeitsmarktwettbewerb schützen soll.

Als formales Bundesgesetz steht das GWB formal gleichrangig neben den meisten gesetzlichen Wettbewerbsbeschränkungen. So haben denselben Status z.B. das Kündigungsschutzgesetz, das BRRG bzw. das BBG, das BUrlG und das TVG inne. Letzteres stellt jedoch insoweit eine wichtige Ausnahme dar, als es die grundgesetzlich geschützte Koalitionsfreiheit konkretisiert. Man wird aus diesem Grunde im Bereich der Tarifverhandlungen und -vereinbarungen bereits einen gesetzeshierarchischen Vorrang des TVG vor dem GWB annehmen müssen. Auch aus dieser Perspektive ist die Annahme eines ungeschriebenen Ausnahmebereichs vom GWB für die arbeitgeberseitigen Koalitionsvereinbarungen gerechtfertigt.

Darüber hinaus hilft der Rückgriff auf das Hierarchiesystem der Gesetze nicht weiter. Hier bietet sich die Ordnung der Normen nach Spezialität an, um das aufgezeigte Spannungsverhältnis aufzulösen. Diese Betrachtung zeigt eine weitere sehr wesentliche Schwierigkeit auf, deretwegen das GWB zum Schutz des Arbeitsmarktwettbewerbs schlecht geeignet ist: Die erläuterten gesetzlichen Wettbewerbsbeschränkungen sind sämtlich spezieller als der allgemeine gesetzliche Wettbewerbsschutz. Stets nehmen sie konkret auf Arbeits- oder Beamtenverhältnisse Bezug und bewirken grundsätzlich einen Interessenausgleich zwischen den Arbeitsmarktparteien oder Schutzfunktionen zugunsten des Arbeitnehmers, wohingegen beim GWB nach oben Gesagtem schon nicht eindeutig und unumstritten ist, ob der Arbeitsmarktwettbewerb *überhaupt* als Schutzgegenstand angesehen werden kann. Dieser Befund gilt unabhängig davon, ob ein Gesetz eine direkte Wettbewerbsbeschränkung bewirkt (z.B. das Kündigungsschutzgesetz) oder ob es die Arbeitsmarktparteien zu Beschränkungen durch Ermessenseinräumung autorisiert (z.B. BBG, TVG).

Nicht nur die mangelnde Unternehmenseigenschaft der Arbeitnehmer, sondern auch die faktische Nachrangigkeit des GWB vor anderen wettbewerbsbeschränkenden Gesetzen bei Arbeitsmarktsachverhalten führt zu dessen Unanwendbarkeit für einen effektiven Wettbewerbsschutz.

b) Anwendung des EGV

In Frage kommt außerdem der Wettbewerbsschutz auf dem Arbeitsmarkt durch EU-Recht. Hierbei könnten die gezeigten Horizontalvereinbarungen (Kollektivierungen) und Vertikalvereinbarungen (Nebentätigkeitsbeschränkungen) Verstöße gegen Art. 81 Abs. 1 EGV darstellen, das Insider/Outsider-Verhalten der abhängig Beschäftigten hingegen einen Verstoß gegen Art. 82 EGV.

(1) Formale Anwendbarkeit der Wettbewerbsvorschriften des EGV

Erste Voraussetzung für die Annahme eines Verstoßes gegen Vorschriften des EGV ist deren formale unmittelbare Geltung. Regelmäßig bindet ein völkerrechtlicher Vertrag nur die unterzeichnenden Staaten und veranlaßt dadurch die nationale Rechtsdurchsetzung. Für die Adressaten der Kartellrechtvorschriften des EGV ist die unmittelbare Wirkung jedoch unbestritten.[509] Art. 81 EGV ff. gelten daher ohne weiteres und regeln direkt die Handlungsmöglichkeiten der Marktteilnehmer in den EU-Mitgliedstaaten.

(2) Art. 81 EGV

Wie gezeigt, untersagt Art. 81 Abs. 1 EGV Unternehmen sowohl horizontale als auch vertikale wettbewerbsbeschränkende Übereinkünfte zwischen Unternehmen und innerhalb von Unternehmensvereinigungen und unterscheidet sich darin von der Struktur des § 1 GWB a.F. Auch die in Frage stehende Anwendung der Norm auf den Arbeitsmarktwettbewerb würde daher zugleich mit Blick auf die Kollektivierungen wie auch die Nebenbeschränkungen erfolgen. Da – wie festgestellt – die Art. 81 EGV ff. unmittelbar wirken, sind die weiteren Voraussetzungen für ihre Anwendung die Tatbestandsmäßigkeit der arbeitsmarkttypischen Wettbewerbsbeschränkungen sowie die Nichtgeltung bzw. Durchbrechung der aufgezeigten spezialgesetzlichen deutschen Wettbewerbsbeschränkungen, die das GWB in seiner Geltung aufgrund ihrer Spezialität beschränkten.

(a) Unternehmen

Auch das Verbot des Art. 81 EGV adressiert Unternehmen. Zur Begriffsklärung kann nicht auf die GWB-Terminologie verwiesen werden, da es sich beim Un-

[509] Allg. Ans., vgl. *EuGH* v. 05.02.1963, Slg. 1963, 1, 24 f.: "Van Gend & Loos vs. Tariefcommissie"; *Gleiss/Hirsch*, Einl B, Rn. 21.

ternehmen des Art. 81 um einen Begriff des Gemeinschaftsrechts handelt.[510] Im Bestreben um eine weitgehend einheitliche Anwendung der EGV-Vorschriften in den Mitgliedstaaten ist auch ein eigener Unternehmensbegriff zu bestimmen, der unabhängig von dem in nationalen Regelungen ist, wenngleich natürlich Ähnlichkeiten zu diesen bestehen können[511] und müssen. Eine erste Parallele zum GWB ist dann auch die fehlende Legaldefinition des Unternehmens trotz der zentralen Bedeutung des Begriffs. Aber auch bei der Begriffsbildung durch Rechtsprechung und Literatur herrscht insoweit Übereinstimmung mit dem GWB, daß ein funktionaler[512] und weiter[513] Unternehmensbegriff zugrunde gelegt wird. Danach ist jede eine wirtschaftliche Tätigkeit ausübende Einheit ein Unternehmen im Sinne des Gesetzes.[514] Als wirtschaftliche Tätigkeit wird dabei zumindest jedes *Angebot* von Gütern oder Dienstleistungen auf einem Markt verstanden;[515] Zu Recht jedoch wird das pauschale Nichteinbeziehen von Nachfrageaktivitäten durch den EuGH[516] kritisiert.[517] Bei der Betrachtung der Arbeitsmarktparteien müssen daher dem GWB entsprechende Subsumtionsprobleme auftreten.

So werden auch auf Ebene des EG-Rechts Arbeitnehmer weit überwiegend nicht als Unternehmen eingestuft.[518] Teils wird das gar nicht,[519] teils mit der grundsätzlich zu vermeidenden Kollision des Wettbewerbsschutzes mit dem kollektiven Arbeitsrecht begründet.[520] Dies ist wiederum sehr ergebnisorientiert, und nimmt auf tatsächliche Unterschiede und Gemeinsamkeiten von Arbeitnehmern und Gütermarktanbietern nicht Bezug. Der *EuGH*[521] urteilte hierzu, daß Arbeitnehmer während der Dauer ihres Arbeitsverhältnisses in die Unternehmen eingegliedert sind und daher mit dem Unternehmen eine wirtschaftliche Einheit bildeten, weshalb sie selbst nicht Unternehmen seien. *Hirsch* und *Burkert*[522]

---

[510] FK-*Roth/Ackermann,* Art. 81 Abs.1 Grundfragen, Rn. 10; *Gleiss/Hirsch,* Art. 85 I, Rn. 5.
[511] FK-*Roth/Ackermann,* Art. 81 Abs. 1 Grundfragen, Rn. 10.
[512] *EuGH* v. 23.04.1991, Slg. 1991, I-1979, 2016: „Höfner"; *Benicke,* EWS 1997, 373, 374 f., *Gleiss/Hirsch,* Art. 85 I, Rn. 9.
[513] *Emmerich,* § 3, Rn. 29.
[514] *EuGH* v. 23.04.1991, Slg. 1991, I-1979, 2016: „Höfner"; *Emmerich,* § 3, Rn. 24; FK-*Roth/Ackermann,* Art. 81 Abs. 1 Grundfragen, Rn. 14; *Van Bael/Bellis,* § 204.
[515] *EuGH* v. 18.06.1998, Slg. 1998, I-3886, 3895 f.: „CNSD"; *Bellamy/Child,* Rn. 2-004; *Gleiss/Hirsch,* Art. 85 I, Rn. 13.
[516] Vgl. hierzu v.a. *EuGH* NJW 2002, 877: „Wouters"; *EuGH* EuZW 1999, 93: "Zollspediteure".
[517] *Emmerich,* § 3, Rn. 30.
[518] Langen/Bunte-*Bunte,* Art. 81 (Generelle Prinzipien), Rn. 7; Grabitz/Hilf-*Stockenhuber,* Art. 81, Rn. 60; *Bellamy/Child,* Rn. 2-007; *Van Bael/Bellis,* § 206, im Ergebnis auch IM-*Emmerich,* Art. 81 Abs. 1 EGV, Rn. 25.
[519] Langen/Bunte-*Bunte,* Art. 81 (Generelle Prinzipien), Rn. 7.
[520] Grabitz/Hilf-*Stockenhuber,* Art. 81, Rn. 60.
[521] *EuGH* v. 16.09.1999, Slg. 1999, I-5682, 5692: „Becu u.a.".
[522] *Gleiss/Hirsch,* Art. 85 I, Rn. 19.

nehmen einerseits einen pauschalen Ausnahmebereich für das Angebot von und die Nachfrage nach Arbeitsleistungen an, der dem europäischen Kartellrecht entzogen ist. Andererseits stellen sie als „echten" Unterschied zu Unternehmen dar, daß wegen fehlender Außenwirkung der Beschäftigung keine Teilnahme am Wirtschaftsverkehr erfolgt, und verneinen damit auch bereits auf Tatbestandsebene die Unternehmenseigenschaft. *Rieble*[523] sieht den Unterschied zwischen Unternehmen und Arbeitnehmern – trotz durchaus bejahter produzierender Eigenschaft der Arbeitnehmer – darin, daß Arbeitnehmer das Angebot ihrer Arbeitskraft nach eigenen Verbrauchsbedürfnissen ausrichten, nicht aber nach ökonomischen Gesetzen.[524] Sie seien daher eben keine Unternehmen im funktionalen Sinn. *Roth* und *Ackermann*[525] hingegen nehmen die Unternehmenseigenschaft auch abhängig Beschäftigter an. Obwohl im Verhältnis zu Dritten die abhängig erbrachte Arbeitsleistung dem Arbeitgeber zugerechnet werde, stellten das Angebot und die Erbringung der Arbeitsleistung für sich selbst gesehen selbständige wirtschaftliche Tätigkeiten im Wettbewerb zu anderen – teils potentiellen – Konkurrenten. Die Abhängigkeit des Arbeitnehmers nehme seinen Entscheidungen, in ein bestimmtes Arbeitsverhältnis einzutreten und dieses fortzuführen, nichts von deren selbständiger wirtschaftlicher Qualität. Mit anderen Worten wird also das Vermarkten der eigenen Arbeitskraft als im Sinne des EGV unternehmerische Tätigkeit aufgefaßt, freilich ohne dabei zwischen Aktivitäten auf dem Güter- und dem Arbeitsmarkt zu unterscheiden. Damit ist die Unternehmenseigenschaft der Arbeitnehmer im Sinne des EGV – anders als beim GWB – zumindest umstritten.

Gewerkschaften sind, soweit Anbieter und Nachfrager von Waren und Dienstleistungen, Unternehmen und damit Gesetzesadressaten. Fraglich ist indes, ob auch im Kernbereich ihrer Funktion eine Unternehmenseigenschaft erblickt werden muß, wie es auf Ebene des GWB abgelehnt wurde. Verneint man mit der herrschenden Ansicht die Unternehmenseigenschaft der Arbeitnehmer, so sollte dies auch für die sie vertretenden Gewerkschaften gelten, soweit ihre Arbeitsmarkttätigkeit betrachtet wird. Diese besteht grundsätzlich in der Gestaltung bzw. Standardisierung von Arbeitsverhältnissen und -konditionen. Da jedoch – wie oben gezeigt – Arbeits- und Gütermarkt durch den Menschen als Produktionsfaktor funktional eng verflochten sind, wirkt sich die Regulierung der Arbeitsverhältnisse meist zwangsläufig auch auf Handlungsparameter auf dem Gütermarkt aus.[526] Nun wird aber allein schon bei starker Einflußnahme auf

[523] *Rieble*, Rn. 429.

[524] Hierbei wird m.E. verkannt, daß auch der Arbeitnehmer den Grenznutzen seiner Beschäftigungsquantität seinen daraus entstehenden Grenzkosten gleichsetzt.

[525] FK-*Roth/Ackermann*, Art. 81 Abs. 1 Grundfragen, Rn. 24.

[526] Ein viel gebrauchtes Beispiel für diese Interdependenz sind die Auswirkungen tarifvertraglich vereinbarter Ladenschlußzeiten. Sie regeln Arbeitszeiten und beschränken zugleich Unternehmen in ihrer Freiheit, ihre Angebotszeit und damit -menge als Wettbewerbsparameter zu gebrauchen. Vgl. dazu *Immenga*, Grenzen des Ausnahmebereichs, insbesondere S. 11 f.

die wirtschaftliche Tätigkeit eines anderen Unternehmens, etwa durch bedeutende Teilhaber, die eigene Unternehmenseigenschaft des Einflußnehmenden bejaht.[527] Läßt man folglich die gewerkschaftliche – indirekte – Einflußnahme auf die wirtschaftliche Tätigkeit der Tarifgegenseite als Erfüllung eigener Unternehmenskriterien gelten, müßte auch bei Gewerkschaften grundsätzlich von Unternehmen ausgegangen werden.[528] Zurückzugreifen ist mithin auf das Tätigkeitsergebnis sowie das Handlungsmotiv der Gewerkschaft. Beide spiegeln sich im Tarifvertragsinhalt wider: Soweit dieser sich auf die Regelung der Arbeitsverhältnisse beschränkt (und dabei notwendigerweise auch Handlungsspielräume auf dem Gütermarkt verkleinert), muß die Anwendung des Art. 81 EGV ausgeschlossen sein, bei jeder darüber hinausgehenden Regelung ist der Tätigkeitsbereich Arbeitsmarkt jedoch verlassen und folglich eine nicht erforderliche Einflußnahme der Gewerkschaft auf die Unternehmenspolitik gegeben.[529] Die Gewerkschaft selbst wäre in diesem Fall ein Unternehmen. Gesteht man bereits Arbeitnehmern die Unternehmenseigenschaft zu, gilt zwar für die Beurteilung der gewerkschaftlichen Unternehmenseigenschaft trotzdem Gesagtes.[530] Jedoch stellen Gewerkschaften dann Unternehmensvereinigungen dar[531] und wären dadurch ebenfalls Adressaten des Art. 81 EGV. Da Unternehmensvereinigungen im Sinne des Kartellrechts nur Zusammenschlüsse ohne eigene Wirtschaftsbetätigung sein können,[532] ergibt sich folgende Staffelung: In der Kerntätigkeit, also den Tarifverhandlungen über Arbeitsmarktbelange, handelt es sich bei Gewerkschaften – die Anerkennung der Arbeitnehmer als Unternehmen vorausgesetzt – um Unternehmensvereinigungen, andernfalls um keine Adressaten des Vereinbarungsverbots aus Art. 81 Abs. 1 EGV. Werden darüber hinausgehende Tarifinhalte behandelt oder tritt die Gewerkschaft selbst am Gütermarkt auf, nimmt sie auch selbst Unternehmenseigenschaft an. Die kartellrechtliche Behandlung der Gewerkschaften folgt somit der der Arbeitnehmer. Die Einstufung der Arbeitnehmer als Unternehmen würde den Gewerkschaften den Status der Unternehmensvereinigung verleihen.

---

[527] Vgl. *Kommission* v. 26.07.1976, ABl. EG 1976 L Nr. 254, 40, 45: „Reuter/BASF". Nach Grabitz/Hilf-*Stockenhuber,* Art. 81, Rn. 54, soll bereits die Möglichkeit der bestimmenden Einflußnahme die Unternehmenseigenschaft begründen.

[528] FK-*Roth/Ackermann,* Art. 81 Abs. 1 Grundfragen, Rn. 26; *Wallwitz,* S. 150.

[529] Hier zeigt sich wieder sehr plastisch, daß aufgrund des funktionalen Unternehmensbegriffs die Tatbestandsmerkmale Unternehmen und Vereinbarungen unmittelbar zusammenhängen, so daß der Vereinbarungsinhalt allein die Unternehmensqualität begründen oder verhindern kann.

[530] Die Unternehmenseigenschaft der Mitglieder qualifiziert die Gewerkschaft nicht *per se* als Unternehmen, denn sie selbst nimmt durch Verhandlungen und Abschlüsse nicht am Gütermarkt teil, sondern koordiniert nur die Aktivitäten ihrer Mitglieder und der Gegenseite auf dem Arbeitsmarkt.

[531] FK-*Roth/Ackermann,* Art. 81 Abs. 1 Grundfragen, Rn. 28.

[532] Langen/Bunte-*Bunte,* Art. 81 (Generelle Prinzipien), Rn. 13.

Die daher „doppelt relevante" Stellungnahme fällt in dieser Arbeit zugunsten der herrschenden Meinung aus, die Arbeitnehmer nicht als Unternehmen kategorisiert und damit auch die Gewerkschaften in ihrer Kerntätigkeit dem Zugriff des Kartellrechts entzieht. Zwar läßt weder der Wortlaut des Art. 81 EGV noch die gängige Definition des Unternehmens, die an die wirtschaftliche Tätigkeit einer „Einheit" anknüpft, ohne weiteres den Ausschluß der Arbeitnehmer zu. Auch ist auf EU-Ebene keine ausdrückliche zum Wettbewerbsrecht gegenteilige Regelung des Arbeitsmarktes ersichtlich, die dem deutschen TVG entspräche und so einen zweifelsfreien Rückschluß auf den Willen der Vertragspartner zuließe. Mehrere gesetzessystematische Indizien weisen dennoch in diese Richtung. So besteht im EGV ein separater Abschnitt zur Sozialpolitik als dessen Titel XI, Art. 136 ff. Hier (und vor allem hier) werden u. a. Aspekte des Arbeitsmarktes behandelt, so die gemeinschaftliche Unterstützung der Verbesserung der Arbeitsbedingungen und des sozialen Dialogs,[533] der kollektiven Wahrnehmung der Arbeitnehmer- und Arbeitgeberinteressen[534] oder der Angleichung der Arbeitsentgelte männlicher und weiblicher Angestellter bei gleichwertiger Arbeit.[535] Keine Erwähnung in dieser Vertragspassage findet jedoch der Wettbewerb auf dem Arbeitsmarkt, bzw. seine Förderungswürdigkeit. Andererseits enthält das „Wettbewerbskapitel" des EGV, also seine Art. 81 ff., keinen ausdrücklichen oder impliziten Hinweis auf die Geltung für den Arbeitsmarkt. Im Gegenteil, die Tatbestandsmerkmale, Regelbeispiele und Legalausnahmen des Art. 81 EGV sind in einer Weise formuliert, die ihre „Erfüllung" durch Arbeitnehmer als Normadressaten geradezu ausschließt. So ist eine Bedingung für einen Verstoß gegen Art. 81, daß die Unternehmensvereinbarung den Handel zwischen den Mitgliedstaaten zu beeinträchtigen in der Lage ist. Es ist naheliegend, im Handel den Güterfluß zwischen den Mitgliedstaaten zu erblicken, der nicht beschränkt werden soll. Auf den Absatz von Arbeitskraft jedoch ist das Merkmal nicht ohne weiteres anwendbar, da diese nicht frei handelbar ist, sondern an die Person des Arbeitnehmers gebunden. Erfaßt werden vom Merkmal „Handel" könnte danach nicht der Vorgang der Arbeitskräfteallokation, sondern bestenfalls durch Beschränkungen auf dem Arbeitsmarkt entstehende Auswirkungen auf dem Gütermarkt. Die Regelbeispiele des Art 81 Abs. 1 EGV enthalten ebenfalls zuvorderst Gütermarktvorgänge beschreibende Formulierungen, wie etwa „Geschäftsbedingungen", „Erzeugung", „Absatz", „Investitionen" etc. Wenn auch entsprechende Handlungsweisen auf dem Arbeitsmarkt vorstellbar sind,[536] wäre eine bewußt beide Märkte umfassende Regelung mit anderen Termini formuliert worden. Schließlich werden auch als Bestandteil einer möglichen Aus-

---

[533] Vgl. Art. 136 EGV.

[534] Vgl. Art. 137 Abs. 1 f) EGV.

[535] Vgl. Art. 141 Abs. 1 EGV.

[536] So könnten etwa „An- und Verkaufspreise" in Arbeitsentgelte umgedeutet werden, „Geschäftsbedingungen" in Arbeitsbedingungen, und „Investitionen" in Weiterbildungsmaßnahmen.

nahme vom Kartellverbot in Art. 81 Abs. 3 EGV die „Verbesserung der Warenerzeugung oder -verteilung“ sowie der „technische oder wirtschaftliche Fortschritt“ genannt. Positive Arbeitsmarktfolgen finden auch hier keine Erwähnung, ließen sich allenfalls als „wirtschaftlicher Fortschritt“ interpretieren. Es kann jedoch festgehalten werden, daß die den Arbeitsmarkt behandelnden Passagen des EGV in ihrer Formulierung keinen Wettbewerbsbezug aufweisen, und andererseits die Wettbewerbsregeln den Arbeitsmarkt unerwähnt lassen. Art. 81 EGV ist insgesamt auf Gütermarktsachverhalte ausgerichtet, und deshalb auch die Erfassung der Arbeitnehmer als Unternehmen, die ihre Leistung auf dem Arbeitsmarkt vermarkten, offenbar gesetzgeberisch nicht beabsichtigt. In diesem Sinne haben auch die Gemeinschaftsorgane Stellung bezogen; ganz allgemein die *Kommission*[537] und in Hinblick auf das konkrete Spannungsverhältnis Tarifkoalitionen vs. Wettbewerbsrecht auch der *EuGH*[538] und Generalanwalt *Jacobs*.[539] Folglich sind auch Gewerkschaften nicht als Unternehmensvereinigungen zu charakterisieren.

Ein weiterer gesetzessystematischer Anhaltspunkt im EGV für die prinzipielle Unterscheidung der Arbeitnehmer von Unternehmen (namentlich Dienstleistungsanbietern unter Einschluß der Freiberufler) besteht im Titel III des Vertrages (Art. 39 ff. EGV), der die Freizügigkeit der Arbeitnehmer wie auch die Dienstleistungsfreiheit behandelt.[540] Die Freizügigkeit, die nach Art. 39 EGV Arbeitnehmern eingeräumt wird, entspricht zwar in groben Zügen der Dienstleistungsfreiheit gemäß Art. 49 ff EGV. Dennoch wird unmißverständlich zwischen Arbeitnehmern und Anbietern von Dienstleistungen differenziert. Genau als dies, (Ein-Mann-)Anbieter von Dienstleistungen, würde man jedoch Arbeitnehmer regelmäßig einstufen müssen, wollte man ihnen Unternehmenseigenschaft unterstellen. Hieraus folgt der Wille der Vertragsverfasser, diese Gruppen nicht von vornherein gleich zu behandeln.

Bislang offensichtlich auch auf europäischer Grundlage nicht verfolgt wird der Gedanke, Arbeitnehmer je nach dem Grade ihrer Abhängigkeit als Unternehmen bzw. Nichtunternehmen einzustufen. Auch der Unternehmensbegriff des EGV – gemäß den genannten wesentlichen Interpretationen in Rechtsprechung und Literatur – basiert auf der pauschalen Annahme, Arbeitnehmer seien abhängig Beschäftigte im Wortsinne. Abweichende Rechtsfolgen je nach faktischem Abhängigkeitsgrad gibt es nicht.

---

[537] Die Kommission ging – ganz grundsätzlich – davon aus, daß die (damaligen) Art. 85 ff. EGV sich „eigentlich“ nicht mit arbeitsrechtlichen Angelegenheiten befassen, vgl. *Kommission*, Antwort auf Anfrage Nr. 777/89, ABl. EG 1990 C Nr. 328, 3: „FIAT“.

[538] *EuGH* v. 21.09.1999, DB 2000, 826 ff.: “Albany”.

[539] *GA Jacobs*, Schlußanträge v. 28.01.1999, Slg. 1999, I-5754, insb. Rn 79 ff.: „Albany“.

[540] Vgl. zum Wettbewerbsschutz durch Art. 39 EGV den unmittelbar folgenden Abschn. (3).

Bei Betrachtung der Arbeitgeber ist wiederum die Trennung des Verhaltens auf dem Arbeitsmarkt von der sonstigen Wirtschaftstätigkeit möglich. Befürwortet man diese Unterscheidung, so könnte nach oben Gesagtem die kartellrechtliche Unternehmenseigenschaft jedenfalls insoweit verneint werden, als der Arbeitgeber lediglich Arbeitskraft nachfragt. Jedoch gilt auch für die Begriffsbestimmung auf EG-rechtlicher Ebene, daß die Akkumulation menschlicher Arbeitskraft ein ganz wesentlicher Bestandteil unternehmerischen Handelns ist. Die Trennung zwischen Arbeitsmarkt- und Gütermarktaktivitäten wäre mithin nicht sachgerecht. Daher sind Arbeitgeber auch im Sinne des EG-Kartellrechts und unter Zugrundelegung eines funktionalen Unternehmensbegriffs Unternehmen. Arbeitgeberverbände artikulieren zwar die Nachfrage ihrer Mitglieder, verwenden jedoch nicht selbst die Arbeitskraft als Produktionsfaktor und betätigen sich auch nicht auf andere Weise wirtschaftlich, und sind daher keine Unternehmen. Selbst wenn man Arbeitnehmer als Unternehmen auffaßt[541] und die Einflußnahme der Arbeitgeberverbände auf deren Handeln als erheblich einstuft,[542] handelt es sich hierbei um den Kernbereich ihrer Arbeitsmarkttätigkeit. Diese darf auch auf der Seite der Arbeitgeberverbände nicht als unternehmerisch qualifiziert werden. Die Arbeitgeberverbände stellen allerdings regelmäßig Unternehmens*vereinigungen* dar, soweit sie sich für ihre Mitglieder auf dem Arbeitsmarkt engagieren.[543]

Wie gezeigt, kann auch staatliches Handeln – sei es als Arbeitgeber bzw. Dienstherr, sei es als Quelle gesetzlicher Ausnahmetatbestände zumindest zum nationalen Kartellrecht – zu Wettbewerbsbeschränkungen auf dem Arbeitsmarkt führen. Zu klären ist daher schließlich, ob und inwieweit die Mitgliedstaaten Adressaten der Art. 81 ff. EGV sind. Auch hier ist der funktionale Unternehmensbegriff das Kriterium.[544] Dessen Anwendung führt zu einem differenzierten Ergebnis. Soweit sich der Staat in wirtschaftlicher Form betätigt, etwa durch Mehrheitsbeteiligungen an Anbietern von Waren und Dienstleistungen, verhält er sich ohne weiteres unternehmerisch im Sinne des EGV.[545] Der Regelungsgehalt des Art. 86 Abs. 1 EGV setzt die Anwendung der Art 81 Abs. 1 f. EGV

---

[541] FK-*Roth/Ackermann,* Art. 81 Abs. 1 Grundfragen, Rn. 24.

[542] Getreu der obigen Ausführungen folgte durch diese Einflußnahme auf „Unternehmen" die eigene Unternehmenseigenschaft der Arbeitgeberverbände.

[543] *Gleiss/Hirsch,* Art. 85 I, Rn .25; Langen/Bunte-*Bunte,* Art. 81 (Generelle Prinzipien), Rn. 13. Bei eigener wirtschaftlicher Tätigkeit der Vereinigung erlangt diese selbst Unternehmenseigenschaft. Um jede Umgehung der wettbewerbsrechtlichen Vorschriften zu verhindern, werden jedoch in der Entscheidungspraxis keine genauen Differenzierungen vorgenommen und auch Mischformen zischen Unternehmen und Unternehmensvereinigungen tatbestandlich erfaßt, vgl. Grabitz/Hilf-*Stockenhuber,* Art 81, Rn 86 m.w.N.

[544] FK-*Roth/Ackermann,* Art. 81 Abs. 1 Grundfragen, Rn. 39.

[545] *EuGH,* EuZW 1994, 408: "Almelo"; *Bellamy/Child,* Rn. 2-010; *Heinemann,* S. 73; *Gleiss/Hirsch*, Art. 85 I, Rn. 32; *Emmerich,* § 3, Rn. 35 f.; Groeben/Schwarze-*Schröter,* Vorbem. Art. 81-85, Rn. 17.

voraus.[546] Unternehmen „in öffentlicher Hand“ genießen folglich keine kartellrechtliche Privilegierung. Für die Geltung der Art. 81 EGV ff. ist grundsätzlich auch irrelevant, ob der Staat in privatrechtlicher Form (etwa als Beteiligter einer Kapitalgesellschaft) oder öffentlich-rechtlicher Form (sei es durch juristische Personen öffentlichen Rechts, sei es durch unselbständige Einrichtungen) wirtschaftet.[547] Selbst hoheitliches Handeln kann, sofern unternehmerischen Charakters, der Bindung an die Wettbewerbsregeln unterliegen.[548] Allerdings sind die aufgezeigten staatlichen Wettbewerbsbeschränkungen vor allem gesetzlicher Natur. Einerseits werden durch das Beamtenrecht die Beschäftigungsbedingungen der Beamten umfassend reguliert, und Nebentätigkeitsrestriktionen, die vertikale Wettbewerbsbeschränkungen darstellen, geschaffen. Andererseits werden im Bereich privatrechtlicher Beschäftigung sowohl horizontale als vertikale Wettbewerbsbeschränkungen vielfach durch Gesetz privilegiert, wenn nicht sogar erzwungen. Anzuknüpfen ist mithin an den Vorgang der nationalstaatlichen Gesetzgebung. Dieser jedoch unterliegt, auch wenn er wettbewerbsbeschränkende Wirkung hat, nach allgemeiner Ansicht mangels unternehmerischer Qualität den Art. 81 EGV ff. nicht,[549] jedenfalls nicht direkt.

Es ist aber naheliegend, daß das in Art. 2 EGV artikulierte Ziel eines gemeinsamen Marktes praktisch nicht erreichbar wäre, wenn man den Mitgliedstaaten unbeschränkte Freiheiten zur Auslegung und letztlich auch Umgehung des europäischen Rechts einräumte.[550] Vor diesem Hintergrund hat sich insbesondere durch die ständige Rechtsprechung[551] die „effet utile“-Doktrin entwickelt. Sie untersagt es – wie bereits erläutert – den Mitgliedstaaten, Maßnahmen zu ergreifen oder aufrechtzuerhalten, die der praktischen Wirksamkeit der Art. 81, 82 EGV zuwiderlaufen. Nationale Vorschriften, die Absprachen im Sinne des Art. 81 vorschreiben, erleichtern oder herbeiführen, sollen dadurch ebenso verhindert werden wie solche, die den Marktmachtmißbrauch gemäß Art. 82 begünsti-

---

[546] FK-*Roth/Ackermann,* Art. 81 Abs. 1 Grundfragen, Rn. 40.

[547] *Gleiss/Hirsch*, Art 85 I. Rn. 32; Groeben/Schwarze-*Schröter,* Vorbem. Art. 81-85, Rn. 17.

[548] Z.B. *EuGH* v. 20.03.1985, Slg. 1985, 873: "Italienische Republik vs. Kommission"; *EuGH* v. 18.06.1998, Slg. 1998, I-3851, 3853 f.: „Kommission vs. Italienische Republik“; vgl. auch *Emmerich,* § 3, Rn. 37 m.w.N. Hingegen wurde eine staatliche Unfallversicherungsanstalt für Berufsrisiken nicht als Unternehmen angesehen, da sie eine rein soziale Aufgabe erfülle, die Mitgliedschaft verpflichtend sei, und sie – trotz des Vorhandenseins privater Parallelanbieter – nicht nach den Gesetzen des Marktes handele, sondern mit dem Leitgedanken der Solidarität, vgl. *EuGH* v. 22.01.2002, EuZW 2002, 146, 149: „INAIL“.

[549] Langen/Bunte-*Bunte,* Art. 81 (Generelle Prinzipien), Rn. 8; FK-*Roth/Ackermann,* Art. 81 Abs. 1 Grundfragen, Rn. 43; Groeben/Schwarze-*Schröter,* Vorbem. Art. 81-85, Rn. 34; *Gleiss/Hirsch*, Art 85 I. Rn. 21; implizit auch Grabitz/Hilf-*Stockenhuber,* Art 81, Rn. 70.

[550] So mit Blick auf die einheitliche Anwendung des Gemeinschaftsrechts auch FK-*Roth/Ackermann,* Art. 81 Abs. 1 Grundfragen, Rn. 39.

[551] Vgl. z.B. *EuGH* v. 21.09.1988, Slg. 1988, 4786, 4791: „Van Eycke vs. Aspa“; *EuGH* v. 21.09.1999, EuZW 2000, 174: „Brentjens“; *EuGH* v. 13.02.1969, NJW 1969, 1000: „Walt Wilhelm“; *EuGH* v. 16.11.1977, Slg. 1977, 2115, 2150: „ INNO vs. ATAB“.

gen.[552] Die Doktrin gründet auf Art. 3 Abs. 1 g) EGV, der das Ziel des unverfälschten Wettbewerbs innerhalb des Europäischen Binnenmarktes nennt, sowie Art. 10 Abs. 2 EGV, der den Mitgliedstaaten die Vertragsziele gefährdende Maßnahmen verbietet.[553] Der Verstoß gegen die Doktrin kann gemäß Art. 226 EGV in die Anrufung des *EuGH* durch die *Kommission* münden, eine denkbare Maßnahme zur Durchsetzung der Gemeinschaftsinteressen ist schließlich nach Art. 228 Abs. 2 die gerichtliche Festsetzung eines Zwangsgeldes. Für staatliches, hoheitliches Handeln in nichtwirtschaftlicher Form bedeutet dies, daß es mangels unternehmerischer Qualität zwar keiner direkten Wirkung der Art. 81, 82 EGV ausgesetzt ist. Dennoch ist der Staat auch bei hoheitlicher Handlungsweise an den Regelungsgehalt des EG-Kartellrechts gebunden. Bejaht man daher grundsätzlich dessen Anwendbarkeit auf die Arbeitsmarktsachverhalte, werden auch staatliche Regulierungen dieses Sektors keinen Ausnahmebereich bilden. Faktisch muß daher auch staatliches Handeln – in allen Erscheinungsformen – am EG-Kartellrecht gemessen werden,[554] der Staat steht insoweit den Unternehmen gleich. Dies gilt für seine Funktion als Arbeitgeber wie auch für die als Arbeitsmarktregulator.

Als Unternehmen im Sinne des EU-Wettbewerbsrechts sind von den auf dem Arbeitsmarkt tätigen Akteuren folglich nur die Arbeitgeber zu qualifizieren. Handlungen privater Arbeitgeber unterfallen direkt den Art. 81 ff EGV, für den als Arbeitgeber handelnden Staat beanspruchen die Wettbewerbsregeln zumindest indirekte Geltung. Arbeitnehmer wie auch Gewerkschaften in ihrer Arbeitsmarkttätigkeit haben hingegen keine Unternehmensqualität.

(b) Vereinbarungen

Als weiteres Tatbestandselement fordert Art. 81 Abs. 1 EGV das Vorliegen einer Vereinbarung, eines Beschlusses oder abgestimmter Verhaltensweisen. Als Vereinbarung wird jede Verständigung von Unternehmen und deren Vereinigungen über eine wettbewerbsbeschränkende Praxis angesehen.[555] Damit ist der Vereinbarungsbegriff im wesentlichen mit dem Vertragsbegriff in den Rechtsordnungen der Mitgliedstaaten kongruent,[556] bzw. diesen jedenfalls umfas-

---

[552] *Bellamy/Child*, Rn. 1-079; *Gleiss/Hirsch*, Art 85 I. Rn. 30. Dabei ist nicht nur die direkte Einwirkung des Staates durch seine Legislative untersagt, sondern auch indirekte Einflußnahme bzw. Unterlassen, so z.B. die staatliche Genehmigung abgesprochener Flugpreise, vgl. *EuGH* v. 30.04.1986, Slg. 1986, 1425, 1471 ff.: „Ministère Public vs. Asjes".

[553] *Emmerich*, § 3, Rn. 9 f.; *Gleiss/Hirsch*, Art 85 I, Rn. 32.

[554] So auch *Gleiss/Hirsch*, Einl. C, Rn. 58.

[555] *EuGH* v. 10.03.1992, Slg. 1992, II-1274, 1377: „Chemie Linz"; FK-*Roth/Ackermann*, Art. 81 Abs. 1 Grundfragen, Rn. 79; *Emmerich*, § 4, Rn. 5., m.w.N.

[556] Groeben/Schwarze-*Schröter*, Art. 81 Abs. 1, Rn. 55; FK-*Roth/Ackermann*, Art. 81 Abs. 1 Grundfragen, Rn. 79.

send.[557] Teilweise wird er auch als „weiter" definiert.[558] Als hinreichend gilt demnach schon, daß eine Partei ihre Handlungsfreiheit mit Blick auf die andere Partei freiwillig beschränkt.[559] Sogar die rechtliche Verbindlichkeit ist nach sich verbreitender Auffassung kein Erfordernis.[560]

Gewichtiger Unterschied des Artikels 81 EGV zum deutschen Recht war bis Mitte 2005, daß lediglich das EGV-Verbot sowohl horizontale als auch vertikale Kooperationen umfaßte. Schon die Kollektivierung der Arbeitsmärkte, also die Bildung der „Tarifkartelle", bot damit mehr Angriffsfläche für eine Untersagung durch Art. 81 Abs. 1 EGV. Abstellen läßt sich nicht nur auf die Beschlüsse innerhalb des Arbeitgeber- bzw. Arbeitnehmerlagers, sich an die ausgehandelten Tarifabschlüsse zu halten. Auch die Tarifverträge selbst könnten – der Konstruktion nach – unter den kartellrechtlichen Vereinbarungsbegriff fallen. Ebenfalls könnten Nebentätigkeitsvereinbarungen eine Vereinbarung im Sinne des Art. 81 Abs. 1 EGV darstellen. Relevant sind jedoch vorerst nur Vereinbarungen zwischen Unternehmen. Nur diese sind darauf zu untersuchen, ob sie auch bei beschränkender Wirkung auf den Arbeitsmarktwettbewerb vom allgemeinen Europäischen Wettbewerbsrecht erfaßt – also untersagt – werden.

Tarifverträge, die nur zwischen Gewerkschaften und Arbeitgebern bzw. deren Verbänden geschlossen werden können, scheiden damit als Anknüpfungspunkt für einen Kartellrechtsverstoß von vornherein aus. Gewerkschaften sind – wie oben dargelegt – in ihrer Arbeitsmarkttätigkeit nicht als Unternehmen anzusehen. Dadurch sind an Tarifverträgen jedenfalls nicht beidseitig Unternehmen beteiligt, wie es lt. Art 81 I EGV erforderlich wäre. Ebensowenig ist aus diesem Grunde die Übereinstimmung der Arbeitnehmer in einer Gewerkschaft, sich getreu einem Tarifvertrag zu verhalten, eine relevante Vereinbarung oder ein Beschluß. Auf Arbeitgeberseite jedoch muß gemäß der Einstufung der Unternehmen entsprechendes Verhalten eigentlich als – untersagter – Beschluß einer Unternehmensvereinigung kategorisiert werden.

Auch vor dem EG-Kartellrecht wird jedoch tarifvertraglichen Vereinbarungen, selbst wenn deren Wirkung auf einzelne Mitgliedstaaten oder sogar nur deren Regionen begrenzt ist, Vorrang eingeräumt. Teils wird die Geltung des Art. 81

[557] Für die Miteinbeziehung der „Gentlemen's Agreements": *Mestmäcker/Schweitzer,* § 9, Abschn. II 1.
[558] FK-*Roth/Ackermann,* Art. 81 Abs. 1 Grundfragen, Rn. 79.
[559] *Bellamy/Child,* Rn. 2-017; *Kommission* v. 29.11.1974, ABl. EG 1974 L Nr. 343, 19, 24:"Frz.-jap. Absprache über Kugellager".
[560] *EuG* v. 26.10.2000, Rechtssache T-41/96: „Bayer AG"; *Emmerich,* § 4, Rn. 7; a.A. Groeben/Schwarze-*Schröter,* Art. 81 Abs. 1, Rn. 55, der aber auf die mögliche Einschlägigkeit der „abgestimmten Verhaltensweisen" in diesen Fällen verweist.

ff. EGV bei arbeitsrechtlichen Vereinbarungen schlechthin vereint,[561] teils werden die Schutzgüter des Europäischen Wettbewerbsrechts und des nationalen Arbeitsrechts gegeneinander aufgewogen, und zugunsten der des Tarifsystems entschieden.[562] Von Seiten des *EuGH* wird zusätzlich betont, daß die Tätigkeit der Gemeinschaft neben dem Wettbewerbsschutz auch „eine Sozialpolitik" beinhalte, die sich in Art. 2 EGV artikuliert finde.[563] Diesem sozialen Anspruch würde das Unterlaufen der Tarifkollektive durch Wettbewerbsrecht widersprechen.[564] Freilich wird auch hier wieder von tarifvertraglichen Vereinbarungen gesprochen, die schon durch die Beteiligung der Arbeitnehmerseite nicht vom Verbot des Art. 81 umfaßt sind, so daß die Schaffung eines Ausnahmebereichs nur hierfür nicht erforderlich wäre. Es muß jedoch auch im Bereich des EG-Rechts unterstellt werden, daß das Privileg der Arbeitsmarktkollektivierung sich gleichermaßen auf die ihr zugrundelegenden Vereinbarungen der Arbeitgeber untereinander erstreckt, soweit diese die Geltung der fernvereinbarten Tarifvertragsinhalte behandeln. Horizontalen Vereinbarungen auf dem Arbeitsmarkt ist folglich mit dem EG-Wettbewerbsrecht ebensowenig zu begegnen wie auf nationaler Ebene mit dem GWB: Ohne das es einer kodifizierten europäischen Ausnahmeregelung bedürfte, wird den nationalen Tarifabsprachen in Anlehnung an die üblichen nationalen Rangverhältnisse auch gegenüber den EGV-Wettbewerbsregeln Vorrang eingeräumt.

Vertikalvereinbarungen auf dem Arbeitsmarkt sind denknotwendig solche zwischen der Arbeitgeber- und der Arbeitnehmerseite, denn nur diese Wirtschafsstufen existieren hier. Zwar sind die vertikalen Absprachen prinzipiell vom Geltungsbereich des Art. 81 Abs. 1 EGV umfaßt. Da bei solchen auf dem Arbeitsmarkt jedoch immer die Arbeitnehmer resp. die Gewerkschaften involviert sind, entziehen sie sich der wettbewerbsrechtlichen Geltung, ohne daß es des Rückgriffs auf einen wie immer begründeten Ausnahmebereich bedürfte. Dies ist bei wertender Betrachtung nicht unproblematisch, da – im Gegensatz zu den horizontalen Absprachen – ein direkter Nutzen für die Arbeitnehmer nicht erkennbar ist, ja sogar dem entgegen in erster Linie ihre Rechte eingeschränkt werden. Darauf soll jedoch im einzelnen im vierten Teil dieser Arbeit eingegangen werden, die gegenwärtige Anwendung des Wettbewerbsrechts nimmt zumindest auf die konträre Interessenlage bei Nebentätigkeitsbeschränkungen keine Rücksicht, sie erfaßt sie aufgrund der Nichterfüllung des beidseitigen Unternehmenskriteriums nicht. Vor dem Hintergrund kann an dieser Stelle auch dahingestellt bleiben, ob Vertikalvereinbarungen auf dem Arbeitsmarkt nicht regelmäßig durch

[561] IM-*Emmerich,* Art. 81 Abs. 1, Rn. 25; Dauses-*Emmerich,* H.I § 1, Rn 59; *Gleiss/Hirsch,* Art. 85 I, Rn. 20.
[562] FK-*Roth/Ackermann,* Art. 81 Abs. 1 Grundfragen, Rn. 29.
[563] *EuGH* v. 21.09.1999, DB 2000, 826: "Albany".
[564] *EuGH* v. 21.09.1999, DB 2000, 826, 827: "Albany".

die Vertikal-GVO 2790/1999[565] vom Verbot in Art. 81 Abs. 1 EGV freigestellt würden.

Von der fehlenden beidseitigen Unternehmenseigenschaft abgesehen stellt sich die Frage, wie mit vertikalen Beschränkungen umzugehen wäre, die nicht auf einer freien Vereinbarung durch beide Vertragsseiten beruhen, sondern etwa durch gesetzliche Regelungen vorgegeben sind. Eine Übereinkunft wäre hier allenfalls in der Inkaufnahme der fraglichen Beschränkungen durch den Arbeitnehmer zu erkennen. Diese allerdings würde den gesetzlichen Anforderungen wohl bereits genügen, denn die freie Aushandlung ist gerade keine Bedingung an eine „Vereinbarung".[566] Auch die Zustimmung zu vorformulierten Konditionen oder der Abschluß eines Mustervertrages,[567] ja sogar Einlenken unter Druck[568] wird zumindest als „Anpassung der Verhaltensweisen" aufgefaßt. Jedoch läßt sich getreu den Ausführungen zu den Parteien den typischen wettbewerbsbeschränkenden Vereinbarungen auf dem Arbeitsmarkt nicht mit der Anwendung des Vereinbarungsverbots aus Art. 81 Abs. 1 EGV entgegentreten, denn die Arbeitnehmerseite nimmt keine Unternehmensqualität an.

(c) Wettbewerbsverhinderung, -einschränkung, -verfälschung

Neben einer Vereinbarung oder sonstigen Übereinkunft zwischen Unternehmen erfordert Art. 81 Abs. 1 EGV weiter, daß diese Übereinkunft die Verhinderung, Einschränkung oder Verfälschung des Wettbewerbs innerhalb des Gemeinsamen Marktes bezweckt oder bewirkt. Die genannten drei „Beschränkungsvarianten" des Wettbewerbs, durch die Formulierung der Vorschrift gleichberechtigt nebeneinander stehend, werden allerdings in der Anwendung der Vorschrift mangels eindeutiger Abgrenzbarkeit regelmäßig zum Merkmal „Wettbewerbsbeschränkung" zusammengefaßt.[569]

Der „Wettbewerb" als Schutzobjekt ist im EGV nicht definiert. Dies wird in erster Linie mit den Schwierigkeiten begründet, die diese Definition schon der Wettbewerbstheorie bereitet.[570] Aus der bislang nicht bestehenden wirtschaftstheoretischen Definition müßte eine rechtliche gewonnen werden, die verwertbare normative Kriterien enthält. Infolgedessen haben die Gemeinschaftsorgane ihren Untersuchungen kein bestimmtes Wettbewerbsbild oder -konzept zugrunde gelegt. Statt dessen wird an die Beeinträchtigung der Funktionen und Ziele

---

[565] ABl. EG 1999 L Nr. 336, 21.

[566] FK-*Roth/Ackermann,* Art. 81 Abs. 1 Grundfragen, Rn 80.

[567] *Kommission* v. 27.11.1981, ABl. EG 1982 L Nr. 94, 7, 9: „Moet et Chandon (London)".

[568] *Kommission* v. 02.12.1981, ABl. EG 1982 L Nr. 161, 18, 26: „Hasselblad"; *Bellamy/Child* ,Rn . 2-020.

[569] IM-*Emmerich,* Art. 81 Abs. 1, Rn. 131; FK-*Roth/Ackermann,* Art. 81 Abs. 1 Grundfragen, Rn 149.

[570] FK-*Roth/Ackermann,* Art. 81 Abs. 1 Grundfragen, Rn 151, m.w.N.

angeknüpft, deretwegen die Gemeinschaft ihren aufwendigen Wettbewerbsschutz betreibt.[571] Neben der Gewährleistung der allgemeinen Wettbewerbsfunktionen[572] ist das auf europäischer Ebene das in Art. 2 EGV artikulierte Motiv der Marktintegration. Vor diesem Hintergrund wird man für die Feststellung einer Wettbewerbsbeeinträchtigung auch auf dem Arbeitsmarkt darauf abstellen müssen, ob und inwieweit die als positiv bewerteten Folgen der Angebots- und/oder Nachfragepluralität beeinträchtigt sind. In letzter Zeit scheinen sich zudem – unter Abrücken von der Folgenbetrachtung[573] – für die Feststellung einer Wettbewerbsbeschränkung zwei gegenläufige Modelle durchzusetzen,[574] die (allein) auf die Beeinträchtigung der unternehmerischen Handlungsfreiheit abstellen und bei deren Vorliegen eine Wettbewerbsbeschränkung unterstellen. Sie unterscheiden sich darin, daß in einem Fall auf die Handlungsfreiheit der an der Absprache *Beteiligten* abgestellt wird,[575] und bei der anderen Auffassung auf die aus der Vereinbarung resultierenden Beschränkungen *Dritter*.

Die Konstruktionen und auch die Auswirkungen der typischen Wettbewerbsbeschränkungen – also der horizontalen Tarifabsprachen und der vertikalen Nebentätigkeitsbeschränkungen – auf dem Arbeitsmarkt wurden vorab dargestellt.[576] Hierin müßte nun eine Wettbewerbsbeschränkung auch im Sinne des Art. 81 EGV liegen. Gemäß den obigen Ausführungen werden durch die Absprachen horizontaler wie auch vertikaler Art sowohl freiheitliche als auch wohlfahrtsökonomische Wettbewerbsziele und -funktionen beeinträchtigt.[577] Gleichzeitig beeinträchtigt ist jeweils die Vielfalt der unternehmerischen (bzw. vor alldem der arbeitnehmerseitigen) Handlungsalternativen. Für die Annahme einer Wettbewerbsbeschränkung erforderliche Defizite im Arbeitsmarktmechanismus liegen folglich vor. Auch werden Beschränkungen des Arbeitsmarktwettbewerbs – als solche – von der Vorschrift genauso erfaßt wie die des Gütermarktwettbewerbs.[578] Eine tatbestandliche Wettbewerbsbeschränkung ist bei getroffenen horizontalen oder vertikalen Vereinbarungen auf dem Arbeitsmarkt mithin stets bewirkt sowie regelmäßig auch bezweckt.

---

[571] FK-*Roth/Ackermann*, Art. 81 Abs. 1 Grundfragen, Rn 151.

[572] Wie oben dargestellt, lassen sich hier vor allem ökonomische Ziele und Funktionen vom Ziel der wirtschaftlichen Handlungs*freiheit* unterscheiden.

[573] Nach aktueller *EuGH*-Doktrin gilt, daß der Wettbewerb *als solcher* geschützt wird und die Beeinträchtigung seiner Funktionen für die Anwendung des Rechts nicht entscheidend ist, ein „Schaden für die Verbraucher" muß nicht entstehen, *EuGH* v. 15.03.2007, EuZW 2007, S. 306, 311: „British Airways". Vgl. zur aktuellen Kontroverse einführend *Zimmer*, S. 11.

[574] IM-*Emmerich*, Art. 81 Abs. 1, Rn. 133 m.w.N.

[575] Zu dieser Auffassung neigt im Lichte des sog. „Selbständigkeitspostulats" der EuGH.

[576] Vgl. oben, Abschnitt E.

[577] Vgl. oben, Abschn. E I 1 (horizontale Absprachen) und E I 2 (vertikale Absprachen).

[578] Die übereinstimmend angenommene Nichtgeltung des Art. 81 EGV für den Arbeitsmarkt wird – wie erläutert – dogmatisch sauber mit der fehlenden Erfüllung der Tatbestandsmerkmale „Unternehmen" und „Vereinbarung" begründet.

(d) Eignung zur Beeinträchtigung des zwischenstaatlichen Handels

Schließlich verlangt der Tatbestand des Art. 81 Abs. 1 EGV für ein Verbot, daß die aus Unternehmensvereinbarungen resultierenden Wettbewerbsbeschränkungen den Handel zwischen den Mitgliedstaaten zu beinträchtigen geeignet sind. Üblicherweise dient dieses Kriterium dazu, den Anwendungsbereich des Gemeinschaftsrechts von dem des innerstaatlichen Rechts abzugrenzen.[579] Im Rahmen der Beschränkungen auf dem Arbeitsmarkt wird jedoch außerdem genau zu untersuchen sein, inwieweit wirklich der Handel beeinträchtigt sein kann.

Unter zwischenstaatlichem Handel wird in generell weiter Auslegung[580] der gesamte Wirtschaftsverkehr zwischen den Mitgliedstaaten verstanden.[581] Das geographische Kriterium, die Zwischenstaatlichkeit, setzt demnach einen Handelsweg voraus, der zumindest zwei Unionsstaaten berührt. Bereits die einmalige Grenzüberschreitung beim Handel wäre also hinreichend. Das sachliche Kriterium, der Handel, umfaßt neben dem Warenverkehr auch Dienstleistungen und Kapitalbewegungen.[582] Unter der Kategorie Dienstleistungen wurden auch selbständige Consulting-Tätigkeiten[583] sowie die Tätigkeit einzelner Künstler[584] geordnet. Die weite Auslegung des Begriffs läßt es nach *Generalanwalt Lenz* sogar zu, die Freizügigkeit abhängig Beschäftigter als schutzwürdiges Element des zwischenstaatlichen Handels zu kategorisieren.[585] Dieser Sichtweise ist zuzustimmen. Macht sich die Gemeinschaft den freien Wirtschaftsverkehr innerhalb Ihres Territoriums zum Ziel, kann nicht unberücksichtigt bleiben, daß die menschliche Arbeitskraft einen wesentlichen Produktionsfaktor zur Herstellung von Waren und Dienstleistungen darstellt. Ihn anders zu behandeln als die übrigen Produktionsfaktoren Kapital und Rohstoffe, mag in Ausnahmefällen wegen der Untrennbarkeit von Mensch und Arbeitskraft angemessen sein. Daraus sollte aber gerade keine grundsätzliche Nichtgeltung des Freizügigkeitsschutzes für nichtselbständige Beschäftigung gefolgert werden: Aus der eingeräumten Bewegungsfreiheit innerhalb der EU kann ein Anbieter von Arbeitskraft, anders als die anderen Produktionsfaktoren, sogar noch einen nicht unwesentlichen persönlichen Nutzen ziehen. Auch würde man im Angesicht der starken und weiter wachsenden Bedeutung des tertiären Wirtschaftssektors innerhalb der EU gerade den mit Abstand wichtigsten Produktionsfaktor vom Schutz der Freizügigkeit

---

[579] *EuGH* v. 31.05.1979, Slg. 1979, 1869, 1899: „Hugin"; *Kommission* v. 19.12.1984, ABl. EG 1985 L Nr. 85, 1, 24: „Zellstoff".

[580] *EuGH* v. 14.07.1981, Slg. 1981, 2021, 2032: „Züchner vs. Bayerische Vereinsbank".

[581] *Kommission* v. 11.12.1986, ABl. EG 1987 L Nr. 7, 27, 32: „Association Belge de Banques"; IM-*Rehbinder*, Art. 81 Abs. 1, Rn. 266.

[582] *EuGH* v. 25.10.1979, Slg. 1979, 3275, 3288: „Greenwich vs. SACEM"; FK-*Roth/Ackermann*, Art. 81 Abs. 1 Grundfragen, Rn 309 f., IM-*Rehbinder*, Art. 81 Abs. 1, Rn. 266.

[583] *Kommission* v. 26.07.1976, ABl. EG 1976 L Nr. 254, 40, 45: „Reuter vs. BASF".

[584] *Kommission* v. 26.05.1978, ABl. EG 1978 L Nr. 157, 39, 40: „RAI vs. UNITEL".

[585] *GA Lenz* v. 20.09.1995, Sl g. 1995, I-4921, 5029: „Bosman".

ausnehmen. Aus diesem Grunde sind einerseits die Freizügigkeit der Arbeitnehmerschaft innerhalb der Union, andererseits aber auch die grenzüberschreitende Erbringung abhängiger Beschäftigung unter den Handelsbegriff zu subsumieren. Die Funktionstüchtigkeit eines EU-weiten Arbeitsmarktes – soweit bestehend – wäre somit ein Schutzobjekt im Sinne dieses Tatbestandsmerkmals.

Gemeinschaftsweite Arbeitsmarktsektoren gibt es unterdessen vor allem bei besonders qualifizierter wie auch bei wenig qualifizierter Arbeitsleistung, weniger hingegen bei „normalen" Qualifikationsprofilen. So bewegen sich einerseits z.B. Profisportler, Wissenschaftler oder Managementkräfte auf einem europäischen, wenn nicht globalen Arbeitsmarkt. Andererseits findet sich grenzüberschreitendes Angebots- und Nachfragepotential z.B. bei Arbeitsleistungen in der Bau- wie auch in der Landwirtschaft.

Schließlich muß die fragliche Vereinbarung auch wirklich zur Beeinträchtigung des Handels, hier also der grenzüberschreitenden Arbeitsmarktfunktionalität, geeignet sein. Als Beeinträchtigung wird jegliche Beeinflussung des zwischenstaatlichen Handels bezeichnet.[586] Ohne Belang ist, wie sich die Beeinflussung qualitativ auswirkt, ob es also zu einer Reduktion, Ausweitung oder sonstigen Veränderung des zwischenstaatlichen Handels kommt; auch gemeinhin als positiv bewertete Konsequenzen stellen Beeinträchtigungen dar.[587] Hinzu kommt auch hier eine weite Auslegung des Tatbestandmerkmals, so daß in der Praxis nur sehr geringe Anforderungen an die Darlegung einer Beeinträchtigung im Gesetzessinne gestellt werden.[588] Die Beeinträchtigung bzw. Beeinflussung wird schon bejaht, wenn der Wirtschaftsverkehr zwischen den Mitgliedstaaten unmittelbar oder mittelbar, tatsächlich oder potentiell beeinflußt wird und damit der Errichtung – inzwischen muß ergänzt werden: der Funktion – des einheitlichen Marktes zuwiderlaufen kann.[589] Hinzu kommt, daß sich Art. 81 Abs. 1 EGV bereits mit der Eignung zur Beeinträchtigung begnügt. Demzufolge wird gerichtlich – nur – eine hinreichende Wahrscheinlichkeit der Beeinträchtigung verlangt, die sich aufgrund objektiver rechtlicher oder tatsächlicher Umstände voraussehen läßt.[590]

Wie bereits dargestellt,[591] führen horizontale und vertikale Absprachen auf dem Arbeitsmarkt ohne weiteres zu entsprechenden Wettbewerbsbeschränkungen.

---

[586] FK-*Roth/Ackermann,* Art. 81 Abs. 1 Grundfragen, Rn. 312.

[587] *EuGH* v. 13.07.1966, Slg. 1966, 321, 389 f.: „Consten und Grundig"; *Gleiss/Hirsch,* Rn. 232; Langen/Bunte-*Bunte,* Art. 81 (Generelle Prinzipien), Rn. 122; FK-*Roth/Ackermann,* Art. 81 Abs. 1 Grundfragen, Rn 312.

[588] *Van Bael/Bellis,* Rn. 222.

[589] Vgl. exemplarisch *EuGH* v. 21.01.1999, Slg. 1999, I-135, 178: "Bagnasco".

[590] St. Rspr. seit *EuGH* v. 30.06.1966, Slg 1966, 281, 303: "Société Technique Minière vs. Maschinenbau Ulm.

[591] Vgl. oben, Abschnitt E.

Gerade Vertikalabsprachen, die Arbeitnehmer an Arbeitgeber binden, können – einen entsprechenden relevanten Arbeitsmarkt vorausgesetzt – durchaus auch die internationale Freizügigkeit empfindlich beeinträchtigen.[592] Horizontalabsprachen können typischerweise mittelbar die Nachfrage nach auswärtigen, günstigeren Arbeitskräften begrenzen. Somit liegt mit wettbewerbsbeschränkenden Abreden zwischen den Arbeitsmarktparteien auf einer Seite sowie vor allem mit solchen zwischen Angebots- und Nachfrageseite regelmäßig die Beeinträchtigung des zwischenstaatlichen Handels vor, sobald es sich um einen entsprechend internationalen Arbeitsmarkt handelt.

(e) Verhältnis zu deutschen gesetzlichen Wettbewerbsbeschränkungen

Es wurde oben gezeigt, daß nationale gesetzliche Wettbewerbsbeschränkungen, wie sie für den Arbeitsmarkt etwa im TVG oder im BRRG gefunden werden können, aufgrund ihrer sachlichen Spezialität Vorrang vor dem nationalen Wettbewerbsrecht genießen. Selbst wenn man die fallweise tatbestandliche Einschlägigkeit des Art. 81 Abs. 1 EGV bei Beschränkungen eines internationalen Arbeitsmarktes unterstellt, wäre daher eine weitere Voraussetzung für ein Verbot durch EU-Recht die Nichtgeltung besonderer und dabei konträrer Regelungen. Auf europäischer Ebene finden sich - soweit ersichtlich - keine den Arbeitsmarkt explizit beschränkenden Vorschriften.[593] Von Bedeutung ist daher, wie sich die EGV-Regelung des Art. 81 Abs. 1 im Konfliktfall gegenüber speziellerem und inhaltlich abweichendem nationalen Recht verhält. Die Mitgliedstaaten haben zwar auch beim eigenen hoheitlichen Handeln – so etwa in der Gesetzgebung – dem Regelungsgehalt des EGV zu entsprechen und daher keine dem Vertragszweck widersprechenden Gesetze zu erlassen.[594] Liegt einmal eine Kollision vor, folgen aus der „Walt-Wilhelm-Doktrin" der grundsätzliche Vorrang des Gemeinschaftsrechts und die Durchbrechung nationaler Vorschriften. Im vorliegenden Fall erscheint es aber angebracht, zwischen den gesetzlichen Wettbewerbsbeschränkungen horizontaler und vertikaler Art zu unterschieden. Wie nämlich gerade beschrieben, wird zugunsten nationaler horizontaler Wettbewerbsbeschränkungen auf dem Arbeitsmarkt sehr wohl ein Ausnahmebereich bzw. deren Vorrang vor dem europäischen Wettbewerb angenommen – jeden-

[592] Dies wäre etwa der Fall, wenn einem deutschen Hochschulprofessor die nebenberufliche Gutachtentätigkeit für einen ausländischen Auftraggeber untersagt würde oder (wie aktuell verbreitet) einem deutschen Klinikarzt die Wochenend-Nebentätigkeit in englischen Krankenhäusern.

[593] Wie oben gezeigt, erinnern im EGV lediglich der erwähnte „Dialog der Sozialpartner" (Art. 136 Abs. 1, 139) an die Arbeitsmarktkollektivierung. In der Grundrechtscharta findet sich unter Art. 12 Abs. 1 die Freiheit des Gewerkschaftsbeitritts, jedoch ohne ausdrückliche Nennung damit verknüpfter Rechte. Vertikale Arbeitsmarktbeschränkungen mit „Außenwirkung" für die Mitgliedstaaten sind nicht vorhanden, das EU-Beamtenstatut schränkt allerdings dieser Berufsgruppe das Recht zur Nebentätigkeit ein.

[594] Vgl. o., § 1, Abschn. F I 2.

falls im typischen Fall der Horizontalbeschränkung, die zum Zwecke der tarifvertraglichen Arbeitsmarktregulierung erfolgt. Auch die diesen Maßnahmen zugrundeliegenden Normen dürften daher als nicht dem Regelungsgehalt des Art. 81 Abs. 1 EGV widersprechend eingestuft werden. Der insoweit angenommene Ausnahmebereich vom EGV zugunsten der Arbeitsmarktkollektivierung muß sich konsequenterweise auf die entsprechenden Regelungen im TVG erstrecken. Die nationalen, speziellen Vorschriften brechen folglich die Gemeinschaftsnorm.

Ein ganz anderer Fall sind jedoch die vertikalen Wettbewerbsbeschränkungen auf dem Arbeitsmarkt. Nationale Gesetze begründen sie entweder direkt[595] oder aber veranlassen die Marktteilnehmer mittelbar zu entsprechendem Verhalten.[596] Diese Beschränkungen dienen nicht der Kollektivierung des Arbeitsmarktes. Wenn also vom EG-Wettbewerbsrecht ein Ausnahmebereich gebildet wird und dieser auf dem angestrebten „Dialog zwischen den Sozialpartnern“ sowie prinzipiell der Stärkung der Handlungsmöglichkeiten der Arbeitnehmer begründet wird, so kann diese Argumentation auf die vertikalen Wettbewerbsbeschränkungen nur sehr eingeschränkt übertragen werden. Nur der Kündigungsschutz für Arbeitnehmer – und damit die Bindung des Arbeitgebers an den Arbeitnehmer – dient zumindest vordergründig den Arbeitnehmerinteressen.[597] Nebentätigkeitsbeschränkungen jedoch wirken auf den Arbeitsmarktwettbewerb tendenziell zugunsten der Arbeitgeber und zulasten der Arbeitnehmer ein.[598] Folglich verbietet es sich, Wettbewerbsbeschränkungen auf dem Arbeitsmarkt prinzipiell vom Regelungsgehalt des Art. 81 EGV auszunehmen. Vertikale Beschränkungen, zumindest in Gestalt der Nebentätigkeitsbegrenzung, „verdienen“ keine Befreiung vom Wettbewerbsschutz. Infolgedessen ist das europäische Wettbewerbsrecht diesbezüglich als vorrangig einzustufen.[599] Entgegenstehende deutsche Normen, damit z.B. auch das BRRG oder die standesrechtlichen Regelungen, würden bei tatbestandsmäßiger Einschlägigkeit des Art. 81 EGV und Nichtvorliegen besonderer Ausnahmegründe im EU-Recht verdrängt. Allein, ohne die Erfüllung der vorgenannten Tatbestandsmerkmale verhilft auch der grundsätzliche Vorrang des europäischen Wettbewerbsrechts diesem nicht zur Geltung.

---

[595] Z.B. Nebentätigkeitsvorschriften im BRRG oder in den Berufsordnungen.

[596] Z.B. durch die quantitative Begrenzung der angebotenen Arbeitszeit durch das ArbZG.

[597] In gesamtwirtschaftlicher Perspektive kann ein restriktiver Kündigungsschutz den Preis des Produktionsfaktors Arbeit verteuern und die Nachfrage nach ihm reduzieren, was einerseits verminderte Neueinstellungen, andererseits aber auch Lohnreduktionen bewirken würde.

[598] Vgl. im einzelnen Vierter Teil, § 2, Abschn. C.

[599] Soweit ersichtlich, entspricht dies allgemeiner Ansicht, denn sowohl Literatur als auch Rechtsprechung und Veraltung begründen das Arbeitsmarktprivileg gegenüber dem Wettbewerbsrecht -- nur -- mit dem Schutz der Tarifautonomie.

(3) Art. 82 EGV

Die Anwendung des den Marktmachtmißbrauch untersagenden Art. 82 EGV auf Arbeitsmarktsachverhalte wird aus Gründen, die bereits für § 19 f. GWB sowie Art. 81 EGV dargelegt wurden, entsprechend vereitelt.

Zunächst adressiert auch Art. 82 EGV Unternehmen. Es besteht allgemeines Einvernehmen dahingehend, daß kein anderer Unternehmensbegriff zugrunde zu legen ist als für Art. 81 EGV.[600] Hieraus folgt, daß wiederum lediglich die Arbeitgeber und ihre Verbände eine Unternehmenseigenschaft im Sinne der Vorschrift innehaben können, nicht aber die Arbeitnehmer.

Hinsichtlich der in Frage kommenden, die Marktmacht mißbrauchenden Handlungen kann auf die obigen Ausführungen zu § 19 GWB bezug genommen werden. Wiederum ist festzuhalten, daß die für den Gütermarkt typischen Mißbrauchshandlungen aufgrund der besonderen Arbeitsmarktstruktur (mit natürlicher Bindung zwischen dem Arbeitnehmer und seiner Leistung sowie dem Fehlen weiterer Wertschöpfungsstufen) auf dem Arbeitsmarkt nahezu keine Entsprechung finden. Einzig möglicher und relevanter Marktmißbrauch ist der bereits beleuchtete Insider/Outsider-Konflikt, also die von Arbeitnehmerseite erstrebten Lohnerhöhungen mit dem Ziel der Nichteinstellung potentieller (gegenwärtig nicht in diesem Segment beschäftigter) Konkurrenten, und dies unter Ausnutzung ihrer umfangreicheren Marktinformationen. Wie gezeigt, ist dieses Verhalten jedoch zugleich Ausdruck des kollektiven Verhandelns um Löhne und andere Arbeitsbedingungen (und faktisch untrennbar hiermit verbunden). Entsprechend der obigen Ausführungen zu Art. 81 EGV bleiben diese Aktivitäten die durch die Wettbewerbsvorschriften des EGV nach allgemeiner Auffassung unberührt. Das System der kollektiven Lohnverhandlungen durch die Arbeitsmarktparteien wird nicht nur als „Ausnahmebereich“ vom Wettbewerbsschutz bezeichnet und behandelt, sondern sogar im EGV direkt gestützt.[601]

So kommt es schließlich nicht mehr darauf an, ob eine Beeinträchtigung des Handels zwischen den Mitgliedstaaten erfolgen könnte. Dabei herrscht in diesem Bereich durchaus Beeinträchtigungspotential. Folgt man der hier vertretenen Sichtweise, die entsprechend der Argumentation des *GA Lenz*[602] die Freizügigkeit der Arbeitnehmer als schutzwürdiges Element des zwischenstaatlichen Handels privilegiert, so zeigt sich die Beeinträchtigung sehr plastisch z.B. im Bereich der deutschen Bau-, der Pflege- oder der Agrarbranche. Auch und vor allem von Arbeitnehmerseite wird durch die gezielte Forderung nach allgemeinverbindlichen Mindestarbeitsbedingungen versucht, sich unliebsamer ausländi-

---

[600] LMR-*Bergmann/Lübbig,* Art. 82, Rn. 12; Callies/Ruffert-*Weiß,* Art. 82, Rn. 4; Langen/Bunte-*Dirksen,*Bd. 1, § 1, Rn. 102.

[601] Vgl. nur Art. 137 Abs. 1 f) EGV.

[602] *GA Lenz* v. 20.09.1995,Slg. 1995, I-4921, 5029: „Bosman“.

scher Konkurrenz zu erwehren.[603] Diesen Bestrebungen hat sogar der Gesetzgeber punktuell entsprochen, so etwa mit dem sogenannten „Arbeitnehmer-Entsendegesetz“. Der jedoch nach wie vor sprichwörtlich unantastbare Status der Tarifautonomie im deutschen wie auch dem Wesen nach im europäischen Recht im verhindert eine Betrachtung des Arbeitnehmerverhaltens, die diskriminierendes von legitim eigennützigem Verhandeln abgrenzt.

(4) Art. 39 EGV

Speziell der Arbeitnehmerfreiheit innerhalb des EU-Gebiets soll Art. 39 EGV dienen. Wie bereits angesprochen, verbietet er jede Ungleichbehandlung der Arbeitnehmer, die auf ihrer Staatsangehörigkeit beruht, unter anderem in Bezug auf die Beschäftigung und die Beschäftigungsbedingungen. Damit verknüpft sind Bewegungs- und Aufenthaltsrechte der Arbeitnehmer im gesamten EU-Gebiet, die in der Vorschrift explizit eingeräumt werden. Hieraus können auch positive Wirkungen auf den Arbeitsmarktwettbewerb resultieren. Vor allen Dingen wird damit der jeweils „relevante Markt“ grundsätzlich auf das EU-Gebiet erstreckt. Vorübergehende rechtliche Ausnahmen (in Hinblick auf die 2004 beigetretenen Staaten) stehen zwar einer vollständigen Marktausweitung vorerst ebenso entgegen wie arbeitsmarktökonomisch bedingte Segmentierungen, da sich nicht für alle Berufsfelder ein gleichermaßen europaweiter Wettbewerb herausbilden kann.[604] Dennoch besteht im Vergleich zu einer Rechtslage, die die Niederlassung ausländischer Arbeitnehmer in einem Staat verhindert und damit deren Arbeitsangebot an in diesem Staat niedergelassene Unternehmen unterbindet, ein spürbares „Plus“ an Wettbewerbsintensität.

Dennoch kann Art. 39 EGV nicht als im herkömmlichen Sinne wettbewerbsschützend bezeichnet werden, weil er nicht direkt den Wettbewerbsbeschränkungen auf dem Arbeitsmarkt entgegentritt, sondern zuvorderst einer möglichen auf verschiedenen Staatsangehörigkeiten beruhenden Ungleichbehandlung. Damit können zwar – wie gezeigt – wettbewerbsverstärkende Folgen einhergehen, Anknüpfungspunkt für die Norm ist jedoch die mögliche Diskriminierung einzelner Arbeitnehmer. Ob hieraus eine spürbare Wettbewerbsbehinderung resultiert oder ob diese wirklich beabsichtigt war, ist bei der Anwendung der Vor-

---

[603] Den jüngsten unternehmerischen Versuch zur Ausnutzung dieser Differenzen bei Arbeitnehmerforderungen (unter Einsatz vor allem osteuropäischer Arbeitskräfte) unternahm der Pflegedienstleister „McPflege“, der nach nur wenigen Wochen und öffentlichkeitswirksamen Protesten von politischer und gewerkschaftlicher Seite die Geschäftstätigkeit auf dem deutschen Markt wieder beendete.

[604] Z.B. setzt die tatsächliche Bereitschaft der Arbeitnehmer, ihr Heimatland zur Aufnahme einer Beschäftigung zu verlassen, eine bestimmte potentielle Entgeltsteigerung voraus, die den ihnen durch die Wohnortverlagerung entstehenden materiellen und ideellen Aufwand kompensiert.

schrift letztlich egal. Darum kann Art. 39 EGV im Ergebnis auch nicht direkt zum Schutze des Arbeitsmarktwettbewerbs herangezogen werden.

3. Zusammenfassung

Der Arbeitsmarktwettbewerb erfährt gegenwärtig keinen gesetzlichen Schutz. Spezielle Normen für den Arbeitsmarkt existieren nicht. Das allgemeine Wettbewerbsrecht adressiert Unternehmen und läßt damit eine der beiden Arbeitsmarktseiten völlig außer Betracht. Absprachen zwischen Unternehmen hinsichtlich ihres Arbeitsmarktverhaltens – vom Wortlaut eigentlich ein Anwendungsfall der Vereinbarungsverbote – bilden zudem einen Ausnahmebereich vom Wettbewerbsrecht. Dieser Ausnahmebereich wird politisch beabsichtigt, um die kollektive Entscheidungsfindung auf dem Arbeitsmarkt zu ermöglichen. Der Geltung des deutschen Wettbewerbsrechts gehen speziellere Normen vor allem aus dem Bereich des Arbeits- wie des Beamtenrechts vor. Art. 81 EGV könnte in einzelnen Konstellationen, den möglichen Einfluß durch Gruppenfreistellungen vorerst dahingestellt, ebenfalls die Arbeitgeberkoordination auf dem Arbeitsmarkt verbieten. Hier wird jedoch ein Ausnahmebereich für entsprechende Vereinbarungen fingiert, um nicht die auf nationaler Ebene ausgestaltete Tarifautonomie zu unterlaufen. Ergo beansprucht in diesem Fall das nationale Recht vorrangige Geltung, und der Wettbewerbsschutz unterbleibt. Aufgrund der Formulierung der wettbewerbrechtlichen Vorschriften werden jedoch nicht nur horizontale Beschränkungen des Arbeitsmarktwettbewerbs zugelassen. Auch vertikale Bindungen, keine bedeutenden Vorteile für die Arbeitnehmer aufweisend, lassen sich mittels dieser Normen nicht verhindern.

§ 3 Zusammenfassender Vergleich Gütermarkt- / Arbeitsmarktwettbewerb

Ausgehend von den wettbewerbstheoretischen Grundlagen wurde der Gütermarktwettbewerb dem Arbeitsmarktwettbewerb gegenübergestellt. Wie gezeigt, finden sich die Funktionen und Wirkungen des Gütermarktwettbewerbs, die seine Schutzwürdigkeit erklären, in ähnlicher Form beim Arbeitsmarktwettbewerb. Neben die Freiheitsfunktion, welche sowohl die individuelle Freiheit des Wirtschaftssubjekts als auch die der Märkte umfaßt, treten in beiden Fällen mehrere ökonomische Funktionen, die zur Wohlstandserzeugung und -verteilung – nach herrschender Ansicht positiv – beitragen. Elementarer Unterschied zwischen beiden Märkten ist, daß die Arbeitskraft als Transaktionsobjekt anders als Waren physisch nicht vom Anbieter trennbar ist. Daraus folgt einerseits, daß es auf dem Arbeitsmarkt keine aufeinander aufbauenden Wertschöpfungsstufen gibt, sondern auf jedem einzelnen „relevanten" Marktsegment lediglich die Anbieter- und die Nachfragerseite. Die Vielfalt möglicher vertikaler Wettbewerbsbeschränkungen ist damit ungleich kleiner als auf dem Gütermarkt. Andererseits führt die Untrennbarkeit zu einem strukturell kleineren Verhandlungsgewicht der Arbeitnehmer, denn während die Transaktion mit der Arbeitgeberseite grundsätzlich den größten Teil oder sogar ihr gesamtes Einkommen generiert, liefert ein einzelner Arbeitnehmer in der Regel nur einen kleinen Teil der vom Arbeitgeber insgesamt nachgefragten Arbeitskraft. Dieses Mißverhältnis gilt prinzipiell unabhängig vom gesamtwirtschaftlichen Verhältnis der Arbeitnehmer- zur Arbeitgeberanzahl, es verstärkt sich aber in Zeiten des Arbeitsüberangebots weiter zulasten der Arbeitnehmer.

Auch das Interesse der Marktteilnehmer, den freien Wettbewerb auf dem Arbeitsmarkt zu beschränken, ist im wesentlichen der Situation auf dem Gütermarkt entsprechend. Während aber der Gütermarktwettbewerb mit einem Kanon von Vorschriften geschützt wird, die neben den horizontalen und vertikalen Vereinbarungen auch den Marktmachtmißbrauch verhindern und das anorganische Unternehmenswachstum beschränken sollen, fehlt entsprechendes auf dem Arbeitsmarkt. Hintergrund dessen ist die Vorstellung, mit dem Zulassen bzw. sogar dem gesetzlichen Fördern und Erzwingen horizontaler Absprachen auf dem Arbeitsmarkt die Verhandlungsposition der Arbeitnehmer auf dem Arbeitsmarkt zu verbessern. Neben den individuellen Vorteilen für diese Seite kann auch die Allgemeinheit von möglichen Folgen der Kollektivierung wie einer höheren Leistungsbereitschaft der Arbeitnehmer, von weniger Lohnfindungsaufwand sowie von kooperationsbereiten Arbeitsmarktparteien profitieren.

Vierter Teil Entwicklung einer wettbewerbsrechtlichen Grenze für Nebentätigkeitsbeschränkungen

§ 1 Ausgangslage und Zielsetzung

Der faktisch nicht vorhandene Schutz des Arbeitsmarktwettbewerbs entspricht der geringen Bedeutung, die diesem bislang – vor allem in der hiesigen juristischen Diskussion – beigemessen wird. Fast schon mit Ehrfurcht wird auf die – so scheint es – auch politisch unantastbare Tarifautonomie verwiesen, die vorgeblich nun einmal massive Wettbewerbsbeschränkungen unausweichlich mache. Anders als bei der Analyse des Gütermarktwettbewerbs finden weder die gesamtwirtschaftlichen noch die individuellen Vorteile, die auch der Arbeitsmarktwettbewerb bewirkt, angemessene Berücksichtigung. Fehlen infolge dessen so schon speziell den Arbeitsmarktwettbewerb schützende Normen, so wird in Deutschland anders als etwa auf europäischer Ebene oder in den USA[605] noch nicht einmal im einzelnen das Spannungsverhältnis zwischen der institutionell bedingten Kartellbildung auf dem Arbeitsmarkt und dem allgemeinen Wettbewerbsrecht diskutiert. Grundsätzlicher Vorrang jeder Arbeitsmarktregulierung vor Wettbewerbsinteressen wird unterstellt und formalgesetzlich manifestiert. Wenn dann einmal der Zulässigkeit von Tarifvereinbarungen mit Blick auf die Wettbewerbsinteressen eine Grenze gesetzt wird, geschieht das zum Schutze des Wettbewerbs auf dem Gütermarkt, nicht aber auf dem Arbeitsmarkt.

Dem zugrunde liegt ganz offenbar die – hier bewußt überspitzt formulierte – Vorstellung, Wettbewerb auf dem Arbeitsmarkt schade dem Arbeitnehmer, da Wettbewerb leistungsstarken Marktteilnehmern entgegenkomme und Arbeitnehmer gerade im Vergleich zu Unternehmen eine relativ schwache Position einnähmen. Beschränkungen des Wettbewerbs wirkten sich folglich zugunsten der Marktschwachen aus, was Unterstützung verdiene, da die „Verlierer“ auf dem Arbeitsmarkt stets Menschen mitsamt ihrer Lebensgrundlage seien. Die Herleitung dieser Auffassung ist freilich fragwürdig. Es zeigt sich, daß schon im Bereich der horizontalen Absprachen dies vermutlich nur für aktuell Erwerbstätige gelten wird, die Aussicht der Erwerbslosen auf erneute Beschäftigung hingegen durchaus beeinträchtigt werden kann. Auch ist die kartellbedingte Verteuerung der Arbeit in der Lage, eine Verstärkung des Kapitaleinsatzes in der Produktion auszulösen und damit das Lohniveau der aktuell Beschäftigten – zumindest langfristig – zu drücken. Andererseits ist beim vollständigen Ausschluß des Arbeitsmarkts aus dem Wettbewerbsschutz zu bedenken, daß dadurch auch vertikalen Wettbewerbsbeschränkungen Tür und Tor geöffnet wird. Diese treten wegen der besonderen Arbeitsmarktstruktur vor allem als Ein-

---

[605] Vgl. dazu in diesem Teil § 2 B II ff.

schränkung der Arbeitnehmer auf, und es muß vermutet werden, daß damit dem vielgenannten Motiv der Arbeitsmarktkollektivierung – dem Arbeitnehmerschutz – empfindlich entgegengewirkt wird. Sollte das zutreffen, entfiele zumindest für den Bereich vertikaler Wettbewerbsbeschränkungen die Rechtfertigung, diese vom Wettbewerbsschutz auszunehmen. Andere Gründe, die z.B. im Interessenschutz der Arbeitgeber oder in der Gestaltung der Arbeitsmarktpolitik liegen können, wären zu bemühen. Dies würde jedoch auch andere Interessenabwägungen erfordern als die traditionelle mit dem Arbeitnehmerschutz als Konterpart der Wettbewerbsfreiheit. Hier müßte der Schutz des Arbeitsmarktwettbewerbs eben diesen – noch zu definierenden – Interessen gegenübergestellt werden.

Bislang werden einzig Arbeitnehmer- und Arbeitgeberinteressen gegeneinander abgewogen, da hierin der zentrale Konflikt bei der Bewertung horizontaler Wettbewerbsbeschränkungen besteht. Die Möglichkeit des Arbeitnehmers, einer Nebentätigkeit weitgehend unbeschränkt nachzugehen, könnte jedoch nicht nur in seinem eigenen, sondern auch im allgemeinen Interesse sein. Die positiven Wirkungen des Arbeitsmarktwettbewerbs und seine Bedeutung rechtfertigen dann einen eigenständigen Schutz. Dieser könnte in seiner Reichweite über die Grenzen hinausgehen, die bislang den Nebentätigkeitsbeschränkungen mit Blick auf die Arbeitnehmerrechte gesetzt sind. Es ist durchaus vorstellbar, daß eine Nebentätigkeitsbeschränkung zwar nicht die Rechte eines Arbeitnehmers über Gebühr einschränkt, wohl aber die Freiheit des Arbeitsmarktwettbewerbs, und zwar stärker, als das die schutzwürdigen Interessen des Arbeitgebers – oder auch sonstige – erfordern.

Im folgenden soll daher eine wettbewerbsrechtliche Grenze für Nebentätigkeitsbeschränkungen entwickelt werden. Hierzu muß einerseits der wünschenswerte Umfang des zusätzlichen Wettbewerbsschutzes bestimmt werden. Ziel ist dabei das Erstellen einer möglichst genauen und doch allgemein handhabbaren Anleitung für die vorzunehmenden Interessenabwägungen. Andererseits bedarf es in formaler Hinsicht einer gesetzlichen Grundlage, auf der der als möglich und nötig erachtete Wettbewerbsschutz auf dem Arbeitsmarkt durchgesetzt wird. Das könnte z.B. die analoge Anwendung des bestehenden europäischen Wettbewerbsrechts sein: Die aufgeführten und erläuterten Ähnlichkeiten des Arbeits- zum Gütermarktwettbewerb schaffen eine auf den ersten Blick durchaus vergleichbare Interessenlage. Auch hierfür soll ein geeigneter Ansatz herausgearbeitet werden.

§ 2 Umfang des wettbewerbsrechtlichen Nebentätigkeitsschutzes

A. Unpraktikabilität der vollständigen Wettbewerbsfreiheit

Aus Sicht des Wettbewerbsschutzes wäre – vordergründig betrachtet – eine vollständige Untersagung aller Nebentätigkeitsbeschränkungen ideal. Dem Arbeitnehmer müßte nach diesem Ansatz freigestellt bleiben, ob und wie viele Beschäftigungsverhältnisse er aufnimmt und betreibt. Mögliche Kollisionen und Konflikte zu vermeiden wäre nicht die Aufgabe des Gesetzgebers, sondern des Marktes. Indem ein vielfach beschäftigter Arbeitnehmer sowohl die Gefahr der stark schwankenden Leistungsfähigkeit als auch der Interessenkonflikte in sich birgt, wird sich sein „Marktwert" abhängig von zwei kurzfristig veränderbaren Variablen,[606] nämlich der Anzahl seiner Beschäftigungsverhältnisse sowie der zeitlichen Auslastung durch diese Beschäftigungsverhältnisse, verhalten. Einerseits wird der Arbeitnehmer durch eine Zweit- oder Drittbeschäftigung prinzipiell dadurch unattraktiver, daß er ein kleineres Zeitbudget für Erholungsphasen hat. Andererseits können ihm sachliche Interessenkonflikte entstehen, spätestens wenn beide Arbeitgeber in verwandten Geschäftsfeldern tätig sind; die Leistung dieses Arbeitnehmers würde entsprechend weniger nachgefragt. Jeder Arbeitnehmer hätte nach diesem Modell ein bestimmtes „Aktivitätsniveau", das ihm den besten persönlichen Ertrag (also ein subjektiv bewertetes Verhältnis des eigenen Verdienstes durch die Tätigkeit[607] einerseits zu Arbeits- bzw. Freizeit andererseits) lieferte. Hierdurch würde selbständig eine Begrenzung des Arbeitseinsatzes sowohl hinsichtlich der Stundenzahl als auch hinsichtlich verschiedener Arbeitgeber bewirkt. Die einzigen berechtigten Nebentätigkeitsbeschränkungen wären hiernach die aus individuellen Vereinbarungen im Rahmen eines Anstellungsverhältnisses.

Erstens könnten hiergegen jedoch schon gesamtökonomische Überlegungen sprechen. Für den Gütermarkt wurde gezeigt, daß Vertikalvereinbarungen unter bestimmten marktstrukturellen Voraussetzungen sogar eine Wettbewerbsintensivierung bewirken können; dieser Befund könnte auf den Arbeitsmarkt übertragbar sein. Zweitens muß auch der Wettbewerbsschutz die Interessen aller beteiligten Marktteilnehmer berücksichtigen. So würde eine Asymmetrie der Interessendurchsetzung entstehen, wenn einerseits die Arbeitnehmer völlig frei in ihrer Auswahl mehrerer Arbeitgeber und der wöchentlichen Arbeitszeit wären, andererseits jedoch Arbeitgebern keine korrespondierende Flexibilität beim Einsatz und Austausch ihrer Arbeitskräfte eingeräumt würde. Begründet man den Kündigungsschutz mit dem Bestehen eines besonderen Vertrauensverhältnisses zwischen den Parteien eines Arbeitvertrags, so sollte dem Arbeitgeber ein

[606] Die Qualifikation eines Arbeitnehmers ist hingegen eine der nur langfristig veränderbaren Variablen für seinen Marktwert.
[607] Sowie auch immaterielle Anreize wie Abwechslung oder intellektuelle Herausforderung.

wesensgleicher Anspruch auf loyales Verhalten des Arbeitnehmers eingeräumt werden.

Für einen praktikablen Nebentätigkeitsschutz ist daher die Gegenüberstellung der Interessenlage von Arbeitnehmer- und Arbeitgeberseite[608] um eine Analyse der tatsächlichen Auswirkungen von Nebentätigkeitsbeschränkungen auf alle Beteiligten zu ergänzen. Das Spannungsverhältnis zwischen Wettbewerbsschutz und ergebnisorientierter Arbeitsmarktregulierung wird zwar gegenwärtig nicht bei vertikalen Wettbewerbsbeschränkungen diskutiert, ist aber bei den horizontalen Beschränkungen häufiger thematisiert worden. Daher sollen zunächst die dort vorgenommene Wertung und der sich daraus ergebene Interessenausgleich dargestellt werden. Hieraus werden sich Rückschlüsse auch für die Interessenabwägung und -bewertung bei vertikalen Beschränkungen ziehen lassen. Es bedürfte nämlich besonderer Begründung, wenn im Spannungsverhältnis des vertikalen Wettbewerbsschutzes zu ebensolchen Beschränkungen bei der Bewertung andere Zielrichtungen verfolgt würden als im Fall des horizontalen Wettbewerbsschutzes.

B. Arbeitsrechtliche Dogmen als Konterpart der horizontalen Wettbewerbsfreiheit

I. Darstellung des Konfliktes

Wie bereits aufgezeigt, ist die Seite der Arbeitnehmer auf dem Arbeitsmarkt regelmäßig auf das Zustandekommen einer Transaktion angewiesen, Substitutionsmöglichkeiten bestehen – sieht man einmal von der familiären oder staatlichen „Fremdfinanzierung" ab – keine. Die Zahl der Arbeitgeber ist permanent kleiner als die der Arbeitnehmer.[609] Ein Arbeitnehmer stellt meist nur einen Bruchteil der von einem Betrieb nachfragten Arbeitskraft zu Verfügung, umgekehrt jedoch dieser Betrieb das gesamte Einkommen des Arbeitnehmers oder einen großen Anteil dessen. Ein Arbeitnehmer ist relativ leicht durch einen anderen zu ersetzen, oder sogar durch Produktionskapital, wohingegen dem Arbeitnehmer nur der vergleichsweise aufwendige Wechsel des Arbeitsplatzes bleibt. Und schließlich kann selbst im betrieblich schlimmsten Fall, dem Arbeitskräfteausfall, das „Überleben" vorübergehend durch Lagerhaltung, Fremdbezug oder -finanzierung und ähnliche Instrumente gesichert werden. In summa agiert die Arbeitgeberseite in der Mehrheit aller Marktsektoren, wenn dort nicht gerade eine partikuläre Arbeitnehmerknappheit herrscht, unabhängiger und mit einem strukturellen Verhandlungsvorteil.

---

[608] Siehe dazu Erster Teil, § 1, B II 1.

[609] Dies begründet sich – wie gezeigt – mit den Skaleneffekten beim Einsatz menschlicher Arbeitskraft allein und vor allem in Kombination mit Produktionskapital.

Durch das Zulassen oder Bewirken horizontaler Wettbewerbsbeschränkungen wird dem numerischen Mißverhältnis insoweit entgegengewirkt, als ein einzelner Arbeitgeber nicht mehr mit einzelnen Arbeitnehmern die Übereinkunft sucht, sondern idealerweise mit der Vertretung der ihm insgesamt für ein bestimmtes Einsatzgebiet zur Verfügung stehenden „Arbeitskraft" verhandelt. Die Anbieter auf einem einzelnen relevanten Arbeitsmarktsegment können zumindest theoretisch mit einer Stimme sprechen, also ein Kartell hinsichtlich der angebotenen Arbeitskraft bilden. Zwar würde auf diese Weise in den meisten Fällen aus dem Arbeitgeberübergewicht ein ebensolches auf Seiten der Arbeitnehmer. Dem wird jedoch entgegengewirkt, indem auch den Arbeitgebern Kartelle bei der Beschaffung des Produktionsfaktors Arbeitskraft gestattet werden. Mithin sind in Einzelfällen beidseitige Kartelle möglich, die nach dem Willen des Gesetzgebers getreu dem „Gegenmachtprinzip" ihre Machtfülle durch gegensätzliche Interessen neutralisieren sollen.[610] Einbußen bei den Wettbewerbsfunktionen müssen dennoch auftreten, bleibt doch den gebundenen Marktteilnehmern nach Abschluß der Verhandlungen nur die Entscheidung zwischen dem Akzeptieren der Bedingungen oder dem (teilweisen) Verzicht auf menschliche Arbeitskraft. Wesentliche Elemente der wirtschaftlichen Handlungsfreiheit sind dadurch ebenso beeinträchtigt wie beispielsweise die Tendenzen zur selbsttätigen Ressourcenallokation, zur leistungsgerechten Einkommensverteilung oder zum „Fortschritt", also der qualitativen Weiterentwicklung der angebotenen Arbeitskraft.

Auf den ersten Blick scheint vor diesem Hintergrund ein Zielkonflikt zu bestehen: Überläßt man den Arbeitsmarkt dem freien Spiel der Kräfte, vermag der Wettbewerb die erläuterten gesamtwirtschaftlich positiven Folgen weitgehend zu bewirken, wohingegen die Duldung oder Erzeugung horizontaler Wettbewerbsbeschränkungen zwar den Arbeitnehmern bei der Durchsetzung ihrer Individualinteressen hilft, in gesamtwirtschaftlicher Perspektive aber schädlich ist. Nicht übersehen werden darf indes, daß das aufgezeigte strukturelle Ungleichgewicht, das gewöhnlich auf einem unregulierten Arbeitsmarktsektor zugunsten der Arbeitgeber herrscht, seinerseits für „fehlerhafte" Ergebnisse sorgen kann und wird. So könnte die beidseitige Kartellierung des Arbeitsmarktes im Sinne der „Gegengiftthese" Clarks[611] durchaus auch in gesamtwirtschaftlicher Perspektive zu eher befriedigenden Ergebnissen führen als die gänzliche Nichtbeeinflussung des Arbeitsmarktmechanismus. Dies abschließend festzustellen ist innerhalb dieser Arbeit nicht möglich, und nicht deren Zielsetzung. Entscheidend für eine zu der bestehenden Rechtsordnung adäquate Gestaltung des vertikalen Wettbewerbsschutzes auf dem Arbeitsmarkt ist jedoch, inwieweit im Bereich horizontaler Beschränkungen der – vermeintliche – Konflikt als solcher behandelt wird und welche Abwägungen ggf. vorgenommen werden. Hierfür

---

[610] Wiedemann-TVG-*Wiedemann,* Einl. Rn. 3.

[611] Vgl. hierzu Dritter Teil, § 1, Abschn. D V.

werden im folgenden die Lösungen auf deutscher, auf europäischer und – aufgrund dortiger umfangreicher und aufschlußreicher Stellungnahmen – auf US-amerikanischer Ebene erläutert.

II. Behandlung im deutschen Recht

Insbesondere in Deutschland ist es nur begrenzt zu echten Untersuchungen des Konkurrenzverhältnisses des Wettbewerbsrechts zur arbeitsrechtlichen Kollektivierung gekommen. Von vornherein wurde der Zielkonflikt Arbeitnehmerwohl vs. Wettbewerbschutz unterstellt, ohne weitere Wirkungsketten zu berücksichtigen. Vordergründig betrachtet ist das damit zu rechtfertigen, daß mit dem TVG ein Gesetz existiert, welches – speziell den Arbeitsmarkt behandelnd – vorrangige Anwendung vor dem allgemeinen Wettbewerbsschutz des GWB bedingt.[612] Unterdessen zeigte die genaue Betrachtung, daß das TVG mit der Regelung der Tarifverträge an eine vertikale Vereinbarung anknüpft, während § 1 GWB bis vor kurzem nur vor horizontalen wettbewerbsbeschränkenden Vereinbarungen schützte. Anknüpfungspunkt konnte, da dem juristischen Kunstgriff, Arbeitnehmer als Unternehmen im Sinne des GWB zu interpretieren, nicht gefolgt werden sollte, nur die Übereinkunft der Arbeitgeber sein, den Regelungen des Tarifvertrages zu entsprechen. Somit war jedoch keine direkte Regelungskollision das zu bewertende Problem, sondern eine mögliche Fortwirkung des Regelungsgehalts des TVG und dessen Hintergrunds auch auf die dem Tarifvertragsschluß zugrundeliegenden Unternehmensvereinbarungen. Da sich also nicht in formalistischer Weise auf einen lex specialis-Vorrang des TVG abstellen ließ, war durchaus eine Abwägung zwischen den Regelungszielen des GWB und des TVG vorzunehmen.

Es ist dabei Konsens in der juristischen Diskussion, daß die Arbeitsmarktkollektivierung vor dem Wettbewerbsschutz vorrangige Bedeutung genießt. Zuvorderst läßt sich, um die Begründung hierfür aufzuzeigen, auf die Ausführungen zum Gesetzeszweck des TVG verweisen. Tarifverträge sollen in der durch das TVG näher bestimmten Form die strukturelle Unterlegenheit der einzelnen Arbeitnehmer beim Abschluß von Arbeitsverträgen ausgleichen.[613] Die Möglichkeit zur Bildung „kollektiver Gegenmacht" soll der „realen Imparität zwischen den Arbeitsmarktparteien" entgegenwirken.[614] Auch die Formulierung des Art. 9 Abs. 3 GG, der als Vertragspartner bei Tarifverträgen (nur) Vereinigungen „zur Wahrung und Förderung der Arbeits- und Wirtschaftsbedingungen" privilegiert, erfordert bei diesen Vereinigungen ein Koalitionsziel, das arbeits- und sozialrechtlichen Charakters ist.[615] Die Tarifverträge erfüllen damit in erster Li-

---

[612] Vgl. nur *BKartA*, WuW/E BKartA, 339.
[613] *BVerfG*, DB 1991, 1678, 1680; *Däubler*, Rn. 18.
[614] MHAR-*Richardi*, § 240, Rn. 13.
[615] Münch/Kunig-*Löwer*, Art. 9, Rn. 70.

nie eine Schutzfunktion zugunsten der Arbeitnehmer.[616] Folglich erkannten sowohl die Verfassungsväter als auch der Gesetzgeber die aufgrund der strukturellen Asymmetrie zwischen Arbeitnehmer und Arbeitgeber bestehenden Defizite in der Funktion und im Ergebnis des Arbeitsmarkts und wirkten diesen zugunsten des Arbeitnehmers entgegen.

Auch an anderer Stelle wird zwischen Wettbewerbsschutz und Kollektivierung abgewogen, und zwar bei der Bestimmung des ungenannten GWB-Ausnahmebereichs „Tarifvereinbarungen".[617] So wird zwar teilweise – dogmatisch etwas ungenau – Arbeitnehmern schon die Unternehmenseigenschaft mit der pauschalen Begründung abgesprochen, das Wettbewerbsrecht schütze nicht den Arbeitsmarkt. Überwiegend wird der Schutz der Arbeitsmarktkollektivierung jedoch am Tatbestandsmerkmal „Beschluß" angeknüpft. Ein solcher im Sinne des GWB soll danach nicht in der durch die Arbeitgeber verkündeten Akzeptanz der Tarifverhandlungsergebnisse liegen, wenngleich auf diese Weise der Beschaffungs- und Nutzungswettbewerb eines wesentlichen Produktionsfaktors halbseitig[618] ausgeschaltet wird. Zwar wird – wiederum ungenau – überwiegend angenommen, der Tarifvertrag selbst sei qua seiner kollektivierenden Wirkung vom Regelungsgehalt des GWB freizustellen. Damit wird der vertikale Charakter eines jeden Tarifvertrages verkannt, der ihn ohnehin dem Verbot in § 1 GWB a. F. entzog. Ob aber auf den eigentlichen Tarifvertrag oder richtigerweise auf die zugrundeliegenden bzw. die Folgevereinbarungen abgestellt wird, ist für die Wertungsfrage weniger entscheidend. Von Bedeutung für die vorliegende Arbeit ist die Frage, warum die Arbeitsmarktkollektive vorrangig vor dem Arbeitsmarktwettbewerb geschützt werden. Bereits die Ausführungen zu einem etwaigen Wettbewerbsschutz auf dem Arbeitsmarkt durch § 1 GWB[619] zeigten, daß die massiven Wettbewerbsbeschränkungen zuvorderst mit dem Ziel des Arbeitnehmerschutzes begründet werden. *Bechthold* nennt implizit den Arbeitnehmerschutz als Gesetzeszweck[620] und faßt die Diskussion der juristischen Literatur mit dem Ergebnis zusammen, daß der soziale Schutzzweck des Tarifvertrags seine wesensmäßige Kartellwirkung legitimiere.[621] *Emmerich* verwies auf die Geltungserhaltung des TVG, die eine derartige Einschränkung

---

[616] *Löwisch/Rieble,* Grundlagen Rn. 4.; Wiedemann-TVG-*Wiedemann,* Einl. Rn. 3; KHAR-*Dörner,* 8.1, Rn 7; EK-*Franzen,* § 2 TVG, Rn. 101, formuliert hingegen neutraler, es sollte in der Auslegung eines TV den „Anforderungen des Arbeitslebens" entsprochen werden, nicht jedoch sollte der TV allein nach der für Arbeitnehmer günstigsten Lesart ausgelegt werden.
[617] Vgl. Dritter Teil, § 2, Abschn. II 2 a).
[618] Die Beschränkung wird nur durch Mindestbedingungen bewirkt. Darüber hinausgehende Sonderleistungen zu gewähren und zu verlangen steht den Arbeitsvertragsparteien frei.
[619] Vgl. Dritter Teil, § 2, Abschn. II 2 a).
[620] *Bechthold,* § 1, Rn. 87.
[621] *Bechthold,* RdA 1983, 99, 100.

des Kartellrechts erfordere.[622] *Löwisch* und *Rieble* benennen die volkswirtschaftliche Kartellwirkung der Tarifverträge ebenso ausdrücklich wie deren Schutzfunktion, und sprechen den Vorrang der Kollektivierung zu Zwecken des Arbeitnehmerschutzes zwar nicht aus, lassen aber implizit keine andere Interpretation zu.[623]

Es kann festgehalten werden, daß die zentrale Rechtfertigung für den massiven Eingriff in die Wettbewerbsfreiheit des Arbeits- wie des Gütermarkts, den die Kollektivierung bewirkt, das Wohl des Arbeitnehmers ist. Dem steht auch nicht entgegen, daß Tarifverträge weitere Funktionen erfüllen und auch für die Arbeitgeberseite vorteilhaft sein können. So ist nämlich z.B. der vielzitierte „soziale Friede" nur der gesellschaftliche Ausdruck vielfacher individuell empfundener Zufriedenheit bzw. Gerechtigkeit. Die Möglichkeit der Arbeitgeber, ihre Personalkosten anzugleichen, ist wiederum nur ein Korrektiv für die andernfalls mit dem Arbeitnehmerschutz einhergehende Imparität zwischen den Marktseiten. Die gesamtwirtschaftlichen Effizienzgewinne durch zentrale Lohnverhandlungen stehen zumindest im Verdacht, durch ein zu hohes Reallohnniveau und die entsprechende Fehlallokation des Produktionsfaktors Arbeitskraft egalisiert zu werden. Das deutsche Wettbewerbsrecht nimmt mithin sämtliche Tarifvertragsregelungen, die tatsächlich Arbeitsverhältnisse betreffen,[624] primär zugunsten der Arbeitnehmer von seiner Geltung aus.

III. Behandlung im EU-Recht

Zwar hatte der *EuGH* schon im Jahre 1976 entschieden, daß zum Wirtschaftsleben im Sinne des Art 2 EGV auch das Angebot von und die Nachfrage nach Arbeitsleistungen gehöre.[625] Daß die Artikel „85 oder 86 EWG-Vertrag" sich „eigentlich" nicht mit arbeitsrechtlichen Angelegenheiten befassen, war aber noch 1990 die alleinige und nicht näher begründete Stellungnahme der *Kommission* zum aufgezeigten Spannungsverhältnis.[626] Seit dem Jahre 1990 berührte der „Fall Bosman" die Problematik, in dem sich der Profi-Fußballspieler Jean-Marc Bosman in mehreren Verfahren vor dem „Tribunal de première instance Lüttich" – zunächst gegen den RC Lüttich, ab August 1991 auch gegen die UEFA – nicht lediglich auf die Beschränkung der im einstigen Art. 48 EGV[627] gewährten Freizügigkeit für Arbeitnehmer innerhalb der EG berief. Gleichzeitig

[622] *Emmerich*, 9. A., § 2, Nr. 1 b); in aktueller Auflage ohne eigene Stellungnahme zum GWB-TVG-Spannungsverhältnis.

[623] *Löwisch/Rieble*, Grundl., Rn. 4, 6.

[624] Tarifvertragsinhalte, die ausschließlich Gütermarktbelange behandeln, genießen diesen Schutz nicht, vgl. *Emmerich*, § 20 Rn 8 i. V. m. § 3, Rn. 3.

[625] *EuGH* v. 14.07.1976, Slg. 1976, 1333, 1342: „Donà vs. Mantero"

[626] *Kommission* v. 31.01.1990, Antwort auf Anfrage Nr. 777/89, ABl. EG 1990 C Nr. 328, 3: „FIAT".

[627] Art. 39 EGV aktueller Fassung.

hatte er gerügt, die zur damaligen Zeit bei Fußballvereinen üblichen Transferabsprachen mit signifikanten Ablösesummen auch nach Vertragsbeendigung verstießen wegen ihres wettbewerbsschränkenden Charakters zudem gegen die Art. 85 und 86 EGV. Das später angerufene Berufungsgericht „Cour d'appel Lüttich" legte mit Urteil vom 1. Oktober 1993 diese Fragen dem *EuGH* zur Vorabentscheidung vor. Dieser befand, daß die übliche Vereinspraxis beim Spielertransfer mit dem Grundsatz der Arbeitnehmerfreizügigkeit unvereinbar sei und Art. 48 EGV der Anwendung entsprechender durch Sportverbände aufgestellter Regeln entgegenstehe.[628] Auf die Kollision der Ablöseregeln mit den Wettbewerbsvorschriften der Art. 85 und 86 EGV brauchte der *EuGH* nicht einzugehen, und unterließ daher ausdrücklich eine Stellungnahme hierzu.[629] Dem *EuGH*-Urteil vorausgegangen waren allerdings die entsprechenden Schlußanträge des Generalanwalts *Lenz*,[630] deren Erläuterung auch die Anwendbarkeit der Wettbewerbsvorschriften auf Vereinbarungen über Arbeitsverhältnisse behandelte. *Lenz* verneinte darin zwar, daß Arbeitsverhältnisse betreffende Absprachen generell den europäischen Wettbewerbsvorschriften entzogen seien. Gleichzeitig stellte er jedoch fest, daß es die Gewährleistung der Tarifautonomie (sehr wohl) erfordern könne, Tarifverträge vom Kartellrecht auszunehmen. Ungeachtet dessen, daß auch Lenz auf die – vertikalen – Tarifverträge bezug nimmt und nicht auf die zugrundeliegenden Unternehmensvereinbarungen,[631] bekennt er sich mit seiner Stellungnahme zu einem prinzipiellen Vorrang der Tarifvertragsinhalte gegenüber dem Wettbewerbsschutz. Der Regelungszweck der – nationalen – Tarifverträge, mithin in erster Linie der Ausgleich struktureller Arbeitnehmerunterlegenheit, ist folglich auch in seinen Augen vorrangig vor dem Arbeitsmarktwettbewerb zu verfolgen.

Im „Albany-Verfahren", welches mit *EuGH*-Urteil vom 21. September 1999 abgeschlossen wurde,[632] hat dieser das Spannungsverhältnis schließlich selbst behandelt. Das Textilunternehmen Albany International BV hatte sich geweigert, Arbeitgeberbeiträge in einen Rentenfonds einzuzahlen, der durch die niederländischen Tarifvertragsparteien in der Textilindustrie geschaffen war. Die Mitgliedschaft in diesem Fonds hatte der Minister für Arbeitsmarktfragen auf Antrag der Tarifpartner für obligatorisch erklärt, wogegen sich Albany unter Verweis auf das europäische Wettbewerbsrecht wendete. Dem *EuGH*-Urteil vorausgehend spitzte Generalanwalt *Jacobs* die extensive Erläuterung zu seinen

---

[628] *EuGH* v. 15.12.1995, Slg. 1995, I-5040, 5081: "Bosman".
[629] *EuGH* v. 15.12.1995, Slg. 1995, I-5040, 5078.
[630] *GA Lenz,* Schlußanträge v. 20.09.1995, Slg. 1995, I-4930: „Bosman", vgl. insb. Rn. 273 f.
[631] Zwar erfaßt das europäische Kartellverbot (heute Art. 81 EGV) gleichzeitig horizontale und vertikale Vereinbarungen und Beschlüsse. Da jedoch Gewerkschaften auch im Sinne des EU-Rechts nicht als Unternehmen anzusehen sind, sind auch hier die den Tarifvereinvertrag als verbindlich akzeptierenden Unternehmensvereinbarungen eigentlicher Anknüpfungspunkt für eine kartellrechtliche Untersagung.
[632] *EuGH* v. 21.09.1999, Slg. 1999, I-5863: "Albany".

Schlußanträgen[633] auf die grundsätzliche Frage zu, inwieweit Tarifverträge vom Kartellrecht abgeschirmt werden können und sollten. Dabei zeigt sein Vergleich der nationalen Regelungen in den Mitgliedstaaten,[634] daß regelmäßig ein – wenngleich auch unterschiedlich gestalteter und umfangreicher – Ausnahmebereich vom Wettbewerbsschutz für Tarifvereinbarungen angenommen wird. Für die europäische Ebene folgert *Jacobs* daraus in inhaltlicher Übereinstimmung mit *Lenz*, daß zwar nicht der „Sozialbereich als Ganzes" vom Wettbewerbsrecht freizustellen sei.[635] Unter den Bedingungen, daß es sich um förmliche Tarifvereinbarungen handele, daß diese nicht zur Verdeckung von Wettbewerbsbeschränkungen auf dem Gütermarkt getroffen würden, und daß in ihnen keine über den Kern von Tarifvereinbarungen hinaus gehenden Personen oder Märkte betroffen würden, solle jedoch eine Ausnahme vom allgemeinen Wettbewerbsschutz angenommen werden.[636] Ausdrücklich läßt er sich in der Herleitung dieser Grundsätze von der Argumentation leiten, daß Tarifverträge „Arbeitnehmer bei Löhnen und Arbeitsbedingungen an der Teilnahme an einem „Rennen abwärts"...hindern".[637] Zudem verweist er auf diverse EGV-Passagen, die – inhaltlich konkurrierend mit dem Wettbewerbsschutz – der Gemeinschaft aufgeben, die Tarifverhandlungen zu fördern.[638] Es zeigt sich, daß auch Jacobs mit Blick auf originäre Arbeitnehmerinteressen Einbußen beim Wettbewerbsschutz in kauf nimmt.

Die Entscheidung des *EuGH*, die die Pflichtmitgliedschaft der niederländischen Textilunternehmen in der „Stichting Bedrijfspensioenfonds Textielindustrie" als im Ergebnis nicht gegen Art. 85, 86 EGV damaliger Fassung verstoßend ansieht, stellt weniger auf eine genaue Betrachtung der Tarifverträge im einzelnen ab als auf einen prinzipiellen Vorrang des Tarifvertrags. Dieser sei vor allem durch die Art. 2, 118 und 118b EGV damaliger Fassung[639] begründet, die den Dialog zwischen den Sozialpartnern und den sozialen Schutz zum Gemeinschaftsziel erklärten.[640] Auch das Abkommen über die Sozialpolitik[641] sehe als Ziel unter anderem die Verbesserung der Lebens- und Arbeitsbedingungen sowie einen angemessenen sozialen Schutz vor.[642] Ergebnis einer „sachgerechten und zusammenhängenden Auslegung der Bestimmungen in ihrer Gesamtheit" müsse folglich sein, Tarifverträge, die durch die Sozialpartner im Hinblick auf diese Ziele geschlossen wurden, aufgrund ihrer Art und ihres Gegenstandes

[633] *GA Jacobs*, Schlußanträge v. 28.01.1999, Slg. 1999, I-5754, 5861: „Albany".
[634] *GA Jacobs*, Schlußanträge v. 28.01.1999, Slg. 1999, I-5754, 5775 ff.
[635] *GA Jacobs*, Schlußanträge v. 28.01.1999, Slg. 1999, I-5754, 5787.
[636] *GA Jacobs*, Schlußanträge v. 28.01.1999, Slg. 1999, I-5754, 5799 ff.
[637] *GA Jacobs*, Schlußanträge v. 28.01.1999, Slg. 1999, I-5754, 5796.
[638] *GA Jacobs*, Schlußanträge v. 28.01.1999, Slg. 1999, I-5754, 5794 f.
[639] Art. 2, 137 und 139 EGV aktueller Fassung.
[640] *EuGH* v. 21.09.1999, Slg. 1999, I-5863, 5881: "Albany".
[641] Abl. EG 1992 C Nr. 191, 91.
[642] *EuGH* v. 21.09.1999, Slg. 1999, I-5863, 5881.

nicht unter Art. 85 EGV fallen zu lassen.[643] Auch der *EuGH* begründet damit seine Wertung zugunsten eines Vorrangs der Arbeitsmarktkollektivierung zuvorderst mit Arbeitnehmerinteressen und konkretisiert seine Präferenz ausdrücklich in der Begründung des Urteils zum „Albany-Fall", indem er feststellt, die durch die Tarifparteien vereinbarte Pflichtmitgliedschaft trüge „unmittelbar zur Verbesserung einer der Arbeitsbedingungen der Arbeitnehmer, nämlich ihrer Entlohnung, bei."[644] Die Bedeutung des Schutzmotivs zugunsten der Arbeitnehmer wird dadurch unterstrichen, daß der *EuGH* in einem weiteren Urteil[645] eine Vereinbarung, die niederländische Fachärzte zur Zahlung in einen Rentenfonds verpflichtete, deshalb nicht vom allgemeinen Ausnahmebereich „à la Albany" erfaßt sah, weil diese Vereinbarung gerade nicht zwischen Tarifpartnern geschlossen worden war, sondern unter den Mitgliedern einer Berufsvertretung.

Wenig Beachtung findet die Gesetzeskonkurrenz auf Seiten des Schrifttums. Es wird – wenn überhaupt – sowohl von kartellrechtlicher[646] als auch von arbeitsrechtlicher[647] Seite lediglich die Nichtanwendbarkeit des Wettbewerbsschutzes im EGV auf Tarifverträge festgestellt, ohne dies im einzelnen zu begründen, oder gar eine mit den gerichtlichen Erörterungen vergleichbare Abwägung vorzunehmen. Soweit ersichtlich, beleuchtet einzig *v. Wallwitz* eingehend das Spannungsverhältnis der Tarifvereinbarungen zum damaligen Art. 85 EGV und setzt dem wettbewerbsrechtlichen Schutz durch den zu gewährleistenden Funktionserhalt der Tarifautonomie Grenzen.[648] Daraus läßt sich zumindest ableiten, daß auch hier soziale Erwägungen den Ausschlag für den Vorzug der Arbeitsmarktkollektivierung geben.

IV. Behandlung im US-amerikanischen Recht

Der „Sherman Antitrust Act" aus dem Jahre 1890 bildet in seiner Section 1 das Rückgrat des US-Kartellrechts. Die Vorschrift bestimmt, daß jeder Vertrag, jeder Zusammenschluß in Form eines Trusts oder anderweitig, oder jedes Zusammenwirken, das den Wettbewerb in Handel oder Gewerbe zwischen den einzelnen Staaten der Union oder mit fremden Nationen beschränkt, für rechtswidrig erklärt wird.[649] In Hinblick auf Arbeitsmarktsachverhalte enthält der „Clayton Act" (1914) in seinem § 6 die einzig relevante Ausnahme vom Kar-

---

[643] *EuGH* v. 21.09.1999, Slg. 1999, I-5863, 5883.
[644] *EuGH* v. 21.09.1999, Slg. 1999, I-5863, 5883.
[645] *EuGH* v. 12.09.2000, Slg. 2000, I-6497, 6519 f.: "Pavlov u.a.".
[646] Exemplarisch: Langen/Bunte-*Bunte,* Art. 81 (Generelle Prinzipien), Rn. 7; ausführlicher zu Profisport-Absprachen *Fleischer,* WuW 1995, 473, 483 f.
[647] Exemplarisch: *Gamillscheg,* S. 692.
[648] *Wallwitz,* S. 117.
[649] "Every contract, combination in the form of trust or otherwise, or conspiracy, in restraint of trade or commerce among the several States, or with foreign nations, is declared to be illegal."

tellverbot. Hierin wird zum einen bestimmt, daß menschliche Arbeitskraft nicht als Ware oder Handelsartikel gilt. Zum anderen werden für die rechtliche Bewertung der Existenz und der Handlungen unter anderem der „labor organizations" die Regelungen des Kartellrechts faktisch ausgeblendet.[650]

Allerdings ist diese weitgehende Freistellung vom Kartellrecht so formuliert, daß davon nur einseitige Gewerkschaftstätigkeiten erfaßt werden. Nicht privilegiert werden vom Gesetzeswortlaut die Vereinbarungen zwischen den Tarifparteien, und erst recht nicht lassen sich Absprachen unter Arbeitgebern direkt unter § 6 Clayton Act subsumieren. Das bedeutet, daß die gesetzliche Ausnahme zu Section 1 des Sherman Acts keine Freistellung für Kollektivverhandlungen auf dem Arbeitsmarkt begründete. Daran änderte auch die Ausweitung der Gewerkschaftsrechte durch den „Norris – La Guardia Act" vom 23. März 1932 nichts, der Gewerkschaftsaktivitäten prinzipiell förderte und unter anderem Absprachen zwischen Arbeitgebern und Arbeitnehmern über deren Nichtbeitritt zu Gewerkschaften (sog. „yellow-dog contracts") für unwirksam erklärte. Nach formaler Gesetzeslage widersprachen Tarifvereinbarungen, vor allem jedoch Übereinkünfte von Unternehmen über deren Verbindlichkeit, dem Kartellverbot von 1890.

Daher war es am U.S. Supreme Court, eine außergesetzliche Ausnahme („nonstatutory exemption") vom Kartellrecht für Tarifvereinbarungen zu bejahen, soweit diese Vereinbarungen Löhne und Arbeitsbedingungen behandeln. In einem grundlegenden Urteil im Jahre 1975[651] stellte das Gericht fest, daß die Arbeitspolitik den Zusammenschluß der Arbeitnehmer fördert, gerade um den Wettbewerb bei Löhnen und Arbeitsbedingungen auszuschließen. Zwar würde dadurch auf den Preiswettbewerb der Arbeitnehmer eingewirkt. Dies sei jedoch zur Erreichung der Ziele des Bundesarbeitsrechts unerläßlich. Das Gericht erkannte daher an, daß eine Schwächung des „geschäftlichen Wettbewerbs aufgrund von Unterschieden bei Löhnen und Arbeitsbedingungen" insoweit hinzunehmen sei, wie es die Arbeitspolitik erfordere. Die außergesetzliche Ausnahme gewähre indessen keinen gleichartigen Schutz vor der Kartellrechtswirkung in Fällen, in denen die Tarifparteien hinsichtlich der Beschränkung des Wettbewerbs auf einem geschäftlichen Markt übereinkommen.[652] Die Gewerkschaften

---

[650] "The labor of a human being is not a commodity or article of commerce. Nothing contained in the antitrust laws shall be construed to forbid the existence and operation of labor, agricultural, or horticultural organizations,…".

[651] "Connell Constructions vs. Plumbers and Steamfitters Local Union No. 100", 421 U.S. 616 (1975).

[652] "The nonstatutory exemption has its source in the strong labor policy favoring the association of employees to eliminate competition over wages and working conditions. Union success in organizing workers and standardizing wages ultimately will affect price competition among employers, but the goals of federal labor law never could be achieved if this effect on business competition were held a violation of the antitrust laws. The Court therefore has ac-

können insoweit (getreu § 6 Clayton Act, Anm. d. Verf.) lediglich einseitig und mittelbar über das Verhalten ihrer Mitglieder Einfluß auf den Geschäftswettbewerb der entsprechenden Arbeitgeber nehmen.[653]

Weitere Konkretisierungen zum Umfang dieses außergesetzlichen Ausnahmebereichs enthalten zwei Entscheidungen zu Klagen von Football-Spielern gegen einseitige Beschlüsse des Verbands ihrer Arbeitgeber. Im Verfahren Brown vs. Pro Football Inc.[654] hatten die Arbeitgeber – also Vereine der nordamerikanischen Footballiga NFL – nach gescheiterten Tarifverhandlungen mit der „NFL Players' Association" untereinander vereinbart, einer bestimmten Kategorie ihrer Arbeitnehmer – vorliegend Neuprofis mit bis zu einem Jahr Spielerfahrung in der NFL – ein einheitliches Gehalt von US$ 1.000,- pro Woche zu zahlen. Diese einseitige Maßnahme der Arbeitgeber wurde durch den U.S. Supreme Court als vom außergesetzlichen Ausnahmetatbestand zum Kartellverbot gedeckt angesehen, weil vorliegend durch die Vereinbarung das letzte Lohnangebot der Arbeitgeber in vorangegangenen Tarifverhandlungen durchgesetzt werden sollte, was arbeitsrechtlich und -politisch unbedenklich sei. Das Verhandeln mehrerer Arbeitgeber als solches sei eine anerkannte, wichtige und überzeugende Methode der Tarifverhandlung, die beiden Tarifpartnern Vorteile biete.[655] Die Gültigkeit des Kartellrechts verhindere einen beständigen und sicheren Prozeß der Tarifverhandlungen. Diskussionen und Verhaltensweisen, wie Kollektivverhandlungen sie erforderten, würden verboten oder gehemmt.[656] Dem Urteil muß als besonders bemerkenswert entnommen werden, daß auch Kollektivvereinbarungen zum Nachteil der Arbeitnehmer, wie das Verdienstbeschränkungen auf einem Arbeitsmarkt mit Nachfrageüberschuß sind, gestattet wurden. Ohne Differenzierung nach den konkreten Auswirkungen der Vereinbarungen wurde damit ein Vorrang der Kollektivierung vor dem Wettbewerb manifestiert, weil Tarifverhandlungen „als solche" für beide Arbeitsmarktseiten förderlich seien. Dem muß die Vorstellung zugrunde liegen, daß üblicherweise – also in Arbeitsmärkten mit Angebotsüberschuß oder zumindest neutralen Gewichten – die Kollektivierung den Arbeitnehmern zuträglich ist, und dieses System nicht durch Ausnahmebereiche unterminiert werden soll.

---

knowledged that labor policy requires tolerance for the lessening of business competition based on differences in wages and working conditions...the nonstatutory exemption offers no similar protection when a union and a nonlabor party agree to restrain competition in a business market."

653 "...the statutory exemption allows unions to accomplish some restraints by acting unilaterally..."

654 "Brown vs. Pro Footbal Inc.", 116 S. Ct. 2116 (1996).

655 "Multiemployer bargaining itself is a well established, important, pervasive method of collective bargaining, offering advantages to both management and labor."

656 "...to permit antitrust liability here threatens to introduce instability and uncertainty into the collective bargaining process, for antitrust law often forbids or discourages the kinds of joint discussions and behavior that the collective bargaining process invites or requires."

Bestätigt wurde diese Rechtsprechungslinie durch ein jüngeres Urteil des „U.S. Court of Appeals for the Second Circuit“.[657] Im Ursprungsverfahren hatte ein Nachwuchs-Football-Spieler gegen eine für von den NFL-Vereinen sich selbst auferlegte Aufstellungsregel mit dem Vortrag geklagt, diese verstoße gegen das Kartellverbot. Nach der Regel dürfen die Vereine nur solche Nachwuchsspieler einsetzen, die zuvor entweder 3 Spielzeiten in einer College-Mannschaft eingesetzt wurden, oder zumindest drei Jahre nach ihrem High-School-Abschluß stehen. Das Berufungsgericht hob das erstinstanzliche klagestattgebende Urteil eines Bezirksgerichts auf. Es befand, daß die Vereinbarung des Mindestalters ihrer Spieler durch die NFL-Vereine der außergesetzlichen Ausnahme vom Antitrust-Recht unterfällt, die der vorzugswürdige Geltungserhalt des Bundesarbeitsrechts bedingt.

Nach alledem kann für das US-amerikanische Recht ein deutlicher Vorrang der Kollektivverhandlungen und -handlungen auf dem Arbeitsmarkt vor dem Schutz dessen horizontalen Wettbewerbs festgestellt werden. Aufgrund der außergesetzlichen Kartellrechtsausnahme werden nicht nur Tarifvereinbarungen und ihnen zugrundelegende Beschlüsse der Arbeitsmarktparteien vom Kartellverbot ausgenommen, sondern sogar einseitige Arbeitgebermaßnahmen, die für Arbeitnehmer auf Märkten mit Nachfrageüberschuß eine Verschlechterung ihrer Marktposition zur Folge haben. Begründet wird diese sehr konsequent eingehaltene Wertung mit den regelmäßigen Vorteilen, die dem „collective bargaining“ – zumindest hauptsächlich – in Hinblick auf die Arbeitnehmerinteressen zugeschrieben werden.

V. Gemeinsamkeiten im Lösungsansatz, Schlußfolgerung

Die empfindlichen horizontalen Wettbewerbsbeschränkungen werden primär mit dem Ziel der Arbeitnehmerbegünstigung legitimiert – das zeigen die vorstehenden für den deutschen Arbeitsmarkt relevanten Untersuchungen der Arbeitsmarktregulierung auf deutscher und europäischer Ebene ebenso deutlich wie die zu Vergleichszwecken dargestellte Diskussion in den USA. Innerhalb Europas findet sich dieses Wertungsergebnis mit variierender Ausprägung in vielen nationalen Rechtsordnungen,[658] und eine vergleichbare Motivation des jeweiligen Gesetzgebers darf unterstellt werden. Das festgestellte strukturelle Ungleichgewicht zwischen der Arbeitnehmer- und der Arbeitgeberseite wird also erkannt, und mittels des Zulassens oder/und Förderns der kollektiven Verhandlung um den Preis für menschliche Arbeitskraft wird die Kompensation verfolgt.

---

[657] "Clarett vs. National Football League", 369 F.3d 124 (2nd Cir 2004).

[658] Vgl. zusammenfassend: *GA Jacobs*, Schlußanträge v. 28.01.1999, Slg. 1999, I-5754, 5774 ff.: „Albany“.

In diesem Zusammenhang ist jedoch bemerkenswert, daß die unzweifelhaft ebenfalls vorhandenen positiven Folgen für die Arbeitgeberseite, die die Arbeitsmarktkollektivierung bewirken kann, in den verschiedenen Begründungen annähernd keine Beachtung finden.[659] Hieraus muß geschlossen werden, daß die Sicherung der Arbeitnehmerinteressen nicht nur die vorrangige, sondern die wohl ausschließliche Rechtfertigung horizontaler Wettbewerbsbeschränkungen auf dem Arbeitsmarkt ist. Daraus könnte – in Parallelwertung zum stringenten Wettbewerbsschutz auf dem Gütermarkt – gefolgert werden, daß Wettbewerbsbeschränkungen auf dem Arbeitsmarkt per se unzulässig seien, soweit sie der Arbeitnehmerseite nicht vergleichbare Vorteile bewirken. Selbst wenn man diesen Schluß als Überinterpretation der legislativen und judikativen Absichten ablehnt, wird man zumindest als Ergebnis festhalten können, daß nach dem Willen der Gesetzgebung und der Rechtsprechung Wettbewerbsbeschränkungen auf dem Arbeitsmarkt, die den Arbeitnehmerinteressen zuwiderlaufen, nach Möglichkeit vermieden werden sollten.

Ziel der Arbeitsmarktregulation ist demnach zuvorderst die Sicherung des angemessenen finanziellen wie ideellen Arbeitnehmerauskommens. Der Wettbewerbsschutz steht demgegenüber hinten an, sollte jedoch auf zweitem Rang die Beachtung finden, die – nach „Abzug“ der strukturellen Arbeitnehmerschwäche – durch seine gezeigte gesamtökonomische Vorteilhaftigkeit gerechtfertigt ist.

C. Wirkungsanalyse für Nebentätigkeitsbeschränkungen

Allein die Tatsache, daß der Arbeitsmarkt aufgrund der vom Arbeitnehmer nicht trennbaren Arbeitskraft strukturelle Unterschiede zum Gütermarkt aufweist, verändert noch nicht allgemein eintretende Folgen möglicher Wettbewerbsbeschränkungen. Wenn beispielsweise eine Gewerkschaft durchsetzt, daß Arbeitgeber einfache Schreibfunktionen in neuen automatisierten Verfahren ausschließlich von Setzern mit relativ hohem Gehalt verrichten lassen, dann stärkt das zwar die Position dieser Arbeitnehmer. Zugleich wird jedoch ein Schreiber, der dieselbe Leistung wesentlich günstiger anbietet, faktisch vom Marktzugang ausgeschlossen. Eine Gruppe, die das Privileg der Tarifautonomie genießt, sichert auf diesem Wege ihren Besitzstand statt durch Leistung und Anpassung an den Bedarf durch die Ausübung gesellschaftlicher Macht.[660] Insoweit ist kein Unterschied auszumachen zu den Folgen des Handelns eines beliebigen Produzenten, der mit seinem Zulieferer eine Ausschließlichkeitsvereinbarung getroffen hat. Es wird die Angebotsseite in ihren Wahlmöglichkeiten

[659] Eine Ausnahme stellt die Entscheidungsbegründung des U.S. Supreme Court im Verfahren “Brown vs. Pro Football Inc.”, 116 S. Ct. 2116 (1996) dar, in der das “collective bargaining” als für *beide* Tarifpartner vorteilhaft bezeichnet wird, ohne allerdings dies weiter zu konkretisieren.

[660] *Möschel*, ZRP 1988, S. 48, 49.

eingeschränkt, damit jedoch indirekt auch – und das ist regelmäßig das eigentliche Ziel – die Wettbewerber des Produzenten.

Verschiedenen Orts in dieser Arbeit wurde bereits exemplarisch dargestellt, wie Nebentätigkeitsbeschränkungen – auf den ersten Blick nur – zugunsten des Arbeitgebers und zulasten des Arbeitnehmers in den Vertikalwettbewerb auf dem Arbeitsmarkt eingreifen. Es ist Ziel des folgenden Abschnitts, die durch Nebentätigkeitsbeschränkungen Profitierenden sowie die entsprechend Belasteten erschöpfend zu erfassen, und den Befund ins Verhältnis zu den Zielsetzungen der Arbeitsmarktkollektivierung zu setzen. Ausgangspunkt ist jeweils ein vollständiges Verbot der Nebentätigkeit. Die „milderen" Beschränkungen, also zeitliche Grenzen, Genehmigungsvorbehalte und Meldepflichten, bewirken nur stellenweise abweichende Folgen, auf die dann im einzelnen eingegangen wird.

I. Wirkungen für den bindenden Arbeitgeber

Ein befolgtes Nebentätigkeitsverbot bewirkt, daß der Arbeitnehmer seine Leistung nur an einen Arbeitgeber liefert. Ein bestimmtes konstantes Maß an Leistungsfähigkeit vorausgesetzt, hat der Arbeitnehmer keine Möglichkeit und Veranlassung, dieses auf mehrere Tätigkeiten zu verteilen. Der Arbeitgeber kann mit der vollen Hingabe des Arbeitnehmers für seine Beschäftigung rechnen. Allerdings muß betont werden, daß durch ein Nebentätigkeitsverbot nur die potentielle Arbeitskraft dem Arbeitgeber „reserviert" wird. Davon ist allerdings die Frage zu unterscheiden, welchen Anteil seines Potentials der Arbeitnehmer – unter dem Eindruck der ihm auferlegten Einschränkung – auch wirklich abruft. Es ist zumindest denkbar, daß ein in seiner Haupttätigkeit nicht ausgelasteter, jedoch mit einem Nebentätigkeitsverbot belegter Arbeitnehmer aufgrund latenter Unzufriedenheit „Dienst nach Vorschrift" oder sogar schlechtere Leistungen erbringt als bei Aufnahme einer angemessenen gewünschten Nebentätigkeit. Dies gilt umsomehr, als neben dem Korrektiv für inflexible Arbeitszeiten in der Hauptbeschäftigung und dem Einkommenseffekt ein wesentliches Motiv zur Aufnahme einer Nebentätigkeit auch die Möglichkeit zur Erfüllung nicht realisierbarer Ansprüche an die (Haupt-)Erwerbstätigkeit ist.[661]

Ein Nebentätigkeitsverbot reduziert außerdem die Gefahr des Arbeitgebers, betriebsinternes Know-How dadurch an aktuelle oder potentielle Konkurrenten zu verlieren, daß der Arbeitnehmer dieses in seine Parallelbeschäftigung einbringt. In gleichem Maße nimmt allerdings die Möglichkeit ab, auf diesem Wege durch die Arbeitnehmer entsprechende Informationen zu gewinnen.

Die Position des Arbeitgebers gegenüber seinem Arbeitnehmer wird schließlich dadurch gestärkt, daß dem Arbeitnehmer durch das Nebentätigkeitsverbot die

---

[661] *Schwarze*, S. 250.

Orientierung hin zu anderen Arbeitgebern ebenso erschwert wird wie der persönliche Vergleich der Arbeitsbedingungen bei verschiedenen Arbeitgebern. Zwar bleibt es dem Arbeitnehmer unbenommen, sich bei anderen Betrieben um eine Folgeanstellung zu bemühen.[662] Er hat jedoch nur diese „Alles-oder-Nichts"-Möglichkeit, nicht hingegen die Option, andere potentielle Hauptarbeitgeber im Wege einer Nebentätigkeit zunächst auf halbwegs unverbindlicher Basis kennenzulernen. Die Marktbeweglichkeit des Arbeitnehmers, aus bereits genannten in erster Linie sozialen Gründen ohnehin eingeschränkt, verringert sich auf diese Weise weiter.[663] Der Wettbewerb unter Arbeitgebern wird insoweit gemildert, als die „schleichende" Abwerbung eines Arbeitnehmers durch steigende Inanspruchnahme im Rahmen einer Nebentätigkeit und ggf. hierfür ebenso steigende Vergütung nicht möglich ist. Dies reduziert einerseits die Kosten des Arbeitgebers, die ihm durch den (Abwehr-)Wettbewerb um Arbeitnehmer entstehen. Andererseits ist er selbst im flexiblen Einsatz menschlicher Arbeitskraft für seine Güterproduktion eingeschränkt. Fremde Aushilfskräfte stehen ihm nur eingeschränkt zur Verfügung, sofern auch diese an einen Hauptarbeitgeber gebunden sind. Die eigenen Arbeitnehmer sind im Fall eines bestehenden Nebentätigkeitsverbots weniger flexibel einsetzbar (und bezahlbar), weil sie in Zeiten geringerer Inanspruchnahme keine Möglichkeit haben, den Gehaltsausfall bei einem anderen Arbeitgeber zu kompensieren. Ein Nebentätigkeitsverbot manifestiert daher die augenblickliche Verteilung der Arbeitskräfte, was nur dann zum Nutzen eines Arbeitgebers ist, wenn er selbst keinen akuten Veränderungsbedarf in diesem Bereich sieht und mit dem Bestand seiner aktuell zur Verfügung stehenden Arbeitskraft zufrieden ist.

Handelt es sich um kein Verbot der Nebentätigkeit, sondern nur um eine zeitliche Begrenzung z.B. in Wochenstunden, büßt der Arbeitgeber seine Exklusivität als Vertragspartner des Arbeitnehmers ein. Wenngleich ihm noch der Großteil der Arbeitskraft seiner Angestellten zufließen wird, ist er weder vor ihrer Verausgabung durch Nebentätigkeiten noch vor dem Abfluß betrieblichen Know-hows geschützt. Hingegen dürfte der Zugewinn an Freiheit bei einer plausiblen Beschränkung der Nebentätigkeiten die Zufriedenheit der Arbeitnehmer mit der langfristigen Folge besserer Arbeitsleistungen erhöhen.

---

[662] Dies zu unterbinden ist Aufgabe eines Wettbewerbsverbots für die der Anstellung folgende Zeit, welches im Rahmen dieser Arbeit nicht untersucht wird.

[663] Die Bedeutung der Nebentätigkeit als Zwischenschritt zu einer neuen Festanstellung darf nicht unterschätzt werden: So weisen *Schäfer/Vogel*, S. 132 f., nach, daß Teilzeitarbeit sich dafür eignet, „jenen Personen Partizipationschancen…(auf dem Arbeitsmarkt, Anm. d. Verf.)…zu eröffnen, denen die Ausübung einer bezahlten Erwerbstätigkeit zuvor nicht möglich war." Dieser Befund spricht dafür, daß Arbeitnehmer in Teilzeit- oder auch Nebenbeschäftigungen die Möglichkeit der Bewährung gegenüber einem fremden Arbeitgeber erhalten, der andernfalls wiederum nicht ohne weiteres einen neuen Mitarbeiter in Vollzeit einstellen würde.

Sofern sich der Arbeitgeber die Genehmigung der Nebentätigkeiten seiner Arbeitnehmer vorbehält, gewinnt über das Weisungsrecht im Arbeitsverhältnis hinaus Einfluß über seinen Arbeitnehmer. Er kann individuell nach der Leistungsfähigkeit seines Arbeitnehmers in seinen Augen unbedenkliche Nebentätigkeiten gestatten, andere wiederum versagen. Das kann zu einer erhöhten Arbeitnehmerzufriedenheit führen, wenn diesem vermittelt wird, daß seine persönliche Situation in der Entscheidung des Arbeitgebers Berücksichtigung findet. Gleichwohl kann der Arbeitgeber das Gegenteil bewirken, wenn er mit seiner Entscheidung oder deren Begründung beim Arbeitnehmer den Eindruck erweckt, daß sein Entschluß willkürlich ergeht und anhand objektiver Kriterien nicht nachvollziehbar oder voraussehbar ist. Entscheidend ist für den Arbeitgeber jedoch der Vorteil, daß er durch das arbeitnehmerseitige Einholen einer Nebentätigkeitsgenehmigung über dessen beabsichtigte Nebentätigkeit umfassend informiert werden kann. Mit der Begründung, nur auf diese Weise über die Vereinbarkeit der gewünschten Nebentätigkeit mit der Haupttätigkeit befinden zu können, kann er Details über den Arbeitsinhalt, die Arbeitszeit und das Entgelt einfordern. Entzieht sich der Arbeitnehmer diesem Wunsch, kann er vom Arbeitgeber jedenfalls nicht eine nach objektiven Gesichtspunkten getroffene Entscheidung verlangen. Regelmäßig wird er einwilligen und die Informationen preisgeben. Darunter können vor allem Anhaltspunkte über die Dritteinschätzung seines Marktwertes, über andere Interessenten an seiner Arbeitskraft und damit Konkurrenten des Arbeitgebers auf dem Arbeitsmarkt sowie über weitere – in der Haupttätigkeit nicht eingesetzte – Fähigkeiten fallen. Auf diese Weise erlangt der Arbeitgeber Marktinformationen, die seine Verhandlungsposition gegenüber dem Arbeitnehmer stärken.

Eine bloße (durch den Arbeitnehmer auch eingehaltene) Meldepflicht verschafft dem Arbeitgeber lediglich den beschriebenen Informationsvorteil, je nach dem Umfang der Anzeigeobliegenheit. Direkter Einfluß auf das Nebentätigkeitsverhalten begründet sich aus einer Anzeigepflicht allein nicht. Ungeachtet dessen wird ein anzeigepflichtiger Arbeitnehmer seine Nebentätigkeiten regelmäßig mit mehr Rücksicht auf die Interessen seines Hauptarbeitgebers auswählen, was letzterem auch ohne eigene Eingriffsmöglichkeiten zum Vorteil gereicht.

II. Wirkungen auf den gebundenen Arbeitnehmer

Zum großen Teil werden Arbeitnehmer entsprechend in umgekehrter Richtung von einem Nebentätigkeitsverbot betroffen. Wesentliche Wirkung eines Nebentätigkeitsverbots für den Arbeitnehmer ist die Gebundenheit an den aktuellen Arbeitgeber. Daraus resultiert für den Arbeitnehmer zweierlei Einschränkung. Zum einen kann er nur in der Menge Arbeitskraft „absetzen“, wie sie sein aktueller Arbeitgeber nachfragt. Während ein ungebundener Arbeitnehmer, ungeachtet sonstiger Beschränkungen, bei Nichtauslastung durch seinen Arbeitgeber eine weitere Beschäftigung aufnimmt und dadurch seine Arbeitszeit weitgehend selbst bestimmen – jedenfalls über das Maß seiner Haupttätigkeit erhöhen – kann, bestimmt sich die Inanspruchnahme des gebundenen Arbeitnehmers nur nach den Einsatzmöglichkeiten seines aktuellen Arbeitgebers. Zum anderen bestimmt auch die ausschließliche Art seiner Tätigkeit der (einzige) Arbeitgeber. Ein ungebundener Arbeitnehmer kann eine Nebentätigkeit in einer gänzlich anderen Branche aufnehmen als in der seiner Haupttätigkeit. Indem ihm Nebentätigkeiten versagt werden, kann er seine Arbeitskraft respektive seine Fähigkeiten nur im Geschäftsfeld seines Arbeitgebers verwerten. Der Arbeitnehmer erfährt damit empfindliche ökonomische wie nichtökonomische Beeinträchtigungen: Er büßt entscheidende Wahlfreiheiten im Angebot seiner Arbeitskraft auf dem Markt ein. Zugleich verliert er die Möglichkeit des für ihn nutzenoptimalen „Trade-Off" zwischen Einkommen und Freizeit, sowie gleichzeitig die des Angebots seiner überschüssigen Arbeitskraft an zahlungswillige Nachfrager.

Neben der Möglichkeit der Parallelbeschäftigung wird dem Arbeitnehmer durch das Nebentätigkeitsverbot zudem – wie schon aufgezeigt – die praktikable Möglichkeit genommen, potentielle zukünftige Hauptarbeitgeber mittels Aufnahme einer dortigen Nebentätigkeit kennenzulernen. Der Arbeitnehmer büßt den Überblick über das für ihn relevante Arbeitsmarktgeschehen ebenso ein wie den über seinen eigenen Marktwert. Er hat erst recht keine Möglichkeit, die Vertragspartner seiner Arbeitsverhältnisse in seinem Sinne „gegeneinander auszuspielen".

Ist innerhalb eines relevanten (Arbeits-) Marktes das Nebentätigkeitsverbot üblich oder verbreitet, so kann das dem einzelnen Arbeitnehmer immerhin insoweit zugute kommen, als in seiner Haupttätigkeit keine (potentielle oder reale) Konkurrenz durch für den Arbeitgeber billigere Neben- und Kurzzeittätige herrscht. Nebentätige können im Fall temporär steigender Nachfrage die günstigere Alternative zu Überstunden für die Stammbelegschaft sein. Unter Umständen werden zwei oder drei Nebentätige sogar eine volle Stelle dauerhaft günstiger ausfüllen können als ein Vollzeitmitarbeiter, insbesondere weil regelmäßig für Aushilfskräfte die Sozialbeiträge und der Kündigungsschutz zugunsten des Arbeitgebers reduziert sind. Ein verbreitetes Nebentätigkeitsverbot unterdrückt jedenfalls den Teil dieser Konkurrenz, der ebenfalls einer Haupttätigkeit nachgeht und diese um eine Nebentätigkeit im Wirkungskreis des Arbeitnehmers ergänzen will.

Man kann schließlich der Meinung sein, ein Nebentätigkeitsverbot komme dem (allzu ehrgeizigen) Arbeitnehmer entgegen, weil es seiner möglichen Selbstausbeutung entgegenwirke. Da Nebentätigkeiten große Teile der Freizeit ausfüllen, besteht die Gefahr, daß ein Arbeitnehmer seinem Einkommenszuwachs unter Außerachtlassung seiner eigenen Gesundheit höchste Priorität einräumt, mit negativen Langzeitfolgen für den Arbeitnehmer selbst, für den Arbeitgeber, und auch für öffentliche Kassen. Dieses Szenario geht allerdings von einem durch finanzielle oder sonstige Zwänge nicht zur souveränen Entscheidungsfindung zwischen Freizeit und Einkommen fähigen Arbeitnehmer aus. Zudem wird unterstellt, das notwendigerweise regelmäßig abstrakte Nebentätigkeitsverbot[664] berücksichtige die tatsächliche Leistungsfähigkeit eines (durchschnittlichen?) Arbeitnehmers besser als dieser selbst. Es scheint hier angebracht, auf die regelmäßig sachgemäße Selbsteinschätzung der Arbeitnehmer zu vertrauen. Den Interessen der großen Mehrheit der Arbeitnehmerschaft wird es zuträglich sein, wenn ihnen ihre Entscheidung über das Angebot der Arbeitskraft selbst überlassen wird. Das gilt bei der zusätzlichen Beanspruchung durch eine Nebentätigkeit erst recht, weil hier keine mit der Haupttätigkeit vergleichbare Abhängigkeit des Arbeitnehmers vom Arbeitgeber besteht.

Bestehen für den zu einer Nebentätigkeit entschlossenen Arbeitnehmer lediglich zeitliche Höchstgrenzen (aufgrund einer Vereinbarung mit dem Arbeitgeber bzw. einer beamtenrechtlichen Vorgabe, bei nichtselbständigen Nebentätigkeiten zusätzlich indirekt durch das ArbZG), so behält er seine Wahlfreiheit hinsichtlich anderer Arbeitgeber und Beschäftigungen. Durch die Höchstarbeitszeit werden ihm jedoch für seinen persönlichen Nutzenkompromiß zwischen Freizeit und Einkommen Grenzen gesetzt. Bevorzugt er eine umfangreichere Nebentätigkeit als durch die Beschränkungen gestattet, muß er Einbußen in ökonomischer wie auch ideeller Art hinnehmen, die denen eines Nebentätigkeitsverbots entsprechen. Nicht direkt, aber doch indirekt wird zusätzlich die Wahlfreiheit des Arbeitnehmers hinsichtlich des Inhalts und Niveaus seiner Nebentätigkeit beeinträchtigt. Je weniger (Rest-)Arbeitszeit einem Nebentätigen zur freien Verfügung steht, desto unflexibler ist er einsetzbar und desto schwieriger ist es für ihn, eine anspruchs- und verantwortungsvolle Zweitbeschäftigung aufzunehmen.

Ein Genehmigungsvorbehalt des Arbeitgebers versetzt diesen in die Lage, über die Gestattung von Nebentätigkeiten im Einzelfall zu entscheiden und dabei die persönlichen Verhältnisse des Arbeitnehmers zu berücksichtigen. Wie erläutert, kann dies die dem Arbeitnehmer zum Vorteil gereichen, wenn der Arbeitgeber seine Entscheidung an nachvollziehbare objektive Kriterien knüpft. Genau dies bedingt jedoch, daß der Arbeitnehmer umfassend Auskunft über die Bedingungen seiner beabsichtigten Tätigkeit gibt, um die sachgerechte Entscheidung des Arbeitgebers zu ermöglichen. Der Arbeitgeber kann faktisch die Preisgabe des

---

[664] Eine die individuellen Arbeitnehmereigenschaften berücksichtigende Nebentätigkeitsbeschränkung setzt denknotwendig eine individuelle Vereinbarung voraus. Da nur ein Bruchteil aller Arbeitsverhältnisse individuell ausgestaltet wird (dies bedeutet immer erhöhte Transaktionskosten und setzt eine entsprechend hohe Wertschöpfung des Arbeitnehmers voraus), ist die praktische Relevanz derart vereinbarter Nebentätigkeitsbeschränkungen entsprechend gering.

Zweitarbeitgebers, des Tätigkeitsinhalts und der Tätigkeitsdauer, der Vergütung und anderer Informationen erzwingen. Das schwächt den Arbeitnehmer in der Verhandlungsstellung zu seinem Arbeitgeber signifikant, denn diesem kommt ein Informationsüberschuß zugute. Er kann vor allem Rückschlüsse auf den Marktwert seines Gegenübers ziehen, die ihm bei einer bloßen zeitlichen Beschränkung oder auch einem Nebentätigkeitsverbot nicht möglich wären.

Die alleinige Anzeigepflicht der Nebentätigkeit beeinträchtigt den Arbeitnehmer in der Auswahl und Ausübung zwar nur insoweit, als er regelmäßig um des Klimas in seinem Hauptarbeitsverhältnis willen Rücksicht auf die Belange des Hauptarbeitgebers nehmen wird. Hier kann daher von einer „weichen" Nebentätigkeitsbeschränkung gesprochen werden. Gleichwohl wird der Arbeitnehmer – soweit er seiner Pflicht nachkommt – seinem Arbeitgeber gegenüber einen Informationsnachteil hinnehmen müssen, der seine Verhandlungsposition schwächt. Zusätzlich kann für den Arbeitnehmer dadurch eine Belastung entstehen, daß der Hauptarbeitgeber übliche Leistungsschwankungen des Arbeitnehmers (tatsächlich oder auch nur scheinbar) auf die bekannte Nebentätigkeit zurückführt und den Leistungsdruck auf den Arbeitnehmer dadurch künstlich erhöht.

III. Wirkungen auf den Arbeitsmarkt / Gesamtökonomische Wirkungen

1. Meinungsstand

Wie bereits eingangs angesprochen,[665] erließ der nordrhein-westfälische Gesetzgeber im Jahre 1984 ein „Gesetz zur Änderung des Landesbeamtengesetzes". Durch dieses wurde erstmals und soweit ersichtlich einmalig in ein deutsches Gesetz als Versagungsgrund für die Nebentätigkeit eines Beamten aufgenommen, daß diese geplante Nebentätigkeit „erhebliche Belange des Arbeitsmarktes beeinträchtigen kann".[666] Trotz erheblicher verfassungsrechtlicher Bedenken, die Schrifttum und Rechtsprechung[667] vor allem in Hinblick auf die Verletzung des Grundrechts der Beamten aus Art. 12 Abs. 1 respektive Art. 2 Abs. 1 GG äußerten,[668] wurde der Versagungsgrund erst 1993 wieder aus dem Gesetz gestrichen.[669] Dieser Vorstoß zur Entlastung des Arbeitsmarktes ist – nach verfassungsrechtlicher Dogmatik – an seiner fehlenden Verhältnismäßigkeit gescheitert. Die Rechte des Beamten zur freien Verwendung seiner Arbeitskraft wurden schützenswerter eingestuft als das Allgemeininteresse an ei-

---

[665] Vgl. Zweiter Teil, § 2, Abschn. A.

[666] Vgl. GVOBl. NW 53/1984, 582.

[667] Vgl. nur *BVerwGE* 80, 299; *Papier*, DÖV 1984, 536; *Thieme*, JZ 1985, 1024, 1026.

[668] Dabei wurde verneint, daß das aus Art. 12 Abs. 1 GG resultierende Recht auf die Ausübung einer Nebentätigkeit aufgrund des Art. 33 Abs. 5 GG – also der Berücksichtigung der „hergebrachten Grundssätze des Berufsbeamtentums" – eingeschränkt werden dürfe.

[669] Vgl. GVOBl. NW 42/1993, 468.

nem ausgewogenen Arbeitsmarkt. Untersucht werden soll in diesem Abschnitt nun, ob es der Beschränkung von Nebentätigkeiten nicht bereits an der Geeignetheit mangelt, die Lage auf dem Arbeitsmarkt im weitesten Sinne wünschenswert zu beeinflussen.

In der Vergangenheit wurde ein solches Verfahren nicht nur vom Gesetzgeber, sondern auch von Rechtsprechung, Literatur und insbesondere von Interessenvertretungen einiger Berufgruppen als geeignet angesehen, um der Arbeitslosigkeit und Unterbeschäftigung entgegenzutreten. Die Rechtsprechung hatte sich regelmäßig mit der Rechtmäßigkeit versagter Nebentätigkeitsgenehmigungen auseinanderzusetzen, die gegenüber Beamten oder öffentlich-rechtlich Angestellten ausgesprochen waren. Dabei wurde – soweit ersichtlich stets[670] – eingehend die Abwägung der Arbeitnehmerinteressen gegenüber denen der Allgemeinheit an einem ausgewogenen Arbeitsmarkt behandelt, was in dogmatischer Hinsicht eben nichts anderes als eine Prüfung der Verhältnismäßigkeit des Verbots ist. Die Eignung des Nebentätigkeitsverbots, die aus logischer Hinsicht vorab zu thematisieren wäre, wurde aber grundsätzlich nicht besprochen. Sie wurde offenbar schlicht unterstellt.

Ebenfalls wurde das – vermeintliche – Spannungsverhältnis zwischen ausgeglichenem Arbeitsmarkt und der Arbeitnehmerfreiheit, Nebentätigkeiten nach Belieben auszuführen, mehrfach in der Literatur beleuchtet; vor allem in der Mitte der 80er Jahre wegen der damaligen Aktualität der Thematik.[671] *Papier*[672] stellte heraus, daß ein Versagungsgrund, soweit er sich allein auf die Arbeitsmarktsituation stützt, den Rechten des Beamten aus Art. 12 Abs. 1 sowie Art. 33 Abs. 5 GG widerspreche. Selbst wenn auch er dabei eine genaue Eignungsuntersuchung des Nebentätigkeitsverbots zur Arbeitsmarktentlastung schuldig bleibt, beschreibt er doch zumindest ein wesentliches Argument, welches gegen Nebentätigkeiten speziell der öffentlich Bediensteten angeführt werden kann. *Papier* nennt einerseits die allgemeine Treuepflicht des Beamten, die diesen in seinem gesamten Verhalten dem Wohl der Allgemeinheit verpflichte. Andererseits genieße der Beamte den Vorteil, „unkündbar und aus dem Konkurrenzkampf um Arbeitsplätze herausgenommen zu sein". Aus letzterem Satz läßt sich ableiten, daß vor gut 20 Jahren *Papier* bzw. die nordrhein-westfälische Legislative den Beamten eine Art berufsnotwendigen unlauteren Verhaltens im Wettbewerb um (Zweit-) Arbeitsplätze unterstellten.[673] Zwar ist die zitierte Formu-

[670] Vgl. exemplarisch *BGH,* NJW-RR 1998, 568, 569; *BVerwG*E 84, 299; *OVG Münster,* ZBR 1993, 339; *OLG Hamm,* GRUR 1991, 325.
[671] Das die Arbeitsmarktlage als Versagungsgrund einführende nordrhein-westfälische Gesetz datiert vom 18.09.1984. Die durchschnittliche Zahl der Arbeitslosen hatte sich in den Jahren 1981 bis 1983 von 1.271.574 auf 2.258.235 erhöht (Angabe des Statistischen Bundesamts).
[672] *Papier,* DÖV 1984, 536 ff.
[673] Im diesen Sinne auch *Schiedermair,* MittHV 3/82, 117, 118.

lierung eine solche des Gesetzgebers,[674] *Papier* übernahm sie jedoch unkommentiert und baute hierauf seine Prüfung der Verfassungsmäßigkeit des entsprechenden Versagungsgrundes. *Dorff*,[675] ebenfalls auf die Situation der nordrhein-westfälischen Landesbeamten bezugnehmend, legte die Beschwerden seitens der Interessenvertretungen vor allem der Freien Berufe dar, stellte deren Plausibilität und den diskutierten Versagungsgrund jedoch ebensowenig in Frage.

Schwandt[676] erklärte die „Arbeitszeitverkürzung und die Neuverteilung der verfügbaren Arbeit unter möglichst vielen Bewerbern" für die „wesentlichen Perspektiven", die sich innerhalb und außerhalb des Öffentlichen Dienstes für eine normative Regelung zur Bekämpfung der (damals) wachsenden Arbeitslosigkeit anböten. Zwar sprach er die Einschränkung des Rechts auf Nebentätigkeiten nicht direkt an, sondern analysierte die möglichen Folgen einer Reduktion der Hauptamtsarbeitszeit. Dies entspricht aber dem Spannungsverhältnis zwischen Nebentätigkeiten und der Arbeitsmarktsituation, weil in beiden Fällen die individuelle Arbeitszeit limitiert und damit die Gesamtzahl der nachgefragten „Mannstunden" auf möglichst viele anbietende Arbeitnehmer verteilt werden soll. *Schwandt* resümierte, daß die Verringerung der Lebensarbeitszeit ohne wesentliche Auswirkungen auf den Arbeitsmarkt bliebe, während er für die Auswirkungen einer Reduktion der Wochenarbeitsstunden auf den Arbeitsmarkt keine eigene Prognose stellte. Jedenfalls widersprach auch er nicht der gesetzgeberischen Auffassung, zur Entspannung des Angebotsüberschusses auf dem Arbeitsmarkt könnten anfallende Aufgaben, für die Arbeitskräftebedarf besteht, auf möglichst viele dieser Arbeitskräfte verteilt werden.

Die – soweit ersichtlich – einzige ausführlichere Prüfung, inwieweit Nebentätigkeitsbeschränkungen imstande sind, einen Angebotsüberschuß auf dem Arbeitsmarkt zu kompensieren, stammt von *Thieme*.[677] Er stellte zunächst fest, daß Nebentätigkeiten grundsätzlich zu einem geringeren Preis angeboten und auch nachgefragt würden als Hauptbeschäftigungen.[678] Dies führe zum Problem der

[674] Vgl. LT-Drucks. NW 9/3020, 7.
[675] *Dorff*, MittHV 1/82, 6.
[676] *Schwandt*, ZBR 1984, 93.
[677] *Thieme*, JZ 1985, 1024.
[678] *Thieme* nennt hierfür keine Erklärung. Jedenfalls mitursächlich ist jedoch, daß die Produktivität des Nebentätigen regelmäßig geringer ist als die eines Hauptbeschäftigten. Zum einen liegt dies daran, daß der Anbieter mit der Nebentätigkeit grundsätzlich einen geringeren Teil seines Einkommens erwirbt und sich der Beschäftigung weniger verpflichtet fühlt. Zum anderen erwartet genau dies der Nachfrager, und paßt seine Verdienstofferte entsprechend an. Übereinstimmend mit *Thiemes* Befund: *Schwarze*, S. 248, demnach im Jahre 1984 in Nebenbeschäftigungen 3,5% des bundesdeutschen Arbeitsvolumens geleistet, aber nur 1 % des Einkommens verdient wurden.

Schattenwirtschaft oder auch Schwarzarbeit.[679] Das Nebentätigkeitsrecht eigne sich unterdessen nicht, die Schattenwirtschaft (oder auch Schwarzarbeit) zu bekämpfen. Zum einen sei der „öffentliche Dienstnehmer“ fast immer ersetzbar durch einen anderen. Selbst wenn also einem Beamten die Möglichkeit zur Nebentätigkeit genommen würde, habe dies zu vernachlässigende Folgen auf das Volumen der Schattenwirtschaft, weil ein privat Beschäftigter oder auch Selbständiger als „Schwarzarbeiter“ einspringe.[680] Zweitens stellte *Thieme* in Frage, ob ein Nachfrager nach Arbeitsleistung, der einen Schwarzarbeiter in Anspruch nimmt, überhaupt einen Anbieter mit „regulärem“ Preis beauftragt hätte, wenn ihm sein aktueller Vertragspartner nicht zur Verfügung gestanden hätte. Dies jedoch ist eine hier nicht weiter zu verfolgende Frage, die die gesamtwirtschaftlichen Schädigungen durch Schwarzarbeit prinzipiell in Frage stellt.

Hinsichtlich der legalen Nebentätigkeiten nahm auch *Thieme* zur Eignung eines Verbots, um damit den Arbeitsmarkt zu entlasten, nicht direkt Stellung. Ausdrücklich kritisierte er hingegen das Kontrollkriterium des nordrhein-westfälischen Versagungsgrundes.[681] Für die „Beeinträchtigung erheblicher Belange des Arbeitsmarkts“ lägen keine justiziablen Merkmale vor. Zudem erfasse die Bundesanstalt für Arbeit, auf deren Zahlenwerk zurückgegriffen werden müßte, nicht den gesamten Arbeitsmarkt; ein Großteil der offenen Stellen werde nicht durch das Arbeitsamt besetzt. Der Anteil variiere von Branche zu Branche. Auch würde die mögliche Beeinträchtigung der Selbständigen durch Angestellte, die einer Nebentätigkeit nachgehen, nicht hinreichend berücksichtigt. Im Ergebnis schließt sich *Thieme* jedoch der Auffassung der „Verteilbarkeit“ knapper Arbeit[682] an. Er formuliert sogar, die „gerechte Verteilung der knappen Arbeit“ sei „ein allgemeines Problem“,[683] nicht lediglich eins des Beamtenrechts.

---

[679] Im Rahmen der Schwarzarbeit, also unter Vermeidung von Lohnnebenkosten und Steuern, tauschen die Arbeitsmarktparteien ihre Leistungen aus ihrer Sicht am effizientesten aus. Die zu zahlende Vergütung kommt in voller Höhe dem Arbeitnehmer zugute, so daß zwischen den Parteien ein unverfälschter Nutzenausgleich erfolgen kann. Dadurch ist niedrigeres Preisniveau möglich. Gleichwohl entstehen gesamtwirtschaftlich empfindliche Beeinträchtigungen, vgl. hierzu Zweiter Teil, § 1, Abschn. B V.

[680] Dies unterstellt, entstünden auch bei den negativen gesamtwirtschaftlichen Folgen keine wesentlichen Unterschiede.

[681] *Thieme*, JZ 1985, 1024, 1026.

[682] „Arbeit“ ist hier nicht als Arbeitskraft, sondern als Beschäftigungsgelegenheit zu verstehen.

[683] *Thieme*, JZ 1985, 1024, 1026.

2. Analyse

a) „Verteilung" der Arbeitsnachfrage auf Arbeitnehmer

Dieser Aussage wie auch den gesamten eben dargestellten Ausführungen in Schrifttum und Rechtsprechung liegt die Vorstellung zugrunde, die „Arbeit" sei zum Wohle der Allgemeinheit verteilbar. Danach müßte Arbeit als Gesamtheit aller zu einem bestimmten Zeitpunkt nachgefragten unselbständigen Arbeitsleistungen aufgefaßt werden. Deren regulative, möglichst gleichmäßige Verteilung auf das Arbeitskräfteangebot sollte sich dann reduzierend auf einen Angebotsüberschuß auswirken, genauer gesagt: mehr Anbietern die Möglichkeit geben, jedenfalls einen Teil ihrer angebotenen Arbeitskraft abzusetzen.[684] Arbeitete hingegen der individuelle Arbeitnehmer mehr, ließe er weniger Arbeit für seine Konkurrenten über. Zu untersuchen ist hier, ob diese Vorstellung sachgerecht ist und die Wirklichkeit des Arbeitsmarktes adäquat widerspiegelt, und vor allem, ob die Beschränkung des individuellen Arbeitskraftangebots allgemeinnützlich sein kann. Nur dann läßt sich die These aufrechterhalten, Nebentätigkeitsbeschränkungen würden dem Allgemeinwohl dienen, und damit wenigstens mittelbar auch der Arbeitnehmerseite. Für die Untersuchung soll zunächst von einem Gesamtarbeitsmarkt ohne Branchen- oder Qualifikationssegmente ausgegangen werden sowie von Arbeitnehmern, die jeweils einen individuellen Nutzenausgleich zwischen Freizeit und Arbeitseinkommen suchen. Ob die Arbeitnehmer zugunsten der Arbeitslosen auf einen Teil ihrer Hauptbeschäftigung oder nur ihre Nebenbeschäftigung verzichten sollen, spielt für diese qualitative Untersuchung vorerst keine Rolle: Immer geht es um den Ausgleich eines Arbeitskräfteüberschusses durch geregelte Verteilung offener Stellen.

Am plausibelsten erscheint diese „Verteilungstheorie" bei Betrachtung des Arbeitsmarktes im Wege einer Momentaufnahme zu einem bestimmten Datum. Die aktuell bestehenden Stellen lassen sich Arbeitskräften – sollten diese überzählig sein – durch Teilung auf die Weise zuteilen, daß jeder Suchende zumindest *etwas* arbeiten kann. Bildhaft formuliert könnten damit zum Beispiel doppelt so viele Arbeitsplätze auf Halbtagsbasis wie auf Ganztagsbasis bestehen.[685] Schon bei dieser statischen Blickweise ist jedoch völlig fraglich, ob dies den Arbeitsmarkt tatsächlich entlasten könnte. In einem imaginären Schritt würden die bislang arbeitslosen Arbeitnehmer in ein Beschäftigungsverhältnis überführt, und dies (vordergründig: nur) zu dem Preis, daß bereits beschäftigte Arbeitnehmer weniger Arbeitsleistung als bislang absetzen könnten. Unterstellt man nun, daß sich Teilzeitarbeitskräfte im Durchschnitt durch eine höhere Leistungsintensität auszeichnen und hierdurch (gemessen am Zeitaufwand) – bei

[684] Gemessen an der Zahl der *insgesamt* in Anspruch genommenen Arbeitseinheiten, bewirkt dieser Ansatz von vornherein *keine* Reduktion eines Angebotsüberschusses.

[685] Bewußt soll an dieser Stelle unterstellt werden, die Stellen seien entsprechend teilbar und das Arbeitskräfteüberangebot könnte allein dadurch aufgenommen werden.

geringeren Personalkosten – produktiver arbeiten können als Ganztagsbeschäftigte,[686] so scheint eine Verbreitung der Teilzeitstellen im allgemeinen Interesse zu sein, auch und gerade in dem der Arbeitgeber. Die (politische) Frage scheint hier allein zu sein, ob man den vormals Vollangestellten und vom Markt Ausgewählten die persönlichen Mindereinkünfte mit der Begründung zumuten soll, daß dafür andere Personen in ein Beschäftigungsverhältnis aufgenommen werden. Nicht übersehen werden darf jedoch, daß sich mit Hilfe der ausgedehnten Teilzeitbeschäftigung die Arbeitslosigkeit lediglich verdecken ließe, nichts ändern würde sich am Mißverhältnis zwischen angebotener und nachgefragter Arbeitsmenge. Es bleibt ferner unberücksichtigt, daß bei allem Zugewinn des Arbeitgebers an Personalflexibilität – vor allem in Verbindung mit befristeten Arbeitsverträgen – jede einzelne Anstellung für den Arbeitgeber mit individuellen Kosten verbunden ist.[687] Hinzugerecht werden müssen einmalige Kosten für die Organisation der Stellenteilung sowie permanente zusätzliche Verwaltungs- und Überwachungskosten. Es ist in vielen Wirtschaftsbereichen im Ergebnis eine Verteuerung des Produktionsfaktors Arbeit zu befürchten. Je nach Branche könnte dies zur verstärkten Kapitalisierung der Produktion führen oder zur Verringerung des Produktionsvolumens. Jedenfalls wäre mit einer reduzierten Nachfrage nach Arbeitskraft zu rechnen.[688] Damit ist eine Entlastung des Arbeitsmarktes durch das Mittel der konsequenten Stellenteilung zumindest fraglich. Bestenfalls würde zwar eine größere Zahl Personen beschäftigt, jedoch in einem verringerten Maße, wie es dem einzelnen Arbeitnehmer kaum zur individuellen Lebenshaltung genügt.[689]

Dieser Endruck verstärkt sich weiter, wenn man eine dynamische Betrachtung des Modell-Arbeitsmarktes wählt, also die zeitliche Entwicklung berücksichtigt. Arbeitnehmer bestimmen grundsätzlich ihre persönliche Präferenz zwischen den Polen Freizeit und Einkommen, wobei die Zunahme des einen die Abnahme des anderen bedingen soll; jedenfalls bis zu einer wöchentlichen Arbeitsdauer von 40 Stunden ist diese Annahme realistisch. Ein vielbeschäftigter Arbeitnehmer verfügt dementsprechend über ein relativ hohes Einkommen, aber

[686] Nach *McKinsey,* S. 9 ff., erklärt sich dieser Produktivitätsfortschritt mit der Verbesserung der Mitarbeiterleistung, der effizienten Bewältigung der schwankenden Auslastung und der Erhöhung der Betriebszeit.

[687] Vgl. die Übersicht der Personalfluktuationskosten bei *Henneberger,* S. 75.

[688] Vgl. hierzu *Krengel,* S. 224 f.: Die 1956 zunächst in der deutschen Metallindustrie erfolgte Arbeitszeitverkürzung von wöchentlich 48 Stunden (6 mal 8) auf 45 Stunden (5 mal 9) sorgte für eine empirisch signifikante Kapitalisierung der Produktion. Hieraus läßt sich eine positive Auswirkung der Arbeitszeitverkürzung auf den technischen Fortschritt ableiten, aber gerade nicht auf die gesamtwirtschaftliche Beschäftigungssituation.

[689] Demgegenüber argumentieren *McKinsey*, S. 23 ff, die von ihrer Seite angenommenen Produktivitätsfortschritte führten zu höheren Einkommen. Aufgrund des – ebenfalls unterstellten – Einkommenseffekts würden weniger Arbeitsstunden geleistet, was in Deutschland die Schaffung 1,4 Mio. neuer Vollzeitstellen bzw. 1,9 Mio. Teilzeitstellen ermögliche.

wenig Freizeit. Die Restfreizeit hat für ihn einen hohen individuellen Nutzen. Es ist anzunehmen, daß dieser Arbeitnehmer mit einem großen Teil seines Einkommens Waren und Dienstleistungen konsumiert, um seinen Lebensbedarf zu decken und die Freizeit angenehm auszugestalten. Demgegenüber wird ein Teilzeitbeschäftigter weniger konsumieren, weil er zum einen weniger Einkommen hierfür aufbringen kann, zum anderen aufgrund seiner ausgedehnten Freizeit mehr Eigenleistungen zur Lebenshaltung erbringt, die dem Vollzeitangestellten schon zeitlich unmöglich sind. Ein Arbeitsloser ohne soziale Sicherung würde dementsprechend kaum Konsum ausüben, statt dessen sich weitgehend selbst versorgen. Da sich also der Vollzeitangestellte verstärkt verschiedener Fremdanbieter bedient, sorgt er durch seine relativ starke Nachfrage nach Waren und Dienstleistungen direkt und indirekt in einem viel größeren Maße für weitere Beschäftigung, als ein Teilzeitbeschäftigter hierzu in der Lage ist. Daraus läßt sich die These ableiten, daß in gesamtwirtschaftlicher Perspektive eher die individuelle Arbeitszeitverlängerung für weitere und nachhaltige Beschäftigung sorgen kann als die Arbeitszeitverkürzung oder die Teilung bestehender Arbeitsstellen. Jedenfalls liegt das Ergebnis, daß eine Ausweitung der individuellen Arbeitsleistung für einen gesamtökonomisch größeren Arbeitsanfall sorgt, unter Zugrundelegung eines längeren Betrachtungszeitraums nah.[690]

b) Verschmelzung von Nebentätigkeitsstellen zu Haupttätigkeitsstellen

Wenn mithin in einem offenen (Gesamt-) Arbeitsmarkt die Stellenteilung auf längere Zeit keine spürbare Entlastung bewirkt, sondern eher das Gegenteil, ist nun zu untersuchen, wie es sich in den Sonderfällen der Nebentätigkeitsbeschränkung und (zusätzlich) der geschlossenen oder internen (Einzel-) Arbeitsmärkte verhält. Bei einem Verbot der Nebentätigkeit wird ebenfalls das individuelle Arbeitszeitangebot eingeschränkt, nämlich genau auf das Maß der Hauptbeschäftigung. Auch hier wird einigen Arbeitnehmern damit zu Gunsten anderer „Freizeit verordnet", mit entsprechenden Folgen auf die langfristige Arbeitsmarktdynamik. Allerdings besteht ein Unterschied darin, daß nicht volle Stellen geteilt werden, sondern – idealerweise – mehrere geteilte Stellen, die in Nebentätigkeit ausgefüllt werden, zu einer vollen Stelle, die sich zur Hauptta-

[690] Vgl. auch *Miegel*, S. 178 ff. *Schupp/Gramlich/Wagner*, DIW-WB 40/2003, weisen nach, daß z.B. die Inanspruchnahme einer Putzhilfe bei Haushalten mit monatlichem Nettoeinkommen über € 5.100 mehr als fünfmal so verbreitet und weit intensiver ist als bei solchen mit einem Nettoeinkommen bis € 3.800. Diese Einkommensklasse wird jedoch regelmäßig nur von Angestellten mit Leitungsfunktionen, Selbständigen oder höheren Beamten erreicht, denen in gleicher Untersuchung zu 50% weit überdurchschnittliche Arbeitszeiten und Überstunden nachgewiesen werden. Demgegenüber vertreten *Logeay/Schreiber*, S. 22 f., die Auffassung, eine Verkürzung der Arbeitszeit bewirke längerfristig einen Rückgang der Arbeitslosigkeit bzw. einen Anstieg der Beschäftigung, und zwar ohne spürbare Auswirkungen auf den realen Output. Dies impliziert zumindest ein unveränderte Nachfrage nach Gütern und damit – ceteris paribus – auch nach Arbeitsleistungen.

tigkeit eignet, zusammengefaßt werden sollen. Dies klingt „konstruktiv" und nach oben Gesagtem wenigstens möglicherweise effizienzsteigernd. Wenn die durch Arbeitslosigkeit bedingte Belastung öffentlicher Kassen um den Preis gesenkt werden könnte, daß ohnehin vollbeschäftigten Arbeitnehmern lediglich das Recht zur darüber hinausgehenden Zusatzbeschäftigung eingeschränkt wird, ist dies viel weniger einschneidend und eher vertretbar als eine Teilung ganzer Stellen. Dennoch bleibt diese Korrektur des Marktmechanismus zugunsten ohne dies nicht wettbewerbsfähiger Anbieter grundsätzlich fragwürdig. Ebenso bleiben aus ökonomischer Sicht Fragen offen: An die Organisationsfähigkeit der Arbeitgeber würden – um den gewünschten Beschäftigungseffekt zu erreichen – noch wesentlich höhere Ansprüche gestellt als bei der Stellenteilung. Es ist fraglich, wie viele der bestehenden Nebentätigkeitsstellen sich überhaupt für eine Zusammenlegung eignen. Dies vorausgesetzt, bliebe im Lichte der Lohnnebenkosten wieder abzuwarten, ob die Marktentscheidung der Arbeitgeber zum Stellenangebot in Teilzeitform in ein zumindest halbwegs entsprechendes Angebot von Vollzeitstellen modifiziert werden könnte. Man wird im Falle der Arbeitgeber, die Nebentätige beschäftigen, unterstellen dürfen, daß die meisten eben *nicht* am Engagement einer Vollzeitkraft interessiert sind. Hierfür wird in den meisten Fällen der kleine und variierende Bedarf an zusätzlicher Arbeitskraft ausschlaggebend sein; demgegenüber dürfte der Anteil der Arbeitgeber, die mit mehreren Nebentätigen eine Vollzeitstelle ausfüllen, sehr klein bleiben. Eine quantitative Aussage zum möglichen Effekt eines Nebentätigkeitsverbots auf den Arbeitsmarkt muß daher unter großer Zurückhaltung getroffen werden. Immerhin sprach *Schwarze* im Jahre 1990 von 280.000 – 340.000 rein rechnerisch möglichen neuen Vollzeitstellen.[691] Vor allem aber die in der Nebentätigkeit regelmäßig viel geringere Wertschöpfung der Arbeitnehmer pro Zeiteinheit läßt völlig offen, wie viele neue Vollzeitarbeitsplätze daraus mit einer Vergütung geschaffen werden könnten, die den Lebensunterhalt ermöglicht.

Entsprechendes gilt auch für die Auswirkungen auf den Dienstleistungsmarkt. Ein Nebentätigkeitsverbot kann auch hier zu erhöhter Nachfrage nach (selbständig erbrachten) Dienstleistungen in den Segmenten führen, die vormals durch (angestellte und auch selbständige) Nebentätige ausgefüllt wurden. Beispielsweise kann es einem Kleinunternehmer, der Bedarf für die Leistungen einer Buchhaltungskraft an einem Tag pro Woche hat, aus abgabenrechtlichen Gründen sogar lieber sein, diese nicht anzustellen, sondern mittels eines Dienstvertrages zu einer selbständigen Tätigkeit zu verpflichten. Folgen andere Nachfrager diesem Vorgehen, könnten diverse selbständige Buchhalter zur Befriedigung der gestiegenen Nachfrage nach diesen Dienstleistungen erforderlich werden. Wieder ist jedoch äußerst ungewiß, welche Zahl zusätzlicher „überlebensfähiger" selbständiger Existenzen durch ein Nebentätigkeitsverbot ermöglicht würde. Vieles spricht für die verstärkte Inanspruchnahme bestehender Dienst-

---

[691] *Schwarze*, S. 248.

leistungsanbieter (also hier selbständiger Buchhalter), nicht jedoch für genügend Marktpotential für eine spürbare Anzahl neuer Wettbewerber. Zum einen ist aufgrund des wirtschaftlichen Risikos die Überwindung zur Aufnahme einer selbständigen Vollzeittätigkeit sehr viel höher als zur Aufnahme einer selbständigen Nebentätigkeit. Zum anderen wäre der Markt nach Verbot der Nebentätigkeiten aufgrund vieler Nachfrager nach Dienstleistungen mit relativ kleiner Nachfragemenge sehr fragmentiert und für Neueinsteiger untransparent. Das erschwert ein sicheres Einkommen auf Grundlage einer derartigen selbständigen Beschäftigung deutlich. Näher liegt die Vermutung, daß – im Beispielfall – ein bislang engagierter Dienstleistungspartner eines Unternehmens oder ein bereits beschäftigter Vollzeitangestellter zusätzlich ebenfalls die Buchhaltung leisten würde.

c) Wirkung der Beschränkungen auf einzelne Arbeitsmarksegmente

Da – wie bereits geschildert – vor allem die Vertreter einzelner Berufsgruppen beklagten, die Nebentätigkeit der Mitglieder angrenzender Berufsfelder beeinträchtige empfindlich die Erwerbsmöglichkeit der eigenen Klientel, sollen zur Vervollständigung der Analyse gerade auch die Auswirkungen der Nebentätigkeitsbeschränkungen auf einzelnen Arbeitsmarktsegmenten betrachtet werden. *Innerhalb* eines von Fremdeinwirkungen isolierten Arbeitsmarktsegments zeigen sich dabei keine bedeutenden Unterschiede zum Gesamtarbeitsmarkt. Die leistungsfähigeren Arbeitnehmer, denen eine auf dem Markt absetzbare Nebentätigkeit möglich ist, würden zugunsten der andernfalls arbeitslosen Konkurrenten in ihren Rechten und Verdienstmöglichkeiten eingeschränkt. Entscheidend ist jedoch die Einwirkung Arbeitnehmer *angrenzender* Segmente, die in ihrer Nebentätigkeit auf das betrachtete Segment drängen. Häufig handelt es sich um Beamten, die einer artverwandten privatrechtlichen Nebentätigkeit im Angestelltenverhältnis oder auch selbständig nachgehen.[692] Setzt man ein Nebentätigkeitsverbot durch, verzögert oder verhindert das das Eindringen externer Arbeitnehmer. Das Segment, welches vormals externe Nebentätige anzog, wird insoweit vor zusätzlichem Arbeitskräfteangebot „geschützt“, der Marktwert der durch interne Anbieter erbrachten Arbeitsleistung steigt. Es ist jedoch festzuhalten, daß lediglich die Arbeitnehmerschaft *dieses* Segments privilegiert wird. Nachteilig wirkt sich das Verbot auf die nebentätigkeitswilligen Arbeitnehmer anderer – benachbarter – Segmente aus.

Weitere gesamtwirtschaftliche Nachteile dürfen ebenso erwartet werden: Zum einen wird die Arbeitskräfteallokation und -fluktuation empfindlich behindert, indem Arbeitnehmer auf ein Segment fixiert werden. Das bedeutet zum Bei-

---

[692] Z.B. Finanzbeamte als „Steuerberater“ (mögliche Interessenkonflikte seien hierbei bewußt außen vor gelassen), Universitätsprofessoren als Gutachter, Polizisten als Sicherheitspersonal etc.

spiel, daß eine kurzfristige Nachfrageerhöhung durch die Arbeitgeberseite bei bestehenden Nebentätigkeitsverboten – wenn überhaupt – nur verzögert von der Arbeitnehmerseite adaptiert werden kann, da auf die Begründung neuer Vollzeitarbeitsverhältnisse zurückgegriffen werden müßte. Dies werden Arbeitgeber wie auch anderweitig beschäftigte Arbeitnehmer aus rechtlichen und finanziellen Gründen mehr scheuen als die Begründung neuer Arbeitsverhältnisse in Form der Nebentätigkeit. Zum anderen ist der Wettbewerbs- und damit Leistungsdruck innerhalb der Segmente durch den Ausschluß „externer" Anbieter reduziert.

d) Unlauterer Arbeitnehmerwettbewerb?

(1) Vorliegen von Wettbewerbsverzerrungen

Ein Nebentätigkeitsverbot oder eine Einschränkung gerade für Beamte ließe sich allerdings mit dem Argument vertreten, der Wettbewerb zwischen den Arbeitnehmern eines Arbeitsmarktsegments und Beamten, die in ihrer Nebentätigkeit Arbeitskraft in diesem Segment absetzen möchten, sei von vornherein zugunsten der Beamten verzerrt. So könnte z.B. ein Polizeibeamter seine Arbeitskraft einem privaten Wachunternehmen in einer Nebenbeschäftigung schon dadurch günstiger anbieten, daß er sich – anders als ein konkurrierender in privater Hauptanstellung Beschäftigter – in einem weiteren unkündbaren Arbeitsverhältnis befindet. Dieses Arbeitsverhältnis wird zudem noch in einem Vergütungssystem entlohnt, das sich an das Senioritätsprinzip anlehnt und damit – anders als in den meisten freien Anstellungen - nur bedingt leistungsorientiert ist. Der Beamte kann also seine Arbeitsleistung im Rahmen einer Nebentätigkeit nicht nur günstiger, sondern auch mit viel geringerem Erfolgsdruck anbieten und auch erbringen, denn im Vergleich zu seinem Konkurrenten in Hauptbeschäftigung wird er viel weniger abhängig vom Bestehen dieses speziellen Arbeitsverhältnisses sein.

Jedoch zeigt eine genaue Betrachtung dieser Wettbewerbssituation, daß die vermeintlichen Per-se-Vorteile der Beamten, die eine privatwirtschaftliche Nebentätigkeit suchen, kleiner sind als auf den ersten Blick zu vermuten. Exemplarisch sollen hier (a) die jeweilige finanzielle Angewiesenheit auf die Tätigkeit, (b) die soziale Absicherung durch das Hauptarbeitsverhältnis (soweit vorhanden) sowie (c) die Einschränkungen der Nebentätigkeitsmöglichkeiten durch die Haupttätigkeit und ihre begleitenden Pflichten beleuchtet werden. Dabei ist die Situation der nebentätigkeitswilligen Beamten sowohl mit der der in einer privatrechtlichen Haupttätigkeit Angestellten als auch der derjenigen zu vergleichen, die gerade die fragliche Arbeitsleistung im Rahmen ihrer Haupttätigkeit erbringen würden.

Es ist zunächst festzuhalten, daß die Beamten *regelmäßig* finanziell auf eine Nebentätigkeit (noch dazu bei einem bestimmten Arbeitgeber) nicht angewiesen sind. Sie ergänzen mit Nebentätigkeiten ihr Einkommen, könnten jedoch typischerweise auch für längere Zeit auf dieses Einkommen verzichten. Die Nebentätigkeit trägt lediglich einen – zumeist kleinen – Teil zur Lebenshaltung bei. Zwar mögen Nebentätigkeiten bei einzelnen Berufsgruppen wie zum Beispiel Hochschulprofessoren das Grundeinkommen signifikant erhöhen. Diese Möglichkeit zu einem deutlichen Einkommenszuwachs bietet sich jedoch in erster Linie hochqualifizierten Beamten, die bereits in ihrer Haupttätigkeit ein gesichertes Auskommen finden.

Diese finanzielle Unabhängigkeit von der Nebentätigkeit findet sich jedoch in gleichem Maße bei Angestellten in der Privatwirtschaft. Auch hier wird das Gesamteinkommen nur zu einem kleinen – und zumeist entbehrlichen – Teil in der Nebentätigkeit erwirtschaftet. Benachteiligt sind hingegen solche Arbeitnehmer, die auf dem fraglichen Arbeitsmarktsegment ihre Arbeitsleistung im Rahmen einer Haupttätigkeit anbieten.[693] Naturgemäß stellt die Haupttätigkeit auch die Haupterwerbsquelle dar. Während also die vorgenannten Arbeitnehmer und Beamte im Wettbewerb um eine Beschäftigung lediglich ein ergänzendes Salär zu gewinnen oder zu verlieren haben, ist bei letztgenannten Arbeitnehmern die Haupterwerbsquelle betroffen und unter Umständen beeinträchtigt. Dementsprechend sind nebentätigkeitswillige Beamte oder Arbeitnehmer auch nicht gezwungen, in ihrer Nebentätigkeit „kostendeckend“ zu arbeiten, sondern können ihre Arbeitsleistung zu sehr kleinen Preisen anbieten. Ein konkurrierender Arbeitnehmer, der in diesem Feld seine Haupttätigkeit erbringt, ist ohne eine entsprechende Möglichkeit der Quersubvention. Insoweit besteht eine Wettbewerbsverzerrung, die – je nach Höhe der Lohnforderung – einem rechtswidrigen „Verkauf unter Einstandspreis“ auf dem Gütermarkt[694] entsprechen kann. Allerdings zeigt sich, daß dies mehr in der strukturellen Eigenart einer Nebentätigkeit begründet liegt als in den Besonderheiten des Beamtenverhältnisses; Beamten bietet sich hieraus allein keine besondere Begünstigung.

Ein Strukturvorteil für Beamte ist hingegen in der Tatsache zu erkennen, daß sie einer unkündbaren Haupttätigkeit nachgehen. Daraus folgt, daß regelmäßige Einnahmen aus der Haupttätigkeit von vornherein sicherer sind als bei einem privaten Arbeitgeber. Auch Leistungsrückgänge im Hauptarbeitsverhältnis, die auf besonderes Engagement in der Nebentätigkeit zurückzuführen sind, können damit für einen privat angestellten Arbeitnehmer schwerwiegendere Folgen ha-

---

[693] So beklagten sich die Berufsverbände (etwa der der Steuerberater) vor allem im Namen ihrer – vollzeittätigen – Mitglieder, die direkte Konkurrenz durch auf dem Beratungsmarkt nebentätige Finanzbeamte erfuhren.

[694] Für Gütermarktsachverhalte wird in diesem Fall ein gemäß § 19 I GWB unzulässiger Mißbrauch von Marktmacht unterstellt.

ben als für einen Beamten. Ein nebentätiger Beamte wird aus diesem Grunde mit unregelmäßigen Belastungen in der Nebentätigkeit leichter umgehen können als sein in privat angestellter Konkurrent. So läßt sich im Vergleich zu nebentätigkeitswilligen Arbeitnehmer ein Vorteil für die Beamten vor privat Angestellten ableiten.

Andererseits sind Beamte durch rechtliche Vorgaben – wobei das spezielle Nebentätigkeitsrecht ausgeblendet sein soll – erheblich weiter in ihren Möglichkeiten zur Nebentätigkeit eingeschränkt als privat angestellte Arbeitnehmer.[695] Die umfassende Treupflicht der Beamten gestattet Nebentätigkeiten nur, wie das Hauptamt nicht beeinträchtigt wird. Daraus folgt, daß nicht nur Interessen des Arbeitgebers, sondern indirekt auch solche der Allgemeinheit – soweit sie durch das Hauptamt berührt werden – einer Nebentätigkeit des Beamten entgegenstehen können. Der Umfang potentieller Interessenkollisionen ist daher bei Beamten generell größer, der Bereich zulässiger Nebentätigkeiten nach dieser Argumentation denknotwendig kleiner.

(2) Eignung von Nebentätigkeitsverboten

Selbst wenn man letzteres als „Kompensation" nicht genügen läßt und weiter eine strukturelle wirtschaftliche Überlegenheit der nebentätigkeitswilligen Beamten (im speziellen) oder Arbeitnehmer (im allgemeinen) gegenüber der auf dem fraglichen Arbeitsmarktsegment haupttätigen Konkurrenz unterstellt, ist ein Nebentätigkeitsverbot als notwendige Konsequenz aus mehreren Gründen mehr als fraglich. Zum einen sind Unterschiede in der wirtschaftlichen Leistungsfähigkeit unter den Arbeitsplatzbewerbern aus den verschiedensten Gründen allgegenwärtig. Einem glücklichen Erben wird man jedoch die Annahme einer Beschäftigung ebensowenig untersagen wollen wie einem Lottogewinner. Zum anderen ist der vermeintliche wirtschaftliche Vorteil ein solcher, der aufgrund eines grundsätzlich jeder geeigneten Person offen zugänglichen Beamtenverhältnisses besteht. Die Möglichkeit, seine berufliche Spezialisierung auch außerberuflich gewinnbringend einzusetzen, entspringt damit durchaus dem Leistungsprinzip. Ein Nebentätigkeitsverbot schützt Partikularinteressen, namentlich die der in Hauptbeschäftigung stehenden Arbeitnehmer in einem bestimmten Arbeitsmarktsegment. Dies geschieht um den Preis der Beschäftigungsmöglichkeiten für Nebentätigkeitswillige (Beamte oder Arbeitnehmer), der Leistungsgerechtigkeit und – in vielen Fällen – der Gesamtarbeitsnachfrage. Aus dogmatischer Sicht ist ein Nebentätigkeitsverbot zum Schutze der hauptberuflich Beschäftigten bedenklich, weil der Arbeitsmarktwettbewerb, der in seiner vertikalen Variante der Arbeitnehmerschaft überwiegend nützt, massiv beschränkt wird, um vermeintliche Wettbewerbsverzerrungen (zu ungunsten ein-

---

[695] Vgl. oben, Zweiter Teil, § 2.

zelner Arbeitsmarktteile) zu verhindern. Damit wird – untechnisch gesprochen – ein großes Übel herbeigeführt, um ein kleineres zu verhindern.

Unter allen Blickwinkeln sind damit Verbote der Nebentätigkeit als nicht vorteilhaft für den Arbeitsmarkt einzustufen. Betrachtet man die übrigen gängigen Beschränkungen, also zeitliche Höchstgrenzen, Genehmigungsvorbehalte und Anmeldepflichten, bleiben zwei Aspekte zu prüfen: Wie sind *deren* Auswirkungen auf den Arbeitsmarkt einzuschätzen sowie – falls sich auch hier insgesamt negative Prognosen ergeben – werden diese Einbußen durch im weitesten Sinne gerechtere Wettbewerbsbedingungen aufgewogen?

(3) Eignung milderer Beschränkungen

Pauschal läßt sich zunächst festhalten, daß jede praktisch relevante Beschränkung des Rechts auf Nebentätigkeiten die Zahl der Nebentätigen sowie die der in Nebentätigkeit geleisteten Arbeitsstunden reduzieren wird. Nach oben Gesagtem führt allein diese Tatsache zu einer Verringerung der gesamtwirtschaftlichen Zahl der Transaktionen „Arbeitsleistung gegen Geld" und in mittelfristiger Perspektive zu einer Verringerung der gesamtwirtschaftlichen Nachfrage nach menschlicher Arbeitskraft.

Betrachtet man im speziellen die Folgen einer zeitlichen Höchstgrenze für Nebentätigkeiten auf die Arbeitsmarktsituation, so entsprechen sein dem Grunde nach denen eines Verbots. Dies folgt aus der strukturellen Gleichartigkeit eines Verbots und einer zeitlichen Beschränkung, die ebenso wenig flexibel ist und keiner weiteren Mitwirkung der Arbeitsmarktparteien bedarf. Je nach zeitlichem Umfang der noch erlaubten Nebentätigkeiten bestimmt sich die Intensität der Auswirkungen auf den Arbeitsmarkt. So wirkt z.B. die im Beamtenrecht gängige Beschränkung der Nebentätigkeiten auf ein Fünftel der hauptamtlichen Arbeitszeit[696] hemmender auf die langfristige Beschäftigungssituation als ein fiktives Limit, das Nebentätigkeiten z.B. bis zu zwei Fünfteln der Arbeitszeit im Hauptamt zuließe. Ebenso verändert sich der Marktpreis für Arbeitsleistungen in Nebentätigkeit abhängig vom Umfang der zeitlichen Restriktion. Reduziert sich die Zeit, während derer Nebentätigkeit gestattet ist, führt das zu einer künstlichen Verknappung des Arbeitsangebots und damit zu dessen Verteuerung. Die Arbeitgeberseite wird daraufhin schon kurzfristig weniger Arbeitskraft nachfragen. Insoweit wirkt sich eine spürbare zeitliche Nebentätigkeitsbeschränkung doppelt negativ auf die Arbeitnehmerseite aus.

Hingegen bleibt die Beschränkung der Nebentätigkeit in Form einer Anmeldepflicht auf den Arbeitsmarkt weitgehend ohne Auswirkung. Die Tatsache, daß

---

[696] Bei in einem Vollzeitarbeitsverhältnis beschäftigten Beamten ist damit eine Nebentätigkeit an einem weiteren Tag möglich.

die beabsichtigte Nebentätigkeit dem Arbeitgeber der Hauptbeschäftigung kundzutun ist, wird Arbeitnehmer in Einzelfällen von besonders belastenden oder zeitlich in Anspruch nehmenden Tätigkeiten abhalten oder die Ausübung solcher vermindern. Hier ist aber von wenigen Grenzfällen auszugehen. Arbeitnehmer, die „typischen" Nebentätigkeiten nachgehen, werden Ihr Arbeitsverhalten aufgrund einer Meldepflicht nicht signifikant ändern. Zwar erhält die Arbeitgeberseite durch die Meldepflicht umfangreiche Informationen über Ihr Gegenüber[697] und damit einen Vorteil bei Preisverhandlungen, dies allein bleibt jedoch ohne Auswirkungen auf das Angebot-/Nachfrageverhältnis auf dem Arbeitsmarkt.

Besteht für die Aufnahme einer Nebentätigkeit ein Genehmigungsvorbehalt seitens des Arbeitgebers, bestimmen die Kriterien für seine Entscheidung sowie die Ermessensausübung des Arbeitsgebers im konkreten Einzelfall das Maß der Einschränkung für den Arbeitnehmer. In gesamtwirtschaftlicher Perspektive gilt entsprechendes. Je großzügiger die Genehmigungen von Arbeitgeberseite ausgesprochen werden, desto mehr Arbeitsleistung kann von Arbeitnehmerseite in Form der Nebentätigkeit angeboten werden. Neben der langfristigen Beschäftigungsdynamik wirkt sich dies auch schon kurzfristig, weil mengen- und preisbildend, auf den Arbeitsmarkt aus. Eine tendenziell großzügige Gewährung von Nebentätigkeitsgenehmigungen durch die Arbeitgeberseite wird, indem sie die Zahl derer erhöht, die sich für eine Nebenbeschäftigung anbieten, den Marktpreis für diese Arbeitsleistungen senken und umgekehrt. Abhängig von dem Maße, in dem „normale" Vollzeittätigkeiten durch mehrere Nebenbeschäftigte geleistet werden können, setzt sich die – im erstgenannten Fall – Reduktion des Preises auf das Angebot von Arbeitskraft in Vollzeit fort. Dies steigert desgleichen die Nachfragemenge der Arbeitgeberseite.

Wenn damit auch bei milderen Nebentätigkeitsbeschränkungen als dem Verbot durchweg solche Auswirkungen auf den Arbeitsmarkt attestiert werden können, die insbesondere aus Arbeitnehmersicht negativ einzuschätzen sind, stellt sich die Frage der Rechtfertigung dieser Beschränkungen durch besondere Gerechtigkeitserwägungen. Verbote waren von einzelnen Berufsgruppen thematisiert worden, um damit vermeintliche – und wie dargestellt tatsächlich wenig signifikante – Verzerrungen im Wettbewerb mit Nebentätigen in öffentlich-rechtlicher Haupttätigkeit auszugleichen. In vordergründiger Betrachtung wäre denkbar, durch mildere Beschränkungen der gesamtwirtschaftlich erbrachten Nebentätigkeit – namentlich zeitliche Begrenzungen und Genehmigungsvorbehalte – eine mildere und damit angemessene Korrektur der genannten strukturellen Wettbewerbsvorteile auf Beamtenseite zu erreichen, so man solche unterstellt. Aber auch diese „milderen Mittel" würden sich als nicht geeignet dazu erweisen, den aufgezeigten Zielkonflikt zwischen dem Schützen der Arbeitnehmer partikulä-

[697] Vgl. oben, Abschn. C I.

rer Arbeitsmarktsegmente vor Konkurrenz aus benachbarten Segmenten und der weitgehenden Vermeidung intensiver wettbewerbsbeschränkender Markteingriffe zu lösen.

Zeitliche Beschränkungen entsprechen insbesondere bei restriktiver Ausgestaltung in ihren Auswirkungen wie auch ihrer Inflexibilität einem Verbot. Die Einschränkungen für Nebentätige und die Auswirkungen auf den Arbeitsmarkt würden erst bei einer hohen Zahl gestatteter Stunden signifikant gemindert. In diesem Fall jedoch nähme die Privilegierung hauptbeschäftigter Arbeitnehmer auf wettbewerbsintensiven Arbeitsmarktsegmenten gleichermaßen ab. Nur eine restriktive zeitliche Nebentätigkeitsbegrenzung – ähnlich einschneidend wie ein Verbot – könnte zu einer spürbaren Verminderung der Nebentätigkeit in benachbarten Arbeitsmarktsegmenten führen.

Ein Genehmigungsvorbehalt zugunsten des Arbeitgebers ermöglichte jedenfalls eine einzelfallbezogene und flexible Gewährung und Ausgestaltung des Rechts auf Nebentätigkeiten. Die entscheidende Instanz, nämlich der Arbeitgeber, wird jedoch bei seiner Ermessensausübung mitnichten Arbeitsmarktbelange berücksichtigen (können). Er wird seine Entscheidung an den betrieblichen sowie idealerweise an den Arbeitnehmerinteressen ausrichten. Die oben dargestellte Wirkungskette verdeutlicht dies: Eine flächendeckend großzügige Gewährung von Nebentätigkeitsgenehmigungen würde der Arbeitgeberseite aufgrund der gesamtwirtschaftlichen Preisreduktion für Arbeitskraft nützen. Unmittelbare betriebliche Interessen wie vor allem die Sorge um die Leistungsfähigkeit der eigenen Arbeitnehmer und der Schutz des eigenen Know-how sind jedoch ausschlaggebend dafür, daß von Arbeitgeberseite Nebentätigkeitsgenehmigungen tendenziell restriktiv gewährt werden.

e) Zusammenfassung

Ausgangspunkt der Analyse war die – wie gezeigt – fehlerhafte Annahme, Arbeit im Sinne einer fixen Menge nachgefragter Arbeitsleistungen sei unter Arbeitnehmern in der Weise teilbar, daß die ausgewogene Aufteilung auf möglichst viele Arbeitnehmer zu deren Gunsten wirke. Dies trifft in erster Linie nicht zu, weil mindestens mittelfristig bestehende Beschäftigung neue Beschäftigung bewirkt, während aus der „Aufteilung" der Gesamtarbeitsnachfrage deren Rückgang resultiert: Auf Ebene des individuellen Arbeitnehmers wird mögliches Einkommen durch erzwungene Freizeit ersetzt und dieser Arbeitnehmer weist aufgrund dessen weniger Bedarf wie auch weniger finanzielle Mittel für den Konsum auf. Infolge der reduzierten Güternachfrage nimmt ceteris paribus auch die betriebliche Nachfrage nach menschlicher Arbeitskraft nach. Dies führt zu Angebotsüberschuß und zu damit einhergehendem Preisdruck auf die Angebotsseite. Zum zweiten bleibt in der Annahme unberücksichtigt, daß sich nur ein kleiner Teil bestehender Beschäftigungsverhältnisse dafür eignet, in jeweils anderer Form (also statt in Haupt- in Nebentätigkeit und umgekehrt) erbracht zu werden. Aus eben diesen Gründen gehen Ansätze fehl, die von der zeitlichen Beschränkung der persönlichen Arbeitsleistung oder sogar der Begrenzung dieser auf Haupttätigkeiten langfristig positive Auswirkungen auf den Arbeitsmarkt erwarten.

Hingegen sind Nebentätigkeitsbeschränkungen durchaus in der Lage, das Arbeitsangebot auf *einzelnen* Arbeitsmarktsegmenten zu reduzieren, indem Anbieter mit Haupttätigkeit auf angrenzenden Segmenten, die im fraglichen Segment lediglich nebenbeschäftigt sein möchten, gänzlich verhindert oder auch nur behindert werden; hierfür ist das plastische Beispiel die Situation der nebentätigkeitswilligen Beamten. Es wurde jedoch gezeigt, daß das weder in gesamtökonomischer Perspektive vorteilhaft noch von Gerechtigkeitserwägungen tragbar ist. So sind mögliche Verzerrungen, die man im Wettbewerb zwischen Arbeitnehmern unterstellen könnte, regelmäßig nicht von einer Intensität, die die Stärke der durch Nebentätigkeitsbeschränkungen bewirkten Arbeitsmarktmanipulation rechtfertigen könnte. Sowohl Verbote als auch mildere Beschränkungen wirken sich – sobald sie mit spürbarer Intensität angewendet werden – vor allem wettbewerbsbeschränkend und die Arbeitsmarktdynamik blockierend aus, selbst wenn ein Korrektiv für ungleiche Wettbewerbsbedingungen auf der Arbeitnehmerseite unterstellt wird.

Es läßt sich folglich konstatieren, daß sich Nebentätigkeitsbeschränkungen – gleich welcher Art – insgesamt negativ auf den Arbeitsmarkt auswirken. Damit ist gemeint, daß sie kurz- wie langfristig zu reduzierter Nachfrage nach Arbeitskraft führen und damit insbesondere der Arbeitnehmerseite schaden. Eventuelle Vorteile für Arbeitnehmer können sich nur kurzfristig und für diejenigen ergeben, die aktuell in einem attraktiven Arbeitsmarktsegment beschäftigt sind. Insgesamt fehlt es dem Mittel „Nebentätigkeitsbeschränkung" daher bereits an der Eignung und nicht lediglich – wie in Politik, Rechtsprechung und Literatur schließlich übereinstimmend befunden – an der Verhältnismäßigkeit, um arbeitnehmerfreundliche Folgen auf dem Arbeitsmarkt zu bewirken.

IV. Korrespondenz zu horizontalen Wettbewerbsbeschränkungen

Die Wirkungsanalyse zeigt im Ergebnis, daß vertikale Wettbewerbsbeschränkungen, die durch Nebentätigkeitsbeschränkungen entstehen, den Arbeitsmarkt in erster Linie zuungunsten der Arbeitnehmerseite manipulieren. Einerseits beruht das auf der direkten Einwirkung der Nebentätigkeitsbeschränkungen: Die Arbeitnehmer werden in der Auswahl ihrer Markthandlungen eingeschränkt, der Wettbewerb unter den Arbeitgebern um die Gunst der Arbeitnehmer gehemmt und damit die Verhandlungsposition der letzteren auf dem Arbeitsmarkt verschlechtert. Sie werden nicht nur hinsichtlich ihres Arbeitgebers gebunden, sondern regelmäßig gleichzeitig hinsichtlich der Art und auch der Quantität ihrer

Beschäftigung. Bei den milderen Nebentätigkeitsbeschränkungen, die statt durch ein Verbot durch eine Anmeldepflicht oder einen Genehmigungsvorbehalt bewirkt werden, kommt wiederum erschwerend für die Arbeitnehmer hinzu, daß sie ihre Arbeitgeber mit aufschlußreichen Informationen versorgen müssen, die zusätzliche Rückschlüsse zum Beispiel über ihre Fähigkeiten und ihren momentanen Marktwert ermöglichen und insoweit ihre Verhandlungsposition schwächen können.

Zum anderen wurde dargelegt, daß Nebentätigkeitsbeschränkungen nur auf den ersten Blick durch gleichmäßigere „Verteilung" der kumulierten Nachfrage nach menschlicher Arbeitskraft der Arbeitnehmerseite nützen. Dem entscheidend entgegenwirkend ist, daß die Begrenzung des individuellen Arbeitsangebots – sei es durch Höchstarbeitszeiten oder durch Beschränkungen von Zweittätigkeiten – mittelfristig zu einer reduzierten Gesamtnachfrage nach menschlicher Arbeitskraft führt.

Dieser Befund steht in fundamentalem Widerspruch zum Ergebnis der Analyse, die zu den horizontalen Wettbewerbsbeschränkungen vorgenommen wurde. Diese Beschränkungen, vor allem bewirkt durch die Genehmigung und sogar gesetzliche Förderung der Tarifkartelle, sind – wie das deutsche, das europäische und auch das US-amerikanische Beispiel zeigten – in erster Linie mit dem Schutz und der beabsichtigten Bevorteilung der Arbeitnehmerschaft begründet. Die strukturellen Verhandlungsnachteile der Arbeitnehmerseite auf dem Arbeitsmarkt sollen durch die ermöglichte Kartellierung ausgeglichen werden. Zwar findet in der wissenschaftlichen Literatur Berücksichtigung, daß die Untrennbarkeit der Arbeitskraft von der Person des Arbeitnehmers keine dem Gütermarkt entsprechend effizienten Marktergebnisse zuläßt. Primär jedoch ist die Ermöglichung von Tarifkartellen auf Gerechtigkeitserwägungen gestützt: Es geht eher um die – offensichtliche – Besserstellung der Arbeitnehmerschaft als um die Korrektur eines – erst bei genauerer Untersuchung erkennbaren – andernfalls ineffizienten Marktergebnisses.

Während also nach absolut herrschender Auffassung horizontale Wettbewerbsbeschränkungen auf dem Arbeitsmarkt und damit die Beeinträchtigung seiner Funktionstüchtigkeit zum Wohle der Arbeitnehmerschaft in Kauf genommen werden, beschränken Nebentätigkeitsrestriktionen, also vertikale Wettbewerbsbeschränkungen, die Funktionalität des Arbeitsmarkts und schwächen *zugleich* die Arbeitnehmerposition signifikant. Diese Ungereimtheit kann auch nicht dadurch erklärt werden, der Gesetzgeber wolle mit der Beschränkung der Arbeitnehmer durch vertikale Wettbewerbsbeschränkungen deren Vorteile durch die Tarifkartelle ausgleichen: Vorrangiger Sinn und Zweck dieser ist ja gerade der Nachteilsausgleich zugunsten der Arbeitnehmerschaft, so daß danach kein Bedarf an gegenläufiger Kompensation bestehen sollte. Das gilt umsomehr, da keine dem aufgezeigten Verhandlungsungleichgewicht entsprechenden strukturellen Nachteile für die Arbeit*geber*seite ersichtlich sind, die aufgewogen werden müßten.

So läßt sich festhalten, daß die gängigen Nebentätigkeitsbeschränkungen – im Widerspruch zur ansonsten gesetzgeberisch verfolgten Linie – direkte wie indirekte negative Auswirkungen auf die Arbeitnehmer einer Volkswirtschaft haben.

D. Umfangsbestimmung

Aus den obigen Ausführungen ist nun abzuleiten, wie weit der rechtliche Schutz des Arbeitsmarktwettbewerbs reichen sollte. Horizontale Wettbewerbsbeschränkungen, sofern sie wirklich nur den Arbeitsmarkt betreffen und keine verschleierten Absprachen über Gütermarktbelange sind, dienen der Arbeitnehmerseite und sind aufgrund deren struktureller Verhandlungsschwäche aus ökonomischen Gründen wie auch aus Gerechtigkeitserwägungen ein legitimer Ausnahmebereich vom Wettbewerbsschutz.

Für vertikale Wettbewerbsbeschränkungen, die auf dem Arbeitsmarkt in Form von Nebentätigkeitsbeschränkungen auftreten, gilt das in dieser Grundsätzlichkeit nicht. Sie bevorzugen die Arbeitgeberseite und können nur kurzfristig sowie nur einem kleinen Teil der Arbeitnehmerschaft dienen. Langfristig schaden sie, indem sie eine gesamtökonomische Reduktion der Nachfrage nach Arbeitskraft bewirken, allen Arbeitnehmern nicht nur durch ihre direkt einschränkende Wirkung, sondern auch indirekt. Hinzu kommen die gesamtwirtschaftlichen Beeinträchtigungen durch die auf diese Weise verminderte Funktionalität des Arbeitsmarkts, insbesondere hinsichtlich der Arbeitskräfteallokation und der Förderung der Qualität und Weiterentwicklung der angebotenen Arbeitsleistungen. Mithin besteht ein Spannungsverhältnis zwischen dem Wettbewerbsschutz sowie den Arbeitnehmerinteressen einerseits und den Arbeitgeberinteressen andererseits.

I. Abgrenzung zum Arbeitnehmerschutz

Allerdings kann sich die notwendige Umfangsbestimmung des Wettbewerbsschutzes nur an den Interessen des Wettbewerbs orientieren. Eine Berücksichtigung der Arbeitnehmerinteressen in diesem Zusammenhang ist weder angebracht noch notwendig, da bei der Beurteilung der Zulässigkeit von Nebentätigkeitsbeschränkungen bereits nach bestehender Rechtslage geprüft wird, ob die Beschränkung der Arbeitgeberseite durch den Schutz der berechtigten Interessen der Arbeitnehmerseite gerechtfertigt ist. Einander gegenübergestellt werden müssen daher – ausschließlich – die Beschränkungen für den Wettbewerb bzw. die daraus resultierenden gesamtwirtschaftlichen und gesellschaftlichen Konsequenzen auf der einen Seite sowie die Interessen der Arbeitgeber an vertikalen Wettbewerbsbeschränkungen auf der anderen Seite.

Formal folgt daraus eine andere hypothetische Grenze, bis zu welcher Nebentätigkeitsbeschränkungen „gerade noch" zulässig sind, als unter Beachtung der Arbeitnehmerinteressen. In letzterem Fall führt erst eine gewisse Intensität der Nebentätigkeitsbeschränkungen zu einer spürbaren Beeinträchtigung, bestimmte Nebentätigkeitsbeschränkungen wirken bei geringer Intensität sogar auch zugunsten der Arbeitnehmerseite oder zumindest zugunsten eines Teils der Arbeitnehmer.[698] Demgegenüber führen Nebentätigkeitsbeschränkungen *immer* zu einer Beeinträchtigung des Arbeitsmarktwettbewerbs, dessen Funktionsweise wird daher schon bei einer wesentlich kleineren Intensität der Nebentätigkeitsbeschränkungen manipuliert. Das führt dazu, daß Nebentätigkeitsbeschränkungen in einer Art und Stärke existieren und künftig untersagt sein sollten, die zwar im Verhältnis zu den Arbeitnehmerinteressen unproblematisch sind, jedoch den Arbeitsmarktwettbewerb unverhältnismäßig beeinträchtigen. Die bereits anerkannten Grenzen für Nebentätigkeitsbeschränkungen, die soweit mit dem Schutz der vorrangigen Arbeitnehmerinteressen begründet werden, dürften unter Berücksichtigung der Arbeitsmarktbelange weiter verengt werden.

Zur Verdeutlichung des Unterschieds zwischen diesem wettbewerbsschützenden Ansatz und der bislang üblichen Abwägung, die den Arbeitgeber- die Arbeitnehmerinteressen gegenüberstellte, sei folgendes Beispiel gegeben. Eine Schreibkraft in einem mittelständischen kaufmännischen Betrieb mit Sitz in einer Großstadt vereinbart mit ihrem Arbeitgeber auf dessen Veranlassung in ihrem individuellen Arbeitsvertrag ein Nebentätigkeitsverbot bei durchschnittlichem Gehalt und keinen besonderen betrieblichen Gegenleistungen. Unter Ausblendung individueller Besonderheiten wäre ein solches Nebentätigkeitsverbot rechtlich nicht haltbar. Es beschränkt den Arbeitnehmer über Gebühr. Einem Arbeitgeber kann regelmäßig kein schützenswertes Interesse daran zugesprochen werden, den Arbeitnehmer ausschließlich an sich zu binden. Im Lichte des Wettbewerbsschutzes hingegen wäre das Nebentätigkeitsverbot zwar sachlich mitumfaßt. Jedoch würde die mangelnde Spürbarkeit der Wettbewerbsbeschränkung auf dem relevanten Arbeitsmarktsegment zum Ausbleiben jeder Beanstandung aus dieser Perspektive führen. Wenn hingegen z.B. das Land NRW der Gesamtheit seiner Beamten anböte, diesen gegen Verzicht auf das Recht zur Nebentätigkeit die Bezüge zur verdoppeln, so mag diese Maßnahme aus Arbeitnehmersicht verhältnismäßig sein. Sie stellt jedoch eine empfindliche Wettbewerbsbeschränkung dar und müßte von einer den Arbeitsmarktwettbewerb schützenden Vorschrift untersagt werden, da kein entsprechend gewichtiges Interesse des Landes an dem exklusiven Zugriff auf die Arbeitskraft seiner Arbeitnehmer ersichtlich ist.

---

[698] Vgl. in diesem Teil § 2, Abschn. C III 2 c).

II. Strukturelle Charakteristik des Wettbewerbsschutzes

Auf der Suche nach einem gerechten Ergebnis in einer Vielzahl wesensgleicher Interessenkonflikte ist grundsätzlich eine Einzelfallbetrachtung der aufwendigste, aber der gerechteste Lösungsansatz. Jede Abstraktion und Pauschalisierung hingegen vereinfacht das Verfahren, allerdings um den Preis der Individualität der Lösung. Auch die Frage, ob die durch Nebentätigkeitsrestriktionen entstehenden vertikalen Wettbewerbsbeschränkungen durch schützenswerte Arbeitgeberinteressen gerechtfertigt sind, könnte durch Einführung einer Generalklausel der Einzelfallprüfung zugeführt werden. So könnte – etwa in einem fiktiven Gesetz zum Schutz des Arbeitsmarktwettbewerbs – formuliert werden, daß Nebentätigkeitsbeschränkungen nur gestattet sind, soweit dem nicht „überwiegende Interessen" des Wettbewerbsschutzes entgegenstehen. Jedoch sprechen Gründe der Praktikabilität dagegen, die Rechtsanwender (nämlich in erster Linie die Arbeitsmarktparteien auf kollektiver und auf Individualebene, aber auch die Justizorgane) nach völlig freiem Ermessen beurteilen zu lassen, wann dem Schutz des Wettbewerbs Vorrang vor den Arbeitnehmerinteressen gebührt und wann nicht.

Zum einen sind Art und Ausmaß der Auswirkungen auf die Funktionalität des Arbeitsmarkts von Seiten der Rechtsanwender, denen die Kenntnis arbeitsmarktökonomischer Zusammenhänge nicht unterstellt werden darf, regelmäßig nicht absehbar. Eine sachgemäße Interessenabwägung dürfte in einer Vielzahl der Fälle daher von vornherein ausgeschlossen sein. Schon hinsichtlich der Legalausnahme im aktuellen Wettbewerbsrecht wird kritisiert, daß die Gesetzesadressaten regelmäßig nicht imstande seien, die durch sie vorzunehmenden Einschätzungen z.B. hinsichtlich der Spürbarkeit einer Beschränkung oder des Ausmaßes des technischen Fortschritts vorzunehmen.[699] Gleichgelagerte Bedenken sind im Zusammenhang mit arbeitsmarktökonomischen Folgen aufgrund derer Komplexität erst recht angebracht. Hier würde nicht nur – wie im den Gütermarkt regelnden Wettbewerbsrecht – das Vorhandensein mehrerer teilweise unbestimmter Tatbestandsmerkmale zu überprüfen sein, sondern es wäre zusätzlich die Abwägung zwischen dem Wettbewerbsschutz und dem jeweiligen Arbeitnehmerinteresse vorzunehmen. Dies stellt eine noch weitaus schwierigere Aufgabe dar, die die Berücksichtigung zahlreicher tatsächlicher und rechtlicher Aspekte bedingt. Hinzu kommt, daß in den Fällen, in denen Art und Intensität der Nebentätigkeitsbeschränkungen zwischen den beteiligten Arbeitsmarktparteien vereinbart würden, die Interessen des Arbeitsmarktwettbewerbs keinen „Vertreter" hätten. Die Arbeitgeberseite hätte keinen und die Arbeitnehmerseite keinen unmittelbaren Anreiz, die nur sehr abstrakt erfaßbare Wettbewerbsfunktionalität zu schützen. Während daher – zumindest unter Aus-

[699] Vgl. zur Kritik z.B. BKartA, TB 1997/1998, S. V; Gröning, WRP 2001, 83; Jaeger, WuW 2000, 1062; Möschel, FAZ v. 15.11.03, S. 13; a. A. Geiger, EuZW 2000, 165, 166; Bechthold, BB 2000, 2425, 2431.

schluß der Fälle einer einseitigen drückenden ökonomischen Übermacht – *zwischen* den Parteien ein Interessenausgleich möglich scheint, könnte der Wettbewerbsschutz in dieser Konstellation Vernachlässigung erfahren.

Daher sind angemessene gesetzgeberische Vorgaben notwendig, die diese Mißstände kompensieren. Es muß zuvorderst sichergestellt sein, daß im Rahmen des Konflikts um Nebentätigkeitsbeschränkungen der Wettbewerbsschutz – anders als gegenwärtig – *überhaupt* Berücksichtigung findet. Sodann kommt es darauf an, durch bestimmende, aber für die Vielzahl der Konstellationen ausreichend abstrakte Vorgaben die Nebentätigkeitsbeschränkungen auf ein angemessenes Maß einzudämmen. Das heißt, daß von legislativer Seite ein gesetzliches, für die privatrechtliche Ausgestaltung von Nebentätigkeiten verbindliches „Gerüst" gestellt werden sollte, dessen Anwendung durch die Arbeitsmarktparteien zum weitmöglichsten Wettbewerbsschutz unter hinreichender Wahrung der Arbeitgeberinteressen führt. Im Fall gesetzlicher Nebentätigkeitsbeschränkungen sollte der Gesetzgeber entsprechende Richtlinien selbst einhalten und einhalten müssen. Aufgrund der schieren Vielfalt möglicher Konstellationen von Arbeitgeber- und Wettbewerbsinteressen wird es keine gesetzliche Regelung von Einzelfällen geben können. Zumindest jedoch sollen Parameter herausgearbeitet werden, an denen sich dann eine Abwägung im Einzelfall orientieren müßte. Erforderlich sind juristisch handzuhabende, der Auslegung zugängliche Kriterien. Wenn auch in der erforderlichen Abstraktheit keine exakte Quantifizierung der Auswirkungen einer Nebentätigkeitsbeschränkung praktikabel ist, müssen doch zumindest zwischen den Parametern und den entsprechenden Auswirkungen existierende „Je-Desto-Beziehungen" aufgezeigt werden, deren Berücksichtigung innerhalb der späteren Einzelfallabwägung verbindlich ist. Da ein Ausgleich zwischen den Zielen eines möglichst umfangreichen Wettbewerbsschutzes auf dem Arbeitsmarkt sowie eines Interessenschutzes der Arbeitgeberseite erreicht werden soll, sind zuvorderst solche Parameter festzuhalten, die Anhaltspunkte für die Eingriffsintensität einer Nebentätigkeitsbeschränkung einerseits sowie für die Schutzwürdigkeit der Arbeitgeberinteressen andererseits liefern.

III. Inhaltlicher Rahmen für eine Interessenabwägung

Grundlegender Gedanke der Abwägung ist zunächst wie oben festgestellt, daß sich vertikale Beschränkungen des Arbeitsmarktwettbewerbs durch Nebentätigkeitsrestriktionen nur mit vorrangigen Arbeitgeberinteressen rechtfertigen lassen. Je stärker also eine Nebentätigkeitsbeschränkung in den Arbeitsmarktwettbewerb eingreift, desto schützenswerter müssen die damit gewahrten Belange auf der Arbeitgeberseite sein.

1. Evaluation der Beeinträchtigung des Arbeitsmarktwettbewerbs

Um nun zunächst die Intensität der Auswirkungen einer Nebentätigkeitsbeschränkung auf den Arbeitsmarkt zu evaluieren, sind die individuellen Charakteristika der Beschränkung ebenso zu berücksichtigen wie die des betroffenen Arbeitsmarktsegments.

Zwei Variablen für die Bestimmung der Wettbewerbsbeeinträchtigung liegen in der individuellen Nebentätigkeitsbeschränkung selbst. Nebentätigkeitsbeschränkungen unterscheiden sich hinsichtlich ihrer Wirkung auf den Arbeitsmarktwettbewerb darin, wie stark sie ihre Adressaten in deren Handlungs- und Wahlfreiheit einschränken. Die Beeinflussung des Wettbewerbs resultiert insoweit direkt aus der Beeinflussung der Summe aller betroffenen Arbeitsmarktteilnehmer. Es wurde festgestellt, daß sich Nebentätigkeitsbeschränkungen prinzipiell in Verbote, objektive Begrenzungen (vor allem zeitliche Begrenzungen, aber auch solche hinsichtlich des Verdienstes), Genehmigungsvorbehalte und Anmeldeobliegenheiten kategorisieren lassen. Die jeweiligen Auswirkungen wurden beleuchtet.[700]

- Nebentätigkeitsverbote stellen aufgrund ihrer Absolutheit und Starre, die ohne Alternative die gewünschten Zweittätigkeiten unterbinden, die schwerwiegendste Eingriffsmöglichkeit dar.
- Beschränkungen anhand objektiver Kriterien sind je nach Ausgestaltung wettbewerbshemmend. Da das Ausmaß der Beschränkung (etwa die für eine Nebentätigkeit gestattete Stundenzahl) üblicherweise im Ausgleich zwischen Arbeitnehmer- und Arbeitgeberinteressen bestimmt wird, weist die Folge zumindest keine aus Wettbewerbssicht irrelevante Intensität auf.[701]
- Eine Anmeldepflicht hat auf den Arbeitsmarktwettbewerb weniger direkte Folgen als indirekte. Sie wird das Nebentätigkeitsverhalten der betroffenen Arbeitnehmer kaum beeinflussen, liefert dem Arbeitgeber jedoch Informationen über den Arbeitnehmer, die ihm zum künftigen Verhandlungsvorteil gereichen können und die Preis-Leistungs-Transparenz im Wettbewerb beeinflussen.
- Ein Genehmigungsvorbehalt umfaßt auf der Folgenseite Elemente der objektiven Beschränkung sowie solche der Anmeldepflicht. Zunächst erhält der Arbeitgeber in gesteigertem Umfang Informationen zum Nebentätig-

[700] Vgl. im einzelnen oben, Abschn. C.

[701] So ist etwa im öffentlichen Dienst üblich, eine Nebentätigkeit auf 20% der wöchentlichen Arbeitszeit im Hauptamt zu beschränken. Unter Zugrundelegung einer 5-Tagewoche folgt daraus die Befugnis, an einem weiteren Tag einer Nebentätigkeit nachzugehen. Da dem Beamten zwei freie Tage zur Verfügung stehen, entspricht dies einer künstlichen Verkürzung des potentiellen Angebots um etwa 50% (je nach tatsächlicher Arbeitsbereitschaft des Beamten).

keitsverhalten des Arbeitnehmers. Sodann erfolgt eine Ermessensentscheidung des Arbeitgebers, so daß dessen Genehmigungsverhalten prägend für die Intensität der Nebentätigkeitsbeschränkung ist. Da jedoch auch in dieser Konstellation der Arbeitgeber seine Interessen denen der Arbeitnehmerseite gegenüberstellen muß bzw. darf, bewirkt sein „übliches“ Genehmigungsverhalten jedenfalls eine nicht zu vernachlässigende Intensität des Eingriffs. Im Zusammenspiel mit der denknotwendigen Informationsbeschaffung für den Arbeitgeber ist dieses Instrument zur Nebentätigkeitsbeschränkung daher das nach dem absoluten Verbot am stärksten einschneidende.

Es darf daher festgehalten werden, daß die Eingriffintensität in die Arbeitsmarktfunktionalität ceteris paribus üblicherweise[702] bei Verboten am stärksten sein wird, gefolgt von Genehmigungsvorbehalten, objektiven Nebentätigkeitsrestriktionen und Anmeldeobliegenheiten. Von Bedeutung für den Charakter einer Nebentätigkeitsbeschränkung ist nun ebenfalls, auf welcher Grundlage eine Nebentätigkeitsbeschränkung beruht. Regelmäßig hat dies direkte Auswirkungen auf die absolute Zahl ihrer Adressaten. So beeinflußt z.B. ein Bundesgesetz wie die BRAO oder gar das BBG weit mehr Arbeitsmarktsubjekte als ein individueller Arbeitsvertrag oder auch ein standardisierter Arbeitsvertrag eines mittelständischen Unternehmens. Ein Tarifvertrag kann je nach seinem Geltungsbereich einige wenige, aber auch Hunderttausende Arbeitnehmer betreffen. Aus diesem Grunde ist für die Bestimmung der Eingriffsintensität nicht nur auf die Wirkungsweise einer Nebentätigkeitsbeschränkung zu schauen, sondern auch auf den Umfang ihres Wirkungskreises.

Das Ausmaß der Funktionsbeeinträchtigung des Arbeitsmarktwettbewerbs bestimmend sind jedoch neben der Qualität der einzelnen Nebentätigkeitsbeschränkung auch mehrere Merkmale des Arbeitsmarkts und vor allem des betroffenen Arbeitsmarktsegments. Diese sind kennzeichnend für die Spürbarkeit der Wettbewerbsbeeinträchtigung. Eine gewisse Spürbarkeit der Wettbewerbsbeschränkung ist ein Erfordernis, welches mit der pauschalen Freistellung solcher Alleinbelieferungsvereinbarungen des Güterwettbewerbs korrespondiert, deren beteiligte Unternehmen einen kleineren jeweiligen Marktanteil als 30 % aufweisen.[703] Zuvorderst ist die tatsächliche Betroffenheit des jeweiligen Arbeitsmarkt*segments* durch eine Restriktion zu untersuchen, da sich der aktuelle Wettbewerb regelmäßig auf abgrenzbare Arbeitsmarktsegmente konzentriert, hingegen der Gesamtarbeitsmarkt – sofern überhaupt – erst in langfristiger Perspektive von Nebentätigkeitsbeschränkungen beeinflußbar ist. Dafür bietet sich

[702] Vorausgesetzt wird beim Genehmigungsverhalten und bei den objektiven Beschränkungen eine Eingriffsstärke, die sich an der üblichen Interessenabwägung zwischen Arbeitnehmer- und Arbeitgeberseite orientiert.

[703] Vgl. EG-VO 2790/99.

die Bestimmung des Anteils der gebunden Arbeitnehmer an der Gesamtarbeitnehmerschaft dieses Segments an. Je höher dieser Anteil ist, desto stärker ist der Wettbewerb auf entsprechendem Segment (sowie auch auf benachbarten Segmenten) beeinträchtigt. In gleicher Weise kann auf die Beeinträchtigung des Gesamtarbeitsmarkts – insbesondere durch die langfristigen Einbußen bei der Allokationseffizienz und der Weiterentwicklung der angebotenen Arbeitsleistung – geschlossen werden: Je größer der Anteil eines von Nebentätigkeitsbeschränkungen beeinflußten Arbeitsmarktsegments am Gesamtarbeitsmarkt ist, desto stärker wird letzterer beeinträchtigt. Da die Arbeitsentgelte das direkte Gegenstück zu den Konsum- und Investitionsausgaben auf dem Gütermarkt darstellen,[704] wird insoweit sogar der gesamtwirtschaftliche Güteraustausch manipuliert. Schließlich ist als Determinante für die Bestimmung der Spürbarkeit einer Nebentätigkeitsbeschränkung auch die auf dem Arbeitsmarktsegment herrschende Wettbewerbsintensität heranzuziehen. Auf einem vergleichsweise wettbewerbsintensiven Segment wird eine Nebentätigkeitsbeschränkung schwerwiegendere Folgen haben wird als auf einem weniger umkämpften, auf dem ohnehin weniger Wettbewerbsaktivität herrscht und insoweit auch weniger unterbunden werden kann.

Die Wettbewerbsintensität auf dem *Güter*markt oder einem zugehörigen Segment wurde und wird verbreitet unter Bezugnahme auf *Kantzenbach*s „Konzept der optimalen Wettbewerbsintensität“ bestimmt.[705] Danach ist die Intensität definiert als Geschwindigkeit, mit der jegliche Vorsprungsgewinne eines Konkurrenten wieder „weggefressen“ werden. Sie ist lediglich abhängig von der Anzahl der Anbieter sowie dem Grad der Marktunvollkommenheit (im wesentlichen durch Güterheterogenität und fehlende Markttransparenz). Hieraus leitet *Kantzenbach* ab, daß die Wettbewerbsintensität nur theoretisch am höchsten im homogenen Dyopol/Polypol bei vollkommener Markttransparenz sei. Faktisch jedoch begründeten – wie bereits vorstehend erläutert – ein weites Oligopol mit mäßiger Heterogenität der Güter und begrenzter Transparenz die höchste Wettbewerbsintensität, da in dieser Konstellation die Gewinnchancen, Existenzrisiken und Finanzierungsmöglichkeiten besonders günstig kombiniert seien.[706] Die Neigung und Fähigkeit der Marktteilnehmer zu Absprachen und Parallelverhalten seien grade beim weiten Oligopol weniger ausgeprägt als in der oben bezeichneten, theoretisch am stärksten wettbewerbsintensiven Marktform.

Die Bezugnahme auf die Determinanten Anzahl der Marktteilnehmer, Transparenz und Heterogenität zur Bestimmung der Wettbewerbsintensität auf dem *Ar-*

[704] Wie oben (vgl. Dritter Teil, § 2, Abschn. A) dargestellt, stellen die Arbeitsentgelte einerseits und Konsum- sowie Investitionsausgaben andererseits die beiden Richtungen eines einheitlichen Geldstroms dar.
[705] *Kantzenbach/Kallfaß*, S. 103 ff.
[706] Vgl. Dritter Teil, § 2, Abschn. E II 1 b); *Schmidt*, S. 1. Kapitel, Abschn. VI 1 a).

*beits*markt ist unpraktikabel. Zumindest auf Arbeitnehmerseite sind Oligopole oder gar Monopole äußerst selten, die angebotene Arbeitsleistung ist grundsätzlich heterogen, so daß einzig auf die Transparenz auf dem betroffenen Arbeitsmarktsegment Berücksichtigung fände. Von daher sind andere Ansätze zur Beschreibung der Wettbewerbssituation zu wählen, wie etwa das *Five-Forces-Modell*[707]. Es analysiert die Wettbewerbsintensität auf beliebigen Märkten qualitativ unter Berücksichtigung der folgenden Determinanten (es werden jeweils arbeitsmarkttypische beispielhafte Erläuterungen gegeben):

- Bestehender Wettbewerb (Herrschen abgestimmtes Verhalten, gegenseitige Duldung oder gar ruinöse Preiskämpfe vor? Ist Nebentätigkeit auf dem betreffenden Arbeitsmarktsegment verbreitet?)
- Potentieller Wettbewerb (Gibt es auf dem Segment hohe Markteintrittsbarrieren in Form besonderer Qualifikationserfordernisse? Gibt es hohe Marktaustrittsbarrieren aufgrund einer erforderlichen starken Spezialisierung?)
- Verhalten der Lieferanten (entfällt bei der Arbeitsmarktbetrachtung)
- Verhalten der Abnehmer (Besteht ein besonderer Preisdruck oder gelten restriktive horizontale Preisabsprachen oder gesetzliche Vorgaben? Wie ist das numerische Verhältnis der Anbieterseite zur Abnehmerseite?)
- Substitutionsmöglichkeiten (Inwieweit droht die Möglichkeit, Arbeitskraft z.B. durch Kapitalisierung oder geographische Verlagerung der Produktion, durch Importe oder durch Lagerhaltung zu ersetzen?)

Die resultierende qualitative Beurteilung ermöglicht gemeinsam mit den quantitativen Parametern eine geeignete Aussage zur Spürbarkeit einer Nebentätigkeitsbeschränkung. Es werden Segmentgröße und -bedeutung ebenso berücksichtigt wie das Verhalten der Marktteilnehmer, potentieller Marktteilnehmer und auch anderer Beteiligter, sowie die Besonderheiten der „gehandelten" Arbeitsleistung, die sich in ihrer Ersetzbarkeit widerspiegeln.

Die erwähnte VO 2790/99, nach der Vertikalvereinbarungen auf dem Gütermarkt (also üblicherweise Vertriebsabsprachen) grundsätzlich zulässig sind, sofern der Marktanteil der beteiligten Unternehmen 30% nicht überschreitet, eignet sich als Maßstab für den vorliegend vorzunehmenden Interessenausgleich zwischen Arbeitgebern und Wettbewerbsschutz nicht. Das Marktanteilskriterium ist nicht ohne weiteres auf den Arbeitsmarkt übertragbar. Gemäß Art. 3 Abs. 2 EG-VO 2790/99 sind Alleinbelieferungsverpflichtungen, die den Nebentätigkeitsverboten am ehesten entsprechen, nur dann vom wettbewerbsrechtlichen Verbot freigestellt, wenn der Anteil des Käufers auf dem relevanten Markt 30 % nicht überschreitet. Es wäre mithin zu untersuchen, welchen Marktanteil ein

---

[707] Nach *Porter,* S. 33 ff.

Arbeitgeber auf einem bestimmten Arbeitsmarktsegment einnimmt. Diese Berechnung, die bislang keine Standardisierung kennt, wäre zwar noch z.B. in der Weise durchführbar, daß die Gesamtzahl von Arbeitnehmern in einem bestimmten Segment mit der Angestelltenzahl eines Arbeitgebers ins Verhältnis gesetzt wird. Allerdings weisen Alleinbezugsrechte im Vergleich zu Nebentätigkeitsbeschränkungen den gewichtigen Unterschied auf, daß ein Güterhersteller sich üblicherweise zur Lieferung einer bestimmten Waren*gattung* an nur einen Abnehmer verpflichtet und damit die direkten Konkurrenten des Abnehmers beeinträchtigt, dem Arbeitnehmer in Nebentätigkeitsbeschränkungen jedoch *grundsätzlich* weitere Tätigkeiten untersagt oder beschränkt werden.[708] Auf den Arbeitnehmer wirken von vornherein Loyalitäts- und Treuepflichten, denen ein Hersteller/Lieferant regelmäßig nicht unterworfen ist. So ist die Belieferung von konkurrierenden Abnehmern für einen Produzenten zunächst einmal völlig unverfänglich und üblich, nicht jedoch der Absatz von Arbeitskraft bei Konkurrenten. Der Eingriff in die Wettbewerbsfunktionalität wird im Fall zusätzlicher Nebentätigkeitsbeschränkungen daher regelmäßig ungleich stärker sein als die Auswirkungen eines punktuellen Alleinbezugsrechts. Daher ist der Regelungsgehalt genannter Verordnung nicht auf den Arbeitsmarktsachverhalt zu übertragen, sondern es ist auf die herausgearbeiteten Parameter zurückzugreifen.

2. Evaluation der Schutzwürdigkeit der Arbeitgeberinteressen

Der Grad der Schutzwürdigkeit der Arbeitgeberinteressen ist auf vergleichbare Weise zu bewerten. Es ist auch hier zweckmäßig, zwischen zwei wesentlichen Einflußgrößen zu unterscheiden. Zum einen bestimmen die Schutzwürdigkeit solche Umstände, die im Arbeitnehmer und in der Art und Ausführung seiner Nebentätigkeit selbst begründet liegen. Zum anderen sind Charakteristika des Arbeitgebers bzw. der Arbeitgeberseite auf dem entsprechenden Marktsegment zu berücksichtigen.

Unter die erste Kategorie fällt in erster Linie der Aufwand, der dem Arbeitnehmer in Verfolgung seiner Nebentätigkeit entsteht. Zum einen ist dies der zeitliche Aufwand, zum anderen der körperliche und/oder geistige Aufwand. Je stärker sich ein Arbeitgeber in seiner Nebentätigkeit verausgabt, desto stärker wird dies seine Leistungsfähigkeit im Hauptarbeitsverhältnis mindern. Dabei ist zu beachten, daß eine körperlich fordernde Nebentätigkeit in gewissem Rahmen durchaus als geeignete Kompensation für eine geistig anspruchsvolle Haupttätigkeit wirken kann. Insoweit ist an obige Ausführungen[709] anzuknüpfen, gemäß

[708] Explizite Nebentätigkeitsbeschränkungen umfassen grundsätzlich nicht nur die Tätigkeiten bei direkten Konkurrenten des jeweiligen Arbeitgebers, da diesbezügliche Beschränkungen ja bereits aus § 60 HGB bzw. aus ungeschriebener Treuepflicht und dem abgeleitet werden.

[709] Vgl. Zweiter Teil, § 1, Abschn. B II.

derer eine Nebentätigkeit mit steigender Ähnlichkeit zur Haupttätigkeit belastender für den Arbeitnehmer und letztlich auch Arbeitgeber ist, da sie einer Verlängerung der Arbeitszeit in der Haupttätigkeit entspricht. Auch ist zu berücksichtigen, inwieweit eine Nebentätigkeit neben der Beanspruchung des Arbeitnehmers die Steigerung seines Ausfallrisikos bewirkt. Hierfür könnte ein besonderes Verletzungsrisiko ausschlaggebend sein, welches in der Art der Tätigkeit begründet liegt. Sofern der Arbeitgeber neben dem Ausfall oder der Leistungsbeeinträchtigung des Arbeitnehmers durch dessen Nebentätigkeit einen Know-how-Verlust[710] befürchtet, läßt sich dieses Risiko an weiteren Parametern messen. Zum einen wird es für eine Bewertung darauf ankommen, inwieweit betrieblich relevantes Know-how in der Nebenbeschäftigung[711] des Arbeitnehmers überhaupt eine Rolle spielt: So wird ein Mitarbeiter in einer Forschungsabteilung von diesem Kriterium viel eher erfaßt werden als Kantinenpersonal. Zum anderen wird man die Branchenähnlichkeit zwischen Haupt- und Nebentätigkeit bewerten müssen; bei gänzlich verschiedenen Unternehmensarten besteht insoweit keine Gefahr für den Arbeitgeber. Schließlich ist für die Bestimmung der Wahrscheinlichkeit eines Know-how-Transfers von Bedeutung, welcher Anreiz dem Arbeitnehmer hierfür in der Nebentätigkeit gegeben wird. Die Fälle einer gezielten unredlichen Ausspähung einmal ausgeschlossen, kann doch aus der persönlichen Bedeutung der Nebentätigkeit für den Arbeitnehmer auf seinen diesbezüglichen persönlichen Einsatz und letztlich auch auf die Gefahr eines Wissenstransfers geschlossen werden. Eine in Relation zur Haupttätigkeit hohe Bezahlung z.B. indiziert aus diesem Grunde eine höhere diesbezügliche Wahrscheinlichkeit, ebenso wie eine relativ bedeutende Position im Betrieb der Nebentätigkeit.

Mehrere für Schutzwürdigkeit der Arbeitgeberseite entscheidende Parameter sind dieser zuzuordnen bzw. sind durch ihren Einfluß veränderbar. So ist für die Relevanz des drohenden Wissensverlusts von Bedeutung, welche Bedeutung das betriebinterne Know-how *überhaupt* für den Arbeitgeber hat. Man wird hier beispielsweise bei einem produzierenden Technologieunternehmen ein größeres arbeitgeberseitiges Interesse bejahen dürfen als bei einem Handelsunternehmen. Insoweit ist die Konkurrenz des Arbeitgebers zu betrachten und die Bedeutung des Know-hows als sein Wettbewerbsvorteil. Ferner wird die Stellung des Arbeitnehmers in der Organisationsstruktur des Arbeitgebers zu beachten sein. Von einem einflußreichen Mitarbeiter in gehobener Position wird der Arbeitge-

---

[710] Für den Vorschlag einer Definition des Begriffs „Know-how" sei auf Art. 1 f) der EG-VO 2790/99 verwiesen: „Know-how ist eine Gesamtheit nicht patentierter praktischer Kenntnisse, die der Lieferant durch Erfahrung und Erprobung gewonnen hat und die geheim, wesentlich und identifiziert sind;...".

[711] Erheblich sind gleichermaßen die Stellung des Arbeitnehmers in seiner Haupttätigkeit und die dortige Berührung mit betrieblich relevantem Know-how, welche jedoch aus systematischen Gründen erst in der Betrachtung der auf Arbeitgeberseite liegenden Einflußmöglichkeiten folgt.

ber eine besondere Betriebsloyalität erwarten dürfen, die über die eines „einfachen“ Angestellten hinausgeht. Dies kann sich auch in der Grenze der Zulässigkeit von Nebentätigkeiten widerspiegeln. Hiermit korrespondiert eng der letzte entscheidende Parameter für die Bestimmung der Schutzwürdigkeit, nämlich die Leistung des Arbeitgebers im Austausch für die Arbeitskraft seines Arbeitnehmers. Eine hohe Grundvergütung, andere monetäre oder nichtmonetäre Leistungen oder gar eine Prämie für die Exklusivität des Arbeitsverhältnisses kann die Stellung des Arbeitgebers bei der Abwägung seiner Schutzwürdigkeit verbessern. Die Gewichtung insbesondere dieses Parameters ist jedoch zurückhaltend vorzunehmen, da es sich bei der Arbeitnehmervergütung um eine vom Arbeitgeber allein und willkürlich veränderbare Einflußgröße handelt. Ihre Ausrichtung an tatsächlichen betriebswirtschaftlichen Belangen ist zwar zu vermuten, jedoch nie gesichert.

3. Gewichtung der Parameter und Abwägungsmethodik

Wenn auch die oben bezeichneten Parameter – ggf. unter Hinzuziehung weiterer Aspekte – eine Veranschaulichung der aktuellen Wettbewerbsbeeinflussung in einer konkreten Arbeitsmarktsituation ermöglichen, so erfordert doch eine sachgemäße Abwägung die Gewichtung der Einflußgrößen. So sind zwar die Arbeitgeberinteressen mit steigender Beanspruchung seines nebentätigen Arbeitnehmers zunehmend beeinträchtigt, und ebenso mit dessen steigenden Bezahlung in der Nebentätigkeit. Ceteris paribus wird dem Arbeitgeber jedoch viel mehr an einer geringen Beanspruchung seines Arbeitnehmers in der Nebentätigkeit gelegen sein als an einer geringen (Zweit-) Vergütung. Daher wäre bei der Bestimmung der Schutzwürdigkeit der Arbeitgeberinteressen in einem konkreten Einzelfall die Beanspruchung des Arbeitnehmers in seiner Nebentätigkeit stärker zu berücksichtigen als seine Vergütung im Vergleich zur Haupttätigkeit.

Allerdings ist fraglich, ob eine fixe Gewichtung der einzelnen Parameter vorgegeben werden sollte. Einerseits ermöglichte dies die Objektivierung des Abwägungsvorgangs und vergrößerte dessen Transparenz. Andererseits ist zu berücksichtigen, daß die einzelnen oben herausgearbeiteten Parameter vor allem qualitative Aussagen zur Beeinträchtigung des Arbeitsmarktwettbewerbs bzw. der Arbeitgeberinteressen erlauben, die nach dem „Je-desto“-Muster abgeleitet werden. So wird man beispielsweise die Wettbewerbsintensität auf einem Arbeitsmarktsegment nicht numerisch, sondern eher mit qualitativen Merkmalen wie „sehr stark“ bis „kaum vorhanden“ bewerten. Es erscheint nicht zweckmäßig, hierfür mathematische Gewichtungen – z.B. unter Zuhilfenahme frei bestimmbarer Multiplikatoren – vorzunehmen. Diese würden zwar helfen, numerisch bestimmbare Parameter zueinander in ein angemessenes Verhältnis zu setzen. Nur der kleinere Teil der Parameter entspricht jedoch diesen Anforderungen, so etwa der Anteil der durch Beschränkungen gebundenen Arbeitnehmer an der Gesamtarbeitnehmerschaft eines Segments oder das Verhältnis des Nebenverdienstes zum Hauptverdienst. Eine vorgegebene Gewichtung nur einiger der Parameter ist unterdessen denklogisch nicht hilfreich. Aus diesem Grunde sollte die Gewichtung dem Anwender vorbehalten bleiben bzw. das zu erstellende Regelwerk zum Schutze des Arbeitsmarktwettbewerbs sich auf die Nennung der zu berücksichtigenden Abwägungselemente beschränken.

Daraus folgt zwanglos, daß in der zu entwickelnden Schutzvorschrift keine Abwägungsergebnisse bestimmt oder typisiert werden können, sondern nur die Herangehensweisen bei der Abwägung. Dies scheint zunächst unvollkommen, wäre allerdings bereits eine stärkere Konkretisierung als bislang im Wettbewerbsrecht allgemein üblich. Die Art. 81 und 82 EGV verdeutlichen exemplarisch die Verbreitung der unbestimmten und auslegungsbedürftigen gesetzlichen Kriterien, wenn dort etwa von „*angemessener* Beteiligung der Verbraucher“, einem „*wesentlichen* Teil der betreffenden Waren“[712] oder „*unangemessenen* Einkaufs- oder Verkaufspreisen“[713] gesprochen wird. Einzel- und Grenzfälle der Abwägung werden daher, wie das im den Gütermarkt behandelnden Wettbewerbsrecht bereits üblich ist, von der Literatur und vor allem von der Rechtsprechung zu konkretisieren sein.

4. Zusammenfassung

Nach dem Gesagten lassen sich die in der Abwägung zwischen Wettbewerbsschutz und Arbeitgeberinteressen jedenfalls zu berücksichtigenden Aspekte wie folgt zusammenfassen:

Evaluation der Beeinträchtigung des Arbeitsmarktwettbewerbs

- Merkmale der Nebentätigkeitsbeschränkung
    - Charakter und Stärke der Beschränkung
    - Grundlage und Reichweite der Beschränkung
- Merkmale des betroffenen Arbeitsmarktsegments / des Arbeitsmarktes
    - Anteil der gebundenen Arbeitnehmer an der Gesamtarbeitnehmerzahl im betroffenen Segment
    - Quantitative und qualitative Bedeutung des Arbeitsmarktsegments für den Gesamtarbeitsmarkt
    - Wettbewerbsintensität auf dem betroffenen Segment

Evaluation der Schutzwürdigkeit der Arbeitgeberinteressen

- Merkmale der Nebentätigkeit
    - Zeitlicher, körperlicher und geistiger Aufwand für den Arbeitnehmer

[712] Vgl. Art. 81 Abs. 3 EGV.
[713] Vgl. Art. 82 S. 2 lit. a) EGV.

    - Ausfallrisiko des Arbeitnehmers / Gefährlichkeit der Nebentätigkeit
    - Branchenähnlichkeit der Neben- zur Haupttätigkeit
    - Relevanz betriebsinternen Know-hows in der Nebentätigkeit
    - Persönliche Relevanz der Nebentätigkeit für den Arbeitnehmer
- Merkmale des Arbeitgebers der Haupttätigkeit
    - Einordnung des Arbeitnehmers in der Betriebsstruktur des Arbeitgebers
    - Gegenleistung des Arbeitgebers für die Arbeitskraft
    - Relevanz betriebsinternen Know-hows in der Haupttätigkeit

Diese Parameter sind keine abschließende Aufzählung. Sie stellen jedoch die Aspekte dar, die in einer sachgemäßen Abwägung *mindestens* zu berücksichtigen sind. Die individuelle Gewichtung hat durch den Normanwender im konkreten Einzelfall zu erfolgen, da angesichts der nur qualitativen Darstellbarkeit der meisten Abwägungselemente eine vorgegebene – insbesondere mathematische – Gewichtung nicht zweckdienlich ist.

§ 3 Form des wettbewerbsrechtlichen Nebentätigkeitsschutzes

Nach der Herausarbeitung des erforderlichen und möglichen Inhalts eines gesetzlichen Wettbewerbsschutzes auf dem Arbeitsmarkt ist nunmehr eine geeignete Form zu bestimmen. Dabei ist darauf zu achten, daß die vorgeschlagene „strukturierte" Abwägung nicht durch andere Vorschriften unterminiert wird, eine hinreichende Reichweite erfährt und eine weitgehende Gleichbehandlung vergleichbarer Sachverhalte auf relevanten Arbeitsmärkten ermöglicht.

A. Erfordernisse

Zunächst sind die formalen Anforderungen an den neu zu erlassenen Rechtsakt zu erfassen. In diesem Zusammenhang wurde bereits erläutert, daß es sich um einen hoheitlichen Akt handeln sollte. Selbstverpflichtungen z.B. einzelner Verbände, Gewerkschaften oder Innenbehörden (als üblicher „Arbeitgeber" der Beamten) wären untereinander heterogen und im Verstoßensfall von öffentlicher Seite schwer durchsetzbar. Tendenziell wären sie auch kaum von erforderlicher Reichweite, da es ja gerade Marktteilnehmer sind bzw. sein können, die ein mikroökonomisches Interesse an der Aufhebung des Wettbewerbsdrucks und damit auch an Nebentätigkeitsbeschränkungen zeigen.

Aus gleichem Grunde hat es sich auch um zwingendes Recht zu handeln. Die Möglichkeit abweichender Parteivereinbarungen zulasten des Wettbewerbsschutzes ist auszuschließen. Es ist davon auszugehen, daß der Wettbewerbsschutz auch aus Sicht eines dadurch begünstigten Arbeitnehmers nur so weit betrieben würde, wie er sich mit dessen privatem Interesse an der Ausübung von

Nebentätigkeiten deckt. Wie oben gezeigt, erfordert ein angemessener Wettbewerbsschutz jedoch punktuell andere Bewertungsmaßstäbe als eine angemessene Interessenwahrung des Arbeitnehmers. Aus diesem Grunde mangelt es für die „Freigabe" der gesetzlichen Vorgaben für vertragliche Abweichungen an einem adäquaten Vertreter des Interesses an der Wettbewerbsfreiheit.

Weiterhin ist wesentlich, daß die Wirkung der neuen Regelung nicht durch bestehende Gesetze ausgehebelt wird. Beispielsweise würde eine Erweiterung des GWB um das Schutzobjekt Arbeitsmarktwettbewerb zum großen Teil ins Leere laufen, wenn der zusätzliche Wettbewerbsschutz gegen vertikale Beschränkungen durch Vorschriften etwa aus der BRAO oder dem Beamtenrecht wieder neutralisiert würde, nur weil diese aufgrund ihrer Spezialität materiellen Vorrang genössen. Aus diesem Grund ist bei der Gestaltung des Rechtsakts entweder mit Spezialität zu arbeiten oder aber ein in der Geltungshierarchie höherrangiges Gesetz (im materiellen Sinne) zu erlassen.

Ein letztes ganz entscheidendes Erfordernis formaler Art gründet auf materiellrechtlichen Erwägungen. Der gesetzliche Wettbewerbsschutz für den Arbeitsmarkt sollte eine „Reichweite" haben, die ihm das Erfassen relevanter Arbeitsmarktsegmente auch wirklich ermöglicht. Dies verdient besondere Beachtung, weil Arbeitsmarktsegmente heutzutage durchaus international gestaltet sein können. Als Beispiele seien die für professionelle Fußballspieler, die für Führungskräfte in Unternehmen sowie die für Wissenschaftler genannt. Ebenso genießen unabhängig von ihrer beruflichen Position alle EU-Staatsbürger[714] weitgehende Freizügigkeit innerhalb der Union unter Einschluß der Arbeitserlaubnis in ihren Mitgliedstaaten. Daraus folgen zwei Anforderungen: Zum einen sollte innerhalb der EU, also innerhalb des rechtlich bereits geöffneten Arbeitsmarktes, ein annähernd gleiches Arbeits- und Sozialrecht gelten – aus Sicht dieser Arbeit damit auch ein vereinheitlichtes Nebentätigkeitsrecht und ein einheitlicher Schutz des Arbeitsmarktwettbewerbs. Neben dem Interesse an der Gleichbehandlung aller Marktteilnehmer innerhalb des EU-Arbeitsmarkts folgt dies eigenständig aus der ökonomisch relevanten Tatsache, daß europaweit „spürbare" vertikale Wettbewerbsbeschränkungen – z.B. durch die beschränkte Nebentätigkeit von Spitzenwissenschaftlern – nicht geleugnet werden können. Zum anderen sollten jedoch nicht allein grenzüberschreitende Sachverhalte erfaßt werden, sondern gleichermaßen solche mit in erster Linie nationalem Bezug. Die volkswirtschaftlichen Auswirkungen dieser können durchaus auf benachbarte Staaten „abstrahlen": Wenn also etwa das deutsche Nebentätigkeitsrecht Klinikärzten die Nebentätigkeit eng begrenzen sollte, dann wäre damit auch die

---

[714] Mit Befristung bis spätestens zum 30.04.2011 bestehen Ausnahmen vom Grundsatz der Freizügigkeit für Arbeitnehmer bestimmter Branchen, die aus einem der acht der EU zum 01.05.2004 beigetretenen Staaten stammen.

Wettbewerbssituation im übrigen Europa betroffen; namentlich z.B. in Großbritannien, wo zahlreiche deutsche Ärzte während ihrer Wochenenden arbeiten.

Erforderlich ist demnach ein hoheitlicher Regelungskomplex, dessen nicht abdingbarer Inhalt entweder aufgrund seiner Spezialität oder qua formellen Vorrangs entgegenstehende wettbewerbsbeschränkende Vorschriften verdrängt und dabei sowohl Wettbewerbsbeschränkungen auf EU-relevanten Arbeitsmarktsegmenten als auch solche auf allein nationalen Arbeitsmarktsegmenten nach einheitlichem Maßstab verhindert, soweit nicht die vorzugswürdigen Interessen der Arbeitgeberseite dem entgegenstehen.

B. Bestimmung der geeigneten Rechtsquelle

Nach Maßgabe dieser Anforderungen ist zunächst eine geeignete Rechtsquelle für den beabsichtigten gesetzlichen Schutz des Arbeitsmarktwettbewerbs zu bestimmen. In Deutschland entfalten dabei Rechtsakte aus drei verschiedenen Quellen Wirkung: Nationale Gesetzgebung, EU-Gesetzgebung sowie völkerrechtliche Verträge.

Das gegenwärtig hierzulande wirksame Wettbewerbsrecht beruht auf bundesrechtlichen Vorschriften sowie solchen des Europarechts, nicht jedoch auf völkerrechtlichen Verträgen. Dies wird seine Ursache zum einen darin haben, daß es sich bei Wettbewerbsrecht stets um das Spiegelbild der hoheitlich verfolgten Wettbewerbs- und Industriepolitik handelt und insoweit internationale Übereinkünfte einen breiten Konsens auf diesem Gebiet voraussetzen. Tatsächlich sind jedoch die jeweiligen nationalen Ansichten zum Erfordernis politischer Intervention in Wirtschaftskreisläufe im allgemeinen sowie zur Kartell- und Fusionspolitik im speziellen höchst divergent. Was auf europäischer Ebene aufgrund einer eigens abgestimmten Wirtschaftspolitik möglich und mittels EU-Vorschriften realisiert ist, findet in weiterem Rahmen außerhalb der EU keine Entsprechung. Zum anderen ist festzuhalten, daß Wettbewerbsrecht, um gewünschte Wirkungen zu erzielen, gegenüber den Adressaten unmittelbar wirken und zügig durchsetzbar sein muß. Dies trifft auf völkerrechtliche Verträge nicht zu. Sie verpflichten nicht einzelne natürliche oder juristische Personen zu einem bestimmten Verhalten, sondern statt dessen Staaten. Regelmäßig bedarf die Gültigkeit eines solchen Vertrags der Ratifikation durch die Parlamente der beteiligten Staaten, was Jahre dauern oder auch scheitern kann und für ein Rechtsgebiet, das tagtäglich von einer Vielzahl Adressaten operativ „benutzt" wird, völlig unpraktikabel ist. Schließlich noch ist der Regelungsinhalt völkerrechtlicher Verträge nicht in mit deutschem oder EU-Recht vergleichbarer Weise durchsetzbar. Der Schutz des Arbeitsmarktwettbewerbs vor Vertikalbeschränkungen sollte mithin nicht auf Grundlage eines völkerrechtlichen Vertrags gesucht werden.

Denkbar ist weiterhin eine Regelung auf deutscher Ebene, etwa durch Ergänzung des GWB um einen entsprechenden Passus. Hiergegen spricht jedoch zweierlei. Erstens bestehen vielfache formal mit dem GWB gleichrangige Vorschriften, welche einem hypothetisch in ihm enthaltenen Schutz des Arbeitsmarktwettbewerbs widersprechen.[715] Es wäre unumgänglich, auf die in diesen Vorschriften geregelte Sondermaterie Bezug zu nehmen, um den für die gewünschte Geltung erforderlichen Spezialitätsvorrang zu erreichen. Zweitens bliebe selbst auf diesem Wege das Erfordernis der internationalen Geltung unerfüllt. Deutsches Recht kann zwar Gültigkeit für Ausländer im Inland beanspruchen und unter Umständen Inländer auch im Ausland verpflichten. Fehlt jedoch ein Bezug zu Deutschland, sind seine Gesetze in aller Regel weder anwendbar noch durchsetzbar.

Vorzugswürdig ist daher ein Rechtsakt auf EU-Ebene, dessen legislative Quelle folglich entweder eine Übereinkunft der Mitgliedstaaten ist,[716] welche völkerrechtlichen Charakter hätte,[717] oder aber Beschlüsse des *Europäischen Rats* und des *Parlaments* bzw. des *Rats* und der *Kommission.*[718] Die aufgezeigten Erfordernisse lassen sich auf diese Weise sämtlich erfüllen. EU-Vorschriften auf Basis des EGV sowie auf Ebene der Verordnungen sind hoheitliche Rechtsakte. Sie vereinheitlichen bereits heute das Wettbewerbsrecht innerhalb der Union und wirken dabei direkt gegen natürliche und juristische Personen sowie auch gegen die Organe der Mitgliedstaaten. Sie können in der Weise ausgestaltet werden, daß sie auch ausschließlich national bedeutsame Sachverhalte erfassen, sofern hierdurch eine Rechtsangleichung auf dem im übrigen „offenen" europäischen Arbeitsmarkt erfolgt. Ohne weiteres können sie in der Weise formuliert werden, daß sie durch ihre Adressaten nicht abdingbar sind. Schließlich würde auch entgegenstehendes nationales Recht der Mitgliedstaaten verdrängt, und zwar regelmäßig allein aufgrund des anerkannten Vorrangs des Gemeinschaftsrechts.[719] Es entfiele mithin die Berücksichtigung zahlreicher den Arbeitsmarktwettbewerb beschränkender Gesetze in der Formulierung der neuen Vorschrift. Die Spezialität bestehender Regeln – etwa des deutschen Arbeits- oder Beamtenrechts – würde durch den Vorrang des Europarechts überwunden.

---

[715] Vgl. z.B. die oben zitierten Berufsordnungen für Rechtsanwälte und Notare und vor allem die mit Gesetzesrang versehenen Tarifverträge.

[716] Dies im Falle einer EGV-Erweiterung.

[717] *Oppermann* spricht von der „ursprünglich völkerrechtlichen Herkunft" des EG-Vertrags, § 6 Rn. 5.

[718] Dies im Fall des Erlasses einer Rechtsakts der Gemeinschaftsorgane.

[719] Vgl. *Geiger,* Art. 10 EGV, Rn. 27 ff.

C. Bestimmung des geeigneten Rechtsakts

Gemeinschaftsrecht wird auf gröbster Ebene in primäres, sekundäres und tertiäres Gemeinschaftsrecht unterteilt.[720] Dabei versteht man unter primärem Recht in erster Linie die Gründungsverträge der Europäischen Gemeinschaften EG, EAG und EGKS sowie deren spätere Ergänzungen. Diese Verträge binden die Mitgliedstaaten, können jedoch auch auf Individuen unmittelbare Wirkung entfalten.[721] Dies ist – nach *EuGH*-Rechtsprechung[722] bei allen Normen des Gemeinschaftsrechts – immer dann der Fall, wenn eine Vorschrift ohne weitere Konkretisierung anwendbar und unbedingt ist, keine ausdrückliche Pflicht nur für die Mitgliedstaaten begründet, keine Vollzugsmaßnahmen erfordert und den Mitgliedstaaten keinen Ermessensspielraum läßt. Innerhalb des Primärrechts werden weiterhin die Grundsatznormen und die sachgebietsbezogenen Vorschriften unterschieden.[723] Letztere regeln die Politiken der Gemeinschaft, und hierunter fallen auch die Art. 81 ff. EGV, welche sich mit der Wettbewerbspolitik befassen. Damit nimmt ein bedeutender Teil des europäischen Wettbewerbsrechts durch seine Kodifikation im EGV zumindest formellen Verfassungsrang ein und ist hierdurch von den Mitgliedstaaten nur unter erschwerten Bedingungen inhaltlich änderbar.[724]

Sekundärrecht nennt sich das von den Gemeinschaftsorganen erlassene Recht. Hierzu sind diese aus den Gründungsverträgen ermächtigt, so daß auch von „abgeleitetem“ Gemeinschaftsrecht gesprochen wird.[725] Gemäß Art. 249 EGV werden die Rechtsakte in Form der Verordnung, der Richtlinie, der Entscheidung, der Empfehlung und der Stellungnahme erlassen. Aus Sicht des gegenwärtigen Wettbewerbsschutzes verdient vor allem die VO 139/2004, die aktuelle Fusionskontrollverordnung, Beachtung, welche neben der Regulierung der Unternehmensvereinbarungen und der Machtmißbrauchkontrolle die dritte Säule des EU-Wettbewerbsrechts darstellt. Die in Art. 249 EGV genannten Rechtsakte unterscheiden sich ganz erheblich in ihrem Adressatenkreis und in ihrer Wirkung.[726] So ist die „Verordnung“ gemäß Art. 249 Abs. 2 EGV unmittelbar und allgemein gültig für Mitgliedstaaten und natürliche Personen und in allen Teilen verbindlich. Sie ermöglicht den Erlaß einheitlich geltenden Rechts für die ganze Union.[727] Demgegenüber bestimmt Art. 249 Abs. 3 EGV für die „Richtlinie“, daß diese nur für Mitgliedstaaten verbindlich sei und auch nur hinsichtlich eines zu erreichenden Ziels, nicht jedoch hinsichtlich der Mittel zur Zielerreichung. Diese auszuwählen sind die Mitgliedstaaten jeweils frei. Gemäß

---

[720] *Streinz,* Rn. 2 ff.; *Haltern,* S. 265 ff.
[721] *Streinz,* Rn. 407.
[722] *EuGH* v. 05.02.1963, Slg. 1963, 1, 24 f.: “Van Gend & Loos vs. Tarifcommissie”.
[723] *Oppermann,* § 6, Rn. 15 f.
[724] *Oppermann,* § 6, Rn. 16.
[725] *Streinz,* Rn. 4.
[726] Vgl. die Übersicht bei *Oppermann,* § 6, Rn 74.
[727] Grabitz/Hilf-*Nettesheim,* Art. 249, Rn. 110.

Art. 249 Abs. 4 EGV ist eine „Entscheidung" in allen ihren Teilen verbindlich, jedoch nur für ihren Adressaten, während nach Art. 249 Abs. 5 EGV „Empfehlungen" sowie „Stellungnahmen" keine Verbindlichkeit beanspruchen.

Tertiäres Gemeinschaftsrecht schließlich ist die Bezeichnung für Durchführungsbestimmungen aufgrund von Sekundärrecht.[728]

Wie gezeigt, erscheint das relevante europäische Wettbewerbsrecht in Form des Primärrechts innerhalb des EGV sowie in Form des Sekundärrechts auf Verordnungsebene, nämlich in der Fusionskontrollverordnung und darüber hinaus in diversen Gruppenfreistellungsverordnungen und der Durchführungsverordnung 1/2003.[729] Dies ist damit zu begründen, daß die für einen effektiven Wettbewerbsschutz erforderliche Verbindlichkeit nur in Form dieser Rechtakte gewährleistet ist. Wettbewerbsrecht soll sowohl Wettbewerbsbeschränkungen durch Unternehmen als auch durch Mitgliedstaaten verhindern und bedarf daher einer allgemeinen und direkten Geltung gegenüber Staaten wie auch gegenüber Individuen. Diese Kriterien erfüllen nur die Vorschriften des Primärrechts sowie die Verordnungen. Für die Einführung eines gesetzlichen Schutzes für den Arbeitsmarktwettbewerb wäre daher aus diesen Varianten zu wählen.

Aus dem gegenwärtig kodifizierten europäischen Wettbewerbsrecht läßt sich keine eindeutige Entscheidung zugunsten einer Änderung/Erweiterung des EGV oder aber zugunsten des Erlasses einer neuen Verordnung ableiten. Die verschiedenen „Säulen" des Wettbewerbsrechts (Vereinbarungsregulation, Machtmißbrauchsverbot und Fusionskontrolle), die systematisch auf gleicher „Wichtigkeitsebene" anzusiedeln sind, befinden sich wie gezeigt auf formell unterschiedlichen Ebenen. Das könnte zwar mit der nachträglichen Einführung der Fusionskontrolle ins Regelungswerk erklärt werden, ermöglicht aber keinen Rückschluß auf die neu vorzunehmende Positionierung. Wenn auch bislang die Vertikalvereinbarungen auf dem Gütermarktwettbewerb durch Art. 81 EGV erfaßt werden, so wurde eine wesentliche Ausnahme hierzu, die grundsätzliche Freistellung von Alleinbelieferungsvereinbarungen bei Unternehmen mit jeweiligem Marktanteil bis zu 30%, in Art. 3 Abs. 2 VO 2790/1999 geregelt und damit auf Sekundärebene. Zum einen sind also auch Regelungsmaterien innerhalb des Anwendungsbereichs einer „Säule", hier der zur Verhinderung wettbewerbsbeschränkender Vereinbarungen, auf unterschiedliche Hierarchieebenen verteilt. Zum anderen – und das verdient besondere Beachtung – sind Ausnahmen von EGV-Vorschriften auch auf formell niedrigeren Ebenen möglich und wirksam. Im konkreten Beispiel überwiegt also die Spezialität der „30%-Ausnahme" deren formelle Nachrangigkeit, so daß mit der VO 2790/1999 eine wirksame Ausnahmeregel zum Art. 81 EGV geschaffen werden konnte; als

[728] *Oppermann,* § 6, Rn. 11.
[729] ABl. EG 2003 L Nr. 1, 1.

Rechtfertigung für die Ausnahme wird die mögliche Erhöhung der wirtschaftlichen Effizienz innerhalb einer Produktions- oder Vertriebskette genannt.[730] Selbst wenn die Begründung zur VO 2790/99 in ihren Abs. 2 und 5 den Schluß zuläßt, daß die VO 2790/99 – wohl gleich den übrigen Gruppenfreistellungsverordnungen – lediglich eine Konkretisierung des Art. 81 Abs. 3 EGV darstellt und damit die *eigentliche* Ausnahme formell gleichrangig sei: Die Ausnahme ist in einem formell nachrangigen Rechtsakt formuliert und entfaltet unabhängig vom Vorliegen der in Art. 81 Abs. 3 genannten Tatbestandsmerkmale eine Ausnahmewirkung, wenn nur ihre eigenen Voraussetzungen vorliegen. Daraus folgt, daß eine neue Verordnung ungeachtet des prinzipiellen EGV-Vorrangs durchaus auch dem Wortsinne nach gegenteiliges übergeordnetes Recht des EGV verdrängen könnte, sofern sie hinreichend speziell als Ausnahme formuliert ist.

Vorliegend wird das jedoch noch nicht einmal nötig sein. Wie oben untersucht, umfaßt der aktuelle gesetzliche Wettbewerbsschutz keine Arbeitsmarktsachverhalte. Weniger als um die Schaffung einer Ausnahme zum aktuellen Recht geht es daher um eine Erweiterung des Wettbewerbsschutzes im oben herausgearbeiteten Umfang. Insoweit würde eine Materie erstmalig gesetzlich behandelt. Die Tatsache, daß Wettbewerbsabsprachen auf dem Arbeitsmarkt sowohl in horizontaler als auch vertikaler Hinsicht im Rahmen des Tarifvertragswesens allgegenwärtig sind, schadet dem nicht. Die beabsichtigte Regulierung läßt sich soweit konkretisieren, daß darin tatsächlich von „Nebentätigkeitsbeschränkungen" die Rede ist, die mit den auf Ebene der Mitgliedstaaten gesetzlich zum Schutze des Tarifvertragssystems privilegierten Absprachen nur in dem Maße etwas gemein haben, wie Nebentätigkeitsbeschränkungen in den einzelnen Tarifverträgen behandelt werden. Hier würde die vorrangige allgemeine und unmittelbare Geltung beider Varianten – also des Primärrechtes, aber auch der Verordnungen – Vorrang beanspruchen.

Daraus folgt, daß die Entscheidung zwischen dem Erlaß einer neuen Verordnung und der Veränderung bzw. Erweiterung des EGV nach Zweckmäßigkeitsgesichtspunkten getroffen werden kann. Hierbei sollte das Interesse nach einer möglichst raschen und – soweit möglich – unkomplizierten Erweiterung des EU-Wettbewerbsrechts um die bezeichneten Belange des Arbeitsmarkts Beachtung finden.

Art. 249 Abs. 1 EGV sieht für den Erlaß von Verordnungen die Beteiligung der Gemeinschaftsorgane *Parlament*, *Rat* und *Kommission* vor. Das grundlegende Verfahren zum Erlaß der gemeinschaftlichen Rechtsakte, welches in Art. 251 EGV kodifiziert ist, folgt dabei dem allgemeinen Prinzip der positiven Überein-

---

[730] Vgl. Abs. 6 der vorangestellten Begr. zu VO 2790/99.

stimmung von Rat und Parlament.[731] Dafür können sich beide Organe einem Kommissionsvorschlag direkt anschließen, sie können die Änderungsvorschläge des jeweils anderen Organs akzeptieren, oder zwischen ihnen kann eine Einigung im gemeinsamen Vermittlungsausschuß erfolgen. Das Beispiel der aktuellen Fusionskontrollverordnung 139/2004 etwa zeigt, daß deren Erlaß durch den Rat auf einem Vorschlag der *Kommission* und nach Stellungnahmen des Europäischen Parlaments sowie des Europäischen Wirtschafts- und Sozialausschusses erfolgte.[732] In der europäischen Hierarchie der Rechtsakte nimmt die Verordnung etwa eine mit dem formellen Gesetz in Deutschland vergleichbare Rolle ein und sollte mit Inkrafttreten der vorerst gescheiterten „EU-Verfassung 2004" auch den Namen „Europäisches Gesetz" annehmen.[733] Wenngleich in Art. 250 Abs. 1 EGV grundsätzlich die Einstimmigkeit des Rates in seiner Entscheidungsfindung gefordert wird, ist das Verfahren zum Erlaß einer Verordnung ein vergleichsweise standardisiertes und schnelles, da es durch die Gemeinschaftsorgane selbst durchgeführt wird. Die Alternative hingegen, die Änderung/Erweiterung des EGV, wird auf Grundlage völkerrechtlicher Verträge zwischen den Mitgliedstaaten vorgenommen,[734] so zuletzt die Änderungen des EGV durch die Verträge von Maastricht (1994), Amsterdam (1997) und Nizza (2001). Diese sind formell aufwendiger, denn sie bedürfen ebenfalls der Übereinkunft aller Mitgliedstaaten, zudem jedoch entsprechend Art. 313 EGV der jeweiligen nationalen Ratifikation.[735] So kann festgehalten werden, daß eine EGV-Änderung nur unter im Vergleich zu herkömmlichen Rechtsakten erschwerten Bedingungen durchführbar ist,[736] wie auch gescheiterte nationale Referenden zur Ratifikation anläßlich diverser Anlässe verdeutlichen.[737]

Da mithin der Erlaß einer Verordnung eine ebenso wirksame, aber schnellere, weniger aufwendige und – angesichts der Systematik des EU-Verfahrensrechts und der Rolle der Verordnung als Rechtsakt – auch authentischere Variante zur Einführung des gesetzlichen Schutzes für den Arbeitsmarktwettbewerb darstellt als die Veränderung des EGV, ist er gegenüber dieser vorzugswürdig.

§ 4 Konkreter Formulierungsvorschlag

Aus dem oben bestimmten Umfang des Wettbewerbsschutzes für den Arbeitsmarkt kann im folgenden ein konkreter Formulierungsvorschlag für den Kerngehalt einer entsprechenden europäischen Verordnung abgeleitet werden. Der

---

731 Callies/Ruffert-*Kluth,* Art. 251, Rn. 4.

732 Vgl. Präambel zu VO 139/2004, ABl. EG 2004 L Nr. 24, 1.

733 *Oppermann,* § 6, Rn. 123.

734 *Haratsch/Koenig,* Rn. 83 und 118.

735 Vgl. dazu Callies/Ruffert-*Ruffert,* Art. 313, Rn. 3.

736 So wörtlich *Oppermann,* § 6, Rn. 16.

737 Z.B. gescheiterte Ratifikation des Vertrages von Nizza in Irland 2001 und vor allem die gescheiterten Ratifikationen der EU-Verfassung in Frankreich und den Niederlanden 2005.

vorliegend vorgeschlagene Aufbau orientiert sich an der aktuellen Fusionskontrollverordnung 139/2004, die wettbewerbsrechtlicher Natur und auch neueren Datums ist und daher – zumindest formale – Vorbildfunktion haben kann. Allerdings kommt es – da ja ein direkt wirkender und anwendbarer Wettbewerbsschutz beabsichtigt ist – auf eine Prüfung durch die *Kommission* anders als in der Fusionskontrollverordnung nicht entscheidend an. Inhaltlich werden daher Formulierungen aus Art. 81 EGV sowie der VO 1/2003 adaptiert.

Im Anschluß an die Präambel und die Nennung der Gründe für den Erlaß dieser VO wären einzelne später im Regelungsteil der Verordnung benutzte Begriffe zu definieren. In erster Linie erscheint die Definition der Begriffe Erst-/Haupttätigkeit, Nebentätigkeit, Arbeitsmarkt und Arbeitsmarktsegment notwendig. Sie stellen in der beabsichtigten Verordnung Tatbestandsmerkmale dar, die – soweit ersichtlich – nicht anderweitig legal definiert sind und für die auch in der einschlägigen juristischen Literatur und Rechtsprechung bislang keine einheitliche Bedeutungsinterpretation herrscht.[738]

Darauf folgend sollte der Anwendungsbereich dieser Verordnung bestimmt werden. Das Regelungsziel, der gemeinschaftsweite standardisierte Schutz des Arbeitsmarktwettbewerbs vor vertikalen Bindungen, erfordert kein Mindestmaß der Beeinträchtigungsintensität für ein Wirksamwerden der Beschränkungen. Für den Bereich des Gütermarkts geht der europäische Gesetzgeber davon aus, daß in bestimmten Fällen vertikale Vereinbarungen die wirtschaftliche Effizienz einer Vertriebskette erhöhen können[739] und damit „regelmäßig die Voraussetzungen von Art. 81 Absatz 3 EG erfüllen."[740] Hintergrund dessen ist nach Ansicht des Gesetzgebers, daß entsprechende Vereinbarungen eine verbesserte Koordinierung zwischen den beteiligten Unternehmen ermöglichen. So könnten insbesondere die Transaktions- und Distributionskosten der Unternehmen verringert und die Investitionen „optimiert" werden.[741] Angesichts der Tatsache, daß auf dem Arbeitsmarkt Arbeitsleistungen nicht „durchgehandelt" oder in einzelnen Wertschöpfungsstufen mit Mehrwert versehen werden können, kann dieses Argument vorliegend keine Geltung beanspruchen. Die Leistung wird empfangen wie angeboten, ohne Möglichkeit des Weitervertriebs oder der Verarbeitung. Es gibt daher keinen wettbewerbsökonomischen Grund, vertikale Absprachen bis zu einer bestimmten relativen Größe der Beteiligten zuzulassen oder gar zu fördern. Aus Wettbewerbssicht irrelevanten Absprachen wird im Rahmen der Abwägung zu den Interessen der bindenden Arbeitnehmer Rech-

[738] Vgl. allein zum Begriff „Nebentätigkeit" die Ausführungen im Ersten Teil, § 1 dieser Arbeit.
[739] Vgl. Abs. 6 der vorangestellten Begr. zu VO 2790/99.
[740] Vgl. Abs. 2 der vorangestellten Begr. zu VO 2790/99.
[741] Vgl. Abs. 6 der vorangestellten Begr. zu VO 2790/99.

nung getragen. Die Anwendbarkeit der Verordnung kann zunächst auf alle Arbeitsverhältnisse erstreckt werden.

Sodann kann es in der Verordnung konkret unter anderem wie folgt heißen:

Artikel X Verbot ungerechtfertigter Nebentätigkeitsbeschränkungen

(1) Vereinbarungen, Beschlüsse oder gesetzliche Bestimmungen, die einen oder mehrere Arbeitnehmer in dem Recht beschränken, neben einer Ersttätigkeit eine oder mehrere weitere entgeltliche Tätigkeiten aufzunehmen (Nebentätigkeitsbeschränkungen), und hierdurch den Wettbewerb auf dem Arbeitsmarkt verhindern, einschränken oder verfälschen, sind mit dem Gemeinsamen Markt unvereinbar und verboten, soweit sie nicht durch die vorrangigen berechtigten Interessen der Arbeitgeber der jeweils durch die Beschränkungen beeinträchtigten Arbeitnehmer gerechtfertigt sind.

(2) Die nach diesem Artikel verbotenen Nebentätigkeitsbeschränkungen sind nichtig.

(3) In der vorzunehmenden Interessenabwägung sind insbesondere zu berücksichtigen

a) zur Bestimmung der Beeinträchtigung des Arbeitsmarktwettbewerbs durch eine Nebentätigkeitsbeschränkung

- *die Struktur und Intensität der Nebentätigkeitsbeschränkung;*
- *die Rechtsgrundlage der Nebentätigkeitsbeschränkung und die Größe ihres Adressatenkreises;*
- *der Anteil der betroffenen Arbeitnehmer an der Gesamtanzahl der Arbeitnehmer in dem wettbewerblich relevanten Arbeitsmarktsegment;*
- *die auf dem Arbeitsmarktsegment herrschende Wettbewerbsintensität;*
- *die quantitative und qualitative Bedeutung des betroffenen Arbeitsmarktsegments für den gesamten europäischen Arbeitsmarkt.*

b) zur Bestimmung der Schutzwürdigkeit der Arbeitgeberinteressen

- *der dem Arbeitnehmer durch die Nebentätigkeit entstehende zeitliche, körperliche und geistige Aufwand;*
- *das Risiko einer Verletzung oder Gesundheitsschädigung des Arbeitnehmers durch die Nebentätigkeit und deren möglicher Grad;*
- *die Ähnlichkeit der Neben- zur Haupttätigkeit, sowohl in bezug auf die Wettbewerbssituation zwischen den Arbeitgebern als auch in bezug auf die Vergleichbarkeit der konkreten Tätigkeiten des Arbeitnehmers;*
- *die Relevanz betriebsinternen Know-hows in der Haupt- wie auch in der Nebentätigkeit;*

- *die persönliche Relevanz der Nebentätigkeit für den Arbeitnehmer;*
- *die Einordnung des Arbeitnehmers in die Personalhierarchie des Arbeitgebers;*
- *die Vergütung des Arbeitnehmers in seiner Haupttätigkeit.*

Bei der Beurteilung solcher Nebentätigkeitsbeschränkungen, die eine Mehrzahl von Arbeitnehmern betreffen und keine Einzelfallbeurteilung zulassen, ist für die Bestimmung der Schutzwürdigkeit des Arbeitgebers vom üblichen Nebentätigkeitsverhalten eines in seiner Haupttätigkeit in dem betreffenden Arbeitsmarktsegment beschäftigten durchschnittlichen Arbeitnehmers auszugehen.

(4) Nebentätigkeitsbeschränkungen, die der Wahrung der berechtigten Interessen des Arbeitgebers dienen, sind nicht verboten, wenn nicht mit ihnen

- *Einschränkungen auferlegt werden, die für die berechtigte Interessenwahrung der Arbeitgeberseite unerläßlich sind, oder*
- *Möglichkeiten eröffnet werden, für einen wesentlichen Teil des betroffenen Arbeitsmarktsegments den Wettbewerb zwischen den Arbeitgebern auszuschalten.*

Artikel X+1 Beweislast

In allen einzelstaatlichen und gemeinschaftlichen Verfahren zur Anwendung des Art. X dieser Verordnung obliegt die Beweislast für die Tatsache und das Ausmaß einer Wettbewerbsbeeinträchtigung auf dem Arbeitsmarkt der Partei oder der Behörde, die diesen Vorwurf erhebt. Die Beweislast dafür, daß die durch die Nebentätigkeitsbeschränkung folgende Wettbewerbsbeeinträchtigung aufgrund eines überwiegenden berechtigten Interesses der Arbeitgeberseite gerechtfertigt ist, obliegt demjenigen, der sich auf diese Tatsache beruft.

Artikel X+2 Zuständigkeit der Wettbewerbsbehörden der Mitgliedstaaten

Die Wettbewerbsbehörden der Mitgliedstaaten sind für die Anwendung des Artikels X dieser Verordnung in Einzelfällen zuständig. Sie können hierzu von Amts wegen oder aufgrund einer Beschwerde Entscheidungen erlassen, mit denen

- *die Abstellung von Zuwiderhandlungen angeordnet wird,*
- *einstweilige Maßnahmen angeordnet werden,*
- *Verpflichtungszusagen angenommen werden oder*
- *Geldbußen, Zwangsgelder oder sonstige im innerstaatlichen Recht vorgesehene Sanktionen verhängt werden.*

Sind die Voraussetzungen für ein Verbot nach den ihnen vorliegenden Informationen nicht gegeben, so können sie auch entscheiden, daß für sie kein Anlaß besteht, tätig zu werden.

Artikel X+3 Zuständigkeit der Gerichte der Mitgliedstaaten
Die einzelstaatlichen Gerichte sind für die Anwendung des Art. X dieser Verordnung zuständig.

Artikel X+4 Zuständigkeit der Kommission
(1) Stellt die Kommission auf eine Beschwerde hin oder von Amts wegen eine Zuwiderhandlung gegen Art. X dieser Verordnung fest, so kann sie den Begründer der Nebentätigkeitsbeschränkung bzw. im Falle ihrer Vereinbarung beide Parteien durch Entscheidung verpflichten, die festgestellte Zuwiderhandlung abzustellen. Sie kann ihnen hierzu alle erforderlichen Abhilfemaßnahmen vorschreiben, die gegenüber der festgestellten Zuwiderhandlung verhältnismäßig und für eine wirksame Abstellung der Zuwiderhandlung erforderlich sind. Soweit die Kommission ein berechtigtes Interesse hat, kann sie auch eine Zuwiderhandlung feststellen, nachdem diese beendet ist.

(2) Zur Einreichung einer Beschwerde im Sinne von Absatz 1 befugt sind natürliche und juristische Personen, die ein berechtigtes Interesse darlegen, sowie die Mitgliedstaaten.

Diesem Passus folgen können Artikel mit weiteren Ausführungen zu den Verfahrensvorschriften, zum Verhältnis zu nationalen Regeln, zur Möglichkeit, Durchführungsbestimmungen zu dieser Verordnung zu erlassen und schließlich zum Inkrafttreten dieser Verordnung.

Fünfter Teil Zusammenfassung und Schlußbemerkungen

Die vorstehende Untersuchung hat aufgezeigt, daß Nebentätigkeitsbeschränkungen, hinter denen man allein ein Übel für den gebundenen Arbeitnehmer vermuten könnte, gesamtwirtschaftliche Auswirkungen haben. Sie stellen einen Eingriff in die Funktionalität des Arbeitsmarktwettbewerbs dar. Je nach Gestaltung der Beschränkung und des jeweiligen Arbeitsmarktsegments kann dieser Eingriff empfindliche Intensität annehmen.

Gegenwärtig einziges Korrektiv für die Reichweite erlassener oder vereinbarter Nebentätigkeitsbeschränkungen sind die persönlichen Rechte und Freiheiten der betroffenen Arbeitnehmer, die hierdurch nicht über Gebühr eingeschränkt werden dürfen. Ein mit dem umfangreichen gesetzlichen Gütermarktschutz vergleichbarer Schutz des Arbeitsmarktwettbewerbs, der Nebentätigkeitsbeschränkungen als vertikale Wettbewerbsbehinderungen untersagen würde, existiert nicht, obwohl in weitem Umfang die Funktionalität des Arbeitsmarktwettbewerbs der des Gütermarktwettbewerbs entspricht. GWB und EGV nehmen Arbeitsmarktsachverhalte mehr oder weniger pauschal von ihrem Geltungsbereich aus. Hintergrund dessen ist die gesetzgeberische Wertung, daß Tarifabsprachen, die einem Kartell auf dem jeweiligen Arbeitsmarktsegment entsprechen können, nicht untersagt sein sollen, um damit den Interessen der Arbeitnehmer zu dienen.

Die Analyse verdeutlicht jedoch zweierlei. Zum einen müssen auch dem Arbeitsmarktwettbewerb positive gesamtwirtschaftliche Wirkungen attestiert werden, so daß schon im Bereich der horizontalen Beschränkungen deren grundsätzliche Bevorzugung kritisch zu hinterfragen ist. Vor allem jedoch – und das ist zentrale Argumentation dieser Arbeit – treten die den horizontalen Beschränkungen unterstellten Wirkungen zugunsten der involvierten Arbeitnehmer bei *vertikalen* Beschränkungen nicht auf. Vielmehr wirken diese zugunsten der Arbeitgeberseite, schränken jedoch die Arbeitnehmer in ihren ideellen und ökonomischen Interessen nachweisbar ein. Es gibt daher – unter Zugrundelegung der bisherigen gesetzgeberischen Interessenbewertung im Bereich des Arbeitsmarktwettbewerbs – keinen Grund, zum Schutze des Wettbewerbs die vertikalen Arbeitsmarktabsprachen nicht möglichst weit einzuschränken. Einziges schützenswertes Motiv für die Errichtung dieser Beschränkungen können berechtigte Interessen der Arbeitgeberseite sein, wie die Sorge um die Arbeitsleistung ihrer Arbeitnehmer in der Hauptbeschäftigung oder vor dem Verlust betriebsinternen Know-hows.

Aufgrund dieser Befunde kann eine neue abstrakte „Grenze" für die Zulässigkeit von Nebentätigkeitsbeschränkungen gezogen werden, die nämlich Beschränkungen nur soweit zuläßt, wie das Arbeitgeberinteresse (dafür) das Interesse des Wettbewerbsschutzes (dagegen) überwiegt. Die bislang im Nebentätigkeitsrecht übliche Abwägung zwischen Interessen der Arbeitgeber und der Arbeitnehmer erhält dadurch eine Parallele, die – je nach Sachverhalt – Nebentätigkeitsrestriktionen stärker als bislang einschränken kann. Zur qualitativen Bewertung der gegenläufigen Interessen von Arbeitgebern und Wettbewerbsschutz wurden in vorliegender Arbeit Indikatoren entwickelt, die die objektivierte Gegenüberstellung und schließlich auch Abwägung ermöglichen. Unvermeidbar bleibt bei alledem eine Einzelfallbetrachtung der jeweiligen Nebentätigkeitsbeschränkung und der darin involvierten Arbeitsmarktparteien. Die erarbeiteten Indikatoren stellen insoweit lediglich eine Anleitung oder auch ein Gerüst zur sachgemäßen Interessenabwägung dar.

Nach Entwicklung dieser wettbewerbsrechtlichen Grenze wurde eine geeignete Form zu deren Durchsetzung bestimmt. Leitgedanken sind dabei zum einen das Erfordernis des Vorrangs dieses Wettbewerbsschutzes vor gegenwärtigen (wenn auch nur indirekt) entgegenwirkenden Vorschriften, zum anderen die Erfassung europäischer Sachverhalte sowie die weitgehend übereinstimmende Behandlung vergleichbarer Sachverhalte in den Mitgliedstaaten. Daraus folgt, daß der neue Wettbewerbsschutz jedenfalls auf Grundlage eines europäischen Rechtsakts geschaffen werden muß. Aufgrund des Erfordernisses der allgemeinen direkten Wirkung auf die Marktteilnehmer kommen prinzipiell die Erweiterung des EGV und der Erlaß einer neuen Verordnung in Frage. Da beide Grundlagen zum Zwecke des Wettbewerbsschutzes die gleiche Effektivität aufweisen, wird der Erlaß einer entsprechenden EG-Verordnung vorgeschlagen, die mit kleinerem Aufwand und schneller realisiert werden könnte als die Änderung des EG-Vertrags.

Die vorgeschlagene Vorgehensweise würde einen umfassenden und dynamischen Wettbewerbsschutz auch auf dem Arbeitsmarkt ermöglichen, ohne der grundlegenden Absicht der Gesetzgeber, die Tarifautonomie zu schützen, entgegenzulaufen. Der Schutz wäre insoweit umfassend, als er alle Nebentätigkeitsbeschränkungen innerhalb des Gemeinschaftsgebiets erfaßte, also solche mit Gemeinschaftsbezug wie auch solche mit nur nationalem Bezug. Die wegen der Arbeitskräftebewegungen innerhalb der EU unumgängliche Angleichung des Nebentätigkeitsrechts in den Mitgliedstaaten würde erreicht. Dynamisch wäre der Schutz aufgrund seiner „Relativ-Konstruktion": So bewertet sich die Zulässigkeit einer Nebentätigkeitsbeschränkung in vorliegendem Modell nicht nur nach ihrer Intensität, sondern stets auch unter Berücksichtigung der sie stützenden Arbeitgeberinteressen. Aufgrund der direkten Anwendbarkeit der Vorschrift in den Mitgliedstaaten ist auch keine unübersichtliche Zunahme der Verfahren vor der *Kommission* zu befürchten.

Die Darstellung erhebt selbstredend keinen Anspruch auf Berücksichtigung aller Grenz- und Einzelfälle, so wie auch der konkret vorgeschlagene Wettbewerbsschutz in Form einer EG-Verordnung der Verfeinerung und Erweiterung zugänglich ist. Überfällig war jedoch die Betrachtung der verbreiteten Nebentätigkeitsbeschränkungen aus wettbewerbstheoretischer und -rechtlicher Perspektive. So sollte und konnte aufgezeigt werden, daß die Neuschaffung eines gesetzlichen Wettbewerbsschutzes für den Arbeitsmarkt erforderlich und möglich ist. Profitieren würden von der vorgeschlagenen Grenze für Nebentätigkeitsbeschränkungen neben dem Arbeitsmarktwettbewerb und damit der gesamtwirtschaftlichen Dynamik auch und gerade die betroffenen Arbeitnehmer, ohne daß gegenläufige Arbeitgeberinteressen über Gebühr verkürzt werden müßten.

Literaturverzeichnis

Addison, John T.
Schnabel, Claus
Wagner, Joachim
Works Councils in Germany: Their Effects on Establishment Performance
Oxford Economic Papers 2001
Seite 659

Badura, Peter
Die Anzeigepflicht für eine schriftstellerische oder wissenschaftliche Nebentätigkeit von Beamten
ZBR 2000
Seite 109

Battis, Ulrich
Bundesbeamtengesetz
3. Auflage
2004

Battis, Ulrich
Das Zweite Nebentätigkeitsbegrenzungsgesetz
NVwZ 1998
Seite 34

Baumbach, Adolf (Begr.)
Hopt, Klaus J.
Merkt, Hanno
(zitiert: Baumbach/Hopt-*Verf.*)
Handelsgesetzbuch
32. Auflage
2006

Beater, Axel
Unlauterer Wettbewerb
2002

Bechthold, Rainer
Die Entwicklung des deutschen Kartellrechts seit Anfang 1990
NJW 1993
Seite 1896

Bechthold, Rainer
Kartellgesetz:
Gesetz gegen Wettbewerbsbeschränkungen
4. Auflage
2006

Bechthold, Rainer
Modernisierung des EG-Wettbewerbrechts : Der Verordnungsentwurf der Kommission zur Umsetzung des Weißbuchs
BB 2000
Seite 2425

Bechthold, Rainer	**Zur Anwendung des Kartellverbots auf wettbewerbsbeschränkende Tarifverträge** RdA 1983 Seite 99
Begg, David **Fischer, Stanley** **Dornbusch, Rudiger**	**Economics** 7th edition 2003
Behrens, Hans-Jörg	**Beamtenrecht** 2. Auflage 2001
Bellamy, Christopher **Child, Graham**	**Common Market Law of Competition** 3. Auflage 1991
Benicke, Christoph	**Zum Unternehmensbegriff des Europäischen Wettbewerbsrechts** EWS 1997 Seite 373
Biedenkopf, Kurt Hans	**Grenzen der Tarifautonomie** 1964
Blossfeld, Hans-Peter **Mayer, Karl-Ulrich**	**Arbeitsmarktsegmentation in der Bundesrepublik Deutschland** **Eine empirische Überprüfung von Segmentationstheorien aus der Perspektive des Lebenslaufs** KZfSS 1988 Seite 262
Boldt, Gerhard **Röhsler, Waldemar**	**Mindesturlaubsgesetz für Arbeitnehmer (Bundesurlaubsgesetz)** 2. Auflage 1968
Brandes, Wolfgang **Buttler, Friedrich**	**Die Unvermeidbarkeit interner Arbeitsmärkte** in: Kühl/Reyher (Hrsg.) „Resonanzen Arbeitsmarkt und Beruf – Forschung und Politik“ 1988 Seite 94

Brändli, Thomas	**Arbeitsvertrag und Nebenbeschäftigung** Dissertation Zürich 2000
Brown, Charles Victor	**Taxation and the Incentive to Work** 1980
Bundesministerium für Wirtschaft und Arbeit (Hrsg.) (zitiert: BMWA-Beirat)	**Tarifautonomie auf dem Prüfstand** **Gutachten des Wissenschaftlichen Beirates beim Bundesministerium für Wirtschaft und Arbeit** Januar 2004
Bunte, Hermann-Josef	**Kartellrecht** 2003
Cairnes, John Elliot	**Some Leading Principles of Political Economy Newly Expounded** 1874
Callies, Christian **Ruffert, Matthias**	**EUV/EGV** **Das Verfassungsrecht der Europäischen Union mit Europäischer Grundrechtecharta** 3. Auflage 2007
Clark, John Maurice	**Towards a Concept of Workable Competition** American Economic Review (Supplement) Volume 30 1940 Seite 241
Dassau, Anette **Wiesend-Rothbrust, Edeltraud**	**TVöD-Kompaktkommentar** **Praktiker-Kommentar** 5. Auflage 2006
Däubler, Wolfgang	**Tarifvertragsrecht** 3. Auflage 1993
Dauses, Manfred A.	**Handbuch des EU-Wirtschaftsrechts** Band 2 Stand April 2003

Dieterich, Thomas
Hanau, Peter
Schaub, Günter
(Hrsg.)
(zitiert: EK-*Verfasser*)

Erfurter Kommentar zum Arbeitsrecht
7. Auflage
2007

Dorff, Gerth

Die Änderung des Nebentätigkeitsrechts in Nordrhein-Westfalen
Mitteilungen des Hochschulverbandes
1/1982
Seite 6

Dörner, Klemens-Maria
Luczak, Stefan
Wildschütz, Martin
(zitiert: DLW-*Verfasser*)

Arbeitsrecht in der anwaltlichen und gerichtlichen Praxis
2. Auflage
1999

Dörring, Werner
Kutzki, Jürgen
(Hrsg.)

TVöD-Kommentar
Arbeitsrecht für den öffentlichen Dienst
2007

Dreier, Horst (Hrsg.)

Grundgesetz
Kommentar
Band I, Art. 1-19
2. Auflage
2004

Dubs, Rolf

Volkswirtschaftslehre
7. Auflage
1998

Duwendag, Dieter

Job-Exporte bieten Chancen
FAZ vom 22.03.2004
Seite 14

Ebel, Hans-Rudolf

Kartellrecht
GWB und EG-Vertrag
Stand 41. Aktualisierung
November 2003

Edwards, Corwin S.

Big Business and the Policy of Competition
1956

Emmerich, Volker — **Kartellrecht**
10. Auflage (soweit nicht anders angegeben)
2006

9. Auflage
2001

7. Auflage
1994

Eschenburg, Hans-Peter — **Das Nebentätigkeitsrecht der Bundes- und Landesbeamten in der Verfassung der Bundesrepublik Deutschland**
Dissertation Hamburg
1970

Eucken, Walter — **Grundsätze der Wirtschaftspolitik**
1952

Euler, August Martin — **Europäisches Beamtenstatut**
Kommentar zum Beamtenstatut der EWG und EAG
Erster Teilband
1966

Falk, M.
Koebel, B — **Curvature Conditions and Substitution Pattern among Capital, Energy, Materials, and Heterogeneous Labour**
ZEW Mannheim
Discussion Paper No. 99-6
1999

Fitting, Karl (Begr.)
Engels, Gerd
Schmidt, Ingrid
Trebinger, Yvonne
Linsenmaier, Wolfgang
(zitiert: Fitting) — **Betriebsverfassungsgesetz**
Handkommentar
23. Auflage
2006

Fleischer, Holger — **Absprachen im Profisport und Art. 85 EGV**
WuW 1995
Seite 473

Franz, Wolfgang — **Arbeitsmarktökonomik**
6. Auflage
2005

Franz, Wolfgang
Unvollkommene Arbeitsmärkte in makroökonomischen Modellen: Eine Übersicht
in:
Gahlen/Hesse/Ramser (Hrsg.)
Makroökonomik unvollkommener Märkte
1993
Seite 93

Gamillscheg, Franz
Kollektives Arbeitsrecht
Ein Lehrbuch
Band I
1997

Gaul, Dieter
Die Kennzeichnung des unerlaubten Wettbewerbs bei arbeitsrechtlichen Wettbewerbsbeschränkungen
BB 1984
Seite 346

Geiger, Andreas
Das Weißbuch der EG-Kommission zu Art. 81, 82 EG – eine Reform, besser als ihr Ruf
EuZW 2000
Seite 165

Geiger, Rudolf
EUV/EGV
Vertrag über die Europäische Union
und
Vertrag zur Gründung der Europäischen Gemeinschaft
4. Auflage
2004

Gift, Emil
Zur Zulässigkeit einer Nebenbeschäftigung im Arbeitsrecht
BB 1959
Seite 43

Glassen, Helmut
Hahn, Helmuth von
Kersten, Hans-Christian
Rieger, Harald
(Hrsg.)
(zitiert: FK-*Verfasser*)
Frankfurter Kommentar zum Kartellrecht
Bände II-VI
Stand Lieferung 60
Juni 2006

Gleiss, Alfred (Begr.)
Hirsch, Martin
Burkert, Thomas
Kommentar zum EG-Kartellrecht
Band 1: Artikel 85 und Gruppenfreistellungsverordnungen
4. Auflage
1993

Glöckner, Martin
Nebentätigkeitsverbote im Individualarbeitsrecht
1993

Götz, Hilmar
Grundzüge des Arbeitsrechts
Band I: Arbeitsvertragsrecht
3. Auflage
1996

Grabitz, Eberhardt (Begr.)
Hilf, Meinhardt (Hrsg.)
Das Recht der Europäischen Union
Band II
EUV/EGV
Stand Lieferung 31
Oktober 2006

Gragert, Nicola
Möglichkeiten und Grenzen der Flexibilisierung von Tarifverträgen zugunsten betrieblicher Regelungen
Dissertation Hamburg
1997

Groeben, Hans von der
Schwarze, Jürgen
(Hrsg.)
Kommentar zum Vertrag über die Europäische Union und zur Gründung der Europäischen Gemeinschaft
Band 2: Art. 81-97 EGV
6. Auflage
2003

Gröning, Jochem
Die dezentrale Anwendung des EG-Kartellrechts gemäß dem Vorschlag der Kommission zur Ersetzung der VO 17/62
WRP 2001
Seite 83

Günther, Hellmuth
Nebenamt
ZBR 1986
Seite 97

Haltern, Ulrich
Europarecht
Dogmatik im Kontext
2005

Haratsch, Andreas
Koenig, Christian
Europarecht
5. Auflage
2006

Hefermehl, Wolfgang
Köhler, Helmut
Bornkann, Joachim
Wettbewerbsrecht
25. Auflage
2007

Heinemann, Andreas
Grenzen staatlicher Monopole im EG-Vertrag
1996

Hendriks, Birger
Arbeitsrechtliche Vereinbarungen und Kartellrecht
Dissertation Hamburg
1976

Henneberger, Fred
Arbeitsmärkte und Beschäftigung im öffentlichen Dienst
Eine theoretische und empirische Analyse für die Bundesrepublik Deutschland
1997

Henneberger, Fred
Keller, Berndt
Arbeitsmarkttheorien
in :
Gabler Volkswirtschafts-Lexikon
4. Auflage
1996
Seite 75

Herdzina, Klaus
Wettbewerbspolitik
5. Auflage
1999

Hirte, Heribert
Kapitalgesellschaftsrecht
5. Auflage
2006

Hirte, Heribert
(zitiert: Hirte, Berufshaftung)
Berufshaftung:
Ein Beitrag zur Entwicklung eines einheitlichen Haftungsmodells für Dienstleistungen
1996

Hoppmann, Erich
Wettbewerb als Norm der Wettbewerbspolitik
Ordo Bd. 18 (1967)
Seite 77

Hoyningen-Huene, Gerrick v.
Linck, Rüdiger
Kündigungsschutzgesetz
Kommentar
14. Auflage
2007

Hromadtka, Wolfgang
Maschmann, Frank
Arbeitsrecht Band 1
Individualarbeitsrecht
3. Auflage
2005

Hübner, Klaus
Außerkartellrechtliche Einschränkungen des Kartellverbots
1971

Immenga, Ulrich
Grenzen des kartellrechtlichen Ausnahmebereichs Arbeitsmarkt
1989

Immenga, Ulrich
Mestmäcker, Ernst-Joachim
(Hrsg.)
(zitiert: IM-GWB-*Verfasser*)
Gesetz gegen Wettbewerbsbeschränkungen
Kommentar
3. Auflage
2001

Immenga, Ulrich
Mestmäcker, Ernst-Joachim
(Hrsg.)
(zitiert: IM-*Verfasser)*
Wettbewerbsrecht
Band 1(EG)
4. Auflage
2007

Jaeger, Wolfgang
Die möglichen Auswirkungen einer Reform des EG-Wettbewerbsrechts für die nationalen Gerichte
WuW 2000
Seite 1062

Jansen, Christoph
Nebentätigkeit im Beamtenrecht
Dissertation Würzburg
1983

Jessnitzer, Kurt
Blumberg, Hanno
Bundesrechtsanwaltsordnung
Kommentar
9. Auflage
2000

Jüttner-Kramny, Lioba
Unternehmensgröße, Unternehmenskonzentration und technologische Entwicklung
1975

Kantzenbach, Erhard
Kallfaß, Hermann H.

Das Konzept des funktionsfähigen Wettbewerbs – workable competition
in:
Cox / Jens / Markert (Hrsg.)
„Handbuch des Wettbewerbs“
1981
Seite 103

Kempen, Otto Ernst
Zachert, Ulrich
(Hrsg.)

Tarifvertragsgesetz
Kommentar für die Praxis
4. Auflage
2006

Kerr, Clark

The Balkanization of Labor Markets
in:
Bakke (Hrsg.)
“Labor Mobility and Economic Opportunity”
1954
Seite 92

Koller, Ingo
Roth, Wulf-Henning
Morck, Winfried

Handelsgesetzbuch
Kommentar
6. Auflage
2007

Krengel, Rolf

Arbeitszeitverkürzung als Mittel zur Steigerung der Beschäftigtenzahl?
in:
Reyher/Kühl (Hrsg.)
„Resonanzen,
Arbeitsmarkt und Beruf – Forschung und Politik,
Festschrift für Dieter Mertens“
1988

Langen, Eugen (Begr.)
Bunte, Hermann-Josef
(Hrsg.)

Kommentar zum deutschen und europäischen Kartellrecht
Bände 1 und 2
10. Auflage
2006

Langer, Lutz

Der Begriff Unternehmen im GWB
Dissertation Bonn
1978

Leinemann, Wolfgang — **Die neue Rechtsprechung des Bundesarbeitsgerichts zum Urlaubsrecht**
NZA 1985
Seite 137

Leinemann, Wolfgang (Hrsg.)
(zitiert: KHAR-*Verfasser*) — **Kasseler Handbuch zum Arbeitsrecht**
Bände 1 und 2
2. Auflage
2000

Lindbeck, Assar
Snower, Dennis J. — **Insiders vs. Outsiders**
Journal of Economic Perspectives 2001
Seite 165

Lipsey, R.G.
Lancaster, Kelvin — **The General Theory of Second Best**
The Review Of Economic Studies XXIV (1956-1957)
Seite 11

Loewenheim, Ulrich
Belke, Rolf — **Gesetz gegen Wettbewerbsbeschränkungen Kommentar**
Stand Lieferung 14
1993

Loewenheim, Ulrich
Meessen, Karl
Riesenkampff, Alexander
(zitiert: LMR-*Verfasser*) — **Kartellrecht**
Bände 1 (Europäisches Recht) und 2 (GWB)
2006

Logeay, Camille
Schreiber, Sven — **Effekte einer Arbeitszeitverkürzung – empirische Evidenz für Frankreich**
DIW-Diskussionspapier Nr. 362
12. August 2003

Löwisch, Manfred
Rieble, Volker — **Tarifvertragsgesetz**
2. Auflage
2004

Mayer-Maly, Theo — **Arbeitsverhältnis und Privatsphäre**
AuR 1968
Seite 1

McKinsey & Company Inc.
(Hagemann, Helmut) — **Teilen und Gewinnen**
Das Potential der flexiblen Arbeitszeitverkürzung
1994

Mestmäcker, Ernst-Joachim **Schweitzer, Heike**	**Europäisches Wettbewerbsrecht** 2. Auflage 2004
Monopolkommission	**Zehntes Hauptgutachten der Monopolkommission 1992/1993** BT-Drucksache 12/8323 22.07.1994
Möschel, Wernhard	**Arbeitsmarkt und Arbeitsrecht** ZRP 1988 Seite 48
Möschel, Wernhard	**Der Schutz des Wettbewerbs** FAZ vom 15.11.2003 Seite 13
Münch, Ingo v. (Begr.) **Kunig, Philip (Hrsg.)**	**Grundgesetz-Kommentar** Band 1 5. Auflage 2000
Neubäumer, Renate **Hewel, Brigitte** **(Hrsg.)**	**Volkswirtschaftslehre** Grundlagen der Volkswirtschaftstheorie und Volkswirtschaftspolitik 3. Auflage 2001
Neumann, Dirk **Fenski, Martin**	**Bundesurlaubsgesetz** 9. Auflage 2003
Noll, Heinz-Herbert	**Arbeitsplatzsuche und Stellenfindung** in: Knepel / Hujer (Hrsg.) „Mobilitätsprozesse auf dem Arbeitsmarkt“ 1985 Seite 275
Oligmüller, Peter	**Nebentätigkeitsproblematik im Individualarbeitsrecht** 1979
Oppermann, Thomas	**Europarecht** **Ein Studienbuch** 3. Auflage 2005

Ossenbühl, Fritz
Cornils, Matthias
Nebentätigkeit und Grundrechtsschutz
1999

Palandt, Otto (Begr.)
Bürgerliches Gesetzbuch
66. Auflage
2007

Papier, Hans-Jürgen
Versagung der Nebentätigkeitsgenehmigung aus arbeitsmarktpolitischen Gründen
DÖV 1984
Seite 536

Peine, Franz-Joseph
Heinlein, Dieter
Beamtenrecht
2. Auflage
1999

Porter, Michael E.
Wettbewerbsstrategie
10. Auflage
1999

Poth, Holger
Die Grenzen des Arbeitsrechts aus kartellrechtlicher Sicht
Dissertation Frankfurt
1990

Projektgruppe Panel
Das Sozioökonomische Panel (SOEP) im Jahre 1994
Vierteljahreshefte zur Wirtschaftsforschung
1 / 1995
Seite 5

Rewolle, Hans-Dietrich
Die Nebenbeschäftigung im Arbeitsrecht
BB 1959
Seite 670

Richardi, Reinhard
Wlotzke, Otfried
(Hrsg.)
(zitiert: MHAR-*Verfasser*)
Münchener Handbuch zum Arbeitsrecht
Band 1
Individualarbeitsrecht I
2. Auflage
2000

Band 3
Kollektives Arbeitsrecht
2. Auflage
2000

Richardi, Reinhard (Hrsg.)
Thüsing, Gregor
Annuß, Georg
Betriebsverfassungsgesetz mit Wahlordnung
Kommentar
10. Auflage
2006

Rieble, Volker
Arbeitsmarkt und Wettbewerb
Der Schutz von Vertrags und Wettbewerbsfreiheit im Arbeitsrecht
1996

Rieble, Volker
Tarifautonomie auf dem Prüfstand
RdA 2000
Seite 119

Röhricht, Volker
Westphalen, Friedrich Graf von
(Hrsg.)
Handelsgesetzbuch
2. Auflage
2001

Rohrmann, Christel
Die Abgrenzung von Hauptamt und Nebentätigkeit
Dissertation Erlangen-Nürnberg
1988

Roth, Wulf-Henning
Tarifverträge aus kartellrechtlicher Sicht
in:
Forschungsinstitut für Wirtschaftsverfassung und Wettbewerb (Hrsg.)
„Tarifautonomie und Kartellrecht“
1990
Seite 7

Sachs, Michael (Hrsg.)
Grundgesetz
Kommentar
3. Auflage
2003

Schäfer, Andrea
Vogel, Claudia
Teilzeitbeschäftigung als Arbeitsmarktchance
DIW-Wochenbericht
7/2005

Schäfer, Hans-Bernd
Ott, Claus
Lehrbuch der ökonomischen Analyse des Zivilrechts
4. Auflage
2005

Schaub, Günter **Koch, Ulrich** **Linck, Rüdiger** (zitiert: Schaub-*Verfasser*)	**Arbeitsrechts-Handbuch** 11. Auflage 2005
Scheerbarth, Hans Walter **Höffken, Heinz** **Bauschke, Hans-Joachim** **Schmidt, Lutz**	**Beamtenrecht** 6. Auflage 1992
Schiedermair, Hartmut	**Bericht zum 32. Hochschulverbandstag in Essen** Mitteilungen des Hochschulverbandes 3/1982 Seite 117
Schippel, Helmut **Bracker, Ulrich**	**Bundesnotarordnung** **Kommentar** 8. Auflage 2007
Schmid, Hans **Dosky, Doris von** **Braumann, Benedikt**	**Ökonomik des Arbeitsmarktes** Band 1: Arbeitsmarkttheorien 2. Auflage 1996
Schmidt, Ingo **Rittaler, Jan**	**A Critical Evaluation of the Chicago School of Antitrust Analysis** 1989
Schmidt, Ingo	**Wettbewerbspolitik und Kartellrecht** **Eine interdisziplinäre Einführung** 8. Auflage 2005
Schmidt, Karsten (Hrsg.) (zitiert: MKHGB-*Verfasser*)	**Münchener Kommentar zum Handelsgesetzbuch** Band 1, §§ 1-104 2. Auflage 2005
Schmidt-Bleibtreu, Bruno **Klein, Franz**	**Kommentar zum Grundgesetz** 10. Auflage 2004

Schmitt, Jochem
Entgeltfortzahlungsgesetz
Kommentar
5. Auflage
2005

Schneider, Friedrich
Schwarzarbeit geht 2006 zurück
Interview in
Hamburger Abendblatt
07.01.2006

Schnellenbach, Helmut
Beamtenrecht in der Praxis
6. Auflage
2005

Schrödermeier, Martin
Wagner, Achim
Rechtsschutz gegen Verwaltungsschreiben der EG-Kommission
WuW 1994
Seite 403

Schumpeter, Joseph Alois
Kapitalismus, Sozialismus und Demokratie
7. Auflage
1993

Schupp, Jürgen
Gramlich, Tobias
Wagner, Gerd G.
Berufliche Qualifikation und lange Arbeitszeiten ausschlaggebend für hohe Einkommen
DIW-Wochenbericht
40/2003

Schwandt, Eberhard Ulrich
Arbeitszeitverkürzung und Neuverteilung der Arbeit im öffentlichen Dienst
ZBR 1994
Seite 93

Schwarze, Johannes
Nebenerwerbstätigkeit in der Bundesrepublik Deutschland:
Umfang und Ursachen von Mehrfachbeschäftigung und Schattenwirtschaft
1990

Schwarze, Johannes
Heineck, Guido
Rückgang der Nebenerwerbstätigkeit durch Einführung der Sozialversicherungspflicht wird überschätzt
DIW-Wochenbericht
37/1999

Smith, Adam | **An Inquiry into the Nature and Causes of the Wealth of Nations**
5th Edition (1789) reprint
Modern Library Edition
1994

Streinz, Rudolf | **Europarecht**
7. Auflage
2005

Teichmann, Ulrich | **Bestimmungsgründe des Organisationsgrades der Tarifverbünde und ihr Einfluß auf die Tarifpolitik**
in:
Külp / Haas (Hrsg.)
„Soziale Probleme der modernen Industriegesellschaft"
1977
Seite 608

Thieme, Werner | **Öffentliches Dienstrecht und Arbeitsmarktpolitik**
JZ 1985
Seite 1024

Umbach, Dieter C.
Clemens, Thomas | **Grundgesetz**
Mitarbeiterkommentar und Handbuch
Band I
2002

Van Bael, Ivo
Bellis, Jean-Francois | **Competition Law of the European Community**
3rd Edition
1987

Wagner, Fritjof | **Beamtenrecht**
9. Auflage
2006

Wallwitz, Sebastian Graf von | **Tarifverträge und die Wettbewerbsordnung des EG-Vertrages**
Wettbewerbsbeschränkende Tarifverträge und das Kartellverbot des Artikel 85 EGV
Dissertation Freiburg
1997

Walras, Léon. **Éléments d'Économie Politique Pure ou Théorie de la Richesse Sociale**
1874

Wank, Rolf **Nebentätigkeit**
1995

Wey, Christian **Flächentarifsystem fördert Innovationswettbewerb**
DIW-Wochenbericht
13/2004

Wiedemann, Gerhard (Hrsg.) **Handbuch des Kartellrechts**
1999

Wiedemann, Herbert (Hrsg.) (zitiert: Wiedemann-TVG-*Verfasser*) **Tarifvertragsgesetz Kommentar**
7. Auflage
2007

Williamson, Oliver Eaton **Markets and Hierarchies - Analysis and Antitrust Implications**
1st Free Press Paperback Edition
1983

Wind, Ferdinand
Schimana, Rudolf
Wichmann, Manfred
Langer, Karl-Ulrich **Öffentliches Dienstrecht Das Beamten und Arbeitsrecht für den öffentlichen Dienst**
5. Auflage
2002

Zimmer, Daniel **Wettbewerbspolitik am Scheideweg**
FAZ vom 18.08.2007
Seite 11

Zwehl, Herwig v. **Nebentätigkeitsrecht im öffentlichen Dienst**
2. Auflage
2001

Peter Lang · Internationaler Verlag der Wissenschaften

Doreen Peter

Nebentätigkeiten von Arbeitnehmern

Interessenkollisionen von Arbeitgebern und Arbeitnehmern

Frankfurt am Main, Berlin, Bern, Bruxelles, New York, Oxford, Wien, 2006. 283 S.
Schriften zum Arbeitsrecht und Wirtschaftsrecht.
Herausgegeben von Abbo Junker. Bd. 38
ISBN 978-3-631-54630-7 · br. € 51.50*

Die Arbeit befasst sich mit der praxisrelevanten Problematik der Nebentätigkeit. Aufgrund der seit dem 1. April 2003 geltenden Neuregelungen zur geringfügigen Beschäftigung hat nunmehr jeder Arbeitnehmer die Möglichkeit, neben seinem bestehenden Arbeitsverhältnis eine weitere sozialversicherungsfreie Nebentätigkeit auf 400 €-Basis auszuüben. Diese Arbeit untersucht, welche Interessenkonflikte die Ausübung einer Nebentätigkeit mit sich bringen kann und inwieweit dadurch das Recht des Arbeitnehmers zur Nebentätigkeitsausübung beschränkt wird. Darüber hinaus wird dargestellt, welche Möglichkeiten die Arbeitsvertragsparteien haben, Nebentätigkeitsklauseln in den Arbeitsvertrag aufzunehmen. Anhand zahlreicher Beispiele werden verschiedene Vertragsklauseln vorgestellt und analysiert.

Aus dem Inhalt: Grundlagen der Nebentätigkeit im Arbeitsrecht · Gesetzliche Beschränkungen des Nebentätigkeitsrechts · Arbeitsvertragsimmanente Nebentätigkeitsgrenzen · Berechtigte Arbeitgeberinteressen · Fallgruppen vertragsimmanenter Nebentätigkeitsverbote · Nebentätigkeitsvereinbarungen im Arbeitsvertrag · Privatautonomie und Nebentätigkeitsklauseln · AGB-Kontrolle von Formulararbeitsverträgen · Nebentätigkeitsklauseln im Formular- und Individualarbeitsvertrag · Nebentätigkeiten bei Teilzeitbeschäftigten

Frankfurt am Main · Berlin · Bern · Bruxelles · New York · Oxford · Wien
Auslieferung: Verlag Peter Lang AG
Moosstr. 1, CH-2542 Pieterlen
Telefax 0041 (0) 32 / 376 17 27

*inklusive der in Deutschland gültigen Mehrwertsteuer
Preisänderungen vorbehalten

Homepage http://www.peterlang.de

Printed by
CPI books GmbH, Leck

FSC
www.fsc.org
MIX
Papier | Fördert
gute Waldnutzung
FSC® C083411

Kolibri 360 GmbH
Ferdinand-Jühlke-Straße 7
99095 Erfurt, Deutschland
produktsicherheit@kolibri360.de